A REVOLUÇÃO ANTES DA REVOLUÇÃO

Volume II

AS LUTAS DE CLASSES NA FRANÇA DE 1848 A 1850

O 18 BRUMÁRIO DE LUÍS BONAPARTE

A GUERRA CIVIL NA FRANÇA

KARL MARX

A REVOLUÇÃO ANTES DA REVOLUÇÃO

Volume II

AS LUTAS DE CLASSES NA FRANÇA DE 1848 A 1850

O 18 BRUMÁRIO DE LUÍS BONAPARTE

A GUERRA CIVIL NA FRANÇA

2ª edição

EXPRESSÃO POPULAR

São Paulo - 2015

Copyright © 2008, by Expressão Popular

As lutas de classes na França – editada a partir de Edições Avante!, 1982
Tradução de Álvaro Pina e Fernando Silvestre.
O 18 brumário de Luís Bonaparte – editada a partir de Edições Avante!, 1982
Tradução de José Barata-Moura e Eduardo Chitas.
A guerra civil na França – editado a partir de Edições Avante!, 1983
Tradução de Eduardo Chitas

Revisão: *Dulcineia Pavan, Geraldo Martins de Azevedo Filho e Miguel
     Cavalcanti Yoshida*
Projeto gráfico e diagramação: *ZAP Design*
Impressão: *Paym*
Foto da capa: *Acervo Iconographia*

Dados Internacionais de Catalogação-na-Publicação (CIP)

M382r	Marx, Karl, 1818-1883
	    A revolução antes da revolução / Karl Marx-- 2.ed.—São
	Paulo : Expressão Popular, 2015.
	    448 p. -- (Assim lutam os povos ; v.2)
	
	    Indexado em GeoDados - http://www.geodados.uem.br.
	    ISBN 978-85-7743-047-5
	
	    1. Marxismo 2.Lutas de classe - França. I. Título.
	II. Série

CDD 320.532

Bibliotecária: Eliane M. S. Jovanovich CRB 9/1250

Todos os direitos reservados.
Nenhuma parte deste livro pode ser utilizada
ou reproduzida sem a autorização da editora.

2ª edição: março de 2015
1ª reimpressão: março de 2021

EDITORA EXPRESSÃO POPULAR
Rua Abolição, 201 – Bela Vista
CEP 01319-010 – São Paulo – SP
Tel: (11) 3112-0941 / 3105-9500
livraria@expressaopopular.com.br
www.expressaopopular.com.br
 ed.expressaopopular
 editoraexpressaopopular

SUMÁRIO

AS REVOLUÇÕES DO SÉCULO XIX E A
POESIA DO FUTURO
Mauro Luis Iasi 7

AS LUTAS DE CLASSES NA FRANÇA DE 1848 A 1850

Introdução à edição de 1895 37
Friedrich Engels

As lutas de classes na França de 1848 a 1850 65

I – A derrota de junho de 1848 67

II – O 13 de junho de 1849 99

III – Consequências do 13 de junho de 1849 139

IV – A abolição do sufrágio universal em 1850 181

O 18 BRUMÁRIO DE LUÍS BONAPARTE

Prefácio à segunda edição de 1869 201

Prefácio à terceira edição alemã de 1885 205
Friedrich Engels

I 209

II 223

III 239

IV 259

V 273

VI 297

VII 321

A GUERRA CIVIL NA FRANÇA

Introdução à edição de 1891 341
Friedrich Engels

Primeira mensagem do Conselho Geral
da Associação Internacional dos Trabalhadores
sobre a Guerra Franco-Prussiana 359

Segunda mensagem do Conselho Geral
da Associação Internacional dos Trabalhadores
sobre a Guerra Franco-Prussiana 367

A guerra civil na França Mensagem do Conselho Geral
da Associação Internacional dos Trabalhadores 379

    I 379

    II 393

    III 403

    IV 423

Notas 439

    I 439

    II 440

AS REVOLUÇÕES DO SÉCULO XIX
E A POESIA DO FUTURO

MAURO LUIS IASI[1]

> A revolução social do século XIX
> não pode tirar sua poesia do passado,
> e sim do futuro.
> Antes a frase ia além do conteúdo;
> agora é o conteúdo que vai além da frase.
> *Karl Marx (18 Brumário)*

No momento em que o século XVIII fechava suas cortinas sobre o mundo moderno que nascia, o ciclo das revoluções burguesas atingia seu apogeu e iniciava sua crise. A consolidação das revoluções burguesas a partir das experiências inglesas do século XVII e início do século XVIII, a Guerra de Independência dos EUA em 1776 e a Revolução Francesa de 1789, marcariam profundamente a formação dos Estados nacionais que tinham por base nesse processo a universalização do modo de produção capitalista.

As profundas mudanças na forma de produção da vida e nas relações sociais de produção, condensadas no que se chamou de Revolução Industrial, foram acompanhadas de mudanças políticas marcadas pela crise do absolutismo feudal, assim como uma intensa efervescência cultural e filosófica, da qual são manifestações o racionalismo inglês, o iluminismo francês e o esclarecimento alemão.

---

[1]   Professor adjunto da Escola de Serviço Social da Universidade Federal do Rio de Janeiro (ESS-UFRJ).

As mudanças políticas se caracterizaram pela luta da burguesia pelo poder de Estado, no chamado ciclo das revoluções burguesas.

Ocorre que, mesmo no momento de seu apogeu, o ciclo burguês demonstrava simultaneamente o vigor de sua hegemonia e o germe das contradições que, ao se desenvolver, apontaria para a superação da ordem do capital. Marx dizia que a humanidade só se propõe as tarefas que pode realizar, porque quando analisamos bem as coisas, vemos que os objetivos revolucionários só brotam quando já existem, ou pelo menos estão em gestação as condições materiais para seu desenvolvimento. Nesse momento da história, os objetivos de uma revolução proletária não poderiam passar de germes, embriões de uma futura luta contra o capital.

A burguesia recém-chegava ao poder e, duramente, lutava para impor seu domínio contra a resistência das velhas camadas feudais. O efeito prático desse momento de transição pode ser comprovado pela solução de compromisso que brota da revolução inglesa na formação do governo misto, defendido por Locke e Montesquieu, no qual a nobreza e a burguesia convivem numa forma de governo que mantém a Monarquia e divide o poder com um Parlamento composto de uma Câmara Alta, na qual participam os nobres, e uma Câmara Baixa, ocupada pela burguesia como representante do povo. Da mesma forma, os revolucionários franceses acompanham atônitos a inflexão da Revolução Francesa até Napoleão coroar-se imperador.

No momento mesmo em que a ordem burguesa completava sua transição, as contradições da forma capitalista de sociedade já agiam como um poderoso ácido corroendo as pretensões de universalidade burguesa e demonstrando o papel que caberia aos trabalhadores no interior da ordem do capital. O século XIX emerge como o momento de consolidação da ordem burguesa capitalista, mas ao mesmo tempo, como embrião das lutas proletárias que se dariam por todo o século XIX e XX.

Se esses germes de rebelião já estavam presentes na Revolta dos Justos de Babeuf na França, no pensamento socialista utópico de

Saint-Simon, Fourrier, Blanqui, Proudhon, ou mesmo, antes, nas lutas camponesas na Alemanha no século XVI, será apenas com o pensamento de Marx e Engels que a afirmação de uma revolução proletária ganha a consistência de uma alternativa histórica contra o capital e o Estado burguês.

Os textos que apresentamos nesta coletânea da coleção Assim Lutam os Povos, dividida em 2 volumes, são os primeiros esforços desses autores para buscar compreender a história de um ponto de vista materialista e dialético, mas também esboçar os elementos centrais de uma estratégia revolucionária que fosse capaz de armar os trabalhadores para um contexto concreto muito preciso, no qual os trabalhadores entravam em luta em uma conjuntura em que a burguesia ainda lutava contra os remanescentes da ordem feudal, ou seja, nas palavras de Marx, ainda lutávamos contra os inimigos de nossos inimigos.

São trabalhos produzidos entre os anos de 1850 e 1871, portanto sobre o impacto de uma grande onda revolucionária que abalou o mundo em 1848 e 1849, contexto no qual os trabalhadores se levantaram, em muitos lugares em aliança com setores da burguesia contra a ordem feudal, como na Alemanha, e em outros, como na França, já diretamente contra a ordem burguesa.

Como deveriam agir os trabalhadores em um momento histórico em que, já percebendo a natureza da ordem capitalista, não havia ainda as condições materiais para desenvolver novas relações sociais de produção socialistas em transição para uma sociedade comunista?

Engels, analisando as lutas dos camponeses alemães nas revoltas que ocorreram já em 1525, afirma que:

> O pior que pode acontecer ao chefe de um partido extremista é ser forçado a encarregar-se do governo num momento em que o movimento ainda não amadureceu suficientemente para que a classe que representa possa assumir o comando e para que se possam aplicar as medidas necessárias para o domínio dessa classe.[2]

---

[2]   ENGELS, F. *As guerras camponesas na Alemanha*, v. I, p. 144.

No entanto, ao contrário de propor que os trabalhadores esperassem calmamente pelo desenvolvimento de tais condições, Marx e Engels procuram compreender o movimento da história à luz de uma revolução permanente, ou seja, de forma que as lutas operárias e de seus aliados navegassem no interior de uma revolução burguesa, desde o primeiro momento, criando as condições para que o inevitável domínio da burguesia fosse o mais instável possível e preparasse as condições de sua superação por uma revolução proletária.

Interessante é que, a despeito da radicalidade dessa posição, os partidos social-democratas de orientação marxista na época, procuraram justificar o rebaixamento de seus programas e as estratégias bem comportadas de acomodação à ordem capitalista e ao Estado burguês, como no caso do Posd (Partido Operário social-democrata) Alemão e dos mencheviques russos, em uma suposta afirmação de Marx segundo a qual não seria possível a revolução socialista e a superação da sociedade capitalista enquanto as forças produtivas materiais não se desenvolvessem ao máximo, gerando as condições materiais para que novas relações sociais surgissem.

É fato que Marx, em seu Prefácio à *Contribuição à crítica da Economia Política* (1859), afirmava que nenhuma sociedade desaparece antes que desenvolva todas as forças produtivas que é capaz de conter, nem surgem relações sociais de produção novas antes que amadureçam, no seio da sociedade anterior, as condições para tanto; no entanto, em nenhum momento, como os textos que aqui apresentamos demonstram, tal constatação implicou para Marx ou Engels em um rebaixamento programático ou prático da revolução proletária.

Engels reagiu a essa deformação, por exemplo, quando o Posd alemão corrigiu sua introdução à segunda edição de *As lutas de classes na França de 1848 a 1850*, de Marx, afirmando que o texto havia sido "arrumado de tal modo que surjo como um pacífico adorador da legalidade a todo custo", ao mesmo tempo em que insistia para que o texto fosse publicado na íntegra para dissipar "esta vergonhosa impressão".[3]

Como poderíamos combinar a afirmação materialista, segundo a qual não existiriam bases materiais para construir uma transição socialista antes que o capitalismo desenvolvesse, ao máximo e mundialmente, as forças produtivas com o princípio de que os trabalhadores deveriam agir com autonomia e independência de classe, recusando-se a marchar a reboque da burguesia em sua luta contra a ordem feudal?

A solução desse paradoxo se dá pela afirmação segundo a qual os trabalhadores deveriam se organizar em partidos independentes, com programas próprios e traçar uma estratégia na qual caminhariam com a burguesia em tudo que interessasse aos trabalhadores, como a derrubada da ordem feudal, e em seguida marchariam contra ela quando tentasse consolidar seus próprios interesses contra os trabalhadores. Para isso, os trabalhadores deveriam agir simultaneamente de forma legal e secreta e, no curso da luta burguesa e democrática, constituir um duplo poder que preparasse, desde o início, as condições de um futuro poder proletário.[4]

O que assusta os reformistas de toda ordem é que parece haver um paradoxo entre a afirmação de Marx sobre os fundamentos teóricos da mudança social e sua orientação política prática. O que ocorre, no entanto, é que a maioria dos críticos de Marx e, infelizmente, boa parte de seus seguidores, não entenderam que a dialética desse autor implica em tratar o estudo da história em dimensões sobrepostas, ao mesmo tempo simultâneas e distintas.

---

[3]   Carta de Engles a Kautsky de 1º de abril de 1895.

[4]   Esses elementos podem ser vistos na orientação que Marx e Engels, como dirigentes da Liga dos Comunistas, dão aos operários alemães na avaliação das revoltas de 1848 e 1849, no texto "Mensagem do Comitê Central à Liga dos Comunistas".

No Prefácio de *Contribuição à crítica da Economia Política* (de1859) Marx se refere à dimensão do modo de produção, portanto em um nível estrutural em que se desenvolvem as formas como os seres humanos produzem sua existência por meio de certas relações sociais de produção a partir de certo grau de avanço das forças produtivas materiais. Nesse âmbito é que podemos afirmar que é fundamental, para que ocorra a mudança social, o desenvolvimento ao máximo das forças produtivas até que entrem em contradição com as relações sociais de produção dentro das quais haviam se desenvolvido até então. Da mesma forma, coerente com tal afirmação, que não é possível o desenvolvimento de novas relações sociais antes que se desenvolvam no seio da sociedade anterior as condições materiais para isso.

Entretanto, não podemos supor que Marx acredite que a história se resolva nesse choque objetivo entre forças produtivas (a relação entre a natureza, a força de trabalho e o que os seres humanos sabem fazer em cada época) e as relações sociais de produção. Como Engels falou certa vez, a "história não faz nada", quem faz são os seres humanos de carne e osso. Portanto, a contradição objetiva e estrutural torna possível uma mudança social, mas não pode realizá--la. A contradição entre o avanço das forças produtivas e a antiga forma das relações sociais de produção inscreve na história uma nova classe social que necessita, para garantir sua existência como classe, superar a forma das relações sociais estabelecidas, mas essas relações beneficiam uma antiga classe que, pela posição privilegiada em que se encontra, detém privilégios, necessitando, portanto, mantê-las.

Surge assim uma luta de classes, que é o motor que pode ou não mudar uma sociedade. Nesse âmbito, estaríamos, então, no terreno concreto da luta, no terreno propriamente histórico no qual os seres humanos jogam sua sorte e seu destino, construindo, no tecido vivo do cotidiano e do momento conjuntural, os caminhos que os levam ao futuro de emancipação ou derrota. É nesse campo que a história e as revoluções se fazem. As revoluções não acontecem, são feitas.

Pode haver, portanto, uma disparidade entre as condições objetivas, que tornam ou não possível uma mudança social, e as condições subjetivas, que dependem da ação dos seres humanos em cada época, de suas formas de organização, de sua capacidade de compreender a história e retirar dela seus ensinamentos, capacidade de construir seus planos de luta e os meios para implementá-los. Nesse campo, duas situações são possíveis: os trabalhadores estarem preparados em uma conjuntura da luta de classes em que a revolução se apresenta como uma possibilidade, mas em um momento histórico e estrutural do desenvolvimento das forças produtivas, no qual as condições para que transitemos para uma nova sociedade não estão dadas; ou um momento em que ainda que estejam dadas as condições objetivas e materiais para o salto revolucionário, os trabalhadores não reúnem as condições subjetivas, de organização e consciência, para enfrentar a tarefa histórica que se apresenta.

No século XIX estávamos no primeiro caso e hoje estamos no segundo. Se, como afirmou Engels, não há nada pior que um líder revolucionário ser obrigado a assumir um governo sem que haja condições históricas para completar o domínio da classe que representa, somos forçados a completar, afirmando que não há nada mais trágico do que um líder que, tendo condições para isso, não o faça.

No século XIX, as revoluções proletárias, lutando por sua autonomia e independência de classe, só podiam tirar sua poesia do futuro, emancipar-se dos fantasmas da revolução francesa, deixar de pedir emprestado as frases e as roupas dos mortos, e lançar-se ao futuro que ainda estava por se constituir. No ciclo das revoluções burguesas, a frase ia muito além do conteúdo. A burguesia prometia a igualdade, a liberdade e a fraternidade, mas perecia nos limites de uma emancipação meramente política no interior da ordem capitalista, ou seja, na igualdade perante a lei, enquanto reproduz e perpetua a desigualdade de fato, da liberdade de compra e venda, da livre concorrência, sustentada na exploração brutal da força de trabalho, da fraternidade abstrata no corpo do Estado, como cidadão político, enquanto se aprofunda a individualização do ser social, mesquinho e egoísta, na livre concorrência e no mercado.

Onde poderiam encontrar os proletários do século XIX sua poesia? Não no passado. No futuro. Em uma emancipação humana, em uma sociedade de produtores associados, sem classes e sem Estado, sem mercadorias, em que se superasse a escravizante subordinação dos indivíduos à divisão do trabalho, quando o trabalho deixaria de ser um mero meio de vida para converter-se na primeira necessidade da existência, quando os seres humanos se desenvolveriam em todos os sentidos recuperando o ser social submetido à egoísta forma individual, quando cada um poderia dar de acordo com sua capacidade, recebendo de acordo com sua necessidade.

Antes, dizia Marx, a frase ia além do conteúdo, mas agora o conteúdo é que vai além da frase. As palavras da ordem burguesa não podem ainda expressar os conteúdos futuros que estão em construção. A consequência prática dessa contradição é que os trabalhadores que se rebelavam contra a nascente ordem do capital ainda usavam as palavras burguesas contra a burguesia, perdendo sua autonomia histórica e diluindo-se como setor radical da revolução burguesa. A burguesia lutava pela democracia, a liberdade, a igualdade jurídica. Os trabalhadores tentavam se diferenciar, adjetivando as palavras e os valores burgueses: a democracia verdadeira, a liberdade de fato, por direitos dos trabalhadores, e assim por diante.

Os textos que apresentamos, são os primeiros esforços de Marx e Engels ao afirmar que a verdadeira conquista dos trabalhadores, nas lutas do século XIX, não seria a conquista do poder, mas a construção da classe trabalhadora como uma classe, a construção de sua independência, sua autonomia histórica, nos termos de Gramsci. Construir-se como sujeito revolucionário com um projeto próprio de sociedade, diferenciando-se, primeiro, da pretensão de universalidade burguesa, para depois afirmar sua própria universalidade além dos limites de sua própria classe ao propor o fim das classes e a emancipação da humanidade pelo fim do Estado.

Marx, em seu *18 brumário*, escreve que:

As revoluções proletárias, como as do século XIX, criticam-se constantemente a si próprias, interrompem-se constantemente na sua própria marcha, voltam ao que parecia terminado, para começá-lo de novo, troçam profunda e cruelmente das hesitações dos lados fracos e da mesquinhez das suas primeiras tentativas, parece que apenas derrubam o seu adversário para que este tire da terra novas forças e volte a levantar-se mais gigantesco frente a elas, retrocedem constantemente perante a indeterminada enormidade dos seus próprios fins, até que se cria uma situação que torna impossível qualquer retrocesso (...).[5]

O grande mérito dos textos aqui publicados é trazer estas lutas e a perspectiva histórica do proletariado para o terreno prático dos contextos conjunturais analisados. Ficará claro ao leitor atento que em nenhum momento se perderá o eixo central de garantir a independência e autonomia de classe, mesmo nos contextos nos quais parecem estar mais distantes as condições materiais para uma revolução proletária.

No terreno prático da conjuntura da luta de classes, as análises de Marx e Engels ganham detalhes de uma sintonia fina, na qual não são suficientes as categorias e conceitos da análise estrutural, ou própria de um corte histórico mais amplo. As classes se manifestam por personificações, personagens, partidos, formas de governo, em uma legislação específica, frações, fragmentos, manifestações artísticas e culturais, imprensa e uma multiplicidade de fatores que agem, segundo Engels, como um conjunto complexo de ações e reações recíprocas, de maneira que o resultado pode ser uma variante que não estava manifesta de início nas intenções de nenhum dos protagonistas.

Tudo isso talvez deixe o texto um pouco árido para o leitor de nossos dias. Os nomes, datas, acontecimentos, muitos dos quais habitavam a memória recente dos contemporâneos dos autores,

---

[5] MARX, K. *O 18 brumário de Luís Bonaparte*, p. 214.

perderam-se nas brumas da história. É sempre bom o leitor se fazer acompanhar por bons livros didáticos de história que podem ajudá-lo a contextualizar a época e elucidar as passagens. No entanto, a grande contribuição desses textos não é o preciosismo histórico para que você possa demonstrar erudição ao citar em uma conversas quem eram os orleanistas, ou que tal fato o faz lembrar Thomas Münzer. A principal contribuição do estudo desses textos do século XIX é a história da conformação de nossa classe como classe, no momento em que se consolidava o domínio burguês. A lenta construção de nossa autonomia histórica e o momento no qual várias de nossas deformações nasciam, como a brilhante descrição de Marx sobre a estreia da social-democracia como expressão política da pequena burguesia.

VOLUME I – TEXTO DE ENGELS

Nesse volume estão dois textos. O primeiro é *As guerras camponesas na Alemanha*,[6] escrito em 1850, tendo por base o trabalho de Zimmermann, produzido entre 1841 e 1843. Apesar de tratar das lutas camponesas de 1525, Engels o edita exatamente por acreditar que há um paralelo entre aquela situação e as lutas na Alemanha de 1848 e 1849, principalmente no que se refere à traição da pequena burguesia no calor da luta contra o domínio feudal. Todo o pano de fundo do trabalho de Engels é a paciente afirmação sobre a necessidade de os trabalhadores se apresentarem como força revolucionária autônoma, para não se diluírem nos caminhos da revolução burguesa.

Presos à contradição, antes descrita, entre as condições favoráveis para a ação revolucionária e a ausência de condições históricas e

---

[6] Apesar de ser utilizado o termo Alemanha, não havia ainda se formado o Estado nacional alemão, o que ocorreria apenas em 1870-1871. Na época, ainda sob a forma do Império Prussiano, tratava-se muito mais de uma referência à cultura germânica, que buscava se afirmar como parte do movimento que levaria, duas décadas depois, à formação da Alemanha.

materiais para levar à frente uma superação de caráter socialista, os camponeses alemães mergulham em um "dilema insolúvel", assim descrito pelo autor:

> O que realmente pode fazer encontra-se em contradição com toda a sua atuação anterior, com os seus princípios e com os interesses imediatos do seu partido; e o que deve fazer não é realizável. Numa palavra: vê-se forçado a representar, não o seu partido ou a sua classe, mas sim a classe chamada a dominar nesse momento. O interesse do próprio movimento obriga-o a servir uma classe que não é a sua e a entreter a sua própria classe com palavras, promessas e com a afirmação de que os interesses daquela classe alheia são os da sua. Os que ocupam essa posição ambígua estão irremediavelmente perdidos.[7]

Parece evidente que a ênfase do autor se encontra na busca da autonomia de classe que, por uma série de razões, não se apresentava. No entanto, o movimento camponês liderado por Münzer apresentava uma radicalidade que ia desde uma afirmação cristã até o ateísmo, no qual a realização do reino de Deus na terra implicaria na abolição das classes, da propriedade privada e de toda a autoridade que se separasse dos homens e das mulheres reais, estabelecendo uma igualdade completa não só na Alemanha, mas também em toda a "cristandade". Isso se explica pelo fato de que, segundo o autor, o camponês acabava suportando todo o edifício social sendo, direta ou indiretamente, explorado por todos os demais setores sociais.

A equivalência com certas expressões atuais são por demais claras. Não se trata de qual setor é mais ou menos explorado, mas qual o caráter de classe que a crítica desse setor que se levanta em luta pode apresentar. Nesse ponto, o texto nos traz importantes considerações sobre a relação entre a produção camponesa, a consciência que daí deriva, o papel da pequena burguesia e as consequências de uma conjuntura na qual a classe operária não se apresenta no cenário da luta de classes em condições de unificar todos os explorados na luta contra o capital.

---

[7] ENGELS, F. *As guerras camponesas na Alemanha*, v. I, p. 144.

O segundo texto é o *Revolução e contrarrevolução na Alemanha*. Esse trabalho foi escrito em setembro de 1852 para o *New York Daily Tribune* e trata dos acontecimentos que abalaram a Europa entre 1848 e 1849 e seus reflexos na Alemanha. Trata-se de uma revolução abortada pela "traição" da grande burguesia que, diante da radicalidade da luta, acaba se aliando aos senhores feudais. Apesar de garantir o poder feudal, a grande burguesia esperava colocar o governo sob seu controle, uma vez que o endividamento dessa camada nobre acabava por gerar uma dependência que permitiria que os interesses garantidos de fato fossem os da grande burguesia. No entanto, essa solução não satisfaz as demandas da pequena burguesia democrática, mais ligada à produção industrial e que exige novas relações de produção, garantias jurídicas para a propriedade privada, autonomia local e outras demandas próprias da ordem burguesa em desenvolvimento.

Também aqui, a questão de fundo é o curso de uma revolução burguesa que envolve os trabalhadores e os camponeses que acabam por perder sua autonomia de classe. Entretanto, algumas das reflexões de Engels lançam os olhos muito mais ao futuro do que ao passado, preocupando-se muito mais em tirar ensinamentos para a futura revolução proletária. Uma das conclusões clássicas que podemos encontrar nesse texto é a avaliação de Engels sobre a eficiência da luta de rua e as barricadas, forma determinante na luta dos trabalhadores até então.

Para o autor, um dos fatores que acabou sendo decisivo para o resultado do levante de 1848 foi o fato de os revoltosos passarem para a defensiva. Diz Engels: "a defensiva é a morte de todo levante armado; está perdido antes de se ter iniciado". Por isso, aconselhava aos trabalhadores a atacar de surpresa e manter a ofensiva impedindo que o inimigo reúna forças contra os revolucionários, movidos pelo velho lema de Danton: "audácia, ainda audácia e sempre audácia!".

Recuperando a ideia central segundo a qual as revoluções não acontecem simplesmente, mas são feitas, Engels lembra que a insurreição é uma arte, e que "está submetida a certas regras práticas e o partido que a negligencia corre para sua própria ruína". Dessa maneira, conclui o autor que "nunca se deve brincar com a insurreição se não se está absolutamente decidido a arcar com todas as consequências do seu jogo".

VOLUME II – TEXTOS DE MARX

O primeiro texto desse volume é *As lutas de classes na França de 1848 a 1850*, publicado igualmente no ano de 1850. No prefácio à segunda edição dessa obra, em 1895, Engels reafirma a posição de que o proletariado em luta deve combinar todas as formas de ação, que devem ir desde aproveitar os espaços legais até formas diretamente revolucionárias, como o levante armado, que só podem ser preparados e executados além dos limites da legalidade burguesa. A social-democracia alemã, ao publicar o trabalho, desfigurou a introdução, realçando a defesa da ocupação dos espaços legais e subtraindo toda referência aos métodos clandestinos, tornando o texto de Engels um apelo à paz a todo custo, contrário ao uso da violência. Este reagiu, exigindo que o texto fosse publicado na íntegra, como citamos anteriormente, alegando que seria vergonhoso apresentá-lo como um "pacífico adorador da legalidade". Tese um pouco difícil de ser comprovada para quem afirma no texto que nenhum camarada deveria abrir mão do "direito à revolução", pois "o direito à revolução é o único 'direito histórico' real, o único sobre o qual repousam todos os Estados modernos".

A direção alemã jamais chegou a publicar integralmente o texto de Engels, alegando a ameaça de uma nova lei de exceção contra os socialistas, mantendo a supressão das passagens consideradas muito ameaçadoras. O texto só foi publicado integralmente em 1952, na União Soviética.

No texto da introdução Engels, seguindo o raciocínio que já apresentamos em *As guerras camponesas na Alemanha*, afirma que a característica das revoluções do século XIX é que, mesmo quando a maioria da sociedade entrava decididamente em cena, o fazia – consciente ou inconscientemente – "a serviço de uma minoria".

Marx, em seu texto, apresenta uma criteriosa análise das lutas entre 1848 e 1849, fala de suas expectativas e das causas da derrota. São na verdade uma série de artigos políticos organizados sob um título único, que tem por eixo central analisar uma situação concreta, derivando as táticas adequadas à luta dos trabalhadores naquele momento. No furacão dos acontecimentos, da posição dos segmentos de classe e das classes em luta, Marx consegue vislumbrar que a luta central encontra-se na disputa do Estado. Daí surgirá pela primeira vez o conceito de "ditadura do proletariado", ou seja, a ideia de que todo Estado é sempre o Estado de uma classe social, a classe economicamente dominante que, graças a ele, se torna politicamente dominante.

As diferentes formas de Estado (monarquia, república, democracia, ditadura etc.) escondem uma substância comum que pode ser definida pelo caráter de classe, ou seja, pela garantia de certas relações sociais que se encontram na base do domínio de uma determinada classe. Daí a afirmação de que, assim como a burguesia busca controlar o Estado na intenção de garantir seus interesses, os trabalhadores, no curso de sua luta, devem buscar consolidar-se como classe dominante, estabelecendo seu poder político. Esse argumento será desenvolvido no trabalho de Marx *A guerra civil na França*, que também faz parte desta coletânea.

O que aconteceria, então, se em sua luta o proletariado aceitasse como limite as formas e conteúdos essenciais do Estado burguês como universalidade, ou seja, acreditasse que as formas institucionais do Estado burguês serviriam tanto à burguesia quanto aos trabalhadores? Marx também parece acreditar, como Engels, que dessa forma os líderes proletários estariam "irremediavelmente perdidos". Diz Marx:

> Vimos como, na verdade, a república de fevereiro não era senão, e não podia deixar de o ser, uma república burguesa; como, porém, o governo provisório, sob a pressão imediata do proletariado, fora obrigado a

anunciá-la como uma república com instituições sociais; como o proletariado parisiense era ainda incapaz de ir além da república burguesa a não ser na representação e na fantasia; como ele agiu ao seu serviço em toda a parte em que verdadeiramente passou à ação; como as promessas que lhe haviam sido feitas se tornaram um perigo insuportável para a nova república; como todo o processo de vida do governo provisório se resumiu a uma luta contínua contra as reivindicações do proletariado.[8]

O pano de fundo dos acontecimentos analisados por Marx deve ser inserido nos fatos que vão desde a queda de Napoleão até a revolução de 24 de fevereiro de 1848 que derrubou o governo de Luís Felipe e seu ministro Guizot. O Congresso de Viena havia restabelecido o absolutismo na França em 1814, restaurando o domínio dos Bourbons com o governo de Luis XVIII e, depois, Carlos X. Em 1830, o povo de Paris derruba Carlos X, assumindo o poder Luís Felipe, ligado à casa real dos Orléans e Bragança, mas que se sustentava no poder graças ao grande apoio do capital financeiro, daí ser conhecido como o "rei banqueiro".

A composição do governo de Luís Felipe era ampla, envolvendo desde os reformistas do Partido do Movimento, que desejavam reformas para acalmar os operários, até o Partido da Resistência, que defendia a repressão ao movimento dos trabalhadores. Um grande banqueiro chamado Laffitte, mais próximo aos reformistas, comandou o primeiro ministério de Felipe, mas não foi capaz de segurar a imensa onda de protestos que se alastravam nas principais áreas industriais da França, sendo, portanto, substituído por Guizot em 1831.

Guizot buscou unificar todas as correntes em uma espécie de governo de coalizão, no qual participavam desde os defensores do absolutismo, que se chamavam de legitimistas, até socialistas como Luís Blanc, que propunha a criação de oficinas nacionais controladas pelos operários e financiadas pelo Estado para minimizar os efeitos

---

[8]   MARX, K. *As lutas de classes na França...*, p. 92.

da crise e do desemprego, passando por correntes burguesas republicanas, como a de Ledru-Rollin, até moderadas como a de Thiers.

Na forma de uma Monarquia Parlamentar, a exemplo do que se consolidou na Inglaterra, o governo francês era mantido por um número restrito de eleitores, uma vez que as eleições eram censitárias, isto é, o direito ao voto era definido pela riqueza declarada do cidadão, o que implicava em um eleitorado de apenas 300 mil pessoas, excluindo a classe operária, os camponeses e as massas pobres das cidades.

A grande bandeira da oposição passa a ser a reforma eleitoral, primeiro para rever os critérios do censo, depois exigindo o voto universal. Uma das formas de financiar os grandes comícios era realizando banquetes, a fim de angariar fundos para a ação política. No dia 22 de fevereiro, Guizot proibiu um desses banquetes gerando um motim popular que levaria à derrubada de Luís Felipe dois dias depois.

Com a queda da monarquia, é proclamada a república à qual se refere Marx no texto citado, que estabelece o voto universal, abole a escravidão nas colônias[9] e cria as oficinas nacionais.

Em abril de 1848, é eleita uma Constituinte, amplamente dominada pelas facções burguesas, que abre uma luta direta contra as propostas socialistas, principalmente contra as oficinas nacionais, que acusavam de improdutivas e muito onerosas ao Estado. Estas são fechadas, o que leva a uma rebelião operária em Paris em junho de 1848, dirigida por Auguste Blanqui, que é sufocada com grande repressão pelo general Cavaignac.

---

[9] Apesar de a Revolução Francesa ter ocorrido em 1789, e a "Declaração dos Direitos Universais do Homem e do Cidadão" ter sido promulgada depois como Constituição da França, a escravidão não havia sido abolida nas colônias, assim como se proibia a associação dos trabalhadores para defender seus salários e a participação política das mulheres. No ato da aprovação da "Declaração dos Direitos do Homem", uma mulher propôs que se apresentasse uma declaração de direitos da mulher, o que, além de não ocorrer, levou à expulsão e prisão daquela que havia apresentado a proposta.

A REVOLUÇÃO ANTES DA REVOLUÇÃO | 23

Marx também avalia neste trabalho a necessidade de uma aliança operário-camponesa, uma vez que a divisão desses setores teria sido fundamental para a dominação da pequena burguesia e depois para a restauração do poder da grande burguesia. Houve um levante dos camponeses, mas apenas em dezembro de 1848, quando a rebelião operária já se encontrava sob controle de Cavaignac.

A pequena burguesia acreditava que a repressão aos operários e camponeses lhe garantiria a gratidão da grande burguesia e dos absolutistas, levando à consolidação de seu poder, mas o que se viu não foi isso. Parece que a história guarda muitos exemplos desse tipo de ilusão, o que não impede que os representantes da pequena burguesia continuem se chocando quando a grande burguesia procura desestabilizar governos que tanto a ajudaram.

Inicialmente faziam parte do projeto de Marx quatro artigos: "A derrota de junho de 1848"; "O 13 de junho de 1849"; "Consequências do 13 de junho na Constituinte"; e "A situação na Inglaterra". Na primeira edição em 1850, no entanto, Marx retira o material sobre a Inglaterra e o publica de outra forma juntamente com Engels. Na segunda edição, o colaborador principal de Marx agrega um quarto texto que trata da abolição do sufrágio universal em 1850.

O segundo texto é o famoso *O 18 brumário de Luís Bonaparte*, escrito entre dezembro de 1851 e março de 1852 e publicado pela revista *Die Revolution*, de Nova York, no ano de 1852. Na verdade, podemos considerar uma continuidade direta de seu estudo anterior que agora se estende desde os acontecimentos de 1848 até o golpe de Luís Bonaparte em 1851. É, de fato, uma análise de conjuntura, ainda hoje estudada como modelo de exercitar essa arte em profundidade e não como costumamos ver reduzida a comentários políticos superficiais ou crônicas dispersas dos acontecimentos políticos.

Marx elabora uma criteriosa análise dos fatos e da correlação de forças entre os diferentes atores políticos que disputavam o poder, revelando que por trás das personificações políticas conjunturais residem os grandes interesses de classe. No entanto, não faz isso pela simplista afirmação de conceitos retirados da análise estrutural do modo de produção capitalista e de categorias abstratas, tais como burguesia e proletariado. Desenvolve-se uma rica análise das mediações, expressões políticas, caracterização de particularidades históricas, que permitem ao autor equacionar dialeticamente a difícil relação entre as dimensões estruturais, históricas e conjunturais.

O que fica evidente neste estudo é que a única maneira de compreendermos uma conjuntura é inserindo-a em seu desenvolvimento histórico, como na conclusão de Marx de que com a história só se surpreende aquele que de história nada entende. A dificuldade que o leitor terá pode ser a maior prova dessa verdade. Uma primeira leitura fará você odiar aquele que lhe disse que este era um texto fundamental, se encontrará soterrado por nomes, correntes políticas, acontecimentos que o autor irritantemente trata como se fosse, e no caso da época eram, do conhecimento de todos.

Nesse caso, ainda mais que nos outros textos, é fundamental se acompanhar de um bom manual de história geral e você verá que boa parte de sua dificuldade em entender o texto é, de fato, devido às lacunas no seu conhecimento da história, que, uma vez preenchidas, tudo fica mais fácil.

Logo após as rebeliões de 1848, houve eleições nas quais o mesmo Cavaignac se candidata, tendo por base seus inestimáveis serviços prestados à manutenção da ordem. Contra ele se candidata um obscuro e oportunista sobrinho de Napoleão Bonaparte, chamado Luís Bonaparte, que acaba vencendo as eleições.

A ascensão de Luís Bonaparte ao poder é o grande tema a ser explicado pela análise de Marx, pois aparentemente é um fato que carece de qualquer explicação razoável. Luís Bonaparte, diante da catástrofe das revoltas de 1848, nas quais as principais classes em luta são derrotadas, apresenta-se como alternativa da nação acima de qualquer particularismo, manipulando tanto os sentimentos ligados ao descontentamento popular quanto o medo das classes dominantes diante dos levantes populares. Sua principal base de ação política seria aquilo que Marx chama de "lumpemproletariado", literalmente, "trapo" em alemão, ou seja, aqueles retalhos que sobram quando se recorta o tecido principal, no caso, inúmeros fragmentos que se desprendem da classe operária e do campesinato, produto do empobrecimento acelerado das massas urbanas e rurais e que se assomam às cidades sem que consigam se inserir em nenhuma relação estabelecida de produção ou reprodução das condições sociais da vida.

O equilíbrio da luta entre a velha nobreza e as novas classes burguesas e proletárias leva a um vazio de poder que Luís Bonaparte aproveita, principalmente, manipulando a imagem de seu tio e o prestígio que este tinha junto aos camponeses pelo fato de ter realizado a reforma agrária, que na verdade criou uma numerosa classe de pequenos camponeses.

Novamente a grande questão se insere na ação humana que busca a emancipação em um momento histórico em que as condições materiais não se apresentam. No entanto, esse princípio fundamental do materialismo não pode ser visto como a rendição da ação humana a uma objetividade que faria a história no lugar dos seres humanos. É exatamente na obra *O 18 brumário de Luís Bonaparte* que Marx construirá a frase que sintetiza brilhantemente toda a força do princípio materialista com a lógica dialética, resultando na formulação clara do que pensa o autor sobre o fazer histórico. Diz Marx logo no início do texto:

> Os homens fazem a sua própria história, mas não a fazem segundo a sua livre vontade, em circunstâncias escolhidas por eles próprios, mas nas circunstâncias imediatamente encontradas, dadas e transmitidas pelo passado.[10]

Ao mesmo tempo estão sintetizados os dois elementos da visão marxiana: a determinação material da ação e os seres humanos como sujeitos da ação histórica. Quando os seres humanos estão agindo

---

[10] MARX, K. *O 18 brumário de Luís Bonaparte*, p. 209.

no terreno vivo da luta de classes, no calor das conjunturas políticas, exatamente quando ousam criar o novo, é que acabam por "conjurar ansiosamente em seu auxílio os espíritos do passado", acabam, nas palavras de Marx, utilizando uma "linguagem emprestada".

A metáfora da "linguagem emprestada" será recuperada logo a seguir, quando o autor compara a consciência dos novos sujeitos da história com o esforço do aprendiz que procura aprender um novo idioma e, no início, se empenha em traduzir as palavras da nova língua para aquela que ele domina. Marx alerta que na luta política, da mesma forma que no aprendizado de um novo idioma, é apenas quando se puder "manejá-lo sem apelar para o passado, esquecendo a própria língua no emprego da nova, terá assimilado o espírito desta última e poderá produzir livremente nela".

Interessante é que a linguagem emprestada na análise é a de Luís Bonaparte, buscando reviver os tempos do verdadeiro Napoleão, mas o verdadeiro alvo do autor é a mensagem ao jovem proletariado e sua dificuldade de agir a não ser nos limites da revolução burguesa. O espaço ocupado pelo oportunismo de Luís Bonaparte indica a ausência de uma ação política independente do proletariado que fosse capaz de representar os interesses gerais daqueles que são explorados pela ordem capitalista, logrando aglutinar em torno dessa ação as massas camponesas e urbanas.

Recuperando Hegel, Marx lembrará que a história se repete, mas agrega que a primeira vez ela se dá como tragédia e a segunda como farsa. As novas repetições costumam fundir esses elementos em farsas que não deixam de ser trágicas, cada vez mais apresentando traços indisfarçáveis de estupidez.

A análise de Marx serve de base para a compreensão de inúmeros acontecimentos que se seguiram, a ponto de Engels, em seu prefácio de 1885 para a terceira edição da obra, constatar a atualidade do texto mesmo depois de 33 anos de sua primeira publicação. Só nos resta afirmar que, na presente edição, 145 anos depois, o texto continua desconcertantemente atual.

Não apenas pela criação da Sociedade 10 de Dezembro, que distribuía fartamente auxílio aos pobres para cooptá-los politicamente a fim de sustentar propósitos políticos contrários aos seus interesses; da loteria que distribuía, mais que dinheiro, a ilusão da mobilidade social; mas pelo dilema da relação entre consciência e posição de classe, desde a análise dos camponeses, até a da brilhante reflexão sobre o caráter da pequena burguesia.

Para Marx a manipulação dos camponeses como base de massas para os projetos do pequeno Napoleão, na expressão emprestada da obra de Victor Hugo sobre o tema, não pode ser explicada apenas pela malévola engenhosidade do oportunista, mas pelas determinações materiais que podem ser encontradas nas relações sociais de produção que estão na base da consciência camponesa.

Diz Marx:

> Na medida em que milhões de famílias vivem em condições econômicas de existência que as separam pelo seu modo de viver, pelos seus interesses e pela sua cultura das outras classes e as opõem a estas de um modo hostil, aquelas formam uma classe. Na medida em que subsiste entre os camponeses detentores de parcelas uma conexão apenas local e a identidade dos seus interesses não gera entre eles nenhuma comunidade, nenhuma união nacional e nenhuma organização política, não formam uma classe. São, portanto, incapazes de fazer valer o seu interesse de classe em seu próprio nome, quer por meio de um Parlamento quer por meio de uma convenção. Não podem representar-se, antes têm que ser representados.[11]

Muitas vezes essa reflexão foi vista como uma espécie de preconceito de Marx contra os camponeses, principalmente pelo raciocínio que antecede essa citação que os compara a um "saco de batatas". Na verdade, existe aqui um raciocínio que nos remete à concepção de classes em Marx que vai muito além da caracterização específica do campesinato, mas revela um aspecto mais universal que pode ser aplicado ao próprio proletariado. Uma classe não pode ser assim considerada apenas por ser composta de pessoas iguais que atuam

---

[11] MARX, K. *O 18 brumário de Luís Bonaparte*, p. 327.

no mesmo espaço das relações sociais, daí a metáfora com as batatas em um saco.

Na medida em que partilham da mesma situação de classe, a mesma posição nas relações sociais de produção, comungam elementos comuns quanto aos valores morais ou culturais, são uma classe. No entanto, não basta, e isso porque para Marx o conceito de classe está em movimento e não suporta a rigidez cadavérica do conceito positivista.[12] Os camponeses, nesse sentido, são uma classe, mas ainda não são. Porque uma classe se define também por sua ação de classe, sua capacidade de agir como uma classe na defesa de seus interesses específicos.

O mesmo argumento será utilizado por Marx em inúmeras oportunidades ao tratar do proletariado, como nas afirmações do *Manifesto do Partido Comunista* sobre a formação do proletariado como classe e, portanto, como partido, ou na *Sagrada Família*, quando elabora a curiosa afirmação sobre a formação do proletariado "como" proletariado. No próprio *O 18 brumário de Luís Bonaparte* podemos ver que a classe operária não foi capaz de se constituir como tal, perdendo sua autonomia de classe para os setores burgueses.

Ocorre é que Marx realmente acredita que a posição de classe dos camponeses traz, em si mesma, maiores dificuldades para que estes se apresentem como classe em si, devido ao isolamento, mas, ainda de forma mais decisiva, pela natureza das relações mercantis que obrigam a divisão do trabalho entre produtores independentes de diferentes mercadorias, ao passo que a produção fabril implica em trazer essa divisão para dentro do local da produção, tornando mais provável a ação política comum. No entanto, nem por isso essa passagem é imediata ou natural entre os proletários urbanos, que podem permanecer simplesmente como indivíduos submetidos à

---

[12] Ver a respeito "O conceito e o não conceito de classes em Marx" *In*: IASI, M. *Ensaios sobre consciência e emancipação*. São Paulo, Expressão Popular: 2007, p. 101-121.

disputa por uma vaga no mercado de trabalho. Como vemos, tem batata para todo mundo.

O que nos importa é que, uma vez não se apresentando no terreno da luta política como uma classe, ainda que diante das relações de produção, na cultura ou nas condições de vida o sejam, aquela que não se representa acaba por se fazer representar por outra. Parece-me que aí está a questão fundamental, tanto para camponeses quanto para proletários.

A conjuntura específica estudada por Marx tem muito a nos dizer 145 anos depois. Uma vez que as classes fundamentais em luta (nobreza, burguesia e proletariado) se anulam no equilíbrio da luta, como se estudou nas *Lutas de classes na França*, surge uma outra que acaba ocupando o vazio deixado por esse equilíbrio. Justamente a que se julga acima das classes e do antagonismo entre elas e tem a pretensão de representar a universalidade de uma sociedade tomada como abstração: é a pequena burguesia.

Vejamos a sua entrada na cena histórica analisada pelo autor:

> Frente à burguesia coligada, formara-se uma coligação de pequeno-burgueses e operários, o chamado partido "social-democrata". Os pequeno-burgueses viram-se mal recompensados depois das jornadas de junho de 1848, viram em perigo os seus interesses materiais e postas em causa pela contrarrevolução as garantias democráticas que deviam assegurar-lhes a possibilidade de fazer valer esses interesses. Aproximaram-se, portanto, dos operários. (...) Às reivindicações sociais do proletariado limou-se-lhes a ponta revolucionária e deu-se-lhes uma volta democrática; às exigências democráticas da pequena burguesia retirou-se a sua forma meramente política e afiou-se a sua ponta socialista. Assim nasceu a "social-democracia". (...) O caráter peculiar da social-democracia consiste em exigir instituições democrático-republicanas, não como meio para abolir ao mesmo tempo os dois extremos, capital e trabalho assalariado, mas para atenuar o seu antagonismo e convertê-lo em harmonia. Por diferentes que possam ser as medidas propostas para alcançar esse fim, por muito que se possa revestir por representações mais ou menos revolucionárias, o conteúdo permanece o mesmo. Esse conteúdo é a transformação da sociedade

por via democrática, mas uma transformação dentro do quadro da pequena burguesia.[13]

Portanto, como vemos, a pequena burguesia arrasta o proletariado para um campo mais que terminológico, mas fundamentalmente político, que é o campo dos interesses burgueses. Daí a conclusão de Marx que, independente de a burguesia controlar seu Estado diretamente, o caráter de classe do Estado burguês está garantido, ou seja, isto não é dado pela classe ou origem de classe de quem o ocupa, mas pelos interesses gerais que acabam por prevalecer; a garantia da propriedade privada, a organização hierárquica da classe trabalhadora, a livre compra e venda da força de trabalho, a acumulação privada da mais-valia.

Nesse sentido, a posição pequeno-burguesa vai muito além da posição de classe pequeno-burguesa, mas se define pelo fato de que é uma posição política que não ultrapassa na luta de classes os limites que essa classe não ultrapassa na própria vida. Na ausência de uma proposta política proletária capaz de hegemonizar a luta tanto contra a nobreza quanto contra a burguesia, a pequena burguesia assume o papel de representante universal dos explorados, conduzindo-os para o pântano da conciliação e do amoldamento à ordem do capital.

Nada mais atual.

O último texto é *A guerra civil na França*, de Marx, escrito entre abril e maio de 1871 e publicado ainda nesse mesmo ano. Esse texto trata não apenas da continuidade direta das lutas descritas nos dois primeiros trabalhos, mas avalia a mais importante luta operária do período em que Marx e Engels viveram: a Comuna de Paris.

Tanto em *As lutas de classes na França* quanto em *O 18 brumário de Luís Bonaparte*, Marx só podia vislumbrar uma ação de classe que ousasse uma autonomia histórica, descrevendo muito mais uma situação na qual os trabalhadores ainda naufragavam na linguagem emprestada de seus adversários de classe. O que chamou a atenção

---

[13] MARX, Karl. *O 18 brumário de Luís Bonaparte*, p. 247-248.

de Marx foi a centralidade da luta pelo controle do Estado. No entanto, quando os trabalhadores podiam interferir diretamente nos acontecimentos, não conseguiam ir além de adjetivar o Estado burguês com tinturas sociais, como no citado caso da criação das oficinas nacionais.

Os trabalhadores ainda tiravam sua poesia do passado e o cérebro dos mortos assombrava os vivos. A Comuna de Paris é o episódio histórico em que, pela primeira vez, os trabalhadores rompem com a forma do Estado burguês e anunciam uma nova substância ainda à procura de uma forma nova. O conteúdo finalmente foi além da frase.

Não que as condições históricas fossem substancialmente diferentes que aquelas que marcaram os episódios anteriores, tanto que Marx considerou a luta dos trabalhadores franceses como um "assalto aos céus", mas a ação política dos comunardos rompeu os limites do até então existente, criou um novo patamar que poderia ser utilizado como nova base objetiva para as futuras ações revolucionárias da classe, como de fato ocorreu em todas as revoluções do século XX, com especial destaque para a russa.

A Comuna de Paris ocorreu no contexto da Guerra Franco-Prussiana (1870-1871). Luís Bonaparte, nesse momento, que já havia dado um golpe e se transformado em Napoleão III, acabou por assinar a capitulação da França. No entanto, a cidade de Paris não aceita a rendição e se rebela, proclamando a República. O velho republicano conservador, Thiers, assume o governo da república e tenta assinar um armistício com os alemães, o que faz com que os trabalhadores de Paris se rebelem mais uma vez.

Atendendo ao chamado de Auguste Blanqui, a Guarda Nacional, formada por todos os adultos da capital, marchou no dia 31 de outubro de 1870 até a prefeitura de Paris, prendendo as autoridades do governo. No entanto, as tropas burguesas impediram a tomada do poder e Blanqui foi preso. Garantida a República burguesa, Thiers assina a capitulação de Paris em janeiro de 1871, entregando as armas aos alemães, mas a Guarda Nacional proletária se nega a depor armas e se rebela outra vez em 18 de março de 1871.

Thiers foge para Versalhes e os trabalhadores elegem diretamente uma assembleia que governaria Paris, a Comuna de Paris. Engels já havia antecipado esse erro. Os trabalhadores, como irá concluir Marx, deveriam ter atacado Versalhes e destruído o poder burguês, mas não o fizeram.

Apesar disso, a experiência da Comuna irá ser essencial para anunciar as formas de um futuro Estado proletário. Diz Marx:

> ela era essencialmente um governo da classe operária, o produto da luta da classe produtora contra a apropriadora, a forma política, finalmente descoberta, com a qual se realiza a emancipação econômica do trabalho.[14]

O grande ensinamento que Marx retira da experiência da Comuna é sua teoria do Estado. Não se trata apenas de tomar o poder, mas de quebrar a antiga máquina burguesa e substituí-la por um novo tipo de Estado proletário. Concluía Marx que "a classe operária não pode limitar-se simplesmente a se apossar da máquina do Estado tal como se apresenta e servir-se dela para seus próprios fins".

A forma finalmente encontrada do poder político próprio da revolução proletária rompe os limites da forma republicana burguesa em vários pontos. Os trabalhadores assumem o controle das oficinas e de toda a vida na cidade, abolindo a propriedade privada; os salários são todos equiparados ao salário médio de um operário; o voto se universaliza, inclusive com a participação ativa das mulheres, é organizado por distritos e os representantes eleitos formam a Comuna. Esta não é um órgão apenas "legislativo", mas cada comunardo, ao discutir e deliberar sobre um problema, tem que se organizar para resolvê-lo, superando a velha e aparente insolúvel contradição entre poderes legislativos e executivos. Os mandatos eram todos, a qualquer momento, revogáveis pelos distritos que

---

[14] MARX. K. *A guerra civil na França*, p. 411.

os elegeram. Arma-se todo o povo, eliminando a separação entre população e um corpo armado.

No entanto, a experiência de Estado proletário restringe-se a Paris. Enquanto Blanqui segue preso em Versalhes, os burgueses e oficiais de Thiers seguem livres e conspirando na cidade vermelha. A pequena burguesia participa das eleições para a assembleia em 29 de março e passa a defender um acordo com Thiers. Enquanto isso, em Versalhes suprimia-se a liberdade de imprensa, proibia--se a organização de clubes operários e Blanqui e Flourens eram condenados à morte.

Talvez o fator decisivo para a derrota tenha sido a separação entre os operários de Paris e os camponeses. Thiers usa balões para lançar folhetos, alertando os camponeses sobre os riscos do comunismo que marchará para destruir suas propriedades e famílias. Com o apoio dos camponeses e com o auxílio dos alemães que libertam soldados e permitem que a República se arme, Thiers marcha sobre Paris e sufoca a Comuna num banho de sangue. O ataque iniciou-se no dia 2 de abril, mas a cidade só foi tomada em 27 de maio de 1871. Os trabalhadores resistiram rua por rua, barricada por barricada, incendiaram a cidade, mas não se entregaram.

Os revolucionários capturados eram levados ao cemitério de Père Lachaise e sumariamente fuzilados. Foram 30 mil mortos na luta, 45 mil prisioneiros, dos quais 13 mil condenados, 270 à morte, 400 a trabalhos forçados e 4 mil deportados. A burguesia retoma o poder e as damas da sociedade vão até as cadeias ofender e cuspir nos revolucionários presos pela ousadia de criar uma sociedade nova.

A conclusão de Marx revela a maturidade do conceito da revolução proletária e da necessidade de os trabalhadores organizarem seu novo poder como um Estado que derrote seus adversários e consolide seu poder de classe. Na transição do capitalismo ao comunismo, diz Marx, ocorre um período de transição ao qual corresponde uma transição política em que o Estado não pode ser outro que não a "ditadura revolucionária do proletariado". Esse Estado, que deve preparar o terreno para a abolição das classes e, portanto, do próprio Estado, não pode ser extinto pelo ato político da revolução iniciando de imediato a livre associação dos trabalhadores.

Uma das consequências da Comuna e sua derrota foi a divisão na Associação Internacional dos Trabalhadores entre marxistas e anarquistas, exatamente pelas divergências em relação à temática do Estado.

★ ★ ★

Todas as experiências descritas nos textos aqui apresentados influenciaram decisivamente as revoluções do século XX e abriram o caminho para que os trabalhadores construíssem sua autonomia histórica e, mais que tirar a poesia do futuro, começassem a escrevê-lo. Estes, como afirmava Marx em seu trabalho sobre a Comuna, "não têm nenhuma utopia já pronta para introduzir por decreto", eles não têm "que realizar nenhum ideal, mas simplesmente libertar os elementos da nova sociedade que a velha sociedade burguesa agonizante traz em seu seio".

As revoluções do século XIX preparam as revoluções do século XX. O século XXI amanhece e o Sol que desponta no horizonte avermelha o planeta, iluminando o poema do futuro.

AS LUTAS DE CLASSES NA FRANÇA DE 1848 A 1850

INTRODUÇÃO À EDIÇÃO DE 1895

FRIEDRICH ENGELS

O trabalho que aqui reeditamos foi a primeira tentativa de Marx para explicar um fragmento da história contemporânea por meio do seu modo materialista de [a] conceber a partir da situação econômica dada. No *Manifesto Comunista* a teoria tinha sido aplicada em linhas muito gerais a toda a história moderna. Nos artigos de Marx e meus da *Neue Rheinische Zeitung*[1] fora a referida teoria aplicada constantemente para a interpretação de acontecimentos políticos do momento. Aqui, ao contrário, tratou-se de demonstrar a conexão causal interna de acontecimentos ocorridos ao longo de um desenvolvimento de vários anos tão crítico quanto típico para toda a Europa, de reconduzir, portanto, no sentido do autor, os acontecimentos políticos a efeitos de causas em última instância econômicas.

---

[1] *Neue Reinische Zeitung*. Organ der Demokratie (*Nova Gazeta Renana*. Orgão da Democracia): jornal que se publicou em Colônia sob a direção de Marx de 1º de junho de 1848 a 19 de maio de 1849. Engels fazia parte da redação.

Na apreciação de acontecimentos e de séries de acontecimentos da história do dia a dia nunca estaremos em condições de recuar até às últimas causas econômicas. Mesmo ainda hoje, quando a respectiva imprensa especializada fornece material tão abundante, seria impossível, até na Inglaterra, seguir o curso da indústria e do comércio no mercado mundial e as mudanças que dia após dia são introduzidas nos métodos de produção, de modo que, em qualquer momento, se possa fazer o balanço geral desses fatores multiplicemente imbricados e em permanente mudança, fatores dos quais os mais importantes atuam na maioria dos casos durante muito tempo às ocultas antes de, repentinamente, se fazerem valer com violência à superfície. A clara visão de conjunto sobre a história econômica de um dado período nunca lhe é simultânea, só posteriormente se conquista, após realizados a recolha e o exame do material. A estatística é aqui um meio auxiliar necessário, e segue sempre atrás coxeando. No que diz respeito à história contemporânea corrente, seremos por isso demasiadas vezes obrigados a tratar esse fator, o mais decisivo de todos, como constante, a situação econômica encontrada no começo do período em causa como dada e imutável para todo o período, ou apenas a tomar em consideração aquelas transformações dessa situação que derivam dos próprios acontecimentos manifestadamente patentes e que, por conseguinte, igualmente se manifestam com clareza à luz do dia. Por tal motivo, o método materialista terá demasiadas vezes de se limitar a reduzir os conflitos políticos a lutas de interesses das classes sociais e frações de classes presentes, dadas pelo desenvolvimento econômico, e a demonstrar que cada um dos partidos políticos é a expressão política mais ou menos adequada dessas mesmas classes ou frações de classes.

É evidente que esse inevitável descurar das transformações simultâneas da situação econômica, a verdadeira base de todos os processos a examinar, tem de ser uma fonte de erros. Mas todas as condições de uma exposição de conjunto da história do dia a dia contêm em si inevitavelmente fontes de erros; o que, porém, não impede ninguém de escrever a história do dia a dia.

Quando Marx empreendeu este trabalho, a fonte de erros mencionada era ainda mais inevitável. Durante o tempo da revolução de 1848-1849 era puramente impossível seguir as alterações econômicas que simultaneamente se produziam, ou até mesmo manter delas uma visão de conjunto. O mesmo aconteceu durante os primeiros meses de exílio em Londres, no outono e no inverno de 1849-1850. Mas foi precisamente nessa altura que Marx iniciou o trabalho. E, apesar desse desfavor das circunstâncias, o conhecimento exato de que dispunha, tanto da situação econômica da França antes da revolução de fevereiro, quanto da história política desse país a partir de então, possibilitou-lhe fazer uma exposição dos acontecimentos que, de um modo desde então inalcançado, revela a conexão interna existente entre eles e que, além disso, resistiu brilhantemente à prova a que, por duas vezes, o próprio Marx a submeteu.

A primeira prova ocorreu quando, a partir da primavera de 1850, Marx voltou a ter tempo para os estudos econômicos e empreendeu, em primeiro lugar, a história econômica dos últimos dez anos. Por esse meio, tornou-se-lhe completamente claro a partir dos próprios fatos o que até então havia concluído meio aprioristicamente a partir de um material cheio de lacunas: que a crise do comércio mundial de 1847 fora a verdadeira mãe das revoluções de fevereiro e março, e que a prosperidade industrial, que, pouco a pouco, voltara a se manifestar desde meados de 1848 e atingira o seu apogeu em 1849 e 1850, tinha sido a força vivificante da novamente reforçada reação europeia. E isso foi decisivo. Enquanto nos três primeiros artigos (aparecidos nos números de janeiro, fevereiro e março da *Neue Rheinische Zeitung. Politisch-ökonomische Revue*,[2] Hamburg, 1850) perpassa ainda a expectativa de um próximo novo ascenso da energia revolucionária,

---

2   *Neue Rheinische Zeitung. Politisch-ökonomische Revue (Nova Gazeta Renana. Revista Político-Econômica):* revista fundada por Marx e Engels em 1849 e por ele editada até novembro de 1850; órgão teórico e político da Liga dos Comunistas. Imprimia-se em Hamburg. Saíram seis números. Deixou de existir devido às perseguições policiais na Alemanha e à falta de meios materiais.

no último volume duplo (maio a outubro), publicado no outono de 1850, o quadro histórico que Marx e eu demos rompe de uma vez para sempre com essas ilusões: "Uma nova revolução só é possível na sequência de uma nova crise. É, porém, tão certa como esta." Isso foi também a única alteração essencial que foi necessário introduzir. Na interpretação dos acontecimentos dada nos capítulos anteriores, nas conexões causais aí estabelecidas, não havia absolutamente nada a alterar, conforme demonstra o prosseguimento da narrativa de 10 de março até o outono de 1850 contida nesse mesmo quadro. Por conseguinte, introduzi essa continuação na presente reedição como capítulo quarto.

A segunda prova foi ainda mais difícil. Logo a seguir ao golpe de Estado de Luís Bonaparte de 2 de dezembro de 1851, Marx refundiu a história da França desde fevereiro de 1848 até esse acontecimento que encerrava provisoriamente o período da revolução (*O 18 brumário de Luís Bonaparte,* terceira edição, Hamburg, Meissner 1885). Nessa brochura, o período exposto no nosso escrito é de novo tratado, embora mais resumidamente. Compare-se essa segunda exposição, à luz do acontecimento decisivo que havia de se dar um ano mais tarde, com a nossa e verificar-se-á que o autor muito pouco teve de alterar.

O que dá ainda ao nosso escrito um significado muito especial é a circunstância de que é ele que, pela primeira vez, enuncia a fórmula na qual a unanimidade geral dos partidos operários de todos os países do mundo condensa em breves palavras a sua reivindicação da nova configuração econômica: a apropriação dos meios de produção pela sociedade. No segundo capítulo, a propósito do "direito ao trabalho", que é considerado "a primeira fórmula canhestra em que se condensavam as exigências revolucionárias do proletariado", afirma-se: "(...) mas por detrás do direito ao trabalho está o poder sobre o capital; por detrás do poder sobre o capital, a apropriação dos meios de produção, a sua submissão à classe operária associada, portanto a abolição (*Aufhebung*) do trabalho assalariado e do capital e da sua relação recíproca." Eis aqui, portanto – pela primeira vez – formulado o princípio por meio do qual o socialismo operário moderno se distingue claramente tanto de todos os diversos matizes do socialismo feudal, burguês, pequeno-burguês etc., quanto também da confusa comunidade de bens do comunismo utópico e do comunismo operário espontâneo. Se, mais tarde, Marx alargou a fórmula à apropriação também dos meios de troca, esse alargamento, que de resto depois do *Manifesto Comunista* se entendia por si, enunciou apenas um corolário da tese principal. Recentemente algumas doutas pessoas na Inglaterra acrescentaram que os "meios de repartição" deviam ser também transferidos para a sociedade. Seria, contudo, difícil a esses senhores dizer-nos quais os meios de repartição econômicos diferentes dos meios de produção e troca; a não ser que por eles se entenda os meios políticos de repartição: os impostos, a assistência à pobreza, incluindo a floresta da Saxônia[3] e outras doações. Mas, em primeiro lugar, esses meios de repartição já estão hoje em dia em poder da coletividade, seja ela o Estado ou o município, e, em segundo lugar, o que nós queremos é precisamente aboli-los.

★★★

Quando a revolução de fevereiro rebentou, todos nós, no que diz respeito às nossas representações das condições e do curso dos movimentos revolucionários, nos encontrávamos sob o fascínio da experiência histórica anterior, nomeadamente a da França. E era precisamente dessa experiência, que tinha dominado toda a história europeia desde 1789, que de novo partia o sinal para a revolução geral. Era, portanto, óbvio e inevitável que as nossas ideias sobre a natureza

---

[3] Trata-se das dotações governamentais que Engels designa ironicamente com o nome de uma propriedade de Bismarck na floresta da Saxônia, perto de Hamburg, e que lhe foi oferecida por Guilherme I.

e o curso da revolução "social" proclamada em Paris em fevereiro de 1848, a revolução do proletariado, estivessem fortemente tingidas pelas recordações dos modelos de 1789-1830. E, finalmente, quando o levantamento de Paris encontrou o seu eco nas sublevações vitoriosas de Viena, Milão e Berlim; quando toda a Europa até a fronteira russa era arrastada para o movimento; quando em junho se travou em Paris a primeira grande batalha pela dominação entre o proletariado e a burguesia; quando a própria vitória da sua classe abalou de tal modo a burguesia de todos os países que ela voltou a refugiar-se nos braços da reação monárquico-feudal que acabava de ser derrubada – não podia haver para nós qualquer dúvida, dadas as circunstâncias de então, que a grande luta decisiva havia começado, que tinha de ser travada num único período revolucionário longo e cheio de vicissitudes, mas que só podia terminar com a vitória definitiva do proletariado.

Depois das derrotas de 1849, de modo nenhum partilhamos as ilusões da democracia vulgar agrupada *in partibus* [no país dos infiéis – latim][4] em torno dos futuros governos provisórios. Aquela contava com uma vitória próxima e de uma vez por todas decisiva do "povo" sobre os "opressores". Nós contávamos com uma longa luta depois de eliminados os "opressores", entre os elementos opostos que se ocultavam precisamente no seio desse mesmo "povo". A democracia vulgar esperava de hoje para amanhã a renovada eclosão. Nós, já no outono de 1850, declarávamos que, pelo menos, a primeira fase do período revolucionário já estava concluída e que nada havia a esperar até a irrupção de uma nova crise econômica mundial. Por essa razão, fomos também proscritos como traidores à revolução pelas mesmas pessoas que, depois, quase sem exceção, fizeram as pazes com Bismarck – na medida em que Bismarck achou que valia a pena.

---

[4]   Adição ao título dos bispos católicos designados para cargos puramente nominais em países não cristãos. Essa expressão encontra-se frequentemente em Marx e Engels aplicada a diferentes governos emigrados, formados no estrangeiro sem ter minimamente em conta a situação real no país.

Porém, a história também não nos deu razão e demonstrou que os nossos pontos de vista dessa altura eram uma ilusão. E foi ainda mais além: não só destruiu o nosso erro de então como revolucionou totalmente as condições em que o proletariado tem de lutar. O modo de luta de 1848 está hoje ultrapassado em todos os aspectos. E esse é um ponto que merece ser examinado mais de perto nesta oportunidade.

Todas as revoluções até hoje resultaram no desalojamento de uma determinada dominação de classe por outra; todavia, todas as classes que até agora dominaram eram pequenas minorias face à massa popular dominada. Uma minoria dominante era assim derrubada, uma outra minoria empunhava no seu lugar o leme do Estado e modelava as instituições estatais segundo os seus interesses. Esta última era sempre o grupo minoritário capacitado e vocacionado para a dominação pelo nível do desenvolvimento econômico, e precisamente por isso, e só por isso, acontecia que na transformação (*Umwälzung*) a maioria dominada ou participava a favor daquele ou aceitava tranquilamente a transformação. Mas, se abstrairmos do conteúdo concreto de cada caso, a forma comum de todas as revoluções era elas serem revoluções de minorias. Mesmo quando a maioria cooperava – cientemente ou não, isso acontecia apenas ao serviço de uma minoria. Desse modo, porém, ou também pela atitude passiva e sem insistência da maioria, essa minoria alcançava a aparência de ser a representante de todo o povo.

Em regra, depois do primeiro grande êxito, a minoria vitoriosa dividia-se. Uma parte estava satisfeita com o alcançado; a outra queria ir ainda mais além, punha novas exigências que, pelo menos em parte, iam também no interesse real ou aparente da grande multidão do povo. Essas exigências mais radicais eram também realizadas em casos isolados. Muitas vezes, porém, só o eram momentaneamente, o partido mais moderado alcançava de novo a supremacia e aquilo que ultimamente fora conseguido voltava de novo a perder-se no todo ou em parte; então, os vencidos declaravam-se traídos ou atiravam para o acaso as culpas da derrota. Na realidade, porém, na maioria das vezes, passava-se assim: as conquistas da primeira vitória só eram asseguradas pela segunda vitória do partido mais radical; uma vez alcançado isso, e com isso o momentaneamente necessário, os radicais e os seus êxitos desapareciam de novo da cena.

Todas as revoluções dos tempos modernos, a começar pela grande revolução inglesa do século XVII, mostraram esses traços que pareciam inseparáveis de toda a luta revolucionária. Pareciam também aplicáveis às lutas do proletariado pela sua emancipação. Tanto mais aplicáveis quanto é certo que, precisamente em 1848, se podiam contar as pessoas que apenas em alguma medida entendiam em que direção se devia procurar essa emancipação. Mesmo em Paris, as próprias massas proletárias desconheciam absolutamente qual o caminho a tomar depois da vitória. E, contudo, o movimento existia, instintivo, espontâneo, irreprimível. Não seria essa precisamente a situação em que uma revolução tinha de triunfar, dirigida, na verdade, por uma minoria, mas dessa vez não no interesse da minoria, mas no interesse mais verdadeiro da maioria? Se em todos os períodos revolucionários mais longos as grandes massas populares podiam ser conquistadas com facilidade por meras imposturas plausíveis das minorias que empurram para diante, como haviam elas de ser menos acessíveis a ideias que eram o reflexo mais próprio da sua situação econômica, que outra coisa não eram senão a expressão clara e entendível das suas necessidades, necessidades que elas próprias ainda não entendiam e que apenas começavam a sentir de modo indefinido? Na verdade, essa disposição revolucionária das massas dera quase sempre lugar, e na maior parte das vezes muito rapidamente, a um cansaço ou mesmo a uma mudança em sentido contrário, logo que a ilusão se esfumava e o desencanto surgia. Aqui, porém, não se tratava de imposturas, mas sim da realização dos interesses mais verdadeiros da própria grande maioria, interesses que, anteriormente, de modo nenhum estavam claros para essa grande maioria, mas que em breve haviam de ficar suficientemente claros para ela no curso da realização prática, por meio de evidência convincente. E se, como se demonstra no terceiro artigo de Marx, na primavera de 1850, o desenvolvimento da república burguesa, surgida da revolução "social" de 1848, concentrara a dominação efetiva nas mãos da grande burguesia – que além do mais tinha sentimentos monárquicos – e, em contrapartida, agrupara em torno do proletariado todas as outras classes da sociedade, tanto camponeses quanto pequeno-burgueses, de tal modo que, durante e a seguir à vitória comum, não tinham de ser elas o fator decisivo, mas sim o proletariado que aprendera com a experiência – não estariam então dadas todas as perspectivas para a transformação da revolução da minoria na revolução da maioria?

A nós e a todos quantos pensávamos de modo semelhante, a história não deu razão. Mostrou claramente que nessa altura o nível do desenvolvimento econômico de modo algum estava amadurecido para a eliminação da produção capitalista. Demonstrou isso por meio da revolução econômica que se alastrava por todo o continente desde 1848 e fizera a grande indústria ganhar pela primeira vez foros de cidadania na França, na Áustria, na Hungria, na Polônia e ultimamente na Rússia, e, além disso, tornara a Alemanha em um país industrial de primeira categoria. E tudo isso sobre fundamentos capitalistas que, em 1848, ainda tinham grande capacidade de expansão. Mas foi precisamente essa revolução industrial que, pela primeira vez, por toda a parte, trouxe luz às relações entre as classes. Foi ela que eliminou uma quantidade de formas intermédias que provinham do período manufatureiro e, na Europa Oriental, mesmo do artesanato corporativo, e que criou uma verdadeira burguesia e um verdadeiro proletariado da grande indústria ao mesmo tempo que os fazia passar ao primeiro plano do desenvolvimento social. E é isso que leva a luta dessas duas grandes classes que, em 1848, fora da Inglaterra se limitava a Paris e, no máximo, a alguns grandes centros industriais, a estender-se por toda a Europa e a atingir uma intensidade ainda impensável em 1848. Nessa altura, os numerosos e confusos evangelhos das diferentes seitas com as suas panaceias; hoje, uma só teoria universalmente reconhecida, transparentemente clara, a teoria de Marx, que formula com precisão os fins últimos da luta. Nessa altura, as massas separadas e distintas por localidade e nacionalidade, ligadas unicamente pelo sofrimento comum, não desenvolvidas, oscilando perplexas entre o entusiasmo e o desespero; hoje um único grande exército internacional de socialistas, avançando sem cessar, crescendo dia a dia em número, organização, disciplina, discernimento e certeza na vitória. Mas o fato de que mesmo esse poderoso exército do proletariado não tenha ainda alcançado o objetivo, esteja ainda longe de alcançar a vitória com um único e grande golpe, se veja obrigado a progredir lentamente de posição para posição, numa luta dura e tenaz, demonstra de uma vez para sempre como em 1848 era impossível conseguir-se a transformação social por meio de um simples ataque de surpresa.

Uma burguesia dividida em dois setores dinástico-monárquicos,[5] mas exigindo acima de tudo sossego e segurança para as suas transações financeiras; um proletariado que se lhe opunha e que, embora vencido, a ameaçava e concitava em torno de si um número cada vez maior de pequeno-burgueses e de camponeses; a contínua ameaça de uma explosão violenta que, apesar de tudo, não oferecia qualquer perspectiva de uma solução definitiva – eis, pois, a situação que vinha mesmo a calhar para o golpe de Estado de Luís Bonaparte, o

---

[5] Trata-se dos dois partidos monárquicos da burguesia francesa na primeira metade do século XIX: os legitimistas e os orleanistas. (Legitimistas: partidários da dinastia dos Bourbons, derrubada na França em 1792, que representava os interesses da grande aristocracia rural e do alto clero. Formou-se como partido em 1830, depois da segunda queda dessa dinastia. Em 1871 os legitimistas participaram na campanha geral das forças contrarrevolucionárias contra a Comuna de Paris. Orleanistas: partidários dos duques de Orléans, ramo da dinastia dos Bourbons que subiu ao poder durante a revolução de julho de 1830 e que foi derrubado com a revolução de 1848; representavam os interesses da aristocracia financeira e da grande burguesia. No período da segunda República (1848-1851), ambos os agrupamentos monárquicos constituíram o núcleo do "partido da ordem", partido conservador unificado.).

terceiro e pseudodemocrático pretendente. Assim, este, no dia 2 de dezembro de 1851, servindo-se do exército, pôs fim à tensa situação e assegurou à Europa a tranquilidade interna para, em troca, lhe oferecer uma nova era de guerras.[6] O período das revoluções a partir de baixo estava por agora terminado; seguiu-se-lhe um período de revoluções a partir de cima.

O revés imperialista [regresso ao império] de 1851 foi mais uma prova da imaturidade das aspirações proletárias desse tempo. Mas esse mesmo revés iria criar as condições em que elas teriam de amadurecer. O sossego interno assegurou o pleno desenvolvimento do novo ascenso industrial: a necessidade de dar uma ocupação ao exército e de desviar as correntes revolucionárias para o exterior deu origem às guerras em que Bonaparte, sob o pretexto de fazer valer o "princípio da nacionalidade",[7] procurou proceder a anexações em favor da França. O seu imitador Bismarck adotou essa mesma política para a Prússia. Fez o seu golpe de Estado, a sua revolução a partir de cima em 1866 contra a Confederação Germânica[8] e a Áustria, e não menos contra a

---

[6] Sob Napoleão III, a França participou na guerra da Crimeia (1854-1855), entrou em guerra com a Áustria por causa da Itália (1859), participou, juntamente com a Inglaterra, nas guerras contra a China (1856-1858 e 1860), iniciou a conquista da Indochina (1860-1861), organizou a intervenção armada na Síria (1860-1861) e no México (1862-1867), e, finalmente, entrou em guerra contra a Prússia (1870-1871).

[7] F. Engels emprega um termo que se tornou a expressão de um dos princípios da política externa dos círculos dirigentes do segundo Império bonapartista (1852-1870). O chamado "princípio da nacionalidade" foi amplamente utilizado pelas classes dirigentes dos grandes Estados como disfarce ideológico dos seus planos de conquista e das suas aventuras em política externa. Nada tendo de comum com o reconhecimento do direito dos povos à autodeterminação, o "princípio da nacionalidade" visava atiçar as discórdias nacionais e transformar o movimento nacional, particularmente os movimentos dos povos pequenos, em instrumento da política contrarrevolucionária dos grandes Estados em luta entre si.

[8] A Confederação Germânica, criada em 8 de junho de 1815 no Congresso de Viena, constituía uma união dos Estados alemães absolutistas-feudais e consolidou o fracionamento político e econômico da Alemanha.

Konfliktskammer[9] da Prússia. Porém, a Europa era demasiado pequena para dois Bonapartes e, assim, quis a ironia da história que Bismarck derrubasse Bonaparte e que o rei Guilherme da Prússia instaurasse não só o império pequeno-alemão[10] mas também a República Francesa. Isso teve como resultado geral na Europa, contudo, a autonomia e a unificação interna das grandes nações, com exceção da Polônia. É verdade que isso se deu no interior de limites relativamente modestos, embora fossem, no entanto, suficientemente vastos para que o processo de desenvolvimento da classe operária já não encontrasse nas complicações nacionais um estorvo essencial. Os coveiros da revolução de 1848 passaram a seus executores testamentários. E ao lado deles erguia-se já ameaçador o herdeiro de 1848, o proletariado, na Internacional.

Depois da guerra de 1870-1871, Bonaparte desaparece de cena e fica completa a missão de Bismarck, podendo este agora regressar ao seu lugar de vulgar *Junker* [no sentido estrito, latifundiários aristocratas da Prússia oriental; no sentido lato, classe dos latifundiários alemães]. Todavia, é a Comuna de Paris que encerra esse período. A pérfida tentativa de Thiers de roubar à Guarda Nacional[11] de Paris

---

[9]   Isto é: a Câmara da Prússia, que entrou em seguida em conflito com o governo.

[10]   Em resultado da vitória sobre a França durante a Guerra Franco-Prussiana (1870-1871), surgiu o império alemão, do qual foi, no entanto, excluída a Áustria. Daí as expressões "império pequeno-alemão" e "pequena Alemanha". A derrota de Napoleão III deu um impulso à revolução na França, que derrubou Luís Bonaparte e levou à instauração da república em 4 de setembro de 1870.

[11]   Guarda Nacional: milícia voluntária civil armada, com comandos eleitos, que existiu na França e em alguns outros Estados da Europa ocidental. Foi criada pela primeira vez na França em 1789, no início da revolução burguesa; existiu com intervalos até 1871. Em 1870-1871, a Guarda Nacional de Paris, para a qual entraram, nas condições da Guerra Franco-Prussiana, amplas massas democratas, desempenhou um grande papel revolucionário. Criado em fevereiro de 1871, o Comitê Central da Guarda Nacional encabeçou a insurreição proletária de 18 de março de 1871 e, no período inicial da Comuna de Paris de 1871, exerceu (até 28 de março) as funções de primeiro governo proletário da história. Depois do esmagamento da Comuna de Paris, a Guarda Nacional foi dissolvida.

os seus canhões deu origem a uma sublevação vitoriosa. Mais uma vez se provava que em Paris já não era possível outra revolução que não proletária. Depois da vitória, o poder caiu por si mesmo, sem discussão, nas mãos do proletariado. E, de novo se mostrou como era ainda então impossível, 20 anos depois desse tempo descrito na nossa obra, essa dominação da classe operária. Por um lado, a França deixou Paris entregue a si mesma e observou como ela sangrava sob as balas de Mac-Mahon. Por outro lado, a Comuna consumia-se na luta estéril dos dois partidos que a dividiam: o dos blanquistas (maioria) e o dos proudhonianos (minoria), não sabendo nenhum deles o que devia fazer. E, assim, a vitória dada de presente em 1871 foi tão estéril quanto o ataque de surpresa de 1848.

Havia quem acreditasse que, com a Comuna de Paris, se enterrara definitivamente o proletariado combativo. Contudo, bem ao contrário, é a partir da Comuna e da Guerra Franco-Alemã que ele conhece o seu mais poderoso ascenso. A completa revolução em toda a arte da guerra, levada a cabo pela incorporação de toda a população capaz de pegar em armas em exércitos cujos efetivos só por milhões se podiam contar e, bem assim, as armas de fogo, os projéteis e os explosivos de uma potência até então inaudita puseram, por um lado, bruscamente, termo às guerras do período bonapartista e asseguraram um desenvolvimento industrial pacífico ao tornar impossível qualquer outra guerra que não fosse uma guerra mundial de inaudita crueldade e de desfecho absolutamente imprevisível. Por outro lado, provocaram um aumento em progressão geométrica das despesas com o exército, fazendo com que os impostos atingissem um nível exorbitante e que as classes mais pobres do povo passassem para os braços do socialismo. A anexação da Alsácia-Lorena, causa próxima da louca concorrência em matéria de armamentos, poderia atirar chauvinisticamente a burguesia francesa e a alemã uma contra a outra; todavia, para os operários de ambos os países, ela constituiu um novo laço de união. E o aniversário da Comuna de Paris foi o primeiro dia de festa universal de todo o proletariado.

COLEÇÃO ASSIM LUTAM OS POVOS

Conforme Marx tinha previsto, a guerra de 1870-1871 e a derrota da Comuna deslocaram por momentos o centro de gravidade do movimento operário europeu da França para a Alemanha. Na França, é claro que eram necessários vários anos para que se recuperasse da sangria de maio de 1871. Na Alemanha, ao contrário, onde a indústria se desenvolvia rapidamente como uma planta de estufa devido, além do mais, aos abençoados milhares de milhões franceses,[12] a social--democracia crescia ainda muito mais rápida e persistentemente. Graças ao discernimento com que os operários alemães utilizaram o sufrágio universal introduzido em 1866, o crescimento assombroso do partido surge abertamente aos olhos de todo o mundo em números indiscutíveis. Em 1871, 102 mil; em 1874, 352 mil; em 1877, 493 mil votos social-democratas. Seguiu-se o reconhecimento deste progresso por parte das altas esferas do poder na forma da lei antissocialista.[13] Como consequência, o partido ficou momentaneamente fragmentado e o número de votos baixou em 1881 para 312 mil. Todavia, isso depressa foi superado. Assim, sob pressão da lei de exceção, sem imprensa, sem organização exterior, sem direito de associação e de reunião, começou um período de rápida expansão: em 1884, 550 mil; em 1887, 763 mil; em 1890, 1,427 milhão. E aí ficou paralisada a mão do Estado. A lei antissocialista desapareceu, o número de votos socialistas aumentou para 1,787 milhão, mais de um quarto do total de votos expressos. O governo e as classes dominantes tinham esgotado todos os seus meios – sem proveito, sem finalidade, sem êxito. As provas palpáveis da sua impotência, que as autoridades, desde os vigilantes noturnos até o chanceler do *Reich* [império, nação – alemão],

---

[12] Depois da sua derrota na Guerra Franco-Prussiana de 1870-1871, a França pagou à Alemanha uma indenização de cinco bilhões de francos.

[13] A lei antissocialista foi promulgada na Alemanha em 21 de outubro de 1878. Segundo essa lei, eram proibidas todas as organizações do partido social--democrata, as organizações operárias de massas, a imprensa operária, era confiscada a literatura socialista e os social-democratas eram reprimidos. Sob a pressão do movimento operário de massas, a lei foi abolida em 1º de outubro de 1890.

tiveram que engolir – e isto da parte dos operários desprezados! –, essas provas contavam-se aos milhões. O Estado gastara todo o seu latim, os trabalhadores começavam agora a fazer ouvir o seu.

Desse modo, os operários alemães tinham prestado um segundo grande serviço à sua causa, além do primeiro que residia na sua simples existência como Partido Socialista, o partido mais forte, mais disciplinado e que mais rapidamente crescia. Tinham fornecido aos seus camaradas de todos os países uma nova arma, uma das mais cortantes, mostrando-lhes como se utiliza o sufrágio universal.

O sufrágio universal existia na França já há muito tempo, mas tinha-se desacreditado devido ao emprego abusivo que o governo bonapartista fizera dele. Depois da Comuna, não havia partido operário que o utilizasse. Também na Espanha, ele existia desde a república, mas na Espanha a abstenção fora sempre a regra de todos os partidos sérios da oposição. Também na Suíça, as experiências com o sufrágio universal não eram de modo algum encorajadoras para um partido operário. Os operários revolucionários dos países latinos tinham-se habituado a ver no sufrágio universal uma ratoeira, um instrumento de logro utilizado pelo governo. Na Alemanha, porém, as coisas eram diferentes. Já o *Manifesto Comunista* tinha proclamado a luta pelo direito de voto, pela democracia, uma das primeiras e mais importantes tarefas do proletariado militante, e Lassalle retomara esse ponto. Quando Bismarck se viu obrigado a introduzir o direito de voto[14] como único meio de interessar as massas populares pelos seus planos, os nossos operários tomaram imediatamente a coisa a sério e enviaram August Bebel para o primeiro *Reichstag* [Parlamento – alemão] Constituinte. E, desde esse dia, têm utilizado o direito de voto de um modo que lhes tem sido útil de mil maneiras e servido de modelo aos operários de todos os países. Para utilizar as palavras do programa marxista francês, transforma-

---

[14]   O sufrágio universal foi introduzido por Bismarck em 1866 para as eleições para o *Reichstag* da Alemanha do Norte e em 1871, para as eleições para o *Reichstag* do império germânico unificado.

ram o direito de voto, "de moyen de duperie qu'il a été jusqu'ici, en instrument d'émancipation" – de um meio de logro que tinha sido até aqui, em instrumento de emancipação.[15] E se o sufrágio universal não tivesse oferecido qualquer outro ganho além de nos permitir, de três em três anos, contar quantos somos; de, pelo aumento do número de votos inesperadamente rápido e regularmente constatado, aumentar em igual medida a certeza da vitória dos operários e o pavor dos seus adversários, tornando-se assim no nosso melhor meio de propaganda; a de nos informar com precisão sobre as nossas próprias forças, assim como sobre as de todos os partidos adversários e, desse modo, nos fornecer uma medida sem paralelo para as proporções da nossa ação e nos podermos precaver contra a timidez e a temeridade inoportunas; se fosse essa a única vantagem do sufrágio universal, isso já era mais que suficiente. Mas tem muitas outras. Na agitação da campanha eleitoral, forneceu-nos um meio ímpar de entrarmos em contato com as massas populares em que elas ainda se encontram distantes de nós e de obrigar todos os partidos a defender perante todo o povo as suas concepções e ações face aos nossos ataques; além disso, abriu aos nossos representantes uma tribuna no *Reichstag,* de onde podiam dirigir-se aos seus adversários no Parlamento e às massas fora dele com uma autoridade e uma liberdade totalmente diferentes das que se tem na imprensa e nos comícios. De que serviu ao governo e à burguesia a sua lei antissocialista, se a agitação durante a campanha eleitoral e os discursos socialistas no *Reichstag* nela abriam brechas continuamente?

Com essa utilização vitoriosa do sufrágio universal, entrara em ação um modo de luta totalmente novo do proletariado, modo de luta esse que rapidamente se desenvolveu. Viu-se que as instituições estatais em que a dominação da burguesia se organiza ainda oferecem mais possibilidades através das quais a classe operária pode lutar contra essas mesmas instituições estatais. Assim, participou-se nas eleições

---

[15] Engels cita a introdução teórica escrita por Marx para o programa do Partido Operário Francês, adotado no Congresso do Havre em 1880.

para as Dietas provinciais, para os conselhos municipais, para os tribunais de artesãos, disputou-se à burguesia cada lugar quando para o preencher se fazia ouvir uma parte suficiente do proletariado. E, desse modo, aconteceu que tanto a burguesia quanto o governo vieram a ter mais medo da ação legal do que da ilegal do partido operário, a recear mais os êxitos eleitorais do que os da rebelião.

De fato, também aqui as condições de luta tinham se alterado essencialmente. A rebelião de velho estilo, a luta de rua com barricadas, que até 1848 tinha sido decisiva em toda a parte, tornou-se consideravelmente antiquada.

Mas não tenhamos ilusões: uma efetiva vitória da rebelião sobre a tropa na luta de rua, uma vitória como a que um exército obtém sobre outro, só muito raramente ocorre. Mas os insurgentes também raramente a pretendiam. Para eles tratava-se apenas de desgastar as tropas por meio de influências morais que na luta entre os exércitos de dois países em guerra ou não entram em jogo ou o fazem apenas num grau muito reduzido. Se isso resulta, a tropa recusa-se a obedecer ou os comandantes perdem a cabeça e a revolta vence. Se isso não resulta, mesmo quando a tropa está em desvantagem numérica, a superioridade do melhor equipamento e instrução, da unidade de direção, da utilização planejada das forças armadas e da disciplina, afirma-se como fator decisivo. O máximo que uma insurreição pode alcançar numa ação verdadeiramente tática é o levantamento e a defesa de uma só barricada de acordo com as regras da arte. Apoio mútuo, constituição e emprego de reservas, numa palavra, a cooperação e ligação dos diferentes destacamentos que são indispensáveis para a defesa de um bairro, para já não falar em toda uma grande cidade, tornam-se extremamente deficientes e na maior parte dos casos não se conseguem alcançar. A concentração de forças num ponto decisivo é coisa que está desde logo excluída. Desse modo, a defesa passiva é a forma de luta predominante. O ataque assumirá aqui e além, mas só excepcionalmente, a forma de surtidas e assaltos ocasionais aos flancos, limitando-se em regra à ocupação das posições abandonadas pelas tropas em retirada. Acrescente-se que do lado da tropa se dispõe de canhões e de tropa de engenharia completamente equipada e treinada, meios de combate esses que, na maior parte dos casos, faltam por completo aos insurgentes. Não admira, pois, que mesmo as lutas de barricadas travadas com o maior heroísmo – Paris, junho de 1848, Viena, outubro de 1848, Dresden, maio de 1849 – terminassem com a derrota da insurreição, logo que os chefes atacantes, sem estorvos de ordem política, atuaram segundo pontos de vista puramente militares e os seus soldados permaneceram fiéis.

Os inúmeros êxitos dos insurgentes até 1848 são devidos a causas muito variadas. Em Paris, em julho de 1830 e fevereiro de 1848, como na maior parte das lutas de rua na Espanha, havia, entre os insurgentes e a tropa, uma milícia civil que ou se punha diretamente do lado da rebelião, ou tomava uma atitude tíbia e indecisa que levava as tropas a vacilar, e, além disso, fornecia armas à rebelião. Onde essa milícia se colocava logo contra a rebelião, esta estava perdida, como aconteceu em Paris em junho de 1848. Em Berlim, em 1848, o povo venceu devido em parte aos reforços chegados durante a noite e a manhã do dia 19 (de março), em parte ao esgotamento e à deficiente alimentação das tropas e, em parte ainda, em consequência da paralisia do comando. Todavia, em todos os casos em que se conseguiu a vitória foi porque as tropas não obedeceram, porque faltou capacidade de decisão aos comandantes ou porque estes tinham as mãos atadas.

Mesmo no período clássico das lutas de rua, a barricada tinha portanto um efeito mais moral do que material. Era um meio de abalar a firmeza da tropa. Se se aguentava até se conseguir esse objetivo, alcançava-se a vitória; se não, era a derrota. É esse o aspecto principal que é preciso ter em conta mesmo quando se estuda as possibilidades das lutas de rua que eventualmente venham a ter lugar.

Essas possibilidades já eram em 1849 bastante ruins. Por toda a parte, a burguesia tinha passado para o lado dos governos. A "cultura e a propriedade" saudavam e obsequiavam os soldados que marchavam contra as insurreições. A barricada tinha perdido o seu encanto; o soldado já não via atrás dela o "povo", mas sim rebeldes, agitadores, saqueadores, partilhadores (*Teiler*), escória da sociedade; os oficiais, com o correr do tempo, tinham aprendido novas táticas da luta de rua e já não marchavam sempre em frente e a peito descoberto para o improvisado parapeito, mas antes deslocavam-se por entre os jardins, os pátios e as casas. E isso, com alguma perícia, dava resultado em 90% dos casos.

Desde essa altura, muitas coisas se têm modificado e tudo a favor da tropa. Se as grandes cidades se tornaram consideravelmente maiores, os exércitos aumentaram ainda mais. Desde 1848, Paris e Berlim aumentaram menos que quatro vezes; as suas guarnições, contudo, cresceram mais do que isso. Devido à ferrovia, essas guarnições podem mais do que duplicar-se em 24 horas e em 48 horas atingir as proporções de um exército gigantesco. O armamento desse número enormemente reforçado de tropas torna-se incomparavelmente mais eficaz. Em 1848 havia a espingarda de percussão e retrocarga; hoje existe a espingarda de repetição de reduzido calibre que alcança quatro vezes mais longe, é dez vezes mais precisa e dez vezes mais rápida do que aquela. Dantes, havia os projéteis esféricos maciços e as balas de artilharia de efeito relativamente fraco; hoje, espoletas de percussão das quais uma basta para fazer voar em pedaços a melhor das barricadas. Dantes, havia a picareta dos sapadores para deitar abaixo as paredes mestras; hoje, os cartuchos de dinamite.

Do lado dos insurgentes, ao contrário, pioraram todas as condições. Dificilmente se dará de novo uma insurreição com a qual todas as camadas do povo simpatizem; na luta de classes nunca se agruparão provavelmente em torno do proletariado todas as camadas médias de um modo tão exclusivo que o partido da reação congregado em redor da burguesia quase desapareça comparativamente. O "povo" aparecerá, pois, sempre dividido e, assim, faltará uma poderosa alavanca, que em 1848 tão eficaz se mostrou. Se vierem para o lado dos insurgentes mais soldados com o serviço cumprido, mais difícil se tornará ainda o seu armamento. As espingardas de caça e de luxo dos armeiros – mesmo quando não são inutilizadas antes pela polícia ao retirar-lhes uma parte do cão – não podem nem de longe comparar-se mesmo na luta a curta distância à espingarda de repetição dos soldados. Até 1848, era possível fabricar as munições de que se precisasse com pólvora e chumbo; hoje, os cartuchos são diferentes de arma para arma. Apenas num ponto são iguais em toda a parte: no fato de serem um produto elaborado da grande indústria que, portanto, já não pode ser fabricado *ex tempore* [imediatamente, improvisadamente – latim]; por conseguinte, a maior parte das armas são inúteis desde que não se disponha das munições adequadas para elas. Finalmente, os bairros das grandes cidades, construídos desde 1848, estão dispostos em ruas compridas, retas e largas, feitas como para a utilização dos novos canhões e espingardas. O revolucionário teria de ser louco para escolher as novas zonas operárias situadas na parte Norte e oriental de Berlim para uma luta de barricadas.

Quer isso dizer que no futuro a luta de rua deixará de ter importância? De modo nenhum. Significa apenas que desde 1848 as condições se tornaram muito mais desfavoráveis para os combatentes civis, muito mais favoráveis para a tropa. Por conseguinte, uma futura luta de rua só poderá triunfar se essa situação desvantajosa for compensada por outros fatores. Portanto, ocorrerá menos no princípio de uma grande revolução do que no decurso da mesma e terá que ser levada a cabo com maiores forças. Estas, porém, hão de preferir a luta aberta à tática passiva da barricada como aconteceu em toda a grande Revolução Francesa, em 4 de setembro e em 31 de outubro de 1870, em Paris.[16]

---

[16] Em 4 de setembro de 1870, graças à intervenção revolucionária das massas populares, foi derrubado na França o governo de Luís Bonaparte e proclamada a

Compreende agora o leitor por que é que os poderes dominantes querem pura e simplesmente levar-nos para lá onde a espingarda dispara e o sabre talha? Por que é que hoje nos acusam de covardia por não querermos ir sem mais nem menos para a rua, onde sabemos de antemão que a derrota nos espera? Por que é que nos suplicam tão insistentemente que sirvamos de carne para canhão?

Esses senhores desperdiçam totalmente em vão as suas súplicas e os seus desafios. Não somos assim tão estúpidos. É como se, na próxima guerra, exigissem ao seu inimigo que se colocasse em linha como no tempo do velho Fritz,[17] ou em colunas de divisões inteiras *a la* [à maneira de – francês] Wagram e Waterloo[18] e, além disso, com a espingarda de pederneira na mão. Mas se as condições da guerra entre nações se modificaram, também para a luta de classes não se modificaram menos. O tempo dos ataques de surpresa, das revoluções levadas a cabo por pequenas minorias conscientes à frente das massas inconscientes, já passou. Sempre que se trata de uma transformação completa da organização social, são as próprias massas que devem estar metidas nela, têm de ter compreendido já o que está em causa, por que é que dão o sangue e a vida. Isso foi o que a história dos últimos 50 anos nos ensinou. Mas para que as massas entendam o que há a fazer é necessário um longo e perseverante trabalho; e esse trabalho é precisamente o que agora estamos realizando e com um êxito que leva os nossos adversários ao desespero.

---

república. Em 31 de outubro de 1870 teve lugar uma tentativa malograda dos blanquistas de realizar uma insurreição contra o Governo de Defesa Nacional.

[17] Frederico II.

[18] A batalha de Wagram decorreu em 5 e 6 de julho de 1809 durante a Guerra Austro-Francesa de 1809. Nessa batalha as tropas francesas, sob o comando de Napoleão I, infligiram uma derrota ao exército austríaco do arquiduque Carlos. A batalha de Waterloo (Bélgica) teve lugar em 18 de junho de 1815. O exército de Napoleão foi derrotado. A batalha de Waterloo desempenhou um papel decisivo na campanha de 1815, determinando a vitória definitiva da coligação antinapoleônica das potências europeias e a queda do império de Napoleão I.

Também nos países latinos se compreende cada vez mais que é necessário rever a velha tática. Por toda a parte, se imitou o exemplo alemão do emprego do direito de voto, da conquista de todos os lugares que nos são acessíveis, por toda a parte passou para segundo plano o ataque sem preparação. Na França, onde há mais de 100 anos o terreno está minado por revolução atrás de revolução, onde não existe um único partido que não tenha no seu ativo conspirações, insurreições e todas as outras ações revolucionárias; na França, onde, em consequência disso, o exército de modo algum é seguro para o governo e onde as condições para um golpe de mão insurrecional são muito mais favoráveis do que na Alemanha, mesmo na França os socialistas percebem cada vez melhor que não lhes é possível uma vitória duradoura a não ser que antecipadamente ganhem para si a grande massa do povo, isto é, neste caso os camponeses. Também aqui se reconhece que a tarefa imediata do partido é um lento trabalho de propaganda e de atividade parlamentar. Os êxitos não se fizeram esperar. Não só se conquistou toda uma série de conselhos municipais, mas também nas Câmaras há 50 socialistas que já derrubaram três ministérios e um presidente da República. Na Bélgica, no ano passado, os operários conquistaram o direito de voto e venceram em ¼ dos círculos eleitorais. Na Suíça, na Itália, na Dinamarca, mesmo na Bulgária e na Romênia, os socialistas estão representados no parlamento. Na Áustria, todos os partidos são unânimes em afirmar que a nossa entrada para o *Reichsrat* [conselho imperial – alemão] não nos poderá ser vedada por muito mais tempo. Não subsistem dúvidas que entraremos; a única coisa que está em discussão é por que porta. E até na Rússia, quando se reúne o célebre *Zemski Sobor*, essa Assembleia Nacional contra a qual o jovem Nicolau resiste tão sem êxito, até aí podemos ter a certeza de que viremos a estar representados.

É evidente que os nossos camaradas estrangeiros não renunciam ao seu direito à revolução. O direito à revolução é sem dúvida o único "direito" realmente "histórico", o único em que assentam todos os Estados modernos sem exceção, incluindo Mecklenburg, cuja revolução da nobreza terminou em 1755 com o "pacto sucessório" (*Erbvergleich*), essa gloriosa carta do feudalismo[19] ainda hoje vigente. O direito à revolução está tão incontestavelmente reconhecido pela consciência universal que até o general von Boguslawski faz derivar unicamente desse direito do povo o direito ao golpe de Estado que reivindica para o seu imperador.

Mas, aconteça o que acontecer noutros países, a social-democracia alemã tem um lugar especial e, consequentemente, pelo menos para já, também uma tarefa especial. Os dois milhões de eleitores que envia às urnas, juntamente com os jovens e as mulheres que, não votando, se encontram por detrás deles, constituem a massa mais numerosa, mais compacta, a "força de choque" decisiva do exército proletário internacional. Essa massa lança já hoje nas urnas ¼ dos votos expressos; e, como demonstram as eleições suplementares para o *Reichstag,* as eleições para as dietas dos diferentes Estados, as eleições para os conselhos municipais e as eleições para os tribunais de artesãos, ela cresce sem cessar. O seu crescimento dá-se tão espontaneamente, tão constantemente, tão contínuo e, ao mesmo tempo, tão tranquilamente como um processo da natureza. Todas as intervenções do governo provaram nada conseguir contra ele. Já podemos contar com 2,25 milhões de eleitores. Se isso continuar assim, conquistaremos até o fim do século a maior parte das camadas médias da sociedade, tanto os pequeno-burgueses quanto os pequenos camponeses, e nos transformaremos na força decisiva do país perante a

---

[19] Engels refere-se à prolongada luta entre o poder ducal e a nobreza nos ducados de Mecklenburg-Schwerin e Mecklenburg-Strelitz, que terminou com a assinatura, em Rostock em 1755, de um tratado constitucional sobre os direitos hereditários da nobreza. O tratado confirmou os seus foros e privilégios anteriores, consolidou o seu papel dirigente nas dietas organizadas na base dos Estados sociais; libertou de impostos metade das suas terras; fixou o volume dos impostos sobre o comércio e o artesanato e também a parte de ambos nos gastos do Estado.

qual todas as outras forças, quer queiram ou não, terão de se inclinar. Manter ininterruptamente esse crescimento até que de si mesmo se torne mais forte que o sistema de governo atual, não desgastar em lutas de vanguarda essa força de choque que dia a dia se reforça, mas sim mantê-la intacta até o dia da decisão, é a nossa principal tarefa. Existe apenas um meio que poderia levar a que o constante aumento das forças de combate socialistas na Alemanha fosse momentaneamente detido e até retrocedesse durante algum tempo: um confronto em grande escala com a tropa, uma sangria como em 1871 em Paris. Em longo prazo, acabaria por se recompor. Para fazer desaparecer do mundo, a tiro, um partido que se conta por milhões não chegam todas as espingardas de repetição da Europa e da América. Mas o desenvolvimento normal seria travado, a força de choque não estaria talvez operacional no momento crítico, a luta decisiva seria retardada, prolongada e seria acompanhada de pesados sacrifícios.

A ironia da história universal põe tudo de cabeça para baixo. Nós, os "revolucionários", os "subversivos", prosperamos muito melhor com os meios legais do que com os ilegais e a subversão. Os partidos da ordem, como eles se intitulam, afundam-se com a legalidade que eles próprios criaram. Exclamam desesperados com Odilon Barrot: *la legalité nous tue* – a legalidade nos mata – enquanto nós, com essa legalidade, revigoramos os nossos músculos e ganhamos cores nas faces e parecemos ter vida eterna. E se nós não formos loucos a ponto de lhes fazermos o favor de nos deixarmos arrastar para a luta de rua, não lhes restará outra saída senão serem eles próprios a romper essa legalidade tão fatal para eles.

Por agora elaboram novas leis contra a subversão. De novo tudo de cabeça para baixo. Esses fanáticos da antissubversão de hoje não são eles próprios os subversivos de ontem? Teremos sido nós quem provocou a guerra civil de 1866? Fomos nós quem expulsou o rei de Hannover, o príncipe eleitor de Hessen e o duque de Nassau dos territórios que por herança legitimamente lhes pertenciam e anexou esses mesmos territórios? E esses subversivos da Confederação Germânica e de três coroas por graça de Deus ainda se queixam da subversão? *Quis tulerit Gracchos de seditione querentes* [Quem tolerará que os Gracos se queixem de uma sedição? (Juvenal, *Sátira II*) – latim]? Quem poderia permitir aos adoradores de Bismarck injuriar a subversão?

Ainda que consigam impor os seus projetos de lei contra a subversão, que os tornem ainda mais severos, que transformem todo o código penal em borracha, nada conseguirão senão dar uma nova prova da sua impotência. Para atacarem seriamente a social-democracia, terão de lançar mão de medidas totalmente diferentes. Só poderão levar a melhor sobre a subversão social-democrata, a qual neste momento vive de respeitar as leis, pela subversão dos partidos da ordem, a qual não pode viver sem violar a lei. *Herr* Rössler, o burocrata prussiano, e *Herr* von Boguslawski, o general prussiano, indicaram-lhes o único caminho pelo qual ainda se pode talvez levar a melhor sobre os operários, que agora já não se deixam atrair para a luta de rua. Ruptura da Constituição, ditadura, regresso ao absolutismo, *regis voluntas suprema lex!* [a vontade do rei é a lei suprema! – latim]. Portanto, coragem, meus senhores, deixem de conversas e arregacem as mangas!

Mas não se esqueçam que o império germânico, com todos os pequenos Estados e, em geral, todos os Estados modernos, é produto de um contrato. Em primeiro lugar, do contrato dos príncipes entre si; em segundo lugar, dos príncipes com o povo. Se uma das partes quebrar o contrato, todo o contrato fica sem efeito, deixando, por conseguinte, a outra parte de estar vinculada. Como em 1866 Bismarck tão brilhantemente nos mostrou. Se, portanto, os senhores violarem a Constituição do *Reich,* a social-democracia ficará livre e poderá fazer ou não fazer a vosso respeito o que muito bem entender. Mas o que ela então fará – isso é coisa que muito dificilmente lhes diremos hoje.

Faz hoje quase 1,6 mil anos que no Império Romano atuava também um perigoso partido subversivo. Esse partido minava a religião e todos os fundamentos do Estado; negava sem rodeios que a vontade do imperador fosse a lei suprema; era um partido sem pátria, internacional, estendia-se por todo o império desde a Gália à Ásia e mesmo para lá das fronteiras imperiais. Durante muito tempo, minara às escondidas, sob a terra. Todavia, já há muito tempo que se considerava suficientemente forte para aparecer à luz do dia. Esse partido subversivo, que era conhecido pelo nome de cristãos, tinha também uma forte representação no exército; legiões inteiras eram cristãs. Quando lhes ordenavam que estivessem presentes nas cerimônias sacrificiais da igreja oficial, para aí prestarem as *honneurs* [honras – francês] esses soldados subversivos levavam o seu atrevimento tão longe que, como protesto, punham no capacete uns distintivos especiais: cruzes. Mesmo os vulgares castigos dos quartéis pelos seus superiores não surtiam qualquer efeito. O imperador Diocleciano já não podia assistir tranquilamente ao minar da ordem, da obediência e da disciplina dentro do seu exército. Interveio energicamente porque ainda era tempo para isso. Emitiu uma lei contra os socialistas, queria dizer, uma lei contra os cristãos. Foram proibidas as reuniões de subversivos, os locais de reunião encerrados ou demolidos, os símbolos cristãos, cruzes etc., proibidos, como na Saxônia os lenços vermelhos. Os cristãos foram declarados incapacitados para ocuparem cargos públicos, e nem sequer podiam ser cabos. Como nessa altura não se dispunha de juízes tão bem amestrados no que diz respeito à "consideração da pessoa", como o pressupõe o projeto de lei contra a subversão[20] do senhor *Herr* von Köller, proibiu-se sem mais rodeios os cristãos de defender os seus direitos perante o tribunal. Mas até essa lei de exceção não teve êxito. Os cristãos arrancaram-na dos muros, escarnecendo dela, e diz-se mesmo que deitaram fogo ao palácio, em

---

[20] Em 5 de dezembro de 1894, foi apresentado ao *Reichstag* alemão o projeto de uma nova lei contra os socialistas. Esse projeto foi rejeitado em 11 de maio de 1895.

Nicomédia, nas barbas do imperador. Este se vingou com a grande perseguição aos cristãos do ano 303 da nossa era. Foi a última no seu gênero. E foi tão eficaz que 17 anos mais tarde o exército era composto predominantemente por cristãos e o autocrata de todo o Império Romano que se lhe seguiu, Constantino, chamado pelos padres o Grande, proclamou o cristianismo religião de Estado.

Londres, 6 de março de 1895.

Friedrich Engels

Publicado (com cortes) na revista *Die Neue Zeit*, Bd. 2, n. 27 e 28, 1894-1895, e no livro de Karl Marx *Die Klassenkämpfe in Frankreich 1848 bis 1850*, Berlin, 1895.

Publicado segundo o texto completo das provas tipográficas do texto original, cotejado com o manuscrito. Traduzido do alemão.

AS LUTAS DE CLASSES NA FRANÇA DE 1848 A 1850

Excetuados alguns capítulos, todos os parágrafos mais importantes dos anais da revolução de 1848 a 1849 têm como título: Derrota da revolução!

O que nessas derrotas sucumbiu não foi a revolução. Foram os tradicionais apêndices pré-revolucionários, produtos de relações sociais que não tinham ainda se agudizado em nítidos antagonismos de classe: pessoas, ilusões, representações, projetos, de que, antes da revolução de fevereiro, o partido revolucionário não estava livre e de que só poderia ser libertado por meio de sucessivas derrotas e não através da vitória de fevereiro.

Numa palavra: o progresso revolucionário abriu caminho não pelas suas conquistas tragicômicas imediatas, mas, inversamente, por ter criado uma poderosa e coesa contrarrevolução, por ter criado um adversário na luta contra o qual o partido da subversão (*Umsturzpartei*) amadureceu, só então se tornando um partido verdadeiramente revolucionário.

É isso que as páginas seguintes se propõem a demonstrar.

I – A DERROTA
DE JUNHO DE 1848

De fevereiro a junho de 1848

A seguir à revolução de julho,[21] o banqueiro liberal Laffitte, ao conduzir em triunfo para o *Hôtel de Ville* [câmara municipal – francês] o seu *compère* [compadre, cúmplice – francês], o duque de Orléans[22] deixou escapar este comentário: "Agora o reino dos banqueiros vai começar." Laffitte traíra o segredo da revolução.

Porém, sob Luís Felipe, não era a burguesia francesa quem dominava. Quem dominava era apenas uma fração dela: banqueiros, reis da Bolsa, reis da ferrovia, proprietários de minas de carvão e de ferro e de florestas e uma parte da propriedade fundiária aliada a estes – a chamada aristocracia financeira. Era ela quem ocupava o trono, quem ditava leis nas Câmaras, quem distribuía os cargos públicos desde o ministério até a administração dos tabacos.

A burguesia industrial propriamente dita constituía uma parte da oposição oficial, isto é, estava representada nas Câmaras apenas como minoria. A sua oposição manifestava-se tanto mais decididamente quanto mais se acentuava e desenvolvia a dominação exclusiva da

---

[21] Trata-se da revolução burguesa de 1830, em resultado da qual foi derrubada a dinastia dos Bourbons.

[22] O duque de Orléans ocupou o trono francês com o nome de Luís Felipe.

aristocracia financeira, quanto mais a burguesia industrial julgava assegurada a sua dominação sobre a classe operária depois dos motins afogados em sangue de 1832, 1834 e 1839.[23] Grandin, um fabricante de Rouen, o porta-voz mais fanático da reação burguesa, tanto na Assembleia Nacional Constituinte quanto na Legislativa, era quem, na Câmara dos Deputados, se opunha com mais violência a Guizot. Léon Faucher, conhecido mais tarde pelos seus esforços impotentes para se guindar a um Guizot da contrarrevolução francesa, travou, nos últimos anos de Luís Felipe, uma polêmica em favor da indústria contra a especulação e o seu caudatário, o governo. Bastiat fazia agitação em nome de Bordeaux e de toda a França produtora de vinho contra o sistema dominante.

Tanto a pequena burguesia, em todas as suas gradações, quanto a classe camponesa estavam totalmente excluídas do poder político. Era, pois, na oposição oficial ou inteiramente fora do *pays légal* [país legal, aqueles que tinham direito de voto – francês] que se encontravam os representantes e os porta-vozes ideológicos das classes mencionadas: intelectuais, advogados, médicos etc. Numa palavra: as chamadas competências.

Pela penúria financeira, a monarquia de julho[24] estava de antemão dependente da alta burguesia e tal dependência tornou-se a fonte inesgotável de uma penúria financeira sempre crescente. Impossível subordinar a administração do Estado ao interesse nacional sem equi-

---

[23] Em 5 e 6 de junho de 1832, teve lugar em Paris uma insurreição. Os operários que nela participaram ergueram uma série de barricadas e defenderam-se com grande coragem e firmeza. Em abril de 1834, teve lugar uma insurreição de operários em Lyon, uma das primeiras ações de massas do proletariado francês. A insurreição, apoiada pelos republicanos numa série de outras cidades, particularmente em Paris, foi cruelmente esmagada. A insurreição de 12 de maio de 1839, em Paris, na qual os operários revolucionários desempenharam também um papel principal, foi preparada pela Sociedade das Estações do Ano, sociedade secreta republicano-socialista, sob a direção de A. Blanqui e A. Barbès; foi reprimida pelas tropas e pela Guarda Nacional.

[24] Monarquia de julho: reinado de Luís Felipe (1830-1848), que recebeu a sua designação da revolução de julho.

librar o orçamento, isto é, sem que haja equilíbrio entre as despesas e as receitas do Estado. E como estabelecer esse equilíbrio sem limitação das despesas públicas, isto é, sem ferir interesses que eram outros tantos pilares do sistema dominante e sem nova regulamentação da distribuição de impostos, isto é, sem atirar para os ombros da alta burguesia uma significativa parte da carga fiscal?

O endividamento do Estado era, ao contrário, o interesse direto da fração da burguesia que dominava e legislava através das Câmaras. O déficit do Estado, esse era o verdadeiro objeto da sua especulação e a fonte principal do seu enriquecimento. Todos os anos, um novo déficit. Quatro ou cinco anos depois, um novo empréstimo. E cada novo empréstimo oferecia à aristocracia financeira uma nova oportunidade de defraudar o Estado, mantido artificialmente à beira da bancarrota; ele via-se obrigado a pedir mais dinheiro aos banqueiros, nas condições mais desfavoráveis. Cada novo empréstimo constituía uma nova oportunidade de pilhar o público que investira capitais em títulos do Estado, mediante operações na Bolsa, em cujo segredo estavam o governo e a maioria representada na Câmara. Em geral, a situação periclitante do crédito público e a posse dos segredos do Estado davam aos banqueiros e a seus associados nas Câmaras e no trono a possibilidade de provocar extraordinárias e súbitas flutuações na cotação dos valores do Estado, de que resultava sempre a ruína de uma enorme quantidade de pequenos capitalistas e o enriquecimento fabulosamente rápido dos grandes especuladores. Que o déficit do Estado era o interesse direto da fração burguesa dominante, eis o que explica que as despesas públicas extraordinárias nos últimos anos do reinado de Luís Felipe tenham ultrapassado de longe o dobro das despesas extraordinárias no tempo de Napoleão. De fato, atingiram a soma anual de quase 400 milhões de francos enquanto o montante global anual da exportação da França raramente se elevava em média a 750 milhões de francos. Além disso, as enormes somas que passavam pelas mãos do Estado permitiam contratos de fornecimento fraudulentos, subornos, malversações e vigarices de toda a espécie.

A defraudação do Estado, em grande escala, como consequência dos empréstimos, repetia-se, em menor escala, nas obras públicas. A relação entre a Câmara e o governo encontrava-se multiplicada nas relações entre as diversas administrações e os diversos empresários.

A classe dominante explorava a construção das ferrovias, tal como as despesas públicas em geral e os empréstimos do Estado. As Câmaras atiravam para o Estado os principais encargos e asseguravam à aristocracia financeira especuladora os frutos dourados. Recorde-se dos escândalos ocorridos na Câmara dos Deputados quando, ocasionalmente, veio a lume que a totalidade dos membros da maioria, incluindo uma parte dos ministros, estavam interessados como acionistas nessa mesma construção das ferrovias que, como legisladores, depois mandavam executar à custa do Estado.

Em contrapartida, a mais insignificante reforma financeira fracassava face à influência dos banqueiros. Um exemplo: a reforma postal. Rothschild protestou. Deveria o Estado reduzir fontes de riqueza com que pagava os juros da sua crescente dívida?

A monarquia de julho era apenas uma sociedade por ações para explorar a riqueza nacional da França e cujos dividendos eram distribuídos entre ministros, Câmaras, 240 mil eleitores e o seu séquito. Luís Felipe era o diretor dessa sociedade, um Robert Macaire no trono. Num tal sistema, o comércio, a indústria, a agricultura, a navegação, os interesses da burguesia industrial não podiam deixar de estar constantemente ameaçados e de sofrer prejuízos. "*Gouvernement à bon marché*", governo barato, fora o que ela durante as jornadas de julho inscrevera na sua bandeira.

Enquanto a aristocracia financeira legislava, ela dirigia a administração do Estado, dispunha de todos os poderes públicos organizados e dominava a opinião pública pelos fatos e pela imprensa; repetia-se em todas as esferas, desde a corte ao *Café Borgne* [cafés e tabernas de má fama em Paris – francês], a mesma prostituição, as mesmas despudoradas fraudes, o mesmo desejo ávido de enriquecer não através da produção, mas sim através da sonegação de riqueza alheia já existente;

nomeadamente no topo da sociedade burguesa manifestava-se a afirmação desenfreada e que a cada momento colidia com as próprias leis burguesas dos apetites doentios e dissolutos em que a riqueza derivada do jogo naturalmente procura a sua satisfação, em que o prazer se torna *crapuleux* [crapuloso – francês], em que o dinheiro, a imundície e o sangue confluem. No seu modo de fazer fortuna como nos seus prazeres, a aristocracia financeira não é mais do que o renascimento do lumpemproletariado nos cumes da sociedade burguesa.

As frações não dominantes da burguesia francesa gritavam: Corrupção! O povo gritava: *À bas les grands voleurs! À bas les assassins!* [Abaixo os grandes ladrões! Abaixo os assassinos! – francês] quando no ano de 1847, nos palcos mais elevados da sociedade burguesa, se representavam em público as mesmas cenas que conduzem regularmente o lumpemproletariado aos bordéis, aos asilos, aos manicômios, aos tribunais, às prisões e ao cadafalso. A burguesia industrial via os seus interesses em perigo; a pequena burguesia estava moralmente indignada; a fantasia popular estava revoltada; Paris estava inundada de folhetos – *La dynastie Rothschild, les juifs rois de l'époque* [A dinastia Rothschild, os judeus reis da época – francês] etc. – nos quais, com mais ou menos espírito, se denunciava e estigmatizava o domínio da aristocracia financeira.

Rien pour la gloire! [Nada em troco da glória – francês]. A glória não dá nada! *La paix partout et toujours!* [A paz está sempre em toda parte! – francês]. A guerra faz baixar as cotações 3 a 4%! – tinha a França dos judeus da Bolsa inscrito na sua bandeira. A política externa perdeu-se, por isso, numa série de humilhações do sentimento nacional francês, cuja reação se tornou mais viva quando, com a anexação de Cracóvia pela Áustria,[25] se completou a espoliação da

---

[25] Em fevereiro de 1846, foi preparada a insurreição nas terras polacas com vista à libertação nacional da Polônia. Os principais iniciadores da insurreição foram os democratas revolucionários polacos. No entanto, em resultado da traição dos elementos da nobreza e da prisão dos dirigentes da insurreição, esta não se realizou e verificaram-se apenas explosões revolucionárias isoladas. Só na Cracóvia, submetida desde 1815 ao controle conjunto da Áustria, da Rússia e da

Polônia e quando, na guerra suíça do Sonderbund,[26] Guizot se pôs ativamente ao lado da Santa Aliança.[27] A vitória dos liberais suíços nesse simulacro de guerra elevou o sentimento de dignidade da oposição burguesa na França. O levantamento sangrento do povo em Palermo atuou como um choque elétrico sobre a massa popular paralisada e despertou as suas grandes recordações e paixões revolucionárias.[28]

Finalmente, dois acontecimentos econômicos mundiais aceleraram o eclodir do mal-estar geral e amadureceram o descontentamento até o converter em revolta.

A praga da batata e as más colheitas de 1845 e 1846 aumentaram a efervescência geral do povo. A carestia de 1847 fez estalar conflitos

---

Prússia, os insurgentes conseguiram alcançar a vitória em 22 de fevereiro e criar um Governo Nacional, que publicou um manifesto sobre a abolição das cargas feudais. A insurreição na Cracóvia foi esmagada no começo de março de 1846. Em novembro de 1846, a Áustria, a Prússia e a Rússia subscreveram um tratado sobre a integração da Cracóvia no império austríaco.

[26] Sonderbund: aliança separada dos sete cantões católicos da Suíça, atrasados do ponto de vista econômico; foi concluída em 1843 com o objetivo de se opor às transformações burguesas progressivas na Suíça e para defender os privilégios da Igreja e os jesuítas. A resolução da dieta suíça de julho de 1847 sobre a dissolução do Sonderbund serviu de pretexto para que este iniciasse, no começo de novembro, ações armadas contra os outros cantões. Em 23 de novembro de 1847, o exército do Sonderbund foi derrotado pelas tropas do governo federal. Durante a guerra do Sonderbund, as potências reacionárias da Europa ocidental, que dantes faziam parte da Santa Aliança – a Áustria e a Prússia – tentaram imiscuir-se nos assuntos suíços em benefício do Sonderbund. Guizot adotou de fato uma posição de apoio a essas potências, tomando sob a sua defesa o Sonderbund.

[27] Santa Aliança: agrupamento reacionário dos monarcas europeus, fundada em 1815 pela Rússia tsarista, pela Áustria e pela Prússia, para esmagar os movimentos revolucionários de alguns países e manter neles regimes monarco-feudais.

[28] Anexação da Cracóvia pela Áustria, de acordo com a Rússia e a Prússia, 11 de novembro de 1846. Guerra suíça do Sonderbund, 4-28 de novembro de 1847. Insurreição de Palermo, 12 de janeiro de 1848. Fim de janeiro, bombardeamento da cidade durante nove dias pelos napolitanos. (Nota de Engels à edição de 1895)

sangrentos não só na França mas também no resto do continente. Frente às escandalosas orgias da aristocracia financeira: a luta do povo pelos bens de primeira necessidade! Em Buzançais, os amotinados da fome executados;[29] em Paris, os *escrocs* [espoliadores – francês] de barriga cheia arrancados dos tribunais pela família real!

O segundo grande acontecimento econômico que acelerou o rebentar da revolução foi uma crise geral do comércio e da indústria na Inglaterra. Anunciada já no outono de 1845 pela derrota maciça dos especuladores em ações das ferrovias, retardada durante o ano de 1846 por uma série de casos pontuais, como a iminente abolição das taxas aduaneiras sobre os cereais, acabou por eclodir no outono de 1847 com a bancarrota dos grandes mercadores coloniais londrinos, seguida de perto pela falência dos bancos provinciais e pelo encerramento das fábricas nos distritos industriais ingleses. Ainda os efeitos dessa crise não tinham se esgotado no continente e já rebentava a revolução de fevereiro.

A devastação que a epidemia econômica causara no comércio e na indústria tornou ainda mais insuportável a dominação exclusiva da aristocracia financeira. Em toda a França, a burguesia oposicionista promoveu agitação de banquetes por uma reforma eleitoral que lhe conquistasse a maioria nas Câmaras e derrubasse o ministério da Bolsa. Em Paris, a crise industrial teve ainda como consequência especial lançar para o comércio interno uma massa de fabricantes e grandes comerciantes que, nas circunstâncias presentes, já não podiam fazer negócios no mercado externo. Estes abriram grandes estabelecimentos cuja concorrência arruinou em massa *épiciers*

---

[29] Em Buzançais (Departamento de Indre), na primavera de 1847, por iniciativa dos operários famintos e dos habitantes das aldeias vizinhas, foram assaltados armazéns de víveres pertencentes a especuladores; isso deu lugar a um sangrento choque da população com a tropa. Os acontecimentos de Buzançais provocaram uma cruel repressão governamental: quatro participantes diretos nos acontecimentos foram executados em 16 de abril de 1847 e muitos outros foram condenados a trabalhos forçados.

[merceeiros – francês] e *boutiquiers* [lojistas – francês]. Daí um sem-
-número de falências nessa parte da burguesia parisiense, daí a sua
entrada revolucionária em cena em fevereiro. É conhecido como
Guizot e as Câmaras responderam a essas propostas de reforma
com um inequívoco desafio; como Luís Felipe se decidiu demasiado
tarde por um ministério Barrot; como estalaram escaramuças entre
o povo e o exército; como o exército foi desarmado pela atitude
passiva da Guarda Nacional,[30] como a monarquia de julho teve de
ceder o lugar a um governo provisório.

O governo provisório que se ergueu nas barricadas de fevereiro
espelhava necessariamente, na sua composição, os diferentes partidos
entre os quais se repartia a vitória. Não podia, pois, ser outra coisa
senão um compromisso das diferentes classes que, conjuntamente,
tinham derrubado o trono de julho, mas cujos interesses se opunham
hostilmente. A sua grande maioria compunha-se de representantes
da burguesia. A pequena burguesia republicana estava representada
por Ledru-Rollin e Flocon; a burguesia republicana por gente do
Le National,[31] a oposição dinástica por Crémieux, Dupont de L'Eure
etc. A classe operária tinha apenas dois representantes: Louis Blanc
e Albert. Por fim, a presença de Lamartine no governo provisório –
isso não era em princípio um interesse real, uma classe determinada:
era a própria revolução de fevereiro, o seu levantamento comum
com as suas ilusões, a sua poesia, o seu conteúdo imaginário, as
suas frases. De resto, o porta-voz da revolução de fevereiro, pela sua
posição como pelas suas opiniões, pertencia à burguesia.

Se é Paris, em consequência da centralização política, que domina a França, em momentos de convulsões revolucionárias, são os
operários que dominam Paris. O primeiro ato da vida do governo

---

[30]   Ver nota 11, p. 48.
[31]   *Le National* (*O Nacional*): jornal francês que se publicou em Paris de 1830
       a 1851; órgão dos republicanos burgueses moderados. Os mais destacados
       representantes desta corrente no Governo Provisório eram Marrast, Bastide
       e Garnier-Pagès.

provisório foi a tentativa de se subtrair a essa influência predominante por um apelo da Paris embriagada à França sóbria. Lamartine contestou aos combatentes das barricadas o direito de proclamar a república, só a maioria dos franceses seria competente para tal; haveria que esperar que ela se manifestasse pelo voto, o proletariado parisiense não deveria manchar a sua vitória com uma usurpação. A burguesia permite ao proletariado uma única usurpação: a da luta.

Ao meio-dia de 25 de fevereiro, a república ainda não tinha sido proclamada; em contrapartida, já todos os ministérios se encontravam distribuídos entre os elementos burgueses do governo provisório e entre os generais, banqueiros e advogados do *Le National*. Os operários, porém, dessa vez, estavam decididos a não tolerar uma escamoteação semelhante à de julho de 1830. Estavam prontos a retomar a luta e a impor a república pela força das armas. Foi com esta mensagem que Raspail se dirigiu ao *Hôtel de Ville*. Em nome do proletariado de Paris, ordenou ao governo provisório que proclamasse a república. Se dentro de duas horas essa ordem do povo não tivesse sido cumprida, ele regressaria à frente de 200 mil homens. Os cadáveres dos combatentes caídos na luta mal tinham começado a arrefecer, as barricadas ainda não tinham sido removidas, os operários não tinham sido desarmados e a única força que se lhes podia opor era a Guarda Nacional. Nessas circunstâncias, dissiparam-se repentinamente as objeções de sutileza política e os escrúpulos jurídicos do governo provisório. O prazo de duas horas ainda não tinha expirado e já todas as paredes de Paris ostentavam as palavras históricas em letras enormes:

République Française! Liberté, Egalité, Fraternité! [República Francesa! Liberdade, Igualdade, Fraternidade! – francês].

Com a proclamação da República com base no sufrágio universal, extinguira-se até a recordação dos objetivos e motivos limitados que haviam atirado a burguesia para a revolução de fevereiro. Todas as classes da sociedade francesa – em vez de algumas, poucas, frações da burguesia – foram de repente arremessadas para o círculo do poder político, obrigadas a abandonar os camarotes, a plateia e a galeria e a vir representar, em pessoa, no palco revolucionário! Com a monarquia constitucional desapareceram também a aparência de um poder de Estado contraposto soberanamente à sociedade burguesa (*bürgerlichen Gesellschaft*) e toda a série de lutas secundárias que esse poder aparente provoca!

Ao ditar a república ao governo provisório e, por meio do governo provisório, a toda a França, o proletariado passou imediatamente ao primeiro plano como partido autônomo, mas, ao mesmo tempo, desafiou contra si toda a França burguesa. O que ele conquistou foi o terreno para a luta pela sua emancipação revolucionária, de modo algum essa mesma emancipação.

A república de fevereiro teve, isso sim, de começar por consumar a dominação da burguesia fazendo entrar, ao lado da aristocracia financeira, todas as classes possuidoras para o círculo do poder político. A maioria dos grandes proprietários fundiários, os legitimistas,[32] foram emancipados da nulidade política a que a monarquia de julho os havia condenado. Não fora em vão que a *Gazette de France*[33] fizera agitação juntamente com os jornais oposicionistas; não fora em vão que La Rochejaquelein tomara o partido da revolução na sessão da Câmara dos Deputados de 24 de fevereiro. Por meio do sufrágio universal, os proprietários nominais, que constituem a grande maioria dos franceses, os camponeses passaram a ser os árbitros do destino da França. Ao destronar a coroa, atrás da qual o capital se mantinha escondido, a república de fevereiro fez com que, finalmente, a dominação da burguesia se manifestasse na sua pureza.

Tal como nas jornadas de julho os operários tinham conquistado a monarquia burguesa, nas jornadas de fevereiro conquistaram a república burguesa. Tal como a monarquia de julho fora obrigada

---

[32] Ver nota 5, p. 46.

[33] *La Gazette de France* (*A Gazeta da França*): jornal que se publicou em Paris desde 1631 até os anos 40 do século XIX; órgão dos legitimistas, partidários da restauração da dinastia dos Bourbons.

a anunciar-se como uma monarquia rodeada por instituições republicanas, assim a república de fevereiro foi obrigada a anunciar-se como uma república rodeada por instituições sociais. O proletariado parisiense forçou também esta concessão.

Um operário, Marche, ditou o decreto no qual o recém-formado governo provisório se comprometia a assegurar a existência dos operários por meio do trabalho e a proporcionar trabalho a todos os cidadãos etc. E quando, alguns dias mais tarde, o governo se esqueceu das suas promessas e pareceu ter perdido de vista o proletariado, uma massa de 20 mil operários dirigiu-se ao *Hôtel de Ville* gritando: Organização do trabalho! Criação de um Ministério Especial do Trabalho! A contragosto e depois de longos debates, o governo provisório nomeou uma comissão especial permanente encarregada de encontrar os meios para a melhoria das classes trabalhadoras! Essa comissão era constituída por delegados das corporações de artesãos de Paris e presidida por Louis Blanc e Albert. Para sala de sessões, foi-lhes destinado o palácio de Luxemburgo. Assim, os representantes da classe operária foram afastados da sede do governo provisório, tendo a parte burguesa deste conservado exclusivamente nas suas mãos o verdadeiro poder do Estado e as rédeas da administração; e, ao lado dos ministérios das Finanças, do Comércio, das Obras Públicas, ao lado do sistema bancário e da Bolsa ergueu-se uma sinagoga socialista, cujos sumo-sacerdotes, Louis Blanc e Albert, tinham como tarefa descobrir a terra prometida, pregar o novo evangelho e dar trabalho ao proletariado de Paris. Diferentemente de qualquer poder estatal profano, não dispunham nem de orçamento, nem de poder executivo. Era com a cabeça que tinham de derrubar os pilares da sociedade burguesa. Enquanto no palácio de Luxemburgo procurava a pedra filosofal, no *Hôtel de Ville* cunhava-se a moeda em circulação.

E, contudo, as reivindicações do proletariado de Paris, na medida em que ultrapassavam a república burguesa, não podiam alcançar outra existência senão a nebulosa existência do palácio de Luxemburgo.

Os operários tinham feito a revolução de fevereiro juntamente com a burguesia; ao lado da burguesia, procuravam fazer valer os seus interesses, tal como tinham instalado um operário no próprio governo provisório ao lado da maioria burguesa. Organização do trabalho! Mas o trabalho assalariado é a organização burguesa existente do trabalho. Sem ele não há capital, nem burguesia, nem sociedade burguesa. Um Ministério Especial do Trabalho! Mas os ministérios das Finanças, do Comércio, das Obras Públicas não são eles os ministérios burgueses do trabalho? Ao lado deles, um ministério proletário do trabalho tinha de ser um ministério da impotência, um ministério dos desejos piedosos, uma comissão do palácio de Luxemburgo. Do mesmo modo que os operários acreditaram poder se emancipar ao lado da burguesia, também julgaram poder realizar uma revolução proletária dentro dos muros nacionais da França, ao lado das restantes nações burguesas. As relações de produção da França, porém, estão condicionadas pelo seu comércio externo, pelo seu lugar no mercado mundial e pelas leis deste. Como é que a França as romperia sem uma guerra revolucionária europeia que tivesse repercussões sobre o déspota do mercado mundial, a Inglaterra?

Uma classe em que se concentram os interesses revolucionários da sociedade encontra imediatamente na sua própria situação, mal se ergue, o conteúdo e o material da sua atividade revolucionária: bater inimigos, lançar mão de medidas ditadas pela necessidade da luta; as consequências dos seus próprios atos empurram-na para diante. Não procede a estudos teóricos sobre a sua própria tarefa. A classe operária francesa não se encontrava ainda nesse ponto. Era ainda incapaz de levar a cabo a sua própria revolução.

O desenvolvimento do proletariado industrial está, em geral, condicionado pelo desenvolvimento da burguesia industrial. Só sob a dominação desta ganha a larga existência nacional capaz de elevar a sua revolução a uma revolução nacional; só então cria, ele próprio, os meios de produção modernos que se tornam noutros tantos meios da sua libertação revolucionária. A dominação daquela arranca então as raízes materiais da sociedade feudal e aplana o terreno no qual, e só aí, é possível uma revolução proletária. A indústria francesa é mais evoluída e a burguesia francesa é mais desenvolvida revolucionariamente do que a do resto do continente. Mas a revolução de fevereiro, não foi ela diretamente dirigida contra a aristocracia financeira? Esse fato demonstrou que a burguesia industrial não dominava a França. A burguesia industrial só pode dominar onde a indústria moderna dá às relações de propriedade a forma que lhe corresponde. A indústria só pode alcançar esse poder onde conquistou o mercado mundial, pois as fronteiras nacionais são insuficientes para o seu desenvolvimento. A indústria francesa, porém, em grande parte, só assegura o seu próprio mercado nacional através de um protecionismo mais ou menos modificado. Por conseguinte, se o proletariado francês no momento de uma revolução em Paris possui efetivamente força e influência que o estimulam a avançar para além dos seus meios, no resto da França encontra-se concentrado em centros industriais dispersos, quase desaparecendo sob um número muito superior de camponeses e pequeno-burgueses. A luta contra o capital, na sua forma moderna desenvolvida, no seu fator decisivo, a luta do operário assalariado industrial contra o burguês industrial, é na França um fato parcial que, depois das jornadas de fevereiro, podia tanto menos fornecer o conteúdo nacional à revolução quanto a luta contra os modos subordinados da exploração do capital, a luta do camponês contra a usura e a hipoteca, do pequeno-burguês contra os grandes comerciantes, banqueiros e fabricantes, numa palavra, contra a bancarrota, estava ainda embrulhada na sublevação geral contra a aristocracia financeira. Portanto, é mais do que explicável que o proletariado de Paris procurasse fazer valer o seu interesse ao lado do da burguesia, em vez de o fazer valer como o interesse revolucionário da própria sociedade, que deixasse cair a bandeira vermelha diante da tricolor.[34] Os operários

---

[34] Nos primeiros dias de existência da República Francesa, colocou-se a questão da escolha da bandeira nacional. Os operários revolucionários de Paris exigiram que se declarasse insígnia nacional a bandeira vermelha, que foi arvorada nos subúr-

franceses não podiam dar um único passo em frente, tocar num só cabelo da ordem burguesa, enquanto o curso da revolução não tivesse revoltado a massa da nação situada entre o proletariado e a burguesia, os camponeses e os pequeno-burgueses, contra essa ordem, contra a dominação do capital, e a não tivesse obrigado a juntar-se aos proletários como seus combatentes de vanguarda. Só à custa da tremenda derrota de junho[35] puderam os operários alcançar essa vitória.

À comissão do palácio de Luxemburgo, essa criação dos operários de Paris, cabe o mérito de ter revelado, de uma tribuna europeia, o segredo da revolução do século XIX: a emancipação do proletariado. O *Moniteur*[36] corou quando teve de propagar oficialmente os "extravagantes devaneios" que até então tinham estado enterrados nos escritos apócrifos dos socialistas e que apenas de quando em quando, como lendas remotas, meio assustadoras, meio ridículas, feriam os ouvidos da burguesia. A Europa acordou sobressaltada da sua modorra burguesa. Na ideia dos proletários, que confundiam a aristocracia financeira com a burguesia em geral; na imaginação pedante dos republicanos bem-pensantes, que negavam a própria existência das classes ou, quando muito, a admitiam como conse-

---

bios operários de Paris durante a insurreição de junho de 1832. Os representantes da burguesia insistiram na bandeira tricolor (azul, branco e vermelho), que foi a bandeira da França no período da revolução burguesa de fins do século XVIII e do império de Napoleão I. Já antes da revolução de 1848, essa bandeira tinha sido o emblema dos republicanos burgueses, agrupados em torno do jornal *Le National*. Os representantes dos operários viram-se obrigados a aceder que a bandeira tricolor fosse declarada a bandeira nacional da República Francesa. No entanto, à haste da bandeira foi acrescentada uma roseta vermelha.

[35] Insurreição de junho: heroica insurreição dos operários de Paris em 23-26 de junho de 1848, esmagada com excepcional crueldade pela burguesia francesa. Essa insurreição foi a primeira grande guerra civil da história entre o proletariado e a burguesia.

[36] *Le Moniteur Universel* (*O Mensageiro Universal*): jornal francês, órgão oficial do governo, publicou-se em Paris de 1789 a 1901. Nas páginas do *Moniteur* eram obrigatoriamente publicadas as disposições do governo, informações parlamentares e outros materiais oficiais; em 1848 publicavam-se também nesse jornal informações sobre as reuniões da comissão do palácio de Luxemburgo.

quência da monarquia constitucional; na fraseologia hipócrita das frações burguesas até esse momento excluídas do poder, fora abolida a dominação da burguesia com a instauração da república. Todos os realistas [*Royalisten*] se converteram então em republicanos e todos os milionários de Paris em operários. A frase que correspondia a essa imaginária abolição das relações entre classes era *fraternité,* a fraternidade universal, o amor entre irmãos. Essa cômoda abstração dos antagonismos de classes, esta conciliação sentimental dos interesses de classe contraditórios, essa visionária elevação acima da luta de classes, a *fraternité* era na verdade a palavra-chave da revolução de fevereiro. As classes estavam divididas por um simples mal-entendido. Em 24 de fevereiro, Lamartine batizou assim o governo provisório: "un gouvernement qui suspend ce malentendu terrible qui existe entre les différentes classes". [Um governo que acaba com esse mal-entendido terrível que existe entre as diferentes classes – francês] O proletariado de Paris regalou-se nessa generosa embriaguez de fraternidade.

Por seu lado, o governo provisório, uma vez forçado a proclamar a república, tudo fez para torná-la aceitável pela burguesia e pelas províncias. Os terrores sangrentos da primeira República Francesa[37] foram obviados por meio da abolição da pena de morte por crimes políticos; a imprensa foi aberta a todas as opiniões; o exército, os tribunais e a administração permaneceram, com poucas exceções, nas mãos dos seus antigos dignitários; nenhum dos grandes culpados da monarquia de julho foi chamado a prestar contas. Os republicanos burgueses do *National* divertiam-se a trocar nomes e trajes monárquicos por velhos nomes e trajes republicanos. Para eles a república não passava de um novo traje de baile para a velha sociedade burguesa. A jovem república procurava o seu principal mérito em não assustar ninguém, antes assustando-se constantemente, cedendo, não resistindo, a fim de, com a sua falta de resistência, assegurar

---

[37] A primeira República existiu na França de 1792 a 1804.

existência à sua existência e desarmar a resistência. Foi dito bem alto às classes privilegiadas no interior e às potências despóticas no exterior, que a república era de natureza pacífica. O seu lema era, diziam, viver e deixar viver. A isso acrescentou-se que, pouco tempo depois da revolução de fevereiro, os alemães, os polacos, os austríacos, os húngaros e os italianos se revoltaram, cada povo de acordo com a sua situação imediata. A Rússia, ela própria agitada, e a Inglaterra, esta última intimidada, não estavam preparadas. Por conseguinte, a república não encontrou perante si nenhum inimigo nacional. Não havia, pois, nenhuma complicação externa de grande monta que pudesse inflamar energias, acelerar o processo revolucionário, impelir para a frente o governo provisório ou atirá-lo pela borda fora. O proletariado de Paris, que via na república a sua própria obra, aclamava, naturalmente, todos os atos do governo provisório que faziam com que este se afirmasse com mais facilidade na sociedade burguesa. Deixou de bom grado que Caussídière o empregasse nos serviços da polícia a fim de proteger a propriedade em Paris tal como deixou Louis Blanc apaziguar os conflitos salariais entre operários e mestres. Fazia *point d'honneur* [questão de honra – francês] em manter intocada aos olhos da Europa a honra burguesa da república.

Nem do exterior nem do interior a república encontrou resistência. Foi isso que a desarmou. A sua tarefa já não consistia em transformar revolucionariamente o mundo, consistia apenas em se adaptar às condições da sociedade burguesa. As medidas financeiras do governo provisório são o mais eloquente exemplo do fanatismo com que este se encarregou dessa tarefa.

Tanto o crédito público quanto o crédito privado estavam, naturalmente, abalados. O crédito público assenta na confiança com que o Estado se deixa explorar pelos judeus da finança. Contudo, o velho Estado tinha desaparecido e a revolução tinha sido sobretudo dirigida contra a aristocracia financeira. As oscilações da última crise comercial europeia ainda não tinham se dissipado. As bancarrotas ainda se seguiam umas às outras.

Por conseguinte, antes de rebentar a revolução de fevereiro, o crédito privado estava paralisado, a circulação obstruída, a produção interrompida. A crise revolucionária intensificou a comercial. E se o crédito privado se apoia na confiança de que a produção burguesa, em toda a extensão, e a ordem burguesa permanecem intocadas e intocáveis, como havia de atuar uma revolução que punha em questão os fundamentos da produção burguesa, a escravidão econômica do proletariado, uma revolução que, perante a Bolsa, erguia a esfinge do palácio de Luxemburgo? O levante do proletariado é a abolição do crédito burguês pois é a abolição da produção burguesa e da sua ordem. O crédito público e o crédito privado são o termômetro econômico pelo qual se pode medir a intensidade de uma revolução. No mesmo grau em que estes descem, sobem o ardor e a força criadora da revolução.

O governo provisório queria despojar a república da sua aparência antiburguesa. Por isso, tinha, sobretudo, de procurar garantir o valor de troca dessa nova forma de Estado, a sua cotação na Bolsa. Com o preço corrente da república na Bolsa o crédito privado voltou necessariamente a subir.

Para afastar até a suspeita de que não queria ou não podia honrar as obrigações contraídas pela monarquia, para dar crédito à moral burguesa e à solvência da república, o governo provisório recorreu a uma fanfarronice tão indigna quanto pueril: antes do prazo de pagamento fixado por lei o governo provisório pagou aos credores do Estado os juros de 5%, 4,5% e 4%. A presunção burguesa e a arrogância dos capitalistas despertaram subitamente ao verem a pressa escrupulosa com que se procurava comprar-lhes a confiança.

Naturalmente os embaraços pecuniários do governo provisório não se reduziam com um golpe de teatro que o privava do dinheiro à vista disponível. Já não se podia ocultar por mais tempo os apuros financeiros e foram os pequeno-burgueses, os criados e os operários quem teve de pagar a agradável surpresa que se havia proporcionado aos credores do Estado. As cadernetas de depósito de mais de 100 francos foram declaradas não convertíveis em dinheiro. Os montantes depositados nas Caixas Econômicas foram confiscados e transformados, por decreto, em dívida do Estado não amortizável. O pequeno-burguês, já de si em apuros, exasperou-se contra a república. Ao receber títulos de dívida pública em vez da caderneta, via-se obrigado a vendê-los na Bolsa e, assim, a entregar-se diretamente nas mãos dos judeus da Bolsa contra os quais fizera a revolução de fevereiro.

A aristocracia financeira, que dominara na monarquia de julho, tinha no sistema bancário a sua igreja episcopal. A Bolsa rege o crédito do Estado como o sistema bancário [rege] o crédito comercial.

Ameaçado diretamente pela revolução de fevereiro, não só na sua dominação como na sua existência, o sistema bancário procurou desde o princípio desacreditar a república generalizando a falta de crédito. De um momento para o outro, recusou o crédito aos banqueiros, aos fabricantes e aos comerciantes. Essa manobra, ao não provocar imediatamente uma contrarrevolução, virou-se necessariamente contra o próprio sistema bancário. Os capitalistas levantaram o dinheiro que tinham depositado nos cofres dos bancos. As pessoas que tinham papel-moeda acorreram às caixas para trocá-lo por ouro e prata.

O governo provisório podia, legalmente, sem ingerência violenta, forçar o sistema bancário à bancarrota; tinha apenas de se comportar passivamente e abandoná-lo ao seu destino. A bancarrota do sistema bancário – isso teria sido o dilúvio que, num abrir e fechar de olhos, varreria do solo francês a aristocracia financeira, a mais poderosa e perigosa inimiga da República, o pedestal de ouro da monarquia de julho. E, uma vez o sistema bancário levado à falência, a própria burguesia tinha de considerar como uma última e desesperada tentativa de salvação que o governo criasse um banco nacional e submetesse o crédito nacional ao controle da nação.

O governo provisório, ao contrário, deu às notas de banco curso forçado. E mais. Transformou todos os bancos provinciais em filiais do *Banque de France* fazendo assim com que esse lançasse a sua rede por toda a França. Mais tarde, como garantia de um empréstimo que contraiu junto dele, hipotecou-lhe as matas do Estado. Desse modo, a revolução de fevereiro reforçou e alargou imediatamente a bancocracia que a havia de derrubar.

Entretanto, o governo provisório vergava-se sob o pesadelo de um déficit crescente. Em vão, mendigava sacrifícios patrióticos. Apenas os operários lhe atiravam esmolas. Era necessário um rasgo de heroísmo, o lançamento de um novo imposto. Mas lançar impostos sobre quem? Sobre os tubarões da Bolsa, os reis do sistema bancário, os credores do Estado, os *rentiers* [os que vivem de rendimentos – francês], os industriais? Não era esse o meio de a república cativar as simpatias da burguesia. Isso significava, por um lado, fazer perigar o crédito do Estado e o crédito comercial enquanto, por outro, se procurava obtê-los com tão pesados sacrifícios e humilhações. Mas alguém tinha de pagar a fatura. E quem foi sacrificado ao crédito burguês? *Jacques, le bonhomme*,[38] o camponês.

O governo provisório lançou um imposto adicional de 45 centavos por franco sobre os quatro impostos diretos. A imprensa do governo fez crer ao proletariado parisiense que este imposto recaía preferencialmente sobre a grande propriedade fundiária, sobre os detentores dos bilhões concedidos pela Restauração.[39] Na verdade, porém, esse imposto atingia sobretudo a classe camponesa, isto é, a grande maioria do povo francês. Os camponeses tiveram de pagar as custas da revolução de fevereiro, neles a contrarrevolução ganhou o seu material mais importante. O imposto de 45 centavos era uma questão de vida ou de morte para o camponês francês e este fez dele uma questão de vida ou de morte para a república. A

---

[38] Jacques, o simples, nome depreciativo com que os nobres designavam os camponeses na França.

[39] Trata-se da soma destinada pela coroa francesa, em 1825, a compensar os aristocratas, cujos bens foram confiscados durante a revolução burguesa francesa de fins do século XVIII.

partir desse momento, para o camponês, a república era o imposto dos 45 centavos; e no proletariado de Paris ele via o perdulário que vivia regalado à sua custa.

Enquanto a revolução de 1789 começou por sacudir dos camponeses os fardos do feudalismo, a revolução de 1848, para não pôr o capital em perigo e manter em funcionamento a sua máquina de Estado, anunciou-se com um novo imposto sobre a população camponesa.

O governo provisório apenas por um meio podia remover todos esses estorvos e arrancar o Estado do seu antigo caminho: pela declaração da bancarrota do Estado. Recorde-se como, depois, Ledru-Rollin, na Assembleia Nacional, recitou a virtuosa indignação com que rejeitou a pretensão do judeu da Bolsa, Fould, atualmente ministro das Finanças da França. Fould tinha-lhe estendido a maçã da árvore da ciência.

Ao reconhecer as letras de câmbio que a velha sociedade burguesa sacara sobre o Estado, o governo provisório pusera-se a sua mercê. Tinha se tornado num acossado devedor da sociedade burguesa em vez de se lhe impor como credor ameaçador que tinha de cobrar dívidas revolucionárias de muitos anos. Teve de reforçar as vacilantes relações burguesas para cumprir obrigações que só dentro dessas relações têm de ser satisfeitas. O crédito tornou-se a sua condição de existência e as concessões ao proletariado, as promessas que lhe havia feito, outras tantas correntes que era preciso romper. A emancipação dos operários – mesmo como mera frase – tornou-se um perigo insuportável para a nova república, pois constituía um contínuo protesto contra o restabelecimento do crédito que assenta no reconhecimento imperturbado e inconturbado das relações econômicas de classe vigentes. Era preciso, pois, acabar-se com os operários.

A revolução de fevereiro tinha atirado o exército para fora de Paris. A Guarda Nacional, isto é, a burguesia nas suas diferentes gradações, constituía a única força. Contudo, não se sentia suficientemente forte para enfrentar o proletariado. Além disso, fora obrigada, ainda que

A REVOLUÇÃO ANTES DA REVOLUÇÃO | 87

opondo a mais tenaz das resistências e levantando inúmeros obstáculos, a abrir, pouco a pouco, e em pequena escala, as suas fileiras e a deixar que nelas entrassem proletários armados. Restava, portanto, apenas uma saída: opor uma parte do proletariado à outra.

Para esse fim, o governo provisório formou 24 batalhões de guardas móveis, cada um deles com mil homens, cujas idades iam dos 15 aos 20 anos. Na sua maioria pertenciam ao lumpemproletariado, que em todas as grandes cidades constitui uma massa rigorosamente distinta do proletariado industrial, um centro de recrutamento de ladrões e criminosos de toda a espécie que vivem da escória da sociedade, gente sem ocupação definida, vagabundos, *gens sans feu et sans aveu* [gente sem pátria e sem lar – francês], variando segundo o grau de cultura da nação a que pertencem, não negando nunca o seu caráter de *lazzaroni*[40] capazes, na idade juvenil em que o governo provisório os recrutava, uma idade totalmente influenciável, dos maiores heroísmos e dos sacrifícios mais exaltados como do banditismo mais repugnante e da corrupção mais abjeta. O governo provisório pagava-lhes 1 franco e 50 centavos por dia, isto é, comprava-os. Dava-lhes um uniforme próprio, isto é, distinguia-os exteriormente dos homens de blusa de operário. Para seus chefes eram-lhe impostos, em parte, oficiais do exército permanente, em parte, eram eles próprios que elegiam jovens filhos da burguesia que os cativavam com as suas fanfarronadas sobre a morte pela Pátria e a dedicação à república.

Assim, contrapôs-se ao proletariado de Paris, e recrutado no seu próprio seio, um exército de 24 mil jovens robustos e audaciosos. O proletariado saudou com vivas a Guarda Móvel nos seus desfiles pelas ruas de Paris. Reconhecia nela os seus campeões nas barricadas. Via nela a guarda proletária em oposição à Guarda Nacional burguesa. O seu erro era perdoável.

---

[40]   *Lazzaroni:* alcunha dada na Itália aos lumpemproletários, aos elementos desclassificados; os *lazzaroni* eram frequentemente utilizados pelos círculos monárquico-reacionários na luta contra o movimento democrático e liberal.

A par da Guarda Móvel, o governo decidiu ainda rodear-se de um exército industrial de operários. O ministro Marie recrutou para as chamadas oficinas nacionais 100 mil operários que a crise e a revolução haviam atirado para a rua. Debaixo daquela pomposa designação não se escondia senão a utilização dos operários para aborrecidas, monótonas e improdutivas obras de aterro a um salário diário de 23 sous. *Workhouses*[41] inglesas ao ar livre – essas oficinas nacionais não eram mais do que isso. O governo provisório pensava que com elas tinha criado um segundo exército proletário contra os próprios operários. Desta vez, a burguesia enganou-se com as oficinas nacionais como os operários tinham se enganado com a Guarda Móvel. O governo tinha criado um exército para o motim.

Um objetivo, porém, fora conseguido.

Oficinas nacionais – esse era o nome das oficinas do povo que Louis Blanc pregava no palácio de Luxemburgo. As oficinas de Marie, projetadas em oposição direta ao palácio de Luxemburgo, ofereciam a oportunidade, graças ao mesmo rótulo, para uma intriga de enganos, digna da comédia espanhola de criados. O próprio governo provisório fez espalhar à socapa o boato que essas oficinas nacionais eram invenção de Louis Blanc, o que parecia tanto mais crível quanto é certo que Louis Blanc, o profeta das oficinas nacionais, era membro do governo provisório. E na confusão, meio ingênua, meio intencional, da burguesia de Paris, na opinião, artificialmente mantida, da França, da Europa, essas *workhouses* eram a primeira realização do socialismo, que com elas era exposto no pelourinho.

Não pelo seu conteúdo, mas pelo seu nome, as oficinas nacionais eram a encarnação do protesto do proletariado contra a indústria burguesa, o crédito burguês e a república burguesa. Sobre elas re-

---

[41] Segundo a "lei sobre os pobres" inglesa, só era admitida uma forma de ajuda aos pobres: o seu alojamento em casas de trabalho *(workhouses)*, com um regime prisional; os operários realizavam aí trabalhos improdutivos, monótonos e extenuantes; essas casas de trabalho foram designadas pelo povo de "bastilhas para os pobres".

caía portanto todo o ódio da burguesia. A burguesia encontrara ao mesmo tempo nelas o ponto para onde poderia dirigir o ataque logo que estivesse suficientemente robustecida para romper abertamente com as ilusões de fevereiro. Ao mesmo tempo, todo o mal-estar, todo o descontentamento dos pequeno-burgueses dirigia-se contra essas oficinas nacionais, o alvo comum. Com verdadeira raiva, calculavam as somas que os madraços dos proletários devoravam, enquanto a sua própria situação se tornava, dia a dia, mais insustentável. Uma pensão do Estado para um trabalho fingido, eis o socialismo! – resmungavam. As oficinas nacionais, os discursos do palácio de Luxemburgo, os desfiles dos operários pelas ruas de Paris, era nisso que eles procuravam as razões da sua miséria. E ninguém era mais fanático contra as pretensas maquinações dos comunistas do que o pequeno-burguês que, sem salvação, oscilava à beira do abismo da bancarrota.

Assim, nas iminentes escaramuças entre a burguesia e o proletariado, todas as vantagens, todos os postos decisivos, todas as camadas intermédias da sociedade estavam nas mãos da burguesia ao mesmo tempo que sobre todo o continente as ondas da revolução de fevereiro quebravam com fragor, e cada novo correio trazia novos boletins da revolução, ora da Itália, ora da Alemanha, ora dos pontos afastados do Sudeste da Europa, mantendo o povo num aturdimento generalizado, trazendo-lhe testemunhos constantes de uma vitória que ele deixara escapar entre os dedos.

O 17 de março e o 16 de abril foram as primeiras escaramuças da grande luta de classes que a república burguesa ocultava sob as suas asas.

O 17 de março revelou a situação ambígua do proletariado, a qual não permitia nenhuma ação decisiva. A sua manifestação tinha originariamente como objetivo obrigar o governo provisório a regressar à via da revolução e, eventualmente, expulsar os seus membros burgueses e adiar as eleições para a Assembleia Nacional e para a Guarda Nacional. Mas a 16 de março, a burguesia representada na Guarda

Nacional realizou uma manifestação hostil ao governo provisório. Gritando: *À bas Ledru-Rollin!* [Abaixo Ledru-Rollin! – francês] dirigiu-se em massa ao *Hôtel de Ville*. E o povo foi obrigado a gritar em 17 de março: viva Ledru-Rollin! Viva o governo provisório! Fora obrigado a tomar contra a burguesia o partido da república burguesa, que lhe parecia posta em causa. E reforçou o governo provisório em vez de submetê-lo a si. O 17 de março acabou, pois, por esvaziar-se numa cena melodramática, e embora nesse dia o proletariado de Paris tivesse mais uma vez mostrado o seu gigantesco corpo, a burguesia, tanto dentro quanto fora do governo provisório, ficou ainda mais decidida a dar cabo dele.

O 16 de abril foi um mal-entendido organizado pelo governo provisório com a colaboração da burguesia. Inúmeros operários tinham se reunido no Campo de Marte e no Hipódromo a fim de preparar as suas eleições para o Estado-maior da Guarda Nacional. De repente, com a rapidez de um relâmpago, espalhou-se em Paris inteira, de uma ponta a outra, o boato de que os operários tinham se reunido, armados, no Campo de Marte, sob a direção de Louis Blanc, Blanqui, Cabet e Raspail, para daí se dirigirem ao *Hôtel de Ville,* derrubarem o governo provisório e proclamarem um governo comunista. Soa o alarme geral – mais tarde, Ledru-Rollin, Marrast e Lamartine discutiriam entre si a quem coube a honra da iniciativa – e numa hora surgem 100 mil homens em armas; ao *Hôtel de Ville* é ocupado em todos os pontos pela Guarda Nacional; o grito: Abaixo os comunistas! Abaixo Louis Blanc, Blanqui, Raspail, Cabet! ressoa em Paris inteira, e o governo provisório é alvo de homenagens por parte de incontáveis delegações, todas elas prontas a salvar a Pátria e a sociedade. Quando, por fim, os operários aparecem em frente do *Hôtel de Ville* para entregar ao governo provisório uma coleta patriótica que tinham efetuado no Campo de Marte descobrem, com grande espanto seu, que a Paris burguesa, numa luta fictícia montada com extrema prudência, tinha vencido a sua sombra. O terrível atentado do 16 de abril forneceu o pretexto a que se voltasse

A REVOLUÇÃO ANTES DA REVOLUÇÃO | 91

a chamar o exército a Paris – o verdadeiro objetivo de toda aquela comédia tão grosseiramente montada – e às manifestações federalistas reacionárias das províncias.

No dia 4 de maio, reuniu-se a Assembleia Nacional [Constituinte][42] saída das eleições gerais diretas. O sufrágio universal não possuía o poder mágico que os republicanos da velha guarda acreditavam que tinha. Em toda a França, pelo menos na maioria dos franceses, viam eles *citoyens* [cidadãos – francês] com os mesmos interesses, o mesmo discernimento etc. Era esse o seu culto do povo. Em vez desse povo imaginado, as eleições francesas trouxeram à luz do dia o povo real, isto é, os representantes das diferentes classes em que ele se divide. Vimos por que razão os camponeses e os pequeno-burgueses, sob a orientação da belicosa burguesia e dos grandes proprietários fundiários ávidos da restauração, haviam sido obrigados a votar. Contudo, embora o sufrágio universal não fosse a varinha de condão pela qual os probos republicanos o tinham tomado, possuía o mérito incomparavelmente maior de desencadear a luta de classes, de fazer com que as diferentes camadas médias da sociedade burguesa vivessem rapidamente as suas ilusões e desenganos, de atirar de um só golpe todas as frações da classe exploradora para o cume do Estado e, assim, arrancar-lhes a enganosa máscara, enquanto a monarquia com o seu censo fazia com que apenas determinadas frações da burguesia se comprometessem, deixando outras escondidas atrás dos bastidores e envolvendo-as com a auréola de uma oposição comum.

Na Assembleia Nacional Constituinte, que se reuniu no dia 4 de maio, os republicanos burgueses, os republicanos do *National* estavam por cima. Até os legitimistas e os orleanistas[43] somente

---

[42] A Assembleia Nacional Constituinte funcionou de 4 de maio de 1848 até maio de 1849.

[43] Ver nota 5, p. 46.

se atreveram a se mostrar sob a máscara do republicanismo burguês. Só em nome da República se podia iniciar a luta contra o proletariado.

A república, isto é, a república reconhecida pelo povo francês, data de 4 de maio e não de 25 de fevereiro. Não é a república que o proletariado de Paris impôs ao governo provisório; não é a república com instituições sociais; não é o sonho que pairava perante os olhos dos combatentes das barricadas. A república proclamada pela Assembleia Nacional [Constituinte], a única república legítima, é a república que não é uma arma revolucionária contra a ordem burguesa, antes a reconstituição política desta, a consolidação política da sociedade burguesa, numa palavra: a república burguesa. Essa afirmação ressoou alto da tribuna da Assembleia Nacional [Constituinte] e encontrou eco em toda a imprensa burguesa republicana e antirrepublicana.

Vimos como, na verdade, a república de fevereiro não era senão, e não podia deixar de o ser, uma república burguesa; como, porém, o governo provisório, sob a pressão imediata do proletariado, fora obrigado a anunciá-la como uma república com instituições sociais; como o proletariado parisiense era ainda incapaz de ir além da república burguesa a não ser na representação e na fantasia; como ele agiu ao seu serviço em toda a parte em que verdadeiramente passou à ação; como as promessas que lhe haviam sido feitas se tornaram um perigo insuportável para a nova república; como todo o processo de vida do governo provisório se resumiu a uma luta contínua contra as reivindicações do proletariado.

Na Assembleia Nacional [Constituinte], era a França inteira que julgava o proletariado parisiense em tribunal. Ela rompeu imediatamente com as ilusões sociais da república de fevereiro e proclamou sem rodeios a república burguesa como república burguesa, única e exclusivamente. Expulsou imediatamente da Comissão Executiva, por ela nomeada, os representantes do proletariado, Louis Blanc e Albert. Repudiou a proposta de um Ministério do Trabalho especial e recebeu com tempestade de aplausos a declaração do ministro Trélat: "Trata-se agora apenas de reconduzir o trabalho às suas antigas condições".

Tudo isso, porém, não era o batante. A república de fevereiro fora conquistada pela luta dos operários com a ajuda passiva da burguesia. Os proletários consideravam-se, pois, com razão, os vencedores de fevereiro e apresentaram as altivas exigências do vencedor. Era preciso que os proletários fossem derrotados na rua, era preciso mostrar-lhes que sucumbiriam logo que combatessem não com a burguesia, mas contra a burguesia. Assim como a república de fevereiro com as suas concessões socialistas tivera necessidade de uma batalha do proletariado unido à burguesia contra a realeza, assim agora se tornava necessária uma nova batalha para separar a república das concessões socialistas, para se conseguir que a república burguesa fosse oficialmente o regime dominante. A burguesia tinha, pois, de, com as armas na mão, se opor às reivindicações do proletariado. E o verdadeiro berço da república burguesa não é a vitória de fevereiro, mas sim a derrota de junho.

O proletariado acelerou essa decisão quando em 15 de maio invadiu a Assembleia Nacional [Constituinte] e procurou, sem êxito, reconquistar a sua influência revolucionária. Mas apenas obteve como resultado que os seus enérgicos chefes fossem entregues aos carcereiros da burguesia.[44] *Il faut en finir!* Essa situação tem de acabar! Com esse grito, a Assembleia Nacional [Constituinte] exprimia a sua determinação de obrigar o proletariado a uma batalha decisiva. A Comissão Executiva promulgou uma série de decretos provocatórios, como a proibição de ajuntamentos etc. Do alto da

---

[44] Em 15 de maio de 1848, durante uma manifestação popular, os operários e artesãos de Paris entraram na sala de sessões da Assembleia Constituinte, declararam-na dissolvida e formaram um governo revolucionário. No entanto, os manifestantes foram rapidamente dispersos pela Guarda Nacional e pela tropa. Os dirigentes dos operários (Blanqui, Barbès, Albert, Raspail, Sobrier e outros) foram presos.

tribuna da Assembleia Nacional Constituinte, os operários foram abertamente provocados, insultados, escarnecidos. Mas o verdadeiro ponto de ataque era, como já vimos, as oficinas nacionais. Foi para estas que, numa atitude autoritária, a Assembleia Nacional Constituinte alertou a Comissão Executiva, que apenas estava à espera de ouvir claramente enunciado o seu próprio plano como ordem da Assembleia Nacional [Constituinte].

A Comissão Executiva começou por dificultar o ingresso nas oficinas nacionais, por mudar o salário ao dia para salário à peça e a desterrar para Sologne, sob pretexto de executarem obras de aterro, os operários que não fossem naturais de Paris. Essas obras de aterro eram apenas uma fórmula retórica com que se dourava o desterro, tal como os trabalhadores desiludidos que regressavam informavam os seus camaradas. Finalmente no dia 21 de junho foi publicado um decreto no *Moniteur* que ordenava a expulsão violenta das oficinas nacionais de todos os operários solteiros ou a sua incorporação no exército.

Aos operários não restava escolha: ou morriam de fome ou iniciavam a luta. Responderam, em 22 de junho, com a imensa insurreição na qual se travou a primeira grande batalha entre ambas as classes em que se divide a sociedade moderna. Foi uma luta pela manutenção ou destruição da ordem burguesa. O véu que encobria a república rasgou-se.

É conhecido como os operários, dando provas de uma coragem e genialidade inauditas, sem chefes, sem um plano comum, sem meios e sem armas na sua maioria, mantiveram em xeque, durante cinco dias, o exército, a Guarda Móvel, a Guarda Nacional de Paris e a Guarda Nacional que fora enviada em massa da província. É conhecida a brutalidade inaudita com que a burguesia se desforrou do medo mortal que tinha passado e massacrou mais de 3 mil prisioneiros.

Os representantes oficiais da democracia francesa estavam tão presos à ideologia republicana que só algumas semanas mais tarde começaram a pressentir o significado da luta de junho. Estavam como que atordoados pela fumaça da pólvora em que a sua república fantástica se desfizera.

Permita-nos o leitor que descrevamos com as palavras da *Neue Rheinische Zeitung* [*Nova Gazeta Renana*] a impressão imediata que a notícia da derrota de junho provocou em nós:

> O último resto oficial da revolução de fevereiro, a Comissão Executiva, diluiu-se como uma fantasmagoria perante a gravidade dos acontecimentos. Os foguetes luminosos de Lamartine transformaram-se nas granadas incendiárias de Cavaignac. A *fraternité*, a fraternidade das classes opostas, em que uma explora a outra, essa *fraternité* proclamada em fevereiro, escrita em letras enormes na fachada de Paris, em cada prisão, em cada quartel – a sua expressão, a sua expressão verdadeira, autêntica, prosaica, é a guerra civil, a guerra civil na sua forma mais terrível, a guerra entre o trabalho e o capital. Essa fraternidade flamejava ainda diante de todas as janelas de Paris na noite de 25 de junho, quando a Paris da burguesia se iluminava e a Paris do proletariado ardia, gemia e se esvaía em sangue. Essa fraternidade só durou enquanto o interesse da burguesia esteve irmanado com o interesse do proletariado. Pedantes da velha tradição revolucionária de 1793; doutrinários socialistas, que mendigavam à burguesia para o povo e a quem se permitiu longas discursatas e comprometerem-se enquanto foi necessário embalar o leão proletário; republicanos, que exigiam toda a velha ordem burguesa, descontada a cabeça coroada; oposicionistas dinásticos aos quais o destino surpreendeu com a queda de uma dinastia em vez da substituição de um ministério; legitimistas que não queriam atirar fora a libré mas somente alterar-lhe o corte – eram esses os aliados com os quais o povo fizera o seu fevereiro (...). A revolução de fevereiro foi a revolução bela, a revolução da simpatia universal, porque as oposições que nela eclodiram contra a realeza se encontraram uma ao lado da outra, tranquilamente adormecidas, não desenvolvidas, porque a luta social que constituía o seu pano de fundo apenas tinha obtido uma existência de ar, a existência da frase, da palavra. A revolução de junho é a revolução feia, a revolução repugnante, porque o ato substituiu a palavra, porque a república pôs a descoberto a cabeça do próprio monstro ao derrubar a coroa que o protegia e ocultava. Ordem! era o grito de guerra de Guizot. Ordem! grita Sébastiani, o guizotista, quando Varsóvia ficou nas mãos dos russos. Ordem! grita Cavaignac, o eco brutal da Assembleia Nacional

[Constituinte] Francesa e da burguesia republicana. Ordem! troava a sua metralha ao despedaçar o corpo dos proletários. Nenhuma das numerosas revoluções da burguesia francesa desde 1789 fora um atentado contra a ordem, pois todas deixavam de pé a dominação de classe, a escravidão dos operários, a ordem burguesa, muito embora a forma política dessa dominação e dessa escravidão mudasse. Junho tocou nessa ordem. Ai de ti junho!" (*Neue Rheinische Zeitung*, 29 de junho de 1848.)[45]

Ai de ti junho! responde o eco europeu.

O proletariado de Paris foi obrigado pela burguesia à insurreição de junho. Já nisso havia a sentença que o condenava. Nem a sua necessidade imediata e confessada o levava a querer derrubar violentamente a burguesia, nem estava à altura de tal tarefa. O *Moniteur* teve de fazer-lhe saber oficialmente que o tempo em que a república se vira obrigada a prestar homenagem às suas ilusões já tinha passado, e só a sua derrota o convenceu desta verdade: que, no seio da república burguesa, a menor melhoria da sua situação é uma utopia, uma utopia que passa a ser crime logo que queira se realizar. Em vez das reivindicações exaltadas na forma, mas mesquinhas no conteúdo e mesmo ainda burguesas, cuja satisfação ele queria forçar a república de fevereiro a conceder, surgia agora a audaciosa palavra de ordem revolucionária: Derrubada da burguesia! Ditadura da classe operária!

Ao transformar o seu lugar de morte em lugar de nascimento da república burguesa, o proletariado obrigou-a ao mesmo tempo a manifestar-se na sua forma pura como Estado, cujo objetivo confesso é eternizar a dominação do capital e a escravidão do trabalho. Não tirando os olhos do inimigo cheio de cicatrizes, irreconciliável e invencível – invencível porque a sua existência é a condição da própria vida dela – a dominação burguesa, livre de todas as peias, tinha que imediatamente descambar no terrorismo burguês. Com o proletariado provisoriamente afastado do palco, com a ditadura burguesa reconhecida oficialmente, as camadas médias da sociedade burguesa, a pequena burguesia e a

---

[45]   Ver o artigo de Karl Marx "A revolução de junho".

classe dos camponeses tiveram de se ligar cada vez mais ao proletariado na medida em que a sua situação se tornava mais insuportável e a sua oposição em relação à burguesia se tornava mais dura. Tinha agora de encontrar a razão das suas misérias na derrota daquele tal como outrora a haviam encontrado no seu ascenso.

Quando por todo o continente a insurreição de junho fez a burguesia se vangloriar e estabelecer abertamente uma aliança com a realeza feudal contra o povo, quem foi a primeira vítima dessa aliança? A própria burguesia continental. A derrota de junho impediu-a de consolidar a sua dominação e de imobilizar o povo, meio satisfeito e meio melindrado, no escalão subalterno da revolução burguesa.

Finalmente, a derrota de junho revelou às potências despóticas da Europa o segredo de que a França tinha de manter a todo o custo a paz com o exterior a fim de, no interior, levar a cabo a guerra civil. Assim, os povos que tinham iniciado a luta pela sua independência nacional foram abandonados à tirania da Rússia, da Áustria e da Prússia, mas, ao mesmo tempo, o destino dessas revoluções nacionais ficava sujeito à sorte da revolução proletária e despojado da sua aparente autonomia; da sua independência face à grande transformação social. O húngaro não será livre, nem o polaco, nem o italiano enquanto o operário for escravo!

Por fim, com as vitórias da Santa Aliança, a Europa adquiriu uma forma que faz imediatamente coincidir cada nova sublevação proletária na França com uma guerra mundial. A nova revolução francesa é obrigada a deixar imediatamente o solo nacional e a conquistar o terreno europeu, o único em que a revolução social do século XIX pode ser levada a cabo.

Portanto, só através da derrota de junho foram criadas todas as condições no seio das quais a França pode tomar a iniciativa da revolução europeia. Só empapada no sangue dos insurgentes de junho a tricolor se tornou bandeira da revolução europeia – bandeira vermelha!

E nós gritamos: A revolução morreu! Viva a revolução!

II – O 13 DE JUNHO DE 1849

De junho de 1848 a 13 de junho de 1849

O 25 de fevereiro de 1848 tinha outorgado a república à França; o 25 de junho impôs-lhe a revolução. E depois de junho revolução significava: transformação da sociedade burguesa, enquanto antes de fevereiro tinha significado: transformação da forma de Estado.

A luta de junho fora conduzida pela fração republicana da burguesia. Com a vitória, caiu-lhe necessariamente nas mãos o poder de Estado. O estado de sítio pôs-lhe aos pés sem resistência Paris amordaçada. E nas províncias reinava um estado de sítio moral: a arrogância da vitória, brutal, ameaçadora, dos burgueses e o fanatismo da propriedade, à solta, dos camponeses. De baixo, portanto, nenhum perigo!

Com a quebra do poder revolucionário dos operários quebrou-se ao mesmo tempo a influência política dos republicanos democráticos, isto é, dos republicanos no sentido da pequena burguesia, representados na Comissão Executiva por Ledru-Rollin, na Assembleia Nacional Constituinte pelo partido da Montagne[46] e na imprensa

---

[46] Montagne: na época da revolução de 1848, partido dos representantes dos democratas pequeno-burgueses na Assembleia Constituinte e na Assembleia Legislativa. Este apelido foi lhes emprestado da época da Revolução Francesa (1793-1795) quando se denominava assim a ala esquerda da Convenção, já que os deputados de esquerda se sentavam durante a Convenção sobre bancos mais elevados (daí a semelhança com a montanha). Entretanto, "O partido da Montagne, em 1848 , representava uma massa que oscilava entre a burguesia e o proletariado" (Marx). "Era somente uma pobre paródia da Montagne".

pela *Reforme*.[47] Em 16 de abril[48] tinham conspirado juntamente com os republicanos burgueses contra o proletariado e nas jornadas de junho tinham-no combatido juntamente com eles. Assim, eles próprios destruíram o plano anterior sobre o qual o seu partido emergira como uma força, pois a pequena burguesia só se pode afirmar revolucionariamente contra a burguesia quando o proletariado está por detrás dela. Foram despedidos. A aliança aparente contraída com eles contra a vontade e com segundas intenções durante a época do governo provisório e da Comissão Executiva foi abertamente quebrada pelos republicanos burgueses. Desprezados e rejeitados como aliados, desceram ao nível de satélites secundários dos tricolores aos quais não podiam arrancar qualquer concessão, mas cuja dominação tinham de apoiar todas as vezes que esta, e com ela a república, parecesse posta em questão pelas frações burguesas antirrepublicanas. Finalmente, essas frações, orleanistas e legitimistas, encontravam-se desde o princípio em minoria na Assembleia Nacional Constituinte. Antes das jornadas de junho, só sob a máscara do republicanismo burguês se atreviam a reagir. A vitória de junho fez, por um momento, toda a França burguesa saudar Cavaignac, como o seu salvador, e quando, pouco tempo depois das jornadas de junho, o partido antirrepublicano de novo se autonomizou, a ditadura militar e o estado de sítio de Paris não lhe permitiram que estendesse as antenas senão muito tímida e cautelosamente.

Desde 1830 que a fração republicano-burguesa agrupara os seus escritores, os seus porta-vozes, as suas competências, as suas ambições, os seus deputados, generais, banqueiros e advogados em

---

[47] *La Réforme (A reforma)*: jornal publicado em Paris entre 1843-1850. Seus partidários eram democratas republicanos pequeno-burgueses e socialistas pequeno-burgueses que defendiam a instauração da república e a realização de reformas democráticas e sociais.

[48] Em 16 de abril de 1848, em Paris, uma manifestação pacífica de operários que iam entregar uma petição ao Governo Provisório sobre a "organização do trabalho" e a "abolição da exploração do homem pelo homem" foi detida pela Guarda Nacional burguesa, especialmente mobilizada para esse fim.

torno de um jornal de Paris, em torno do *National*. Nas províncias, este possuía os seus jornais-filiais. A camarilha do *National* era a dinastia da república tricolor. Apossou-se imediatamente de todas as honrarias do Estado, dos ministérios, da chefatura da polícia, da direção do correio, das prefeituras, dos postos elevados do exército que tinham ficado vagos. À frente do poder executivo encontrava-se o seu general, *Cavaignac*. O seu redator *en chef* [responsável – francês], Marrast, passou a ser o presidente permanente da Assembleia Nacional Constituinte. Ao mesmo tempo, nos seus salões, fazia, como mestre de cerimônias, as honras da república honesta.

Até escritores franceses revolucionários, por uma espécie de timidez perante a tradição republicana, reforçaram o erro de que os realistas (*Royalisten*) teriam dominado na Assembleia Nacional Constituinte. Ao contrário, desde as jornadas de junho, a Assembleia Constituinte permanecia a representante exclusiva do republicanismo burguês e dava relevo a essa faceta de um modo tanto mais decidido quanto mais a influência dos republicanos tricolores fora da Assembleia se desmoronava. Se se tratava de afirmar a forma da república burguesa, ela dispunha dos votos dos republicanos democráticos; se se tratava do conteúdo, a sua própria maneira de falar já não a separava das frações burguesas realistas, pois os interesses da burguesia, as condições materiais da sua dominação e exploração de classe constituem precisamente o conteúdo da república burguesa.

Não era, portanto, o monarquismo (*Royalismus*), mas o republicanismo burguês que se realizava na vida e nos atos dessa Assembleia Constituinte que finalmente nem morria nem era morta, mas apodrecia.

Ao longo de toda a duração da sua dominação enquanto representava no proscênio a ação principal,[49] representava-se ao fundo da

---

[49] No original: *Haupt-und Staatsaktion*. Essa expressão pode ter dois sentidos principais. Como se refere na nota 83 das *Collected Works*. Karl Marx, Friedrich Engels, volume 10. Progress Publishers. Moscow 1978: "Primeiro, no século XVII e na primeira metade do século XVIII designava peças

cena uma ininterrupta celebração sacrificial: as contínuas condenações pelos tribunais marciais dos insurgentes de junho presos ou a sua deportação sem julgamento. A Assembleia Constituinte teve o tato de confessar que, quanto aos insurgentes de junho, não julgava os criminosos, mas esmagava inimigos.

A primeira ação da Assembleia Nacional Constituinte foi a nomeação de uma Comissão de Inquérito acerca dos acontecimentos de junho e de 15 de maio e da participação dos chefes dos partidos socialista e democrático nessas jornadas. O inquérito visava diretamente Louis Blanc, Ledru-Rollin e Caussidière. Os republicanos burgueses ardiam de impaciência por se verem livres desses rivais. Não podiam confiar a execução dos seus rancores a outro sujeito mais próprio para o efeito do que o senhor Odilon Barrot, o antigo chefe da oposição dinástica, o liberalismo personificado, a *nullité grave* [a nulidade circunspecta – francês], a superficialidade radical, que tinha não só de vingar uma dinastia, mas também de pedir contas aos revolucionários por uma presidência de ministério frustrada. Garantia segura da sua inflexibilidade. Esse Barrot, nomeado assim presidente da comissão de inquérito, forjou um processo completo contra a revolução de fevereiro que se pode resumir do seguinte modo: 17 de março, manifestação; 16 de abril, conspiração; 15 de maio, atentado; 23 de junho, guerra civil! Por que razão não estendeu ele as suas sábias e criminalísticas investigações até o 24 de fevereiro? O *Journal des Débats*[50] respondeu: o 24 de fevereiro é a fundação de Roma. A origem

---

representadas por companhias alemãs ambulantes. As peças eram tragédias históricas, bastante disformes, bombásticas e ao mesmo tempo grosseiras e burlescas. Segundo este termo pode designar acontecimentos políticos de primeiro plano. Foi usado neste sentido por uma corrente da ciência histórica alemã, conhecida por 'historiografia objetiva'. Leopold Ranke foi um dos seus principais representantes. Considerava *Haupt-und Staatsaktion* como o assunto principal."

50 Trata-se do editorial do *Journal des débats,* de 28 de agosto de 1848. *Journal des débats politiques et littéraires* (Jornal dos Debates Políticos e Literários): jornal burguês francês fundado em Paris em 1789. Durante a monarquia de julho,

A REVOLUÇÃO ANTES DA REVOLUÇÃO | 103

dos Estados perde-se num mito em que se deve acreditar, mas que não se deve discutir. Louis Blanc e Caussidière foram entregues aos tribunais. A Assembleia Nacional [Constituinte] completou o trabalho do seu próprio saneamento que iniciara em 15 de maio.

O plano concebido pelo governo provisório e retomado por Goudchaux de um imposto sobre o capital – na forma de um imposto sobre hipotecas – foi rejeitado pela Assembleia Constituinte; a lei que limitava o tempo de trabalho a 10 horas foi revogada: a prisão por dívidas, restabelecida; a grande parte da população francesa que não sabia ler nem escrever foi excluída da admissão em júris. Por que não também do sufrágio? A caução para os jornais foi introduzida de novo e o direito de associação limitado.

Todavia, na sua pressa de restituir as antigas garantias às antigas relações burguesas e eliminar todos os traços que as ondas da revolução tinham deixado, os republicanos burgueses encontraram uma resistência que ameaçava com um perigo inesperado.

Ninguém nas jornadas de junho tinha lutado com mais fanatismo pela salvação da propriedade e pelo restabelecimento do crédito do que os pequeno-burgueses de Paris: donos de cafés, de restaurantes, *marchands de vins* [taberneiros – francês], pequenos comerciantes, merceeiros, artesãos etc. A *boutique* [lojas – francês] unira-se e marchara contra a barricada para restabelecer a circulação que vem da rua para a *boutique*. Atrás da barricada, porém, estavam os clientes e os devedores, à frente dela encontravam-se os credores da *boutique*. E quando as barricadas foram derrubadas e os operários esmagados e os donos das lojas, ébrios com a vitória, se precipitaram para as suas lojas, encontraram a entrada barricada por um salvador da propriedade, um agente oficial do crédito, brandindo-lhes as

---

foi um jornal governamental, órgão da burguesia orleanista. Durante a revolução de 1848, o jornal exprimia as opiniões da burguesia contrarrevolucionária, o chamado "partido da ordem".

cartas cominatórias: Letra vencida! Renda vencida! Título de dívida vencido! *Boutique* vencida! *Boutiquier* [lojista – francês] vencido!

Salvação da propriedade! Mas a casa em que viviam não era propriedade sua; a loja que tinham não era propriedade sua; as mercadorias com que negociavam não eram propriedade sua. Nem o negócio, nem o prato em que comiam, nem a cama em que dormiam lhes pertencia ainda. Tratava-se, pois, precisamente, de salvar essa propriedade para o dono da casa que a alugara, para o banqueiro que descontara as letras, para o capitalista que adiantara o dinheiro, para o fabricante que confiara as mercadorias a esses merceeiros para vendê-las, para o grande comerciante que fornecera a crédito as matérias-primas a esses artesãos. Restabelecimento do crédito! Mas o crédito de novo robustecido revelou-se precisamente como um deus vivo e fervoroso, expulsando das suas quatro paredes, com mulher e filhos, o devedor insolvente, entregando os seus haveres ilusórios ao capital e atirando-o para a prisão por dívidas que, de novo, se erguera ameaçadora sobre os cadáveres dos insurgentes de junho.

Os pequeno-burgueses reconheceram com pavor que, ao derrotarem os operários, tinham se entregue sem resistência às mãos dos seus credores. A sua bancarrota, que desde fevereiro se arrastava cronicamente e parecia ignorada, manifestou-se claramente depois de junho.

Enquanto foi necessário arrastá-los para o campo da luta em nome da propriedade, não haviam tocado na sua propriedade nominal. Agora que a grande questão com o proletariado estava resolvida, podia se resolver de novo o pequeno negócio com o *épicier*. Em Paris, o volume dos títulos protestados ultrapassava 21 milhões de francos; nas províncias, 11 milhões. Proprietários de mais de 7 mil casas comerciais de Paris não pagavam a renda desde fevereiro.

Como a Assembleia Nacional [Constituinte] havia procedido a uma *enquête* [inquérito – francês] sobre a dívida política remontando até fevereiro, os pequeno-burgueses exigiram por sua vez uma *enquête* sobre as dívidas civis até 24 de fevereiro. Reuniram-se em massa no salão da Bolsa, e para cada comerciante que pudesse provar que a sua falência fora devida apenas à paralisação provocada pela revolução e que o seu negócio ia bem no dia 24 de fevereiro, exigiram, com ameaças, prolongamento do prazo de pagamento mediante sentença do Tribunal do Comércio e obrigação do credor de liquidar o seu crédito por um pagamento percentual moderado. Essa questão foi tratada na Assembleia Nacional [Constituinte] como proposta de lei sob a forma de *concordats à l'amiable* [concordatas amigáveis – francês]. A Assembleia estava vacilante; então, de súbito, tomou conhecimento de que, ao mesmo tempo, na Porta St. Denis, milhares de mulheres e filhos dos insurgentes preparavam uma petição de anistia.

Ante o espectro ressuscitado de junho, os pequeno-burgueses tremeram e a Assembleia recuperou a sua inflexibilidade. As *concordats à l'amiable,* o entendimento amistoso entre credor e devedor foi rejeitado nos seus pontos essenciais.

Assim, muito tempo depois de, no seio da Assembleia Nacional [Constituinte], os representantes democráticos dos pequeno-burgueses terem sido repelidos pelos representantes republicanos da burguesia, essa cisão parlamentar adquiriu o seu sentido burguês, o seu sentido econômico real, quando os pequeno-burgueses foram abandonados, como devedores, aos burgueses credores. Uma grande parte dos primeiros ficou completamente arruinada e aos restantes apenas foi permitido prosseguir o seu negócio sob condições que os tornavam servos incondicionais do capital. Em 22 de agosto de 1848, a Assembleia Nacional [Constituinte] rejeitou os *concordats à l'amiable.* Em 19 de setembro de 1848, em pleno estado de sítio, o príncipe Luís Bonaparte e o preso de Vincennes, o comunista Raspail, foram eleitos deputados por Paris. A burguesia, porém, elegeu Fould, o cambista judeu e orleanista. Assim, de repente, surgiu de todos os lados, ao mesmo tempo, uma declaração de guerra aberta contra a Assembleia Nacional Constituinte, contra o republicanismo burguês, contra Cavaignac.

Não é preciso pormenorizar como a bancarrota em massa dos pequeno-burgueses de Paris fez sentir os seus efeitos muito para além dos imediatamente atingidos e uma vez mais abalou o comércio burguês, ao mesmo tempo que o déficit do Estado voltava a crescer devido aos custos da insurreição de junho e as receitas do Estado diminuíam constantemente em virtude da paralisação da produção, do consumo limitado e das importações cada vez menores. Nem Cavaignac, nem a Assembleia Nacional [Constituinte] podiam recorrer a nenhum outro meio que não fosse um novo empréstimo, que os sujeitava ainda mais à canga da aristocracia financeira.

Se, por um lado, os pequeno-burgueses tinham colhido como fruto da vitória de junho a bancarrota e a liquidação judicial, por outro, os janízaros[51] de Cavaignac, os guardas móveis, encontraram o seu pagamento nos braços macios das loretas e receberam, eles, "os jovens salvadores da sociedade", homenagens de toda a espécie nos salões de Marrast, o *gentilhomme* [homem-gentil, cavalheiro – francês] da tricolor, que se fazia ao mesmo tempo de anfitrião e de trovador da república honesta. Entretanto, essa preferência social e o soldo incomparavelmente mais elevado da Guarda Móvel irritavam o exército, enquanto desapareciam todas as ilusões nacionais com que o republicanismo burguês, por intermédio do seu jornal, o *National,* tinha sabido, no tempo de Luís Felipe, prender a si uma parte do exército e da classe dos camponeses. O papel de mediador que Cavaignac e a Assembleia Nacional [Constituinte] desempenharam na Itália do Norte para, juntamente com a Inglaterra, atraiçoá-lo em favor da Áustria – esse único dia de poder anulou 18 anos de oposição do *National.* Nenhum governo fora menos nacional que o do *National;* nenhum fora mais dependente da Inglaterra, e sob Luís Felipe vivia ele da paráfrase diária do catoniano *Carthaginem esse delendam* [Cartago dever ser destruída – latim]; nenhum fora

---

[51] *Janízaros:* infantaria regular dos sultões turcos, criada no século XIV, e que se distinguia pela sua extraordinária crueldade.

mais servil para com a Santa Aliança, e por um Guizot tinha ele pedido o rompimento dos tratados de Viena. A ironia da história fez Bastide, ex-redator de política internacional do *National,* ministro dos Negócios Estrangeiros da França, a fim de refutar com cada despacho seu cada um dos seus artigos.

Por um momento, o exército e os camponeses tinham acreditado que, com a ditadura militar, estariam na ordem do dia da França a guerra com o exterior e a *gloire* [glória – francês]. Cavaignac, porém, não era a ditadura do sabre sobre a sociedade burguesa; era a ditadura da burguesia por meio do sabre. E agora do soldado precisavam apenas do gendarme. Por detrás dos seus traços severos de resignação de republicano da Antiguidade, Cavaignac ocultava a submissão insípida às condições humilhantes do seu cargo burguês [*bürgerlichen Amits*]. *L'argent n'a pas de maitre!* O dinheiro não tem amo! Cavaignac, tal como a Assembleia Constituinte em geral, idealizava esse velho lema do *tiers-état* [terceiro Estado – francês], traduzindo-o para a linguagem política: a burguesia não tem rei, a verdadeira forma da sua dominação é a república.

E na elaboração dessa forma, a elaboração de uma Constituição republicana, consistia a "grande obra orgânica" da Assembleia Nacional Constituinte. A mudança de nome do calendário cristão para um republicano, de São Bartolomeu para São Robespierre, fazia mudar o tempo e o vento tanto quanto essa Constituição alterava, ou deveria alterar, a sociedade burguesa. Quando ia além da troca do traje, limitava-se a lavrar em ata os fatos existentes. Assim, registrou solenemente o fato da república, o fato do sufrágio universal, o fato de uma única e soberana Assembleia Nacional [Constituinte] em vez de duas Câmaras Constitucionais com atribuições limitadas. Assim, registrou e legalizou o fato da ditadura de Cavaignac substituindo a monarquia hereditária, estacionária e irresponsável por uma monarquia eletiva, ambulante e responsável, por uma presidência de quatro anos. Assim, se elevou a nada menos que lei constituinte o fato dos poderes extraordinários com que, após os sustos de 15 de maio e 25 de junho, a Assembleia Nacional [Constituinte] prudentemente, e no interesse da sua própria segurança, investira o seu presidente. O resto da Constituição foi obra de terminologia. As etiquetas realistas foram arrancadas à engrenagem da velha monarquia e substituídas por republicanas. Marrast, antigo redator *en chef* do *National,* agora redator *en chef* da Constituição, desempenhou, não sem talento, essa tarefa acadêmica.

A Assembleia Constituinte assemelhava-se àquele funcionário chileno que queria regulamentar mais firmemente as relações da propriedade fundiária por meio da medição dos cadastros, no preciso momento em que o trovão subterrâneo já anunciava a erupção vulcânica que iria fazer fugir o solo sob os seus próprios pés. Enquanto na teoria ela traçava a compasso as formas em que a dominação da burguesia se exprimia republicanamente, na realidade ela só conseguia se afirmar pela abolição de todas as fórmulas, pela força *sans phrase* [sem rodeios – francês], pelo estado de sítio. Dois dias antes de começar a sua obra constitucional, ela proclamou o seu prolongamento. Anteriormente tinham sido feitas e aprovadas constituições tão logo o processo de transformação social atingia um ponto de calmaria, as relações de classe recém-formadas se consolidavam e as frações em luta da classe dominante se refugiavam num compromisso que lhes permitia continuar a luta entre si e, ao mesmo tempo, excluir dela a massa extenuada do povo. Essa Constituição, ao contrário, não sancionava nenhuma revolução social, sancionava a vitória momentânea da velha sociedade sobre a revolução.

No primeiro projeto de constituição,[52] redigido antes das jornadas de junho, ainda figurava o *droit au travail,* o direito ao trabalho, a primeira fórmula canhestra em que se condensavam as exigências revolucionárias do proletariado. Foi transformado no *droit à*

---

[52] O primeiro projeto de constituição foi apresentado à Assembleia Nacional em 19 de junho de 1848.

l'assistance, no direito à assistência pública. E que Estado moderno não alimenta, de uma maneira ou de outra, os seus pobres? No sentido burguês, o direito ao trabalho é um contrassenso, um desejo piedoso, miserável, mas por detrás do direito ao trabalho está o poder sobre o capital, por detrás do poder sobre o capital, a apropriação dos meios de produção, a sua submissão à classe operária associada, portanto, a abolição do trabalho assalariado, do capital e da sua relação recíproca. Por detrás do direito ao trabalho encontrava-se a insurreição de junho. A Assembleia Constituinte, que pusera efetivamente o proletariado revolucionário *hors la loi,* fora da lei, tinha que rejeitar, por princípio, a sua fórmula da constituição, da lei das leis; tinha de lançar o seu anátema sobre o direito ao trabalho. Mas não ficou por aqui. Como Platão tinha banido da sua república os poetas, assim ela baniu da sua, e para a eternidade, o imposto progressivo. E o imposto progressivo não é apenas uma medida burguesa, realizável em maior ou menor grau dentro das relações de produção existentes; era o único meio de amarrar as camadas médias da sociedade burguesa à república "honesta", de reduzir a dívida do Estado, de dar cheque à maioria antirrepublicana da burguesia.

Por ocasião das *concordats* à *l'amiable,* os republicanos tricolores tinham realmente sacrificado a pequena burguesia à grande. Por meio da proibição legal do imposto progressivo, elevaram esse fato isolado a um princípio. Puseram a reforma burguesa ao mesmo nível da revolução proletária. Mas que classe ficava então como sustentáculo da sua república? A grande burguesia, cuja massa era antirrepublicana. Se ela explorava os republicanos do *National* para consolidar de novo as antigas relações de vida econômica, pensou, por outro lado, explorar essas relações sociais novamente consolidadas para restabelecer as formas políticas correspondentes. Logo no princípio de outubro, Cavaignac viu-se obrigado a nomear Dufaure e Vivien, antigos ministros de Luís Felipe, para ministros da república, por mais que os desmiolados puritanos do seu próprio partido resmungassem e barafustassem.

A Constituição tricolor, enquanto recusava todo e qualquer compromisso com a pequena burguesia e não sabia agregar à nova forma de Estado nenhum outro elemento novo da sociedade, apressava-se, em compensação, a restituir a tradicional intangibilidade a um corpo no qual o velho Estado encontrava os seus defensores mais fanáticos e encarniçados. Elevou a inamovibilidade dos juízes, posta em causa pelo governo provisório, a lei constitucional. O rei único que ela destronara surgia agora às centenas nesses inamovíveis inquisidores da legalidade.

A imprensa francesa analisou em múltiplos aspectos as contradições da Constituição do senhor Marrast; por exemplo, o fato de, lado a lado, existirem dois soberanos: a Assembleia Nacional [Constituinte] e o presidente etc. etc.

A ampla contradição dessa Constituição consiste porém no seguinte: as classes cuja escravidão social deve eternizar: proletariado, camponeses, pequeno-burgueses, ela as coloca na posse do poder político por meio do sufrágio universal. E a classe cujo velho poder social sanciona, a burguesia, ela lhe retira as garantias políticas desse poder. Comprime a sua dominação política em condições democráticas que a todo o momento favorecem a vitória das classes inimigas e põe em causa os próprios fundamentos da sociedade burguesa. A umas, exige que não avancem da emancipação política para a social; às outras, que não retrocedam da restauração social para a política.

Essas contradições incomodavam pouco os republicanos burgueses. Na mesma medida em que deixavam de ser indispensáveis, e só o foram como defensores da velha sociedade contra o proletariado revolucionário, caíam, apenas algumas semanas depois da vitória, de uma posição de um partido para a de uma camarilha. E a Constituição manejavam-na eles como uma grande intriga. O que devia ser constituído nela era sobretudo a dominação da camarilha. O presidente devia ser o Cavaignac prolongado e a Assembleia Legislativa uma Constituinte prolongada. Esperavam reduzir o poder político das massas populares a um poder fictício e ser capazes de

A REVOLUÇÃO ANTES DA REVOLUÇÃO | 111

brincar suficientemente com esse poder fictício para agitar sem descanso perante a maioria da burguesia, o dilema das jornadas de junho: império do *National* ou império da anarquia.

A obra constitucional, começada em 4 de setembro, terminou em 23 de outubro. Em 2 de setembro, a Constituinte decidira não se dissolver até que as leis orgânicas complementares da Constituição estivessem promulgadas. Apesar disso, já em 10 de dezembro, muito antes do ciclo da sua própria atuação estar encerrado, resolveu chamar à vida a sua criatura mais própria, o presidente, tão segura estava de saudar na Constituição-homúnculo o filho da sua mãe. Por cautela, fora estabelecido que, se nenhum dos candidatos alcançasse dois milhões de votos, a eleição passaria da nação para a Constituinte.

Vãs precauções! O primeiro dia da realização da Constituição foi o último dia da dominação da Constituinte. No abismo da urna devota estava a sua sentença de morte. Procurava o filho da sua mãe e encontrou o sobrinho do seu tio. Saul Cavaignac obteve um milhão de votos, mas David Napoleão obteve seis milhões. Saul Cavaignac foi seis vezes derrotado.[53]

O 10 de dezembro de 1848 foi o dia da insurreição dos camponeses. Só a partir desse dia, fevereiro constituía uma data para os camponeses franceses. O símbolo que exprimia a sua entrada no movimento revolucionário, desajeitado e manhoso, velhaco e ingênuo, grosseiro e sublime, uma superstição calculada, um burlesco patético, um anacronismo genial e pueril, uma travessura histórico-universal, uns hieróglifos indecifráveis para a compreensão dos civilizados – esse símbolo apresentava a fisionomia inconfundível da classe que representa a barbárie no seio da civilização. A república anunciara-se perante ela com o executor de impostos; ela anunciava-se perante a república com o imperador. Napoleão era o único homem que repre-

---

[53] Segundo a lenda bíblica, Saul, primeiro rei hebreu, abateu na luta contra os filisteus milhares de inimigos, e o seu escudeiro David, protegido de Saul, dezenas de milhares. Depois da morte de Saul, David tornou-se rei dos hebreus.

sentara, exaustivamente, os interesses e a fantasia da classe camponesa recém-criada em 1789. Ao inscrever o nome dele no frontispício da república, ela declarava guerra para o exterior e no interior fazia valer os seus interesses de classe. Para os camponeses, Napoleão não era uma pessoa, mas um programa. Com bandeiras, ao som de música, dirigiam-se às assembleias de voto gritando: *plus d'impôts, à bas les riches, à bas la république, vive l'empereur*. Fora com os impostos, abaixo os ricos, abaixo a república, viva o Imperador. Por detrás do imperador escondia-se a guerra dos camponeses. A república que eles derrubavam com os votos era a república dos ricos.

O dia 10 de dezembro foi o *coup d'État* [golpe de Estado – francês] dos camponeses, que derrubou o governo vigente. E a partir desse dia, em que eles tiraram um governo e deram outro à França, os seus olhos fixaram-se em Paris. Por um momento, heróis ativos do drama revolucionário, já não podiam ser relegados para o papel passivo e abúlico do coro.

As restantes classes contribuíram para completar a vitória eleitoral dos camponeses. A eleição de Napoleão significava para o proletariado a destituição de Cavaignac, a queda da Constituinte, a abdicação do republicanismo burguês, a cassação da vitória de junho. Para a pequena burguesia, Napoleão era a dominação do devedor sobre o credor. Para a maioria da grande burguesia, a eleição de Napoleão era a ruptura aberta com a fração de que, durante um momento, teve de se servir contra a revolução, mas que se lhe tornou insuportável logo que procurou consolidar essa posição momentânea como posição constitucional. Napoleão em vez de Cavaignac era, para ela, a monarquia em vez da república, o princípio da restauração realista, o Orléans timidamente sugerido, a flor-de-lis[54] oculta entre as violetas. Finalmente, o exército votava por Napoleão contra a Guarda Móvel, contra o idílio da paz, pela guerra.

---

[54]   Flor-de-lis: emblema heráldico da monarquia dos Bourbons; violeta: emblema dos bonapartistas.

Desse modo, como escrevia a *Nova Gazeta Renana*, o homem mais simples da França adquiria o mais complexo dos significados.[55] Precisamente porque não era nada, podia significar tudo, menos ele mesmo. Todavia, por muito diferente que fosse o sentido do nome Napoleão na boca das diferentes classes, cada uma delas escrevia com esse nome no seu boletim de voto: abaixo o partido do *National,* abaixo Cavaignac, abaixo a Constituinte, abaixo a república burguesa. O ministro Dufaure declarou abertamente na Assembleia Constituinte: o 10 de dezembro é um segundo 24 de fevereiro.

A pequena burguesia e o proletariado tinham votado *en bloc* [em bloco – francês] por Napoleão para votar contra Cavaignac e para, por meio da junção dos votos, arrancar à Constituinte a decisão final. Todavia, a parte mais avançada de ambas as classes apresentou os seus próprios candidatos. Napoleão era o nome coletivo de todos os partidos coligados contra a república burguesa; Ledru-Rollin e Raspail, os nomes próprios: aquele, o da pequena burguesia democrática; este, o do proletariado revolucionário. Os votos em Raspail os proletários e os seus porta-vozes socialistas declararam-no bem alto – constituiriam uma simples manifestação, outros tantos protestos contra qualquer presidência, isto é, contra a própria Constituição, outros tantos votos contra Ledru-Rollin, o primeiro ato pelo qual o proletariado, como partido político autônomo, se separava do partido democrático. Esse partido, porém – a pequena burguesia democrática e o seu representante parlamentar, a Montagne – tratava a candidatura de Ledru-Rollin com toda a solene seriedade com que eram acostumados a se enganarem a si próprios. Foi, de resto, a sua última tentativa de se arvorarem em partido autônomo face ao proletariado. Em 10 de dezembro, o partido burguês republicano

---

[55] Marx refere-se ao comunicado de Paris de 18 de dezembro, assinado com o sinal do correspondente Ferdinand Wolff, na *Neue Rheinische Zeitung* [*Nova Gazeta Renana*], n. 174, de 21 de dezembro de 1848. Possivelmente as palavras indicadas pertencem ao próprio Marx, que submeteu todo o material da revista a uma redação cuidadosa.

não foi o único derrotado; foram-no também a pequena burguesia democrática e a sua Montagne.

Agora, ao lado de uma Montagne, a França possuía um Napoleão, prova de que ambos eram apenas as caricaturas sem vida das grandes realidades cujos nomes ostentavam. Luís Napoleão, com o chapéu imperial e águia, não era mais miserável ao parodiar o velho Napoleão do que a Montagne, com as suas frases decalcadas de 1793 e as suas poses demagógicas, ao parodiar a velha Montagne. Assim, a superstição tradicional de 1793 foi abandonada ao mesmo tempo que a superstição tradicional em Napoleão. A revolução só ganhara a sua identidade no momento em que ganhara o seu nome original, próprio, e isso só pôde fazê-lo no momento em que a classe revolucionária moderna, o proletariado industrial, surgiu, dominante, no seu primeiro plano. Pode se dizer que o 10 de dezembro deixara já a Montagne confundida e desconfiada do seu próprio juízo uma vez que, rindo-se, rompera a clássica analogia com a velha revolução por meio de um grosseiro gracejo de camponês.

No dia 20 de dezembro, Cavaignac demitiu-se do seu cargo e a Assembleia Constituinte proclamou Luís Napoleão presidente da República. No dia 19 de dezembro, o último dia da sua dominação exclusiva, a Assembleia rejeitou a proposta de anistia dos insurgentes de junho. Revogar o decreto de 27 de junho por meio do qual, torneando a sentença judicial, havia condenado 15 mil insurgentes à deportação, não seria isso revogar a própria batalha de junho?

Odilon Barrot, o último ministro de Luís Felipe, tornou-se o primeiro ministro de Luís Napoleão. Tal como Luís Napoleão não datava a sua dominação a partir do 10 de dezembro, mas a partir de um decreto senatorial de 1804, assim ele encontrou um primeiro-ministro que não datava o seu ministério a partir de 20 de dezembro, mas a partir de um decreto real de 24 de fevereiro. Como herdeiro legítimo de Luís Felipe, Luís Napoleão atenuou a mudança de governo mantendo o velho ministério que, aliás, não dispusera de tempo para se desgastar, pois nem arranjara tempo para começar a viver.

Os chefes das frações burguesas realistas aconselharam-no a essa escolha. A cabeça da velha oposição dinástica, que inconscientemente tinha formado a transição para os republicanos do *National,* era ainda mais adequada para formar com plena consciência a transição da república burguesa para a monarquia.

Odilon Barrot era o chefe do único velho partido da oposição que, lutando sempre em vão por uma pasta ministerial, ainda não tinha se desgastado. Numa rápida sucessão, a revolução atirava todos os velhos partidos da oposição para os cumes do Estado a fim de que, não só nos atos, mas também na sua própria frase, tivessem de negar e revogar as suas velhas frases e de que, finalmente, reunidos numa repugnante mistura, fossem todos juntos atirados pelo povo para o monturo da história. E nenhuma apostasia foi poupada a esse Barrot, essa encarnação do liberalismo burguês que, durante 18 anos, ocultara a infame vacuidade do seu espírito debaixo do comportamento grave do seu corpo. Se, em momentos isolados, o contraste demasiado gritante entre os cardos do presente e os louros do passado a ele próprio o assustava, um simples olhar para o espelho restituía-lhe a compostura ministerial e a humana admiração por si próprio. A imagem que o espelho lhe devolvia era Guizot, que ele sempre invejou, que sempre o dominara, Guizot em pessoa, mas Guizot com a fronte olímpica de Odilon. O que ele não via eram as orelhas de Midas.

O Barrot de 24 de fevereiro só se revelou no Barrot de 20 de dezembro. A ele, o orleanista e voltairiano, juntou-se-lhe, como ministro do Culto, o legitimista e jesuíta Falloux.

Alguns dias mais tarde, o Ministério do Interior foi entregue a Léon Faucher, o malthusiano. O Direito, a religião, a Economia Política! O ministério Barrot continha tudo isso e também uma união de legitimistas e orleanistas. Só faltava o bonapartista. Bonaparte ocultava ainda o apetite de significar o Napoleão, pois Soulouque ainda não representava o Toussaint-Louverture.[56]

O partido do *National* foi imediatamente afastado de todos os altos cargos em que se tinha anichado: chefatura da polícia, direção dos correios, procuradoria-geral, *mairie* [Câmara municipal – francês] de Paris, tudo isso foi ocupado por velhas criaturas da monarquia. Changarnier, o letigimista, recebeu o alto comando unificado da Guarda Nacional do Departamento do Sena, da Guarda Móvel e das tropas de linha da primeira divisão militar; Bugeaud, o orleanista, foi nomeado comandante-em-chefe do exército dos Alpes. Essa mudança de funcionários prosseguiu sem interrupção no governo Barrot. O primeiro ato do seu ministério foi a restauração da velha administração realista (*royalistischen*). Num abrir e fechar de olhos a cena oficial transformou-se: cenários, guarda-roupa, linguagem, atores, figurantes, comparsas, pontos, posição dos partidos, motivos do drama, conteúdo da colisão, a situação na sua totalidade. Só a antediluviana Assembleia Constituinte se encontrava ainda no seu posto. Mas a partir da hora em que a Assembleia Nacional [Constituinte] tinha instalado o Bonaparte, Bonaparte o Barrot, Barrot o Changarnier, a França saiu do período da constituição republicana para entrar no período da república constituída. E que é que uma Assembleia Constituinte tinha a fazer numa república constituída? Depois de o mundo ter sido criado, ao seu criador restava apenas refugiar-se no céu. A Assembleia Constituinte estava resolvida a não seguir o seu exemplo. A Assembleia Nacional [Constituinte] era o último asilo do partido dos republicanos burgueses. Se lhe tinham

---

[56] Soulouque: Presidente da República negra do Haiti que, imitando Napoleão I, se autoproclamou Imperador do Haiti em 1850. Ele rodeou-se por um Estado-Maior de marechais e generais negros, organizando a sua corte seguindo o modelo Francês. O povo ironicamente apropriou-se desta semelhança dando então a Luís Bonaparte o apelido de "Soulouque francês". Toussaint-Louverture (1748-1803): chefe de uma insurreição em Santo Domingo, de 1796 a 1802: Foi prisioneiro das tropas francesas e mantido na Fortaleza de Joux onde veio a falecer.

A REVOLUÇÃO ANTES DA REVOLUÇÃO | 117

arrancado todas as alavancas do poder executivo, não lhe restava a onipotência constituinte? O seu primeiro pensamento foi conservar a todo custo o posto soberano que detinha e, a partir daqui, reconquistar o terreno perdido. Afastado o ministério Barrot por um ministério do *National,* o pessoal realista tinha de abandonar imediatamente os palácios da administração para que o pessoal tricolor retornasse em triunfo. A Assembleia Nacional [Constituinte] decidiu a queda do ministério, e o próprio ministério forneceu uma oportunidade de ataque que nem a Constituinte seria capaz de inventar outra melhor.

Recorde-se o que Luís Bonaparte significava para os camponeses: Fora os impostos! Esteve seis dias sentado na cadeira presidencial e ao sétimo dia, em 27 de dezembro, o seu ministério propôs a manutenção do imposto sobre o sal, cuja abolição tinha sido decretada pelo governo provisório. Juntamente com o imposto sobre o vinho, o imposto sobre o sal partilha o privilégio de ser o bode expiatório do velho sistema financeiro francês, especialmente aos olhos da população rural. O ministério Barrot não podia pôr na boca do eleito dos camponeses epigrama mais mordaz para os seus eleitores do que as palavras: restabelecimento do imposto sobre o sal! Com o imposto sobre o sal Bonaparte perdeu o seu sal revolucionário – o Napoleão da insurreição camponesa desfez-se como uma imagem de névoa e nada mais restou do que o grande desconhecido da intriga burguesa realista. E não foi sem intenção que o ministério Barrot fez desse ato, de desilusão desajeitadamente grosseira, o primeiro ato de governo do presidente.

Por seu lado, a Constituinte agarrou avidamente a dupla oportunidade de derrubar o ministério e de se apresentar face ao eleito dos camponeses como defensora dos interesses dos camponeses. Rejeitou a proposta do ministro das Finanças, reduziu o imposto sobre o sal a um terço do seu montante anterior, aumentando assim em 60 milhões um déficit do Estado de 560 milhões e esperou tranquilamente depois desse voto de desconfiança a demissão do ministério. Quão pouco compreendia ela o novo mundo que a rodeava e a mudança da sua própria situação! Por detrás do ministério encontrava-se o presidente e por detrás dele encontravam-se seis milhões que tinham deitado na urna outros tantos votos de desconfiança contra a Constituinte. A Constituinte devolveu à nação o seu voto de desconfiança. Ridícula troca! Esquecia-se que os seus votos tinham perdido o curso legal. A rejeição do imposto sobre o sal apenas amadureceu a decisão de Bonaparte e do seu ministério de "acabar" com a Assembleia Constituinte. Começou aquele longo duelo que preenche toda a última metade da vida da Constituinte. O 29 de janeiro, o 21 de março, o 8 de maio são as *journées*, os grandes dias dessa crise, outros tantos precursores do 13 de junho.

Os franceses, por exemplo Louis Blanc, interpretaram o 29 de janeiro como a manifestação de uma contradição constitucional, a contradição entre uma Assembleia Nacional [Constituinte] saída do sufrágio universal, soberana e indissolúvel, e um presidente de fato responsável perante ela, na realidade, porém, não só igualmente sancionado pelo sufrágio universal – e além disso reunindo na sua pessoa todos os votos que se repartem e cem vezes se fragmentam por cada um dos membros da Assembleia Nacional [Constituinte] –, mas também no pleno gozo de todo o seu poder executivo, sobre o qual a Assembleia Nacional [Constituinte] paira apenas como poder moral. Essa interpretação do 29 de janeiro confunde a linguagem da luta na tribuna, na imprensa, nos clubes, com o seu conteúdo real. Frente à Assembleia Nacional Constituinte, Luís Bonaparte não era apenas um poder constitucional unilateral frente a outro; não era o poder executivo frente ao legislativo; era a própria república burguesa constituída frente aos instrumentos da sua constituição, frente às intrigas ambiciosas e às exigências ideológicas da fração burguesa revolucionária que a tinha fundado e que agora, perplexa, via que a sua república constituída se assemelhava a uma monarquia restaurada e queria manter pela força o período constituinte com as suas condições, as suas ilusões, a sua linguagem e as suas personagens, e impedir a república burguesa amadurecida de se revelar na sua forma acabada e peculiar. Tal como a Assembleia Nacional Constituinte representava o Cavaignac regressado ao seu seio, assim Bonaparte representava a Assembleia Nacional Legislativa ainda não divorciada dele, isto é, a Assembleia Nacional [Constituinte] da república burguesa constituída.

A eleição de Bonaparte só podia explicar-se colocando no lugar de um nome os seus múltiplos significados, repetindo-se a si própria na eleição de uma nova Assembleia Nacional [Constituinte]. O 10 de dezembro tinha anulado o mandato da velha. Portanto, em 29 de janeiro quem se defrontou não foi o presidente e a Assembleia Nacional [Constituinte] da mesma república; foi, sim, a Assembleia Nacional [Constituinte] da república que havia de ser e o presidente da república que já era, dois poderes que encarnavam períodos do processo de vida da república inteiramente diferentes; de um lado, a pequena fração republicana da burguesia que era a única com poder de proclamar a república, de arrancá-la ao proletariado revolucionário por meio da luta de rua e do reinado do terror, e esboçar na Constituição os traços fundamentais de seus ideais; e do outro, a grande massa realista da burguesia, a única com poder de dominar nessa república burguesa constituída, de retirar à Constituição os seus ingredientes ideológicos e de realizar as condições indispensáveis para a sujeição do proletariado por meio da sua legislação e da sua administração.

O temporal que se abateu em 29 de janeiro tinha reunido os seus elementos durante todo o mês de janeiro. Por meio do seu voto de desconfiança, a Constituinte quis levar o ministério Barrot a demitir-se. Por sua vez, o ministério Barrot propôs à Constituinte que desse a si própria um voto de desconfiança definitivo, resolvesse suicidar-se e decretasse a sua própria dissolução. Por ordem do ministério, Rateau, um dos deputados mais obscuros, apresentou em 6 de janeiro essa proposta àquela mesma Constituinte que já em agosto havia decidido não se dissolver até promulgar uma série de leis orgânicas complementares da Constituição. O ministerial Fould declarou-lhe sem rodeios que a sua dissolução era necessária "para o restabelecimento do crédito abalado". Por acaso, ela não abalava o crédito ao prolongar o provisório e ao pôr de novo em dúvida Barrot com Bonaparte e Bonaparte com a república constituída? Barrot, o olímpico, transformado em Orlando furioso pela perspectiva de se ver de novo despojado da presidência do Conselho de Ministros que desfrutara apenas durante duas semanas, cargo esse a que finalmente tinha deitado a mão e que os republicanos já haviam prorrogado por um decênio, isto é, por dez meses; Barrot, face a essa desgraçada Assembleia, excedia em tirania qualquer tirano. A mais suave das suas palavras era: "com ela não há futuro possível". E, na verdade, ela apenas representava o passado. "Ela é incapaz", acrescentava irônico, "de rodear a república das instituições que lhe são necessárias para a sua consolidação". De fato, assim era! Ao mesmo tempo que na sua oposição exclusiva ao proletariado a sua energia burguesa se perdia, na sua oposição aos realistas a sua exaltação republicana reavivava-se. Desse modo, era duplamente incapaz de consolidar por meio das instituições correspondentes a república burguesa que já não compreendia.

Com a proposta de Rateau, o ministério desencadeou ao mesmo tempo uma tempestade de petições em todo o país. Assim, dia após dia, de todos os cantos da França choviam em cima da Constituinte montes de *billets-doux* [cartas de amor – francês] em que se lhe pedia, mais ou menos categoricamente, que se dissolvesse e que fizesse o seu testamento. A Constituinte, por seu lado, promovia contrapetições em que se fazia exortar a continuar viva. A luta eleitoral entre Bonaparte e Cavaignac renovou-se como duelo de petições a favor e contra a dissolução da Assembleia Nacional [Constituinte]. Tais petições haviam de ser os comentários posteriores do 10 de dezembro. Essa agitação prosseguiu durante o mês de janeiro.

No conflito entre a Constituinte e o presidente, aquela não podia remeter às eleições gerais como a sua origem, pois era dela que seu

A REVOLUÇÃO ANTES DA REVOLUÇÃO | 121

inimigo apelava para o sufrágio universal. Não podia se apoiar em nenhum poder regular, pois tratava-se da luta contra o poder legal. Não podia derrubar o ministério por meio de votos de desconfiança, como tentou novamente em 6 e em 26 de janeiro tentou de novo, pois o ministério não lhe pedia a sua confiança. Restava-lhe apenas uma possibilidade: a da insurreição. As forças armadas da insurreição eram a parte republicana da Guarda Nacional, a Guarda Móvel e os centros do proletariado revolucionário, os clubes. Os guardas móveis, esses heróis das jornadas de junho, constituíam em dezembro a força de combate organizada da fração burguesa republicana, tal como antes de junho as oficinas nacionais tinham constituído a força de combate organizada do proletariado revolucionário. Assim como a comissão executiva da Constituinte dirigiu o seu brutal ataque contra as oficinas nacionais quando teve de acabar com as reivindicações, tornadas insuportáveis, do proletariado, assim o ministério de Bonaparte dirigiu o seu ataque contra a Guarda Móvel quando teve de acabar com as reivindicações, tornadas insuportáveis, da fração burguesa republicana. Ordenou a dissolução da Guarda Móvel. Metade dos seus efetivos foi licenciada e atirada para a rua; a outra recebeu uma organização monárquica em vez da sua organização democrática e o seu soldo foi reduzido ao nível do soldo normal das tropas de linha. A Guarda Móvel encontrou-se assim na situação dos insurgentes de junho, e todos os dias os jornais publicavam confissões públicas em que aquela reconhecia a sua culpa de junho e que imploravam perdão ao proletariado.

E os clubes? A partir do momento em que a Assembleia Constituinte pusera em causa na pessoa de Barrot o presidente, na do presidente a república burguesa constituída e na da república burguesa constituída a própria república burguesa em geral, todos os elementos constituintes da república de fevereiro, todos os partidos que queriam derrubar a república existente e transformá-la por meio de um processo violento de regressão na república dos seus interesses de classe e dos seus princípios, cerraram necessariamente fileiras em torno dela.

O que acontecera deixara outra vez de acontecer, as cristalizações do movimento revolucionário tinham outra vez se liquefeito, a república pela qual se lutou era outra vez a república indefinida das jornadas de fevereiro, cuja definição cada partido reservava para si. Por instantes, os partidos voltaram a ocupar as suas velhas posições de fevereiro sem partilharem as ilusões de fevereiro. Os republicanos tricolores do *National* voltaram a apoiar-se nos republicanos democráticos da *Réforme* e empurraram-nos como paladinos para o primeiro plano da luta parlamentar. Os republicanos democráticos apoiaram-se de novo nos republicanos socialistas – em 27 de janeiro um manifesto público anunciava a sua reconciliação e a sua união – e preparavam nos clubes o terreno para a insurreição. A imprensa ministerial considerava com razão os republicanos tricolores do *National* como os insurgentes de junho ressuscitados. Para se manterem à frente da república burguesa punham em questão a própria república burguesa. Em 26 de janeiro, o ministro Faucher propôs um projeto de lei sobre o direito de associação, cujo primeiro parágrafo dizia: "São proibidos os clubes." Requereu que esse projeto de lei fosse posto em discussão com caráter de urgência. A Constituinte rejeitou o pedido de urgência e, em 27 de janeiro, Ledru-Rollin apresentou uma proposta com 230 assinaturas para se mover um processo contra o ministério por violação da Constituição. Mover um processo contra o ministério num momento em que tal ato significava ou a revelação canhestra da impotência do juiz, isto é, da maioria da Câmara, ou um protesto impotente do acusador contra essa própria maioria – tal era o grande trunfo revolucionário que essa Montagne segunda jogaria a partir de agora em cada ponto alto da crise. Pobre Montagne, esmagada pelo peso do seu próprio nome!

Em 15 de maio, Blanqui, Barbès, Raspail etc., tinham tentado dissolver a Assembleia Constituinte ao entrarem violentamente na sala de sessões à frente do proletariado de Paris. Barrot preparou à mesma Assembleia um 15 de maio moral ao ditar-lhe a sua autodissolução e ao querer encerrar a sala das sessões. Essa mesma

Assembleia tinha encarregado Barrot de proceder a uma *enquête* [inquérito – francês]contra os acusados de maio e agora, nesse momento, em que ele lhe aparecia como um Blanqui realista, em que ela procurava arranjar aliados contra ele nos clubes, entre os proletários revolucionários, no partido de Blanqui, nesse momento, o inexorável Barrot torturava-a com a sua proposta de que os presos de maio não fossem apresentados ao tribunal de jurados, mas sim entregues ao Supremo Tribunal, à *haute-cour,* inventado pelo partido do *National.* É curioso como o medo exacerbado de perder uma pasta ministerial pôde fazer sair da cabeça de um Barrot graças dignas de um Beaumarchais! Depois de longa hesitação, a Assembleia Nacional [Constituinte] aceitou a sua proposta. Frente aos autores do atentado de maio, ela regressava ao seu caráter normal.

Se, frente ao presidente e aos ministros, a Constituinte era compelida à insurreição, o presidente e o ministério, frente à Constituinte, eram empurrados para o golpe de Estado, pois não possuíam nenhum meio legal para a dissolver. Mas a Constituinte era a mãe da Constituição e a Constituição a mãe do presidente. Com o golpe de Estado o presidente rasgava a Constituição e suprimia o seu título jurídico republicano. Era, pois, obrigado a lançar a mão do título jurídico imperial; mas o título jurídico imperial fazia recordar o título orleanista, e ambos empalideciam perante o título jurídico legitimista. A queda da república legal só poderia fazer ascender o seu pólo diametralmente oposto, a monarquia legitimista, num momento em que o partido orleanista era apenas o vencido de fevereiro e Bonaparte era apenas o vencedor do 10 de dezembro, e em que ambos, à usurpação republicana, apenas podiam opor os seus títulos monárquicos igualmente usurpados. Os legitimistas, conscientes de que o momento lhes era favorável, conspiravam às claras. Podiam esperar encontrar o seu Monk[57] no general Changarnier. O advento

---

[57] Monk (1608-1669): general inglês da época da grande revolução inglesa, restaurou a dinastia dos Stuart e sufocou a revolução.

da monarquia branca era anunciado tão abertamente nos seus clubes como o da república vermelha nos clubes proletários.

Com um motim reprimido com felicidade, o ministério ter-se--ia visto livre de todas as suas dificuldades. "A legalidade nos mata", exclamava Odilon Barrot. Sob o pretexto da *salut public* [salvação pública – francês], um motim teria permitido dissolver a Constituinte, violar a Constituição no interesse da própria Constituição. O procedimento brutal de Odilon Barrot na Assembleia Nacional [Constituinte], a proposta de dissolução dos clubes, a demissão ruidosa de 50 prefeitos tricolores e a sua substituição por realistas, a dissolução da Guarda Móvel, os maus-tratos infligidos aos seus chefes por Changarnier, a reintegração de Lerminier, um professor intolerável já no tempo de Guizot, a tolerância perante as fanfarronadas legitimistas, eram outras tantas provocações ao motim. Mas o motim manteve-se mudo. Era da Constituinte que esperava o sinal e não do ministério.

Finalmente, veio o 29 de janeiro, o dia em que se decidiria sobre a proposta apresentada por Mathieu (de la Drôme) de rejeição incondicional da proposta de Rateau. Legitimistas, orleanistas, bonapartistas, Guarda Móvel, Montagne, clubes, todos conspiravam nesse dia, cada um deles tanto contra o pretenso inimigo quanto contra o pretenso aliado. Bonaparte, do alto do seu cavalo, passou revista a uma parte das tropas na Praça da Concórdia, Changarnier fazia teatro com um dispêndio de manobras estratégicas; a Constituinte encontrou o seu edifício de sessões ocupado militarmente. Ela, o centro onde se entrecruzavam todas as esperanças, receios, expectativas, fermentações, tensões, conspirações, ela, a Assembleia de ânimo de leão, não vacilou nem um momento ao aproximar-se mais do que nunca do espírito do mundo [*Weltgeist*]. Assemelhava--se àquele combatente que não só receava utilizar as suas próprias armas, mas também se sentia obrigado a manter intactas as armas do adversário. Com desprezo pela sua morte, assinou a sua própria sentença de morte e rejeitou a rejeição incondicional da proposta

A REVOLUÇÃO ANTES DA REVOLUÇÃO | 125

Rateau. Mesmo em estado de sítio, estabeleceu limites a uma atividade constituinte cujo quadro necessário fora o estado de sítio de Paris. Vingou-se de um modo digno dela ao impor no dia seguinte, uma *enquête* sobre o susto que no dia 29 de janeiro o ministério lhe tinha metido. A Montagne demonstrou a sua falta de energia revolucionária e de senso político ao deixar-se utilizar pelo partido do *National* como arauto nessa grande comédia de intrigas. O partido do *National* fizera o último esforço para continuar a manter, na república constituída, o monopólio da dominação que detivera durante o período da formação da república burguesa. E fracassara.

Se na crise de janeiro se tratara da existência da Constituinte, na crise de 21 de março tratava-se da existência da Constituição: ali, do pessoal do partido do *National*; aqui, do seu ideal. Escusado é dizer que os republicanos honestos abandonavam mais facilmente o sentimento elevado da sua ideologia do que o gozo mundano do poder governamental.

Em 21 de março, na ordem do dia da Assembleia Nacional [Constituinte], encontrava-se o projeto de lei de Faucher contra o direito de associação: a proibição dos clubes. O artigo 8° da Constituição garantia a todos os franceses o direito de se associarem. A interdição dos clubes era, portanto, uma inequívoca violação da Constituição, e a própria Constituinte devia canonizar a profanação dos seus santos. Mas os clubes eram os pontos de reunião, os centros de conspiração do proletariado revolucionário. A própria Assembleia Nacional [Constituinte] tinha proibido a coligação dos operários contra os seus burgueses. E que eram os clubes senão uma coligação de toda a classe operária contra toda a classe burguesa, a formação de um Estado operário contra o Estado burguês? Não eram eles também outras tantas assembleias constituintes do proletariado e outros tantos destacamentos do exército da revolta prontos para o combate? O que acima de tudo a Constituição devia constituir era a dominação da burguesia. Era, portanto, evidente que a Constituição só podia entender por direito de associação as associações que se harmonizavam com a dominação da burguesia, isto é, com a ordem burguesa. Se, por uma questão de decoro teórico, ela se exprimia em termos gerais, não estavam lá o governo e a Assembleia Nacional [Constituinte] para interpretá-la e aplicá-la nos casos especiais? E, se na época primordial da república, os clubes tinham sido efetivamente proibidos pelo estado de sítio, por que não deviam ser proibidos pela lei na república regulamentada, constituída? A essa interpretação prosaica da Constituição, os republicanos tricolores nada tinham a opor senão a frase altissonante da Constituição. Uma parte deles, Pagnerre, Duclerc etc. votou a favor do ministério dando-lhe assim a maioria. A outra parte, com o arcanjo Cavaignac e o padre da Igreja Marrast à frente, retirou-se, depois do artigo sobre a interdição dos clubes ter passado, juntamente com Ledru-Rollin e a Montagne, para um gabinete especial e "reuniram-se em conselho". A Assembleia Nacional [Constituinte] estava paralisada, já não dispunha do número de votos suficiente para tomar decisões. No gabinete, o senhor Crémieux lembrou oportunamente que dali o caminho conduzia diretamente para a rua e que já não se estava em fevereiro de 1848, mas em março de 1849. Subitamente iluminado, o partido do *National* regressou à sala das sessões da Assembleia Nacional [Constituinte]. Atrás dele, enganada de novo, veio a Montagne que, constantemente atormentada por apetites revolucionários, mas também constantemente ávida de possibilidades constitucionais, se sentia cada vez mais no seu lugar atrás dos republicanos burgueses e não à frente do proletariado revolucionário. Assim terminou a comédia. E a própria Constituinte tinha decretado que a violação da letra da Constituição era a única realização consequente do seu espírito.

Restava apenas regulamentar um ponto: a relação da república constituída com a revolução europeia, a sua política externa. Em 8 de maio de 1849, reinava uma desusada agitação na Assembleia Constituinte cujo prazo de vida terminaria dentro de breves dias. O ataque do exército francês a Roma, a retirada a que os romanos o haviam obrigado, a sua infâmia política e a sua vergonha militar, o vil assassínio da república romana pela República Francesa, a primeira campanha da Itália do segundo Bonaparte, tudo isso estava na ordem do dia. A Montagne jogara de novo o seu grande trunfo, Ledru-Rollin pusera sobre a mesa do presidente a sua inevitável acusação contra o ministério, e dessa vez também contra Bonaparte, por violação da Constituição.

O motivo do 8 de maio repetiu-se mais tarde como motivo do 13 de junho. Expliquemo-nos sobre a expedição romana.

Já em meados de novembro de 1848, Cavaignac tinha enviado uma frota de guerra a Civitavecchia para proteger o papa, recolhê-lo a bordo e trazê-lo para França. O papa[58] devia abençoar a república honesta e assegurar a eleição de Cavaignac para presidente. Com o papa, Cavaignac queria pescar os padres, com os padres os camponeses e com os camponeses a presidência. Sendo uma propaganda eleitoral na sua finalidade imediata, a expedição de Cavaignac era ao mesmo tempo um protesto e uma ameaça contra a revolução romana. Continha em germe a intervenção da França em favor do papa.

Essa intervenção em favor do papa com a Áustria e Nápoles contra a república romana, fora decidida na primeira sessão do conselho de ministros de Bonaparte, em 23 de dezembro. Falloux no ministério era o papa em Roma e na Roma... do papa. Bonaparte já não precisava do papa para se tornar o presidente dos camponeses, mas precisava da conservação do papa para conservar os camponeses do presidente. Fora a credulidade daqueles que o tinha feito presidente. Com a fé perdiam a credulidade e com o papa a fé. E os orleanistas e os legitimistas coligados dominavam em nome de Bonaparte! Antes de restaurar o rei, tinha-se de restaurar o poder que sagra os reis. Abstraindo do seu monarquismo: sem a velha Roma submetida a sua dominação temporal

---

[58] Pio IX.

não havia papa, sem papa catolicismo, sem catolicismo religião francesa e sem religião que aconteceria à velha sociedade francesa? A hipoteca que o camponês possui sobre os bens celestiais garante a hipoteca que o burguês possui sobre os bens do camponês. A revolução romana era, pois, um atentado à propriedade, à ordem burguesa, terrível como a revolução de junho. A dominação burguesa restabelecida na França exigia a restauração da dominação papal em Roma. Finalmente, nos revolucionários romanos derrotavam-se os aliados dos revolucionários franceses; a aliança das classes contrarrevolucionárias na República Francesa constituída completava-se necessariamente na aliança da República Francesa com a Santa Aliança, com Nápoles e com a Áustria. A decisão do Conselho de Ministros de 23 de dezembro não era segredo para a Constituinte. Já em 8 de janeiro, Ledru-Rollin havia interpelado o ministério a esse respeito, o ministério negara e a Assembleia Nacional [Constituinte] passara à ordem do dia. Acreditava ela nas palavras do ministério? Sabemos que passara todo o mês de janeiro a dar-lhe votos de desconfiança. Mas se o ministério estava no seu papel ao mentir, também estava no papel da Constituinte fingir que acreditava nas mentiras daquele e assim salvar os *dehors* [as aparências – francês] republicanos.

Entretanto, o Piemonte fora derrotado. Carlos Alberto abdicara e o exército austríaco batia às portas da França. Ledru-Rollin fez uma interpelação vigorosa. O ministério demonstrou que na Itália do Norte não tinha feito outra coisa senão prosseguir a política de Cavaignac, e Cavaignac a política do governo provisório, isto é, de Ledru-Rollin. Dessa vez, até recolheu um voto de confiança da Assembleia Nacional [Constituinte] e foi autorizado a ocupar temporariamente um ponto conveniente na alta Itália para apoiar as negociações pacíficas com a Áustria sobre a questão da integridade do território da Sardenha e sobre a questão romana. Como se sabe, o destino da Itália decide-se nos campos de batalha da Itália do Norte. Por isso, com a Lombardia e o Piemonte, Roma caíra, ou seja, a França tinha de declarar guerra à Áustria e desse modo à contrarrevolução europeia. A Assembleia Nacional [Constituinte] tomava subitamente o ministério Barrot pelo velho Comitê de Salvação Pública?[59] Ou a si mesma pela Convenção? Para que, pois, a ocupação militar de um ponto da alta Itália? Atrás desse véu transparente, escondia-se a expedição contra Roma.

Em 14 de abril, sob o comando de Oudinot, embarcaram 14 mil homens para Civitavecchia. Em 16 de abril, a Assembleia Nacional [Constituinte] concedeu ao ministério um crédito de 1,2 milhão de francos a fim de financiar durante três meses a manutenção de uma frota de intervenção no Mediterrâneo. Desse modo, facultou ao ministério todos os meios para intervir contra Roma enquanto fingia que lhe permitia intervir contra a Áustria. Não via o que o ministério fazia, limitava-se a escutar o que ele dizia. Nem em Israel se encontraria tal fé. A Constituinte tinha caído na situação de não poder saber o que a república constituída tinha de fazer.

Finalmente, em 8 de maio, representou-se a última cena da comédia: a Constituinte exigiu ao ministério medidas rápidas que reconduzissem a expedição italiana ao objetivo que lhe fora posto. Nessa mesma tarde, Bonaparte publicou uma carta no *Moniteur* em que expressava a Oudinot o seu maior reconhecimento. Em 11 de maio, a Assembleia Nacional [Constituinte] rejeitou a acusação contra o mesmo Bonaparte e o seu ministério. E a Montagne que, em vez de rasgar essa teia de mentiras, toma tragicamente a comédia parlamentar a fim de nela representar o papel de Fouquier-Tinville,[60]

---

[59] Comitê de Salvação Pública: órgão central do governo revolucionário da República Francesa, fundado em abril de 1793. O Comitê desempenhou um papel excepcionalmente importante na luta contra a contrarrevolução interna e externa. Convenção: assembleia nacional da França no período da revolução burguesa francesa do século XVIII.

[60] Fouquier-Tinville (1746-1795) – promotor público do Tribunal revolucionário constituído em 10 de marco de 1793, levou a cabo uma luta implacável contra os inimigos da revolução e aplicou o terror revolucionário.

deixou assim ver, por debaixo da pele de leão tomada de empréstimo à Convenção, a sua pele de cordeiro pequeno-burguesa com que nascera!

A última metade da vida da Constituição resume-se assim: em 29 de janeiro confessa que as frações burguesas realistas são os superiores naturais da república constituída por ela; em 21 de março, que a violação da Constituição é a realização desta; e, em 11 de maio, que a aliança passiva da República Francesa com os povos em luta, bombasticamente anunciada, significa a sua aliança ativa com a contrarrevolução europeia.

Essa mísera Assembleia retirou-se do palco, dois dias antes da festa do seu aniversário, em 4 de maio, depois de ter dado a si mesma a satisfação de rejeitar a proposta de anistia para os insurgentes de junho. Desfeito o seu poder; odiada mortalmente pelo povo; repudiada, mal-tratada, desprezivelmente posta de lado pela burguesia de que era instrumento; obrigada, na segunda metade da sua vida, a negar a primeira; despojada das suas ilusões republicanas; sem grandes criações no passado; sem esperança no futuro; o seu corpo vivo morrendo aos poucos – só era capaz de galvanizar o seu próprio cadáver evocando sem cessar e revivendo a vitória de julho, afirmando-se através da sempre repetida maldição dos malditos. Vampiro que vivia do sangue dos insurgentes de junho!

Deixou atrás de si o déficit do Estado aumentado pelos custos da insurreição de junho, pela perda do imposto sobre o sal, pelas indenizações que ela concedeu aos donos das plantações, pela abolição da escravatura negra, pelas despesas com a expedição romana, pela perda do imposto sobre o vinho, cuja abolição ela decidiu quando já estava a dar o último suspiro, como um velho manhoso, feliz por atirar para as costas do seu sorridente herdeiro uma comprometedora dívida de honra.

Desde o princípio de março, começara a agitação eleitoral para a Assembleia Nacional Legislativa. Dois grupos principais se enfrentavam: o partido da ordem[61] e o partido democrata-socialista ou partido vermelho. Entre ambos situavam-se os amigos da Constituição, nome sob o qual os republicanos tricolores do *National* procuravam apresentar um partido. O partido da ordem constituiu-se imediatamente a seguir às jornadas de junho. Porém, só depois de o 10 de dezembro lhe ter permitido livrar-se da camarilha do *National*, dos republicanos burgueses, se revelou o segredo da sua existência: a coligação dos orleanistas e legitimistas num partido. A classe burguesa cindia-se em duas grandes frações que alternadamente – a grande propriedade fundiária sob a monarquia restaurada,[62] a aristocracia financeira e a burguesia industrial sob a monarquia de julho – tinham mantido o monopólio da dominação. Bourbon era o nome régio da influência preponderante dos interesses de uma das frações; Orléans, o nome régio da influência preponderante dos interesses da outra fração. O império anônimo da república era o único em que ambas as frações podiam afirmar com igual poder o interesse de classe comum sem abandonar a sua rivalidade recíproca. Se a república burguesa não podia ser senão a dominação completa e nitidamente revelada de toda a classe burguesa, podia ela ser outra coisa senão a dominação dos orleanistas completados pelos legitimistas e a dos legitimistas completados pelos orleanistas, a síntese da restauração e da monarquia de julho? Os republicanos burgueses do *National* não representavam nenhuma grande fração da sua

---

[61] Partido da ordem: partido que surgiu em 1848 como partido da grande burguesia conservadora, constituía uma coligação das duas frações monárquicas da França: os legitimistas e os orleanistas (Ver nota 5, p. 46; de 1849 até o golpe de Estado de 1851, ocupou uma posição dirigente na Assembleia Legislativa da segunda República.

[62] Restauração de 1660-1689: o período do segundo reinado da dinastia dos Stuarts na Inglaterra, derrubada pela revolução burguesa inglesa no início do século XVII. Restauração de 1814-1830: período do segundo reinado da dinastia dos Bourbons na França. O regime reacionário dos Bourbons, que representava os interesses da corte e dos clericais, foi derrubado pela revolução de julho de 1830.

classe assente em bases econômicas. Possuíam apenas o significado e o título histórico de terem feito valer, sob a monarquia – frente a ambas as frações burguesas que só compreendiam o seu regime particular – o regime geral da classe burguesa, o império anônimo da república, que idealizavam e adornavam com arabescos antigos, mas onde saudavam, acima de tudo, a dominação da sua camarilha. Se o partido do *National* duvidou do seu próprio juízo quando viu os realistas coligados no topo da república fundada por ele, também aqueles não se iludiam menos sobre o fato da sua dominação unificada. Não compreendiam que, se cada uma das suas frações, considerada isoladamente, era realista, o produto da sua combinação química tinha de ser necessariamente republicano e que a monarquia branca e a azul tinham forçosamente de se neutralizar na república tricolor. Obrigadas, pela sua oposição ao proletariado revolucionário e às classes de transição, que convergiam cada vez mais para aquele como centro, a recorrer a todas as suas forças unidas e a conservar a organização dessa força unida, cada uma das frações do partido da ordem teve de fazer valer, perante os apetites de restauração e de supremacia da outra, a dominação comum, isto é, a forma republicana da dominação burguesa. Assim, vemos esses realistas acreditarem, em princípio, numa restauração imediata; mais tarde, conservar, espumando de raiva, a forma republicana com invectivas de morte contra ela e, finalmente, confessar que só na república podem se suportar e que adiam a restauração por tempo indefinido. O gozo da própria dominação unificada reforçou cada uma das duas frações e tornou-as ainda mais incapazes e renitentes a subordinarem-se uma à outra, isto é, a restaurar a monarquia.

No seu programa eleitoral, o partido da ordem proclamava abertamente a dominação da classe burguesa, isto é, a manutenção das condições de vida da sua dominação, da propriedade, da família, da religião, da ordem! Apresentava a sua dominação de classe e as condições dessa dominação de classe naturalmente como a dominação da civilização e como as condições necessárias da produção material e das relações sociais de intercâmbio daí decorrentes. Dispondo de imensos meios financeiros, o partido da ordem organizou as suas sucursais na França inteira, tinha ao seu serviço todos os ideólogos da velha sociedade, dispunha da influência do poder do governo vigente, possuía um exército gratuito de vassalos em toda a massa dos pequeno-burgueses e dos camponeses que, estando ainda distantes do movimento revolucionário, viam nos grandes dignitários da propriedade os defensores naturais da sua pequena propriedade e dos seus pequenos preconceitos; representado em todo o país por um sem-número de reizinhos, podia castigar como insurreição a rejeição dos seus candidatos, despedir os operários rebeldes, os moços de lavoura, os criados, os caixeiros, os funcionários das ferrovias, os escriturários que se lhe opunham, numa palavra, todos os funcionários a ele civilmente (*bürgerlich*) subordinados. Finalmente, podia alimentar aqui e ali, a ilusão de que fora a Constituinte republicana que impedira o Bonaparte do 10 de dezembro de revelar as suas forças miraculosas. Mas ao referir ao partido da ordem não consideramos os bonapartistas. Estes não constituíam uma fração séria da classe burguesa, mas uma coleção de velhos e supersticiosos inválidos e de jovens e céticos aventureiros. O partido da ordem venceu nas eleições, enviando, assim, para a Assembleia Legislativa uma grande maioria.

Face à classe burguesa contrarrevolucionária coligada, as partes da pequena burguesia e da classe camponesa já revolucionadas tinham naturalmente de se unir aos grandes dignitários dos interesses revolucionários, ao proletariado revolucionário. Vimos como as derrotas parlamentares empurraram os porta-vozes democráticos da pequena burguesia no Parlamento, isto é, a Montagne, para os porta-vozes socialistas do proletariado, e como a verdadeira pequena burguesia fora do Parlamento foi igualmente empurrada para os verdadeiros proletários pelos *concordats à l'amiable,* pela imposição brutal dos interesses burgueses e pela bancarrota. Em 27 de janeiro, a Montagne e os socialistas haviam festejado a sua reconciliação. No grande banquete de fevereiro de 1849, repetiram esse ato de união.

O partido social e o democrático, o partido dos operários e o dos pequeno-burgueses, uniram-se no partido social-democrático, isto é, no partido vermelho.

Momentaneamente paralisada pela agonia que se seguiu às jornadas de junho, a República Francesa vivera desde o levantamento do estado de sítio, isto é, desde o 19 de outubro, uma série contínua de excitações febris. Primeiro, a luta pela presidência; depois, a luta do presidente com a Constituinte; a luta pelos clubes; o processo de Bourges,[63] o qual, por contraste com as pequenas figuras do presidente, dos realistas coligados, dos republicanos honestos, da Montagne democrática e dos doutrinários socialistas do proletariado, fez aparecer os verdadeiros revolucionários deste como monstros do princípio do mundo só explicáveis por algum dilúvio que os tivesse deixado na superfície da sociedade ou por precederem algum dilúvio social; a agitação eleitoral; a execução dos assassinos de Bréa;[64] os contínuos processos contra a imprensa; a violenta ingerência policial do governo nos banquetes; as descaradas provocações realistas; a exibição dos retratos de Louis Blanc e Caussidière no pelourinho; a luta sem quartel entre a república constituída e a Constituinte que a cada momento fazia recuar a revolução para o seu ponto de partida, que a cada momento tornava o vencedor em vencido, o vencido em vencedor e num abrir e fechar de olhos trocava as posições dos partidos e das classes, os seus divórcios e as suas ligações; a rápida marcha da contrarrevolução europeia; a gloriosa luta dos húngaros; os levantamentos armados alemães; a expedição romana; a ignomi-

---

[63] Em *Bourges* realizou-se entre 7 de março e 3 de abril o julgamento dos participantes nos acontecimentos de 15 de maio de 1848 (Ver nota 44, p. 93). Barbès foi condenado à prisão perpétua, e Blanqui a 10 anos de prisão. Albert, De Flotte, Sobrier, Raspail e os restantes foram condenados a diversas penas de prisão e à deportação nas colônias.

[64] O general Bréa, que comandava uma parte das tropas no esmagamento da insurreição de junho do proletariado de Paris, foi morto pelos insurgentes junto das portas de Fontainebleau em 25 de junho de 1848. Em relação a isso, foram executados dois participantes na insurreição.

niosa derrota do exército francês às portas de Roma nesse torvelinho, neste tormento de histórico desassossego, neste dramático fluxo e refluxo de paixões revolucionárias, esperanças, desilusões, as diferentes classes da sociedade francesa tinham de contar por semanas as suas épocas de desenvolvimento, tal como anteriormente as tinham contado por meios séculos. Uma parte considerável dos camponeses e das províncias estava revolucionada. Não estavam só desiludidos com Napoleão; o partido vermelho oferecia-lhes, em vez de um nome, o conteúdo; em vez de uma ilusória isenção de impostos, o reembolso dos milhares de milhões pagos aos legitimistas, a regulamentação das hipotecas e a abolição da usura.

O próprio exército estava contagiado pela febre da revolução. Votara em Bonaparte pela vitória e ele dava-lhe a derrota. Nele votara pelo pequeno cabo, por trás de quem se encontra o grande general revolucionário, e ele devolvia-lhe os grandes generais, por trás de quem se oculta o cabo de parada. Não havia dúvida que o partido vermelho, isto é, o partido democrático coligado, tinha de festejar, se não a vitória, pelo menos grandes triunfos: que Paris, que o exército, que uma grande parte das províncias votaria por ele. Ledru-Rollin, o chefe da Montagne, foi eleito por cinco Departamentos. Nenhum chefe do partido da ordem conseguiu uma tal vitória, nenhum nome do partido proletário propriamente dito. Essas eleições revelam-nos o segredo do partido democrático-socialista. Se a Montagne, o paladino parlamentar da pequena burguesia democrática, por um lado, se vira forçada a unir-se aos doutrinários socialistas do proletariado, o proletariado, por seu turno, obrigado pela terrível derrota material de junho a erguer-se de novo por meio de vitórias intelectuais, ainda incapaz, dado o desenvolvimento das restantes classes, de lançar mão da ditadura revolucionária, teve de se lançar nos braços dos doutrinários da sua emancipação, dos fundadores de seitas socialistas; por outro lado, os camponeses revolucionários, o exército e as províncias colocaram-se por trás da Montagne que, desse modo, se transformou em chefe do campo revolucionário e que, pelo seu entendimento com os socialistas, tinha eliminado todos os antagonismos no partido revolucionário. Na última metade da vida da Constituinte, ela representou o *pathos* republicano desta e fez esquecer os seus pecados cometidos durante o governo provisório, durante a Comissão Executiva, durante as jornadas de junho. Na mesma medida em que o partido do *National,* de acordo com a sua natureza vacilante, se deixava esmagar pelo ministério monárquico, o partido da Montagne, afastado durante a onipotência do *National*, crescia e impunha-se como o representante parlamentar da revolução. De fato, o partido do *National* apenas dispunha de umas personalidades ambiciosas e de umas mentirolas idealistas para opor às outras frações, às realistas. O partido da Montagne, ao contrário, representava uma massa flutuante entre a burguesia e o proletariado, cujos interesses materiais exigiam instituições democráticas. Comparados com os Cavaignac e os Marrast, Ledru-Rollin e a Montagne encontravam-se, por isso, na verdade da revolução e, da consciência dessa importante situação, retiravam uma coragem tanto maior quanto mais a expressão da energia revolucionária se limitava a invectivas parlamentares, à apresentação de acusações, a ameaças, ao levantar da voz, a trovejantes discursos e extremismos verbais que não iam além de frases. Os camponeses encontravam--se numa situação semelhante à dos pequeno-burgueses e tinham praticamente as mesmas reivindicações sociais a apresentar. Todas as camadas médias da sociedade, na medida em que eram arrastadas para o movimento revolucionário, tinham necessariamente de encontrar em Ledru-Rollin o seu herói. Ledru-Rollin era a personagem da pequena burguesia democrática. Frente ao partido da ordem, os reformadores dessa ordem, meio conservadores, meio revolucionários e utopistas por inteiro, tiveram, a princípio, de ser empurrados para a vanguarda.

O partido do *National,* os "amigos da Constituição *quand même* [apesar de tudo – francês] ", os *républicains purs et simples* [republicanos puros e simples – francês] foram totalmente derrotados nas eleições.

A REVOLUÇÃO ANTES DA REVOLUÇÃO | 137

Apenas uma insignificante minoria deles foi enviada à Câmara Legislativa, os seus chefes mais notórios, incluindo Marrast, o redator *en chef* e o Orfeu da república honesta, desapareceram da cena.

Em 28 de maio, reuniu-se a Assembleia Legislativa; em 11, renovou-se a colisão de 8 de maio; em nome da Montagne, Ledru--Rollin apresentou uma acusação contra o presidente e o ministério por violação da Constituição devido ao bombardeio de Roma. Em 12 de junho, a Assembleia Legislativa rejeitou a acusação tal como a Assembleia Constituinte o havia feito em 11 de maio. Dessa vez, porém, o proletariado arrastou a Montagne para a rua, não ainda para a luta de rua, mas apenas para uma procissão de rua. Basta dizer que a Montagne se encontrava à frente desse movimento para se saber que o movimento foi derrotado e que o junho de 1849 foi uma caricatura, tão ridícula quanto indigna, do junho de 1848. A grande retirada de 13 de junho só foi ofuscada pelo ainda maior relatório da batalha de Changarnier, o grande homem que o partido da ordem tinha arranjado à pressa. Cada época social precisa dos seus grandes homens e, quando não os encontra, inventa-os, como diz Helvétius.

Em 20 de dezembro, existia apenas uma das metades da república burguesa constituída: o presidente; em 28 de maio, foi completada pela outra metade, pela Assembleia Legislativa. O junho de 1848 inscrevera a república burguesa em constituição no registro de nascimento da história com uma indescritível batalha contra o proletariado; o junho de 1849 fez outro tanto com a república burguesa constituída por meio de uma comédia inqualificável com a pequena burguesia. Junho de 1849 foi a Némesis de junho de 1848. Em junho de 1849 não foram derrotados os operários, mas derrubados os pequeno-burgueses que se encontravam entre eles e a revolução. Junho de 1849, não foi a tragédia sangrenta entre o trabalho assalariado e o capital, mas uma peça e lamentável entre o devedor e o credor cheia de prisões. O partido da ordem tinha vencido, era todo-poderoso, tinha agora de mostrar o que era.

III – CONSEQUÊNCIAS DO 13 DE JUNHO DE 1849

De 13 de junho de 1849 até 10 de março de 1850

Em 20 de dezembro, a cabeça de Jano da república constitucional tinha mostrado apenas um rosto, o rosto executivo com os traços esbatidos e vulgares·de Luís Bonaparte. Em 28 de maio de 1849, mostrou o seu segundo rosto, o Legislativo, coberto das cicatrizes que as orgias da Restauração e da monarquia de julho nele haviam deixado. Com a Assembleia Nacional Legislativa estava completo o fenômeno da república constitucional, isto é, a forma republicana de Estado em que está constituída a dominação da classe burguesa, portanto a dominação comum das duas grandes frações realistas que formam a burguesia francesa, os legitimistas e orleanistas coligados, o partido da ordem. Enquanto a República Francesa se tornava assim propriedade da coligação dos partidos realistas, a coligação europeia das potências contrarrevolucionárias empreendia ao mesmo tempo uma cruzada geral contra os últimos redutos das revoluções de março. A Rússia invadiu a Hungria; a Prússia marchou contra o exército que lutava pela constituição imperial e Oudinot bombardeou Roma. A crise europeia aproximava-se abertamente de um ponto de mudança decisivo; os olhos da Europa inteira dirigiam-se para Paris e os olhos de Paris inteira para a Assembleia Legislativa.

Em 11 de junho, Ledru-Rollin subiu à tribuna. Não discursou; formulou apenas um requisitório contra os ministros, seco, sóbrio, factual, conciso, violento.

O ataque contra Roma é um ataque contra a Constituição. O ataque contra a República Romana é um ataque contra a República Francesa. O artigo 5° da Constituição diz: "A República Francesa nunca utilizará as suas forças armadas contra a liberdade de qualquer povo" e o presidente utiliza o exército francês contra a liberdade de Roma. O artigo 54 da Constituição proíbe ao poder executivo declarar qualquer guerra sem a aprovação da Assembleia Nacional.[65] A decisão de 8 de maio da Constituinte ordena expressamente aos ministros que adequem a expedição romana o mais rapidamente possível à sua determinação original. Proíbe-lhes, pois, do mesmo modo expressamente a guerra contra Roma – e Oudinot bombardeia Roma. Desse modo, Ledru-Rollin apresentou a própria Constituição como testemunha de acusação contra Bonaparte e os seus ministros. À maioria realista da Assembleia Nacional lançou ele, o tribuno da Constituição, a ameaçadora declaração: "Os republicanos saberão fazer respeitar a Constituição por todos os meios, até mesmo pela força das armas!" "Pela força das armas!", repetiu o eco cêntuplo da Montagne. A maioria respondeu com um tumulto terrível; o presidente da Assembleia Nacional chamou Ledru-Rollin à ordem; Ledru-Rollin repetiu a sua desafiadora declaração e, por fim, colocou na mesa do presidente a proposta de acusação a Bonaparte e aos seus ministros. A Assembleia Nacional decidiu por 361 votos contra 203 passar do bombardeio de Roma à simples ordem do dia.

Acreditaria Ledru-Rollin poder derrotar a Assembleia Nacional por meio da Constituição e o presidente por meio da Assembleia Nacional?

Na verdade, a Constituição proibia qualquer ataque à liberdade dos outros povos, mas o que o exército francês atacava em Roma não era, segundo o ministério, a "liberdade" mas sim o "despo-

---

[65] Daqui em diante até o final desta obra, entende-se por Assembleia Nacional a Assembleia Nacional Legislativa, que funcionou de 28 de maio de 1849 a dezembro de 1851.

tismo da anarquia". Não tinha ainda a Montagne compreendido, apesar de todas as experiências na Assembleia Constituinte, que a interpretação da Constituição não pertencia àqueles que a tinham escrito, mas apenas aos que a tinham aceito? Que a sua letra devia ser interpretada dentro da sua viabilidade e que o significado que a burguesia lhe atribuía era o único sentido viável? Que Bonaparte e a maioria realista da Assembleia Nacional eram os intérpretes autênticos da Constituição, tal como o padre é o intérprete autêntico da Bíblia e o juiz o intérprete autêntico da lei? Devia a Assembleia Nacional, acabada de sair das eleições gerais, sentir-se vinculada por disposição testamentária da defunta Constituinte, cuja vontade, enquanto vivera, fora quebrada por um Odilon Barrot? Ao remeter-se à decisão da Constituinte de 8 de maio, esquecera-se Ledru-Rollin de que essa mesma Constituinte rejeitara em 11 de maio a sua primeira proposta de acusação contra Bonaparte e os seus ministros, que absolvera o presidente e os ministros, que sancionara assim como "constitucional" o ataque a Roma, que apenas apelava de uma sentença já proferida, que, finalmente, apelava da Constituinte republicana para a Legislativa realista? A própria Constituição chama em seu auxílio a insurreição ao exortar num artigo especial todos os cidadãos a defendê-la. Ledru-Rollin apoiava-se nesse artigo. Mas, ao mesmo tempo, os poderes públicos não estão organizados para a defesa da Constituição? E a violação da Constituição não começa apenas no momento em que um dos poderes públicos constitucionais se rebela contra o outro? Ora, o presidente da República, os ministros da República e a Assembleia Nacional da República encontravam-se no mais harmonioso dos entendimentos.

O que em 11 de junho a Montagne tentou foi "uma insurreição no interior das fronteiras da razão pura", isto é, uma insurreição puramente parlamentar. Intimidada pela perspectiva de um levante armado das massas populares, a maioria da Assembleia devia quebrar, em Bonaparte e nos ministros, o seu próprio poder e o significado da sua própria eleição. Não tinha já a Constituinte tentado, de modo semelhante, declarar nula a eleição de Bonaparte ao insistir tão obstinadamente na demissão do ministério Barrot-Falloux?

Nem lhe faltavam modelos de insurreições parlamentares do tempo da convenção, que tinham modificado de repente e radicalmente as relações entre a maioria e a minoria – e não conseguiria a jovem Montagne aquilo que a antiga conseguira? –, nem as condições do momento pareciam desfavoráveis a tal empreendimento. Em Paris, a agitação popular tinha alcançado um ponto alto considerável; a julgar pelas suas votações, o exército não parecia estar muito inclinado para o governo, a própria maioria legislativa era ainda muito recente para se ter consolidado e, além disso, era composta por velhos senhores. Se a Montagne tivesse êxito na insurreição parlamentar, o leme do Estado passar-lhe-ia imediatamente para as mãos. Por seu lado, o que a pequena burguesia democrática, como sempre, mais ardentemente desejava era ver a luta travar-se por cima da sua cabeça, nas nuvens, entre os espíritos do além-túmulo do Parlamento. Finalmente, por meio de uma insurreição parlamentar, a pequena burguesia democrática e os seus representantes, a Montagne, alcançariam o seu grande objetivo: quebrar o poder da burguesia sem tirar as correntes ao proletariado ou sem deixar que este aparecesse mais do que em perspectiva; o proletariado teria sido assim utilizado sem se tornar perigoso.

Depois do voto da Assembleia Nacional de 11 de junho, realizou-se uma reunião entre alguns membros da Montagne e delegados das sociedades secretas de operários. Esses últimos insistiram em atacar nessa mesma noite. A Montagne recusou decididamente esse plano. De modo algum queria que a chefia lhe escapasse das mãos; de fato, desconfiava tanto dos aliados quanto dos seus adversários, e com razão. A recordação do junho de 1848 agitava mais vivamente do que nunca as fileiras do proletariado parisiense. No entanto, ele estava amarrado à aliança com a Montagne. Esta representava a maioria dos Departamentos, exagerava a sua influência no exército, dispunha do setor democrático da Guarda Nacional e tinha atrás de si a força

A REVOLUÇÃO ANTES DA REVOLUÇÃO | 143

moral da *boutique*. Iniciar, nesse momento, contra a vontade dela, o movimento insurrecional significava para o proletariado – além disso, dizimado pela cólera e expulso em quantidade significativa de Paris pelo desemprego – repetir inutilmente as jornadas de junho de 1848, sem a situação que o arrastara à luta desesperada. Os delegados proletários fizeram a única coisa racional. Obrigaram a Montagne a comprometer-se, isto é, a sair dos limites da luta parlamentar no caso de a sua acusação ser rejeitada. Durante todo o dia 13 de junho, o proletariado manteve essa mesma cética atitude de observação e aguardou um confronto a sério e definitivo entre a Guarda Nacional democrática e o exército para então se lançar na luta e levar a revolução para lá do objetivo pequeno-burguês que lhe tinha sido imposto. No caso de vitória, estava já formada a comuna proletária que iria aparecer ao lado do governo oficial. Os operários de Paris tinham aprendido na sangrenta escola de junho de 1848.

Em 12 de junho, o próprio ministro Lacrosse apresentou na Assembleia Legislativa a proposta de se passar imediatamente à discussão da acusação. Durante a noite, o governo tinha tomado todas as precauções quer de defesa quer de ataque. A maioria da Assembleia Nacional estava decidida a expulsar a minoria rebelde, a qual, por sua vez, já não podia recuar. Os dados estavam lançados. Por 377 votos contra 8, a acusação foi rejeitada. A Montagne, que tinha se abstido, precipitou-se cheia de rancor para os centros de propaganda da "democracia pacífica", para a redação do jornal *La Démocratie Pacifique*.[66]

O afastamento do edifício do Parlamento quebrou-lhe a força, tal como o afastamento da Terra quebrou a força de Anteu, o seu

---

[66] *La Démocratie Pacifique* (*A Democracia Pacífica*): jornal dos fourieristas, publicado em Paris entre 1843 e 1851 sob a direção de V. Considérant. Na tarde de 12 de junho de 1849, realizou-se nas instalações da redação do jornal uma reunião dos deputados do partido da Montanha. Os participantes na reunião recusaram-se a recorrer à força das armas e decidiram limitar-se a uma manifestação pacífica.

filho gigante. Os Sansões nas salas da Assembleia Legislativa não passavam de filisteus nas salas da "democracia pacífica". Travou-se então um longo, ruidoso e inconsistente debate. A Montagne estava decidida a impor por todos os meios, "exceto pela força das armas", o respeito pela Constituição. Foi apoiada nessa resolução por um manifesto[67] e por uma delegação dos "Amigos da Constituição". "Amigos da Constituição" se denominavam as ruínas da camarilha do *National*, o partido burguês-republicano. Enquanto do resto dos seus representantes parlamentares seis tinham votado contra e os outros todos a favor da rejeição da acusação; enquanto Cavaignac punha o seu sabre à disposição do partido da ordem, a maior parte extraparlamentar da camarilha agarrou avidamente a oportunidade para sair da sua situação de pária político e enfiou-se nas fileiras do partido democrático. Não apareciam eles como os escudeiros naturais desse partido que se escondia por detrás do seu escudo, por detrás do seu princípio, por detrás da Constituição?

A Montagne esteve em trabalho de parto até o romper do dia. Pariu "uma proclamação ao povo" que na manhã de 13 de junho ocupou em dois jornais socialistas[68] um espaço mais ou menos envergonhado. Declarava o presidente, os ministros e a maioria da Assembleia Legislativa "fora da Constituição" *(hors la constitution)* e exortava a Guarda Nacional, o exército e, por fim, também o povo a "levantar-se". "Viva a Constituição!" foi a palavra de ordem que ela lançou, palavra de ordem que não significava senão: "Abaixo a revolução!"

À proclamação constitucional da Montagne correspondeu, no dia 13 de junho, uma chamada manifestação pacífica dos pequeno-

---

[67] No manifesto publicado no jornal *Le Peuple* (*O Povo*) n. 206, de 13 de junho de 1849, a Associação Democrática dos Amigos da Constituição apelava para os cidadãos de Paris para participarem numa manifestação pacífica de protesto contra as "atrevidas pretensões" do poder executivo.

[68] A proclamação da Montanha foi publicada em *La Réforme* e em *La Démocratie Pacifique,* e também no jornal de Proudhon, *Le Peuple,* em 13 de junho de 1849.

A REVOLUÇÃO ANTES DA REVOLUÇÃO | 145

-burgueses, isto é, uma procissão de rua que partiu do Château d'Eau e percorreu os *boulevards* [via pública larga e arborizada – francês]: 30 mil homens, a maior parte guardas nacionais, desarmados, à mistura com membros das seções secretas operárias, deslocando-se ao grito de: "Viva a Constituição!", grito mecânico, gelado, lançado com má consciência pelos próprios membros do cortejo, devolvido ironicamente pelo eco do povo que ondeava nos passeios, em vez de o engrossar num trovão. Àquele coro de tantas vozes faltava-lhe a voz que vem do peito. E quando o cortejo passou em frente da sede dos "Amigos da Constituição" e um vacilante arauto da Constituição contratado, agitando furiosamente o seu *claque* [chapéu alto de molas – francês], lá no alto da frontaria do prédio, soltou duns formidáveis pulmões, por cima da cabeça dos peregrinos, como uma saraivada, a palavra de ordem "Viva a Constituição!", aqueles próprios pareceram durante um momento dominados pelo ridículo da situação. É conhecido como o cortejo, chegado ao ponto onde a Rue de la Paix desemboca nos *boulevards,* foi recebido pelos Dragões e pelos Caçadores de Changarnier de um modo nada parlamentar, e se dispersou num abrir e fechar de olhos em todas as direções, deixando ainda atrás de si um escasso grito de "às armas" para que o apelo parlamentar às armas de 11 de junho se cumprisse.

A maior parte da Montagne reunida na Rue du Hasard dispersou-se em todos os sentidos quando essa violenta dissolução da procissão pacífica, os boatos surdos de assassínios de cidadãos desarmados nos *boulevards* e os crescentes tumultos nas ruas pareceram anunciar a aproximação de um motim. Ledru-Rollin à frente de um pequeno grupo de deputados salvou a honra da Montagne. Sob a proteção da artilharia de Paris, que se concentrara no Palais National dirigiram-se ao *Conservatoire des arts et métiers* [conservatório de artes e ofícios – francês] onde haviam de chegar a 5ª e a 6ª legiões da Guarda Nacional. Mas os *montagnards* [montanheses, membros do partido da Montagne – francês] esperaram a 5ª e a 6ª legiões em vão. Esses prudentes guardas nacionais abandonaram os seus representantes, a própria artilharia de Paris impediu o povo de erguer barricadas, uma confusão verdadeiramente caótica tornou impossível qualquer decisão, as tropas de linha intervieram de baioneta calada, uma parte dos representantes foi presa, outra fugiu. Assim acabou o 13 de junho.

Se o 23 de junho de 1848 foi a insurreição do proletariado revolucionário, o 13 de junho de 1849 foi a insurreição dos pequeno--burgueses democráticos, sendo cada uma dessas insurreições a expressão pura, clássica da classe que tinha sido o seu suporte.

Apenas em Lyon chegou a haver um conflito sangrento e encarniçado. Nessa cidade, em que a burguesia industrial e o proletariado industrial se defrontam diretamente, em que, ao contrário de Paris, o movimento operário não é enquadrado nem determinado pelo movimento geral, o 13 de junho perdeu, nas suas repercussões, o seu caráter original. Nas outras partes da província onde explodiu, não produziu incêndios – foi apenas um raio frio [*kalter blitz*].

O 13 de junho encerra o primeiro período da vida da república constitucional, a qual, em 28 de maio de 1849, alcançara a sua existência normal com a reunião da Assembleia Legislativa. Toda a duração desse prólogo é preenchida pela ruidosa luta entre o partido da ordem e a Montagne, entre a burguesia e a pequena burguesia, que se opõe em vão ao estabelecimento da república burguesa em favor da qual ela própria havia incessantemente conspirado no governo provisório e na Comissão Executiva e pela qual, durante as jornadas de junho, se havia fanaticamente batido contra o proletariado. O 13 de junho quebra a sua resistência e torna a ditadura legislativa dos realistas coligados um *fait accompli* [fato consumado – francês]. A partir desse momento, a Assembleia Nacional é apenas um Comitê de Salvação Pública do Partido da Ordem.

Paris tinha colocado o presidente, os ministros e a maioria da Assembleia Nacional em "estado de acusação"; estes puseram Paris em "estado de sítio". A Montagne tinha declarado "fora da Constituição" a maioria da Assembleia Legislativa; por violação da Constituição, a maioria entregou a Montagne à *haute-cour* e proscreveu tudo quanto nela ainda possuía vitalidade. Foi mutilada até dela não restar senão um tronco sem cabeça nem coração. A minoria tinha ido até a tentativa de uma insurreição parlamentar; a maioria erigiu em lei o seu despotismo parlamentar. Decretou um novo regimento que anula a liberdade da tribuna e autoriza o presidente da Assembleia Nacional a punir os representantes por violação da ordem com a censura, com multas, com a privação de subsídios, com a expulsão temporária, com o cárcere. Sobre o tronco da Montagne suspendeu a vergasta, em vez da espada. O resto dos deputados da Montagne devia à sua honra o retirar-se em massa. Uma tal atitude aceleraria a dissolução do partido da ordem. Este tinha necessariamente de se decompor nas suas partes constitutivas originais a partir do momento em que já nem a aparência de uma oposição o mantinha coeso.

Com a dissolução da artilharia de Paris e, bem assim, da 8ª, 9ª e 12ª legiões da Guarda Nacional, a pequena burguesia democrática viu-se ao mesmo tempo despojada do seu poder parlamentar e armado. Ao contrário, a legião da alta finança, que, no dia 13 de junho, tinha assaltado as tipografias de Boulé e Roux, destruído os prelos, saqueado as redações dos jornais republicanos, prendido arbitrariamente redatores, tipógrafos, impressores, expedidores e moços de recados, recebeu do alto da tribuna da Assembleia Nacional palavras encorajadoras. Em todo o território da França se repetiu a dissolução das Guardas Nacionais suspeitas de republicanismo.

Nova lei de imprensa, nova lei de associação, nova lei de estado de sítio, as prisões de Paris a transbordar, os refugiados políticos expulsos, todos os jornais que ultrapassavam os limites do *National* suspensos, Lyon e os cinco Departamentos circunvizinhos entregues aos ultrajes brutais do despotismo militar, os tribunais presentes em toda a parte, o exército dos funcionários públicos, tantas vezes saneado, mais uma vez saneado: foram estes os lugares-comuns que inevitavelmente se repetem sempre que a reação alcança uma vitória e mencionamo-los aqui, depois dos massacres e das deportações de junho, unicamente porque dessa vez não se dirigiram só contra Paris, mas contra os Departamentos; não tiveram em mira apenas o proletariado, mas sobretudo as classes médias.

As leis de repressão, com as quais se deixava ao bel-prazer do governo a declaração do estado de sítio, amordaçavam ainda mais a imprensa e aniquilavam o direito de associação além de absorverem toda a atividade legislativa da Assembleia Nacional durante os meses de junho, julho e agosto.

Todavia, essa época é caracterizada não pela exploração da vitória no campo dos fatos, mas no dos princípios; não pelas decisões da Assembleia Nacional, mas pela motivação dessas decisões; não pelos fatos, mas pela frase; não pela frase, mas pelo acento e pelos gestos que animam a frase. A expressão descarada e brutal das convicções realistas (*royalistischen*), o insulto desdenhosamente distinto contra a república; a indiscrição coquete e frívola acerca dos objetivos de restauração, numa palavra, a violação fanfarrona do decoro republicano dão a esse período um tom e um colorido peculiares. Viva a Constituição! era o grito de guerra dos vencidos do 13 de junho. Os vencedores estavam, pois, dispensados da hipocrisia da linguagem constitucional, isto é, da linguagem republicana. A contrarrevolução subjugou a Hungria, a Itália e a Alemanha, e eles acreditavam que a restauração estava já às portas da França. Desencadeou-se então uma verdadeira competição entre os corifeus das frações da ordem, documentando cada um deles o seu monarquismo através do *Moniteur* e confessando os seus eventuais pecados liberais cometidos durante a monarquia, mostrando o seu arrependimento e pedindo perdão a Deus e aos homens. Não se passou um único dia sem que na tribuna da Assembleia Nacional não se declarasse que a revolução de fevereiro tinha sido uma desgraça nacional, sem que qualquer fidalgote legitimista da província não proclamasse solenemente nunca ter reconhecido a república, sem que qualquer dos covardes desertores e traidores da monarquia de julho não viesse contar agora feitos heroicos que apenas não pudera realizar porque a filantropia de Luís Felipe ou outra incompreensão qualquer o tinha impedido. O que nas jornadas de fevereiro era de admirar não era a generosidade do povo vitorioso, mas a abnegação e a moderação dos realistas que lhe haviam permitido a vitória. Um deputado sugeriu que se atribuísse aos guardas municipais uma parte dos fundos destinados aos feridos de fevereiro, pois naqueles dias só eles haviam se tornado merecedores da gratidão da pátria. Um outro queria que se decretasse a construção de uma estátua equestre ao duque de Orléans na praça do Carrossel. Thiers chamou à Constituição um bocado de papel sujo. Uns após outros, orleanistas vinham à tribuna mostrar o seu arrependimento por terem conspirado contra a monarquia legítima; legitimistas que se censuravam por terem acelerado a queda da monarquia em geral ao rebelarem-se contra a monarquia ilegítima; Thiers, arrependido por ter conspirado contra Molé; Molé, arrependido por ter conspirado contra Guizot; Barrot, arrependido por ter intrigado contra todos os três. O grito "Viva a república social-democrata!" foi declarado inconstitucional; o grito "Viva a república!" perseguido como social-democrata. No aniversário da batalha de Waterloo,[69] um deputado declarou: "Receio menos a invasão dos prussianos do que a entrada na França dos refugiados revolucionários". Respondendo às queixas segundo as quais o terrorismo estava organizado em Lyon e nos Departamentos circunvizinhos, Baraguay d'Hilliers afirmou: "Prefiro o terror branco ao terror vermelho". (*J'aime mieux la terreur blanche que la terreur rouge.*) E a Assembleia aplaudia freneticamente todas as vezes que qualquer orador lançava um epigrama contra a república, contra a revolução, contra a Constituição e a favor da monarquia ou da Santa Aliança. Toda e qualquer violação das menores formalidades republicanas, por exemplo, tratar os deputados por *"citoyens"*, entusiasmava os cavaleiros da ordem.

As eleições complementares em Paris em 8 de julho – realizadas sob a influência do estado de sítio e a abstenção de uma grande parte do proletariado –, a tomada de Roma pelo exército francês, a entrada

---

[69]   Ver nota 18, p. 57.

em Roma das eminências purpuradas,[70] trazendo no seu séquito a inquisição e o terrorismo monacal, acrescentaram novas vitórias à vitória de junho e aumentaram a embriaguez do partido da ordem.

Por fim, em meados de agosto, em parte para assistirem aos conselhos departamentais que acabavam de reunir-se, em parte fatigados pela orgia de tendências de muitos meses, os realistas decretaram um adiamento de dois meses da Assembleia Nacional. Com transparente ironia, deixaram ficar como representantes da Assembleia Nacional e como guardiões da república uma comissão de 25 representantes, a nata dos legitimistas e orleanistas, um Molé, um Changarnier. A ironia era mais profunda do que suspeitavam. Condenados pela história a contribuir para a derrubada da monarquia que amavam, estavam também destinados por ela a conservar a república que odiavam.

Com o adiamento da Assembleia Legislativa, encerra-se o segundo período da vida da república constitucional, o seu desajeitado período realista.

Em Paris, o estado de sítio fora de novo levantado, a ação da imprensa tinha começado de novo. Durante a suspensão dos jornais social-democratas, durante o período da legislação repressiva e das algazarras realistas, o *Siècle*,[71] o velho representante literário dos pequeno-burgueses monarco-constitucionais, republicanizou-se; a *Presse*,[72] a velha expressão literária dos reformadores burgueses,

---

[70] Marx refere-se à comissão do papa Pio IX, composta por três cardeais, a qual, com o apoio do exército francês, depois do esmagamento da República Romana, restaurou em Roma um regime reacionário. Os cardeais usavam paramentos de cor púrpura.

[71] *Le Siècle (O Século)*: jornal francês que se publicou em Paris entre 1836 e 1839; nos anos de 1840, refletia as opiniões da parte da pequena burguesia que se limitava a reivindicar reformas constitucionais moderadas: nos anos de 1850 foi o jornal dos republicanos moderados.

[72] *La Presse (A Imprensa)*: jornal que se publicou em Paris a partir de 1836; durante a monarquia de julho, tinha um caráter oposicionista; em 1848-1849, foi órgão dos republicanos burgueses; depois foi um órgão bonapartista.

democratizou-se; e o *National,* o velho órgão clássico dos burgueses republicanos, socializou-se.

As sociedades secretas aumentavam em extensão e atividade à medida que os clubes públicos se tornavam impossíveis. As associações operárias industriais, toleradas como puras companhias comerciais, economicamente nulas, tornaram-se, politicamente, noutros tantos meios aglutinadores do proletariado. O 13 de junho tinha cortado as cabeças oficiais dos diferentes partidos semirrevolucionários; as massas, que ficaram, adquiriram a sua própria cabeça. Os cavaleiros da ordem intimidavam com profecias sobre os terrores da república vermelha. Porém, os vis excessos, os horrores hiperbóreos da contrarrevolução triunfante na Hungria, em Baden e em Roma caiaram de branco a "república vermelha". E as classes intermédias da sociedade francesa, descontentes, começaram a preferir as promessas da república vermelha, com os seus problemáticos terrores, aos terrores da monarquia vermelha com a sua desesperança efetiva. Nenhum socialista fez na França mais propaganda revolucionária do que Haynau. *A chaque capacité selon ses oeuvres* [A cada capacidade segundo suas obras – francês].[73]

Entretanto, Luís Bonaparte explorou as férias da Assembleia Nacional para fazer principescas viagens pelas províncias; os legitimistas mais fogosos iam em peregrinação a Ems, para adorar o neto de São Luís,[74] e a massa dos representantes ordeiros do povo intrigava nos conselhos dos Departamentos que acabavam de reunir-se. Tratava-se de os fazer pronunciar o que a maioria da Assembleia Nacional ainda não ousava pronunciar: o pedido de urgência para a imediata revisão da Constituição. De acordo com a Constituição, o texto constitucional só em 1852 podia ser revisto por meio de uma

---

[73] Alusão irônica a uma conhecida fórmula de Saint-Simon.

[74] Trata-se do conde de Chambord (que se denominava a si próprio Henrique V), do ramo principal da dinastia dos Bourbons, pretendente ao trono francês. Uma das residências permanentes de Chambord na Alemanha ocidental era, para além da cidade de Wiesbaden, a cidade de Ems.

Assembleia Nacional expressamente convocada para esse fim. Mas se a maioria dos conselhos dos Departamentos se pronunciava nesse sentido, não devia a Assembleia Nacional sacrificar a virgindade da Constituição à voz da França? A Assembleia Nacional acalentava as mesmas esperanças nessas assembleias provinciais que as freiras da *Henriade* de Voltaire nos Panduros. Contudo, os Putifares da Assembleia Nacional, salvo algumas exceções, tinham de se haver com outros tantos Josés das províncias. A imensa maioria não quis compreender a importuna insinuação. A revisão da Constituição foi frustrada pelos próprios instrumentos que deveriam tê-la chamado à vida, isto é, os votos dos conselhos dos Departamentos. A voz da França, e precisamente a da França burguesa, tinha falado e tinha falado contra a revisão.

No princípio de outubro, a Assembleia Nacional Legislativa reuniu-se de novo – *quantum mutatus ab illo!* [Quanto as coisas tinham mudado! – latim]. A sua fisionomia estava totalmente mudada. A inesperada rejeição da revisão por parte dos conselhos dos Departamentos tinha-a remetido de novo para os limites da Constituição e chamado a atenção para os limites da sua duração. Os orleanistas tinham ficado desconfiados com as peregrinações a Ems dos legitimistas; os legitimistas tinham criado suspeitas com relação às negociações dos orleanistas com Londres,[75] os jornais de ambas as frações tinham atiçado o fogo e pesado as exigências recíprocas dos seus pretendentes; orleanistas e legitimistas unidos viam com rancor as maquinações dos bonapartistas, que se manifestavam nas viagens principescas, nas tentativas mais ou menos transparentes de emancipação do presidente e na linguagem ambiciosa dos jornais bonapartistas; Luís Bonaparte encarava com rancor uma Assembleia Nacional que apenas considerava legítima a conspiração legitimista-
-orleanista, um ministério que constantemente o atraiçoava a favor

---

[75] Nos arredores de Londres, em Claremont, vivia Luís Felipe, que fugiu da França depois da revolução de fevereiro de 1848.

dessa Assembleia Nacional. Finalmente, o ministério estava dividido em si mesmo quanto à política romana, e quanto ao imposto sobre o rendimento proposto pelo ministro Passy e que os conservadores desacreditavam como socialista.

Um dos primeiros projetos do ministério Barrot enviado à Assembleia Legislativa, de novo reunida, foi um pedido de crédito de 300 mil francos para pagamento da pensão de viuvez da duquesa de Orléans. A Assembleia Nacional concedeu-o e juntou ao registro de dívidas da nação francesa uma soma de 7 milhões de francos. Enquanto, desse modo, Luís Felipe continuava a desempenhar com êxito o papel de *"pauvre honteux"*, de pobre envergonhado, nem o ministério ousava requerer aumento de remuneração para Bonaparte nem a Assembleia parecia disposta a dá-lo. E Luís Bonaparte, como sempre, debatia-se ante o dilema: *"Aut Caesar aut Clichy!"* [Ou César ou Clichy – latim].

O segundo pedido de crédito, de 9 milhões, do ministro para custear a expedição romana aumentou a tensão entre Bonaparte, por um lado, e os ministros e a Assembleia Nacional, por outro. Luís Bonaparte tinha publicado no *Moniteur* uma carta ao seu oficial ajudante Edgar Ney, na qual vinculava o governo papal a garantias constitucionais. O papa, por seu lado, tinha feito uma alocução *"motu proprio"*,[76] em que rejeitava qualquer limitação da sua dominação restaurada. A carta de Bonaparte levantava com propositada indiscrição a cortina do seu gabinete para se expor aos olhares da galeria como um gênio benévolo, mas incompreendido e cativo na sua própria casa. Não era a primeira vez que coqueteava com os "adejos furtivos de uma alma livre".[77] Thiers, o relator da comissão, ignorou por completo os adejos de Bonaparte e contentou-se com

---

[76] *Motu proprio* (por sua própria iniciativa): palavras iniciais de certas mensagens papais adotadas sem o acordo dos cardeais, geralmente relacionadas com assuntos administrativos e de política interna dos domínios do papa. Nesse caso, trata-se da mensagem do papa Pio IX de 12 de setembro de 1849.

[77] Georg Herwegh, *Aus den Bergen* (Das Montanhas).

traduzir para o francês a alocução papal. Não foi o ministério, mas sim Victor Hugo quem procurou salvar o presidente por meio de uma ordem do dia em que a Assembleia Nacional devia declarar o seu acordo com a carta de Napoleão. *Allons donc! Allons donc!* [Vamos pois! Vamos pois! – francês]. Com essa desrespeitosa e frívola interjeição, a maioria enterrou a proposta de Hugo. A política do presidente? A carta do presidente? O próprio presidente? *Allons donc! Allons donc!* Pois que diabo toma *au sérieux* [à sério – francês] *Monsieur* Bonaparte? Acredita, *Monsieur* Victor Hugo, que nós acreditamos que o senhor acredita no presidente? *Allons donc! Allons donc!*

Finalmente, a ruptura entre Bonaparte e a Assembleia Nacional acelerou-se com a discussão sobre o regresso dos Orléans e dos Bourbons. Substituindo-se ao ministério, o primo do presidente, o filho do ex-rei da Vestefália,[78] tinha apresentado essa proposta que apenas visava rebaixar os pretendentes legitimistas e orleanistas ao mesmo nível, ou de preferência abaixo do pretendente bonapartista, o qual pelo menos se encontrava, de fato, no topo do Estado.

Napoleão Bonaparte era suficientemente irreverente para fazer do regresso das famílias reais expulsas e da anistia dos insurgentes de junho elos de uma mesma proposta. A indignação da maioria obrigou-o imediatamente a pedir desculpa por essa sacrílega ligação do sagrado com o ímpio, das estirpes reais com a ninhada proletária, das estrelas fixas da sociedade com os fogos-fátuos desta, a dar a cada uma das duas propostas o lugar que lhe cabia. A maioria rejeitou energicamente o regresso das famílias reais, e Berryer, o Demóstenes dos legitimistas, não deixou margem para dúvidas quanto ao sentido dessa votação. A degradação burguesa dos pretendentes, é isso o que se tem em vista! Pretende-se despojá-los da sua auréola, da última majestade que lhes resta, a majestade do exílio! Que se pensaria entre os pretendentes, exclamou Berryer, daquele que, esquecendo-se do seu augusto nascimento, regressasse para viver

---

[78] Napoleão José Bonaparte, filho de Jerônimo Bonaparte.

A REVOLUÇÃO ANTES DA REVOLUÇÃO | 155

aqui como um simples particular! Não se podia dizer com mais clareza a Luís Bonaparte que não havia ganho nada com a sua presença, que se os realistas coligados precisavam dele aqui na França como um homem neutral na cadeira presidencial, os pretendentes sérios à coroa tinham de ficar ocultos aos olhos profanos atrás da névoa do exílio.

Em 1º de novembro, Luís Bonaparte respondeu à Assembleia Legislativa com uma mensagem na qual em palavras bastante duras anunciava a demissão do ministério Barrot e a formação de um novo ministério. O ministério Barrot-Falloux era o ministério da coligação realista; o ministério d'Hautpoul era o ministério de Bonaparte, o órgão do presidente frente à Assembleia Legislativa, o ministério dos amanuenses.

Bonaparte já não era o simples homem neutro do 10 de dezembro de 1848. A posse do poder executivo tinha agrupado à sua volta um certo número de interesses; a luta contra a anarquia obrigou o próprio partido da ordem a aumentar a sua influência, e se o presidente já não era popular, o partido da ordem era impopular. Não poderia ele alimentar a esperança de obrigar os orleanistas e os legitimistas, pela sua rivalidade como pela necessidade de uma qualquer restauração monárquica, ao reconhecimento do pretendente neutro?

O terceiro período de vida da república constitucional data de 1º de novembro de 1849, período esse que tem o seu termo com o 10 de março de 1850. Não começa só o jogo regular das instituições constitucionais, tão admirado por Guizot, as disputas entre o poder Executivo e o Legislativo. Frente aos apetites de restauração dos orleanistas e legitimistas coligados, Bonaparte defende o título do seu poder efetivo, a república; frente aos apetites de restauração de Bonaparte, o partido da ordem defende o título da sua dominação comum, a república; frente aos orleanistas, os legitimistas defendem, como frente aos legitimistas os orleanistas, o *status quo*, a república. Todas estas frações do partido da ordem, cada uma delas com o seu próprio rei e a sua própria restauração *in petto* [no peito, no íntimo – italiano] fazem valer alternadamente, frente aos apetites de usurpação e sublevação dos seus rivais, a dominação comum da burguesia, a forma na qual ficam neutralizadas e reservadas as pretensões particulares – a república.

Assim como Kant faz da república, como única forma racional do Estado, um postulado da razão prática, cuja realização nunca é alcançada, mas terá sempre de ser perseguida e tida em mente como objetivo, assim fazem esses realistas da monarquia [*Königtum*].

Desse modo, a república constitucional, que saiu das mãos dos republicanos burgueses como fórmula ideológica vazia, tornou--se nas mãos dos realistas coligados uma forma viva e cheia de conteúdo. E Thiers falava mais verdade do que suspeitava quando dizia: "Nós, os realistas, somos os verdadeiros pilares da república constitucional".

A queda do ministério da coligação e o surgimento do ministério dos amanuenses tem um segundo significado. O seu ministro das Finanças chamava-se Fould. Fould, ministro das Finanças, é o abandono oficial da riqueza nacional francesa à Bolsa, a administração do patrimônio do Estado pela Bolsa no interesse da Bolsa. Com a nomeação de Fould, a aristocracia financeira anunciava a sua restauração no *Moniteur*. Essa restauração completava necessariamente as restantes restaurações, que formavam outros tantos elos na cadeia da república constitucional.

Luís Felipe nunca tinha ousado fazer de um verdadeiro *loup--cervier* [lobo da Bolsa – francês] ministro das Finanças. Como a sua monarquia era o nome ideal para a dominação da alta burguesia, os interesses privilegiados tinham de ter nos seus ministérios nomes ideologicamente desinteressados. Em toda a parte, a república burguesa trouxe para primeiro plano aquilo que as diferentes monarquias, tanto a legitimista quanto a orleanista, mantinham escondido no fundo da cena. Tornou terreno o que aquelas tinham feito celestial. No lugar dos nomes sagrados, colocou os nomes próprios burgueses dos interesses de classe dominantes.

Toda a nossa exposição tem mostrado como, desde o primeiro dia da sua existência, a república não derrubou mas consolidou a aristocracia financeira. Mas as concessões que lhe foram feitas eram uma fatalidade a que houve que se submeter sem a querer provocar. Com Fould, a iniciativa governamental caía de novo nas mãos da aristocracia financeira.

Perguntar-se-á: como podia a burguesia coligada aguentar e suportar a dominação da finança que, sob Luís Felipe, se apoiava na exclusão ou subordinação das restantes frações burguesas?

A resposta é simples.

Em primeiro lugar, a própria burguesia financeira constitui uma parte de importância decisiva da coligação realista, cujo poder governamental conjunto se chama república. Os porta-vozes e as competências dos orleanistas não são os velhos aliados e cúmplices da aristocracia financeira? Não é ela própria a falange dourada do orleanismo? No que se refere aos legitimistas, já sob Luís Felipe tinham participado em praticamente todas as orgias das especulações da Bolsa, das minas e das ferrovias. A ligação da grande propriedade fundiária com a alta finança é, de um modo geral, um fato normal. Prova: Inglaterra. Prova: a própria Áustria.

Num país como a França, no qual o volume da produção nacional é desproporcionadamente inferior ao volume da dívida nacional; no qual o rendimento do Estado constitui o objeto mais importante da especulação e a Bolsa o mercado principal para o investimento do capital que se quer valorizar de um modo improdutivo; num tal país, uma massa incontável de pessoas de todas as classes burguesas ou semiburguesas tem de tomar parte na dívida pública, no jogo da Bolsa, na finança. Não encontram todos esses participantes subalternos os seus apoios e comandantes naturais na fração que representa esse interesse nas suas mais colossais proporções, que o representa por inteiro?

O que é que condiciona a entrega dos bens do Estado à alta finança? O crescente endividamento do Estado. E o endividamento do Estado? O constante excesso das despesas em relação às receitas, uma desproporção que é ao mesmo tempo a causa e o efeito do sistema dos empréstimos públicos.

Para escapar a esse endividamento, o Estado tem ou de restringir as despesas, isto é, simplificar e diminuir o aparelho governamental, governar o menos possível, utilizar o menor número possível de pessoal, intervir o menos possível nos assuntos da sociedade burguesa. Esse caminho era impossível para o partido da ordem, cujos meios de repressão, cuja ingerência oficial por parte do Estado e cuja onipresença através dos órgãos do Estado tinham de aumentar na mesma medida em que a sua dominação e as condições de vida da sua classe eram ameaçadas de toda a parte. Não se pode reduzir a *gendarmerie* [gendarmaria – francês] na proporção em que aumentam os ataques contra as pessoas e contra a propriedade.

Ou então o Estado tem de procurar evitar as suas dívidas e estabelecer um equilíbrio imediato, embora passageiro, no orçamento, lançando impostos extraordinários sobre as classes mais ricas. Para subtrair a riqueza nacional à exploração da Bolsa, iria o partido da ordem sacrificar a sua própria riqueza no altar da pátria? *Pas si bête!* [Não era assim tão estúpido! – francês].

Portanto, sem transformação completa do Estado francês não há transformação do orçamento do Estado francês. Com o orçamento do Estado há necessariamente a dívida pública e com a dívida pública há necessariamente a dominação daqueles que fazem comércio com as dívidas públicas, dos credores do Estado, dos banqueiros, dos usurários, dos tubarões da Bolsa. Apenas uma fração do partido da ordem, os fabricantes, participara diretamente na queda da aristocracia financeira. Não nos referimos aos médios, aos pequenos industriais; referimo-nos aos regentes do interesse fabril que, sob Luís Felipe, haviam constituído a ampla base da oposição dinástica. O seu interesse é indubitavelmente a diminuição dos custos de produção, portanto a diminuição dos impostos que entram na produção, portanto a diminuição da dívida pública cujos juros entram nos impostos, portanto a queda da aristocracia financeira.

Na Inglaterra – e os maiores fabricantes franceses são pequeno--burgueses comparados com os seus rivais ingleses – encontramos efetivamente os industriais, um Cobden, um Bright, à frente da cruzada contra o sistema bancário e a aristocracia da Bolsa. Por que não na França? Na Inglaterra predomina a indústria; na França, a agricultura. Na Inglaterra, a indústria necessita do *free trade* [livre--comércio – inglês]; na França, da proteção alfandegária do monopólio nacional ao lado dos outros monopólios. A indústria francesa não domina a produção francesa; por conseguinte, os industriais franceses não dominam a burguesia francesa. Para fazer valer os seus interesses sobre as restantes frações da burguesia, não podem, como os ingleses, pôr-se à frente do movimento e ao mesmo tempo colocar em primeiro lugar os seus interesses de classe; têm pois de entrar no séquito da revolução e servir a interesses que se opõem aos interesses globais da sua classe. Em fevereiro, tinham compreendido mal a sua posição, mas fevereiro os advertiu. E quem está mais diretamente ameaçado pelos operários do que o empresário, o capitalista industrial? Por conseguinte, na França, o industrial tornou-se necessariamente o membro mais fanático do partido da ordem. A diminuição do seu lucro pela finança, o que é isso em comparação com a abolição do lucro pelo proletariado?

Na França, o pequeno-burguês faz aquilo que normalmente o burguês industrial devia fazer; o operário faz o que, normalmente, seria tarefa do pequeno-burguês; e a tarefa do operário, quem a executa? Ninguém. Na França, ela não é executada, na França ela é proclamada. Em parte nenhuma ela é executada dentro dos muros nacionais,[79] a guerra das classes no seio da sociedade francesa

---

[79] Esta conclusão da possibilidade da revolução proletária apenas em simultâneo nos países capitalistas avançados e, consequentemente, a impossibilidade da vitória da revolução num só país, que recebeu a sua formulação mais completa no trabalho de Engels *Princípios básicos do comunismo* (1847),

converte-se numa guerra mundial em que as nações se contrapõem. A sua execução só desponta no momento em que, devido à guerra mundial, o proletariado é posto à frente do povo que domina o mercado mundial: a Inglaterra. A revolução, que aqui encontra não o seu fim, mas o seu começo organizativo, não é uma revolução de curto fôlego. A atual geração assemelha-se aos judeus que Moisés conduz através do deserto. Não tem apenas que conquistar um mundo novo, tem de soçobrar para dar lugar aos homens que estejam à altura de um mundo novo.

Voltemos a Fould.

Em 14 de novembro de 1848, Fould subiu à tribuna da Assembleia Nacional e expôs o seu sistema financeiro: apologia do velho sistema fiscal! Manutenção do imposto sobre o vinho! Abandono do imposto sobre o rendimento de Passy!

Também Passy não era um revolucionário, era um antigo ministro de Luís Felipe. Fazia parte dos puritanos da envergadura de um Dufaure e era um dos mais íntimos de Teste, o bode expiatório da monarquia de julho.[80] Passy tinha também elogiado o velho sistema fiscal, recomendado a manutenção do imposto sobre o vinho mas, ao mesmo tempo, rasgado o véu do déficit do Estado. Tinha

---

era justa para o período do capitalismo pré-monopolista. Nas novas condições históricas, no período do capitalismo monopolista, V. I. Lenin, partindo da lei por ele descoberta do desenvolvimento político e econômico desigual do capitalismo na época do imperialismo, chegou a uma nova conclusão, a da possibilidade da vitória da revolução socialista inicialmente nalguns ou num só país, individualmente considerado, e da impossibilidade da vitória simultânea da revolução em todos os países ou na maioria deles. A formulação dessa nova conclusão surge pela primeira vez no trabalho de Lenin "Sobre a Palavra de Ordem dos Estados Unidos da Europa" (1915).

[80] Em 8 de julho de 1847, começou na Câmara dos Pares de Paris o processo contra Parmentier e o general Cubières, acusados de suborno de funcionários para obtenção de uma concessão de sal-gema, e contra o então ministro das Obras Públicas, Teste, pela aceitação de tais subornos. Durante o processo, este último tentou suicidar-se. Todos eles foram condenados a pesadas multas. Teste, além disso, ainda a três anos de prisão. (Nota de Engels à edição de 1895).

declarado a necessidade de um novo imposto, o imposto sobre o rendimento, se não se quisesse a bancarrota do Estado. Fould, que recomendou a Ledru-Rollin a bancarrota do Estado, aconselhou à Legislativa o déficit do Estado. Prometeu poupanças. Mais tarde, porém, veio a descobrir-se que, por exemplo, as despesas diminuíram 60 milhões e a dívida flutuante aumentou 200 milhões – truques de prestidigitador em juntar cifras e na apresentação dos apuramentos de contas que, no fim, foram dar a novos empréstimos.

Naturalmente que sob Fould a aristocracia financeira, no meio das restantes frações burguesas desconfiadas, não aparecia tão despudoradamente corrupta como sob Luís Felipe. O sistema, porém, era o mesmo: um contínuo aumento das dívidas e uma dissimulação do déficit. E, com o tempo, as velhas fraudes da Bolsa voltaram a manifestar-se mais abertamente. Prova? A lei sobre a ferrovia de Avignon, as oscilações misteriosas dos títulos do Estado, por um momento a conversa diária de Paris inteira, e, finalmente, as malsucedidas especulações de Fould e Bonaparte sobre as eleições de 10 de março.

Com a restauração oficial da aristocracia financeira, o povo francês tinha de chegar de novo em breve diante de um novo 24 de fevereiro.

A Constituinte, num ataque de misantropia contra a sua herdeira, tinha abolido o imposto sobre o vinho a partir do ano da graça de 1850. Com a abolição de velhos impostos, não podiam ser pagas novas dívidas. Creton, um cretino do partido da ordem, já tinha proposto a manutenção do imposto sobre o vinho antes do adiamento da Assembleia Legislativa. Fould aceitou essa proposta em nome do ministério bonapartista e, em 20 de dezembro de 1849, no aniversário da proclamação de Bonaparte como presidente, a Assembleia Nacional decretou a restauração do imposto sobre o vinho.

O advogado dessa restauração não foi um financista. Foi, sim, o chefe dos jesuítas Montalembert. A sua dedução era de uma simplicidade impressionante: o imposto é o seio materno que amamenta o governo. O governo, são os instrumentos da repressão, são os órgãos da autoridade, é o exército, é a polícia, são os funcionários, os juízes, os ministros, são os padres. O ataque ao imposto é o ataque dos anarquistas às sentinelas da ordem, que protegem a produção material e espiritual da sociedade burguesa das incursões dos vândalos proletários. O imposto é o quinto deus ao lado da propriedade, da família, da ordem e da religião. E o imposto sobre o vinho é indiscutivelmente um imposto: e, mais, não é um imposto qualquer, mas um imposto de velha tradição, um imposto respeitável, de espírito monárquico. *Vive l'impôt des boissons!* [Viva o imposto sobre as bebidas (isto é, sobre o vinho) – francês]. *Three cheers and one cheer more!* [Três vivas e mais um! – inglês].

O camponês francês, quando pensa no diabo, pensa-o sempre sob a forma do executor de impostos. A partir do momento em que Montalembert elevou o imposto a um deus, o camponês perdeu o deus, tornou-se ateu e lançou-se nos braços do diabo, do socialismo. A religião da ordem tinha feito pouco dele. Os jesuítas tinham feito pouco dele. Bonaparte tinha feito pouco dele. O 20 de dezembro de 1849 comprometera irremediavelmente o 20 de dezembro de 1848. O "sobrinho do seu tio" não era o primeiro da sua família que o imposto sobre o vinho abatia, esse imposto que, segundo a expressão de Montalembert, prenuncia a tormenta da revolução. O verdadeiro, o grande Napoleão, declarou em Santa Helena que a reintrodução do imposto sobre o vinho, tendo alienado de si [*entfremdet*] os camponeses do Sul da França, contribuíra mais para a sua queda do que todo o resto. Já sob Luís XIV, alvo favorito do ódio popular (ver as obras de Boisguillebert e Vauban), abolido pela primeira revolução, Napoleão tinha-o reintroduzido em 1808 numa forma modificada. Quando a Restauração fez a sua entrada na França, foi precedida não só pelo trote dos cossacos, mas também pelas promessas da abolição do imposto sobre o vinho. A *gentilhommerie* [nobreza – francês] não precisava naturalmente de manter a palavra dada à *gent taillable à merci et miséricorde* [gente sobre quem pode se

A REVOLUÇÃO ANTES DA REVOLUÇÃO | 163

lançar impostos indiscriminadamente – francês]. [O ano de] 1830 prometeu a abolição do imposto sobre o vinho. Não era seu hábito fazer o que dizia nem dizer o que fazia. [O ano de] 1848 prometeu a abolição do imposto sobre o vinho, como prometeu tudo. Finalmente, a Constituinte, que nada prometeu, fez, como se disse, uma disposição testamentária, segundo a qual o imposto sobre o vinho devia desaparecer no dia 1º de janeiro de 1850. E, precisamente dez dias antes de 1º de janeiro de 1850, a Assembleia Legislativa voltou a introduzi-lo. Assim, o povo francês perseguiu constantemente esse imposto e, quando o expulsava pela porta, via-o, pouco depois, regressar pela janela.

O ódio popular contra o imposto sobre o vinho explica-se pelo fato de reunir em si todo o execrável do sistema de impostos francês. O modo de cobrança é odioso; o modo da sua repartição é aristocrático, pois as percentagens do imposto são as mesmas para os vinhos mais vulgares e para os mais preciosos. Aumenta, pois, em progressão geométrica, na medida em que as posses do consumidor diminuem, é um verdadeiro imposto progressivo ao contrário. Provoca, por isso, diretamente o envenenamento das classes trabalhadoras como prêmio para vinhos falsificados e imitados. Reduz o consumo ao erguer *octrois* [repartições alfandegárias locais – francês] às portas de todas as cidades com mais de 4 mil habitantes e ao transformar cada cidade num território estrangeiro com direitos protecionistas contra os vinhos franceses. Os grandes comerciantes de vinho e ainda mais os pequenos, os *marchands de vins*, os taberneiros, cujos proventos dependem diretamente do consumo de vinho, são outros tantos declarados adversários do imposto sobre o vinho. E, finalmente, ao fazer diminuir o consumo, o imposto sobre o vinho corta o mercado à produção. Enquanto torna os operários das cidades incapazes de pagar o vinho, torna os vinicultores incapazes de o vender. E a França tem uma população vinicultora de cerca de 12 milhões. Compreende-se por isso o ódio do povo em geral, compreende-se nomeadamente o fanatismo dos camponeses contra o imposto sobre o vinho. Além disso, não viam de modo nenhum na sua restauração um acontecimento isolado, mais ou menos ocasional. Os camponeses têm uma espécie de tradição histórica, herdada de pais para filhos, e nessa escola histórica ocorre que todos os governos, quando querem enganar os camponeses, prometem a abolição do imposto do vinho, mas, depois de os terem enganado, mantêm ou reintroduzem o imposto sobre o vinho. É no imposto sobre o vinho que o camponês prova o *bouquet* do governo, a sua tendência. A restauração do imposto sobre o vinho em 20 de dezembro queria dizer: Luís Bonaparte é como os outros; mas não era como os outros, era uma invenção dos camponeses, e nas petições contra o imposto sobre o vinho, que contavam milhões de assinaturas, eles retiravam os votos que um ano antes tinham dado ao "sobrinho do seu tio".

A população rural, mais de dois terços de toda a população francesa, é constituída na sua maior parte pelos chamados proprietários fundiários livres. A primeira geração, libertada gratuitamente das cargas feudais pela revolução de 1789, não tinha pago preço algum pela terra. As gerações seguintes, contudo, pagavam, sob a forma de preço da terra, o que os seus antepassados semisservos tinham pago sob a forma de renda, dízima, jeira etc. Por um lado, quanto mais a população aumentava, tanto maior era, por outro lado, a divisão da terra – tanto mais caro ficava o preço da parcela, pois com a sua pequenez aumentava o volume da sua procura. Todavia, a dívida do camponês, isto é, a hipoteca, aumentava necessariamente na mesma proporção em que subia o preço que o camponês pagava pela parcela, quer a comprasse diretamente quer os seus co-herdeiros lha debitassem em conta como capital. O título de dívida ligado à terra chama-se nomeadamente hipoteca; é, pois, a cautela de penhor sobre a terra. Tal como sobre as courelas medievais se acumulavam os privilégios, assim sobre a parcela moderna, as hipotecas. Por outro lado, no regime de parcelamento a terra é para os seus proprietários um puro instrumento de produção.

A sua fertilidade diminui na medida em que a terra é dividida. A aplicação da maquinaria à terra, a divisão do trabalho, os grandes meios de benfeitoria da terra, tais como a instalação de canais de drenagem e de irrigação e obras semelhantes, tornam-se cada vez mais impossíveis enquanto os gastos improdutivos do cultivo aumentam na mesma proporção que a divisão do próprio instrumento de produção. Tudo isso quer o proprietário da parcela possua capital ou não. Porém, quanto mais a divisão aumenta, tanto mais a terra com o seu mísero inventário constitui a totalidade do capital do camponês das parcelas, tanto mais o investimento de capital na terra diminui, tanto mais o pequeno camponês (*kotsass*) carece de terra, de dinheiro e conhecimentos para aplicar os progressos da agronomia, e tanto mais retrocede o cultivo da terra. Finalmente, o produto líquido diminui na mesma proporção em que aumenta o consumo bruto, em que toda a família do camponês se vê impossibilitada para outras ocupações pela sua posse da terra e, contudo, não fica em condições de viver dela.

Por conseguinte, na mesma medida em que a população e, com ela, a divisão da terra aumenta, torna-se mais caro o instrumento de produção, a terra, e a sua fertilidade diminui, e na mesma medida a agricultura decai e o camponês endivida-se. E o que era efeito torna-se, por sua vez, causa. Cada geração deixa atrás de si outra mais endividada; cada nova geração começa em condições mais desfavoráveis e mais vexatórias; a hipoteca gera a hipoteca e quando se torna impossível ao camponês encontrar na sua parcela um penhor para novas dívidas, isto é, sobrecarregá-la com novas hipotecas, fica diretamente à mercê da usura e os juros usurários se tornam mais descomunais.

E, desse modo, sob a forma de juros pelas hipotecas sobre a terra, sob a forma de juros pelos adiantamentos não hipotecados do usurário, o camponês da França cede aos capitalistas não só uma renda da terra, não só o lucro industrial, numa palavra, não só todo o ganho líquido, mas também uma parte do salário; isto é, desceu ao nível do rendeiro irlandês e tudo isso com o pretexto de ser proprietário privado.

Esse processo foi, na França, acelerado pela carga fiscal sempre crescente e pelos custos judiciais, em parte diretamente provocados pelos mesmos formalismos com que a legislação francesa rodeia a propriedade fundiária, em parte devido aos inúmeros conflitos entre as parcelas que, por toda a parte, confinam ou se entrecruzam, e em parte pela fúria litigiosa dos camponeses cujo usufruto da propriedade se limita ao fazer valer fanaticamente a propriedade imaginária, o direito de propriedade.

De acordo com um levantamento estatístico datado de 1840, o produto bruto francês da terra ascendia a 5.237.178.000 de francos. Destes, há que deduzir 3,552 bilhões de francos para gastos de cultivo, incluindo o consumo das pessoas que trabalham. Resta um produto líquido de 1.685.178.000 francos, dos quais se devem deduzir 550 milhões para juros hipotecários, 100 milhões para funcionários da Justiça, 350 milhões para impostos e 107 milhões para despesas com registros, selos, taxas de hipoteca etc. Fica a terceira parte do produto líquido, ou seja, 538 milhões; distribuídos pela população, não chega a 25 francos de produto líquido por cabeça.[81] Nesses cálculos, não se menciona naturalmente nem a usura extra-hipotecária, nem as custas de advogados etc.

Compreende-se a situação dos camponeses franceses quando a república aos seus velhos fardos acrescenta ainda novos. Como se vê, a sua exploração só na forma se distingue da exploração do proletariado industrial. O explorador é o mesmo: o capital. Por meio da hipoteca e da usura, os capitalistas individuais exploram os camponeses individuais; pelo imposto de Estado, a classe capitalista explora a classe camponesa. O título de propriedade dos camponeses

---

[81] O resultado não coincide: deve ser 578.178.000, e não 538 milhões; aparentemente, nos números referidos há uma gralha. Isto, no entanto, não tem influência na conclusão geral: tanto num caso quanto noutro os rendimentos líquidos por habitante são inferiores a 25 francos.

é o talismã com que o capital até aqui o fascinava, o pretexto com que o atiçava contra o proletariado industrial. Só a queda do capital pode fazer subir o camponês, só um governo anticapitalista, proletário, pode quebrar a sua miséria econômica, a sua degradação social. A república constitucional é a ditadura dos seus exploradores unidos; a república social-democrata, vermelha, é a ditadura dos seus aliados. E a balança sobe ou desce segundo os votos que o camponês lança na urna. É ele próprio que tem de decidir sobre o seu destino. Era isso o que diziam os socialistas em folhetos, almanaques, calendários e prospectos de toda a espécie. Essa linguagem tornava-se-lhe mais compreensível através das réplicas do partido da ordem que, por seu lado, se dirigia a ele, e por meio do exagero grosseiro, pela concepção e apresentação brutal das intenções e ideias dos socialistas, tocava o verdadeiro tom camponês e sobrestimulava o seu apetite pelo fruto proibido. Mas a linguagem mais compreensível era a das experiências que a classe camponesa tinha colhido com a utilização do direito de voto e a das desilusões que, no ímpeto revolucionário, golpe após golpe se abateram sobre ele. As revoluções são as locomotivas da história.

A transformação gradual dos camponeses manifestou-se por meio de diversos sintomas. Já tinha se revelado nas eleições para a Assembleia Legislativa; revelou-se no estado de sítio nos cinco Departamentos limítrofes de Lyon; revelou-se alguns meses depois de 13 de junho na eleição de um *montagnard* em vez do antigo presidente da *Chambre introuvable*[82] [Câmara invisível – francês] no Departamento da Gironda; revelou-se no dia 20 de dezembro de 1849 na eleição de um vermelho para o lugar de um deputado legitimista falecido, no Departamento *du Gard*,[83] essa terra prome-

---

[82] É esse o nome que a história deu à Câmara de Deputados fanaticamente ultrarrealista e reacionária eleita em 1815, imediatamente a seguir à segunda queda de Napoleão. (Nota de Engels à edição de 1895)

[83] No Departamento de Gard, em resultado da morte do deputado legitimista De Beaune, realizaram-se eleições parciais. Foi eleito Favaune, candidato

tida dos legitimistas, cenário das infâmias mais horríveis contra os republicanos em 1794 e 1795, a sede central do *terreur blanche* [terror branco – francês] de 1815, onde liberais e protestantes foram assassinados publicamente. Essa revolução da classe mais estacionária manifestou-se da maneira mais visível depois da reintrodução do imposto sobre o vinho. As medidas do governo e as leis de janeiro e fevereiro de 1850 dirigiram-se quase exclusivamente contra os Departamentos e os camponeses. É a prova mais concludente do progresso destes.

A circular *Hautpoul*, que fez do gendarme inquisidor do prefeito, do subprefeito e, sobretudo, do *maire* [presidente da Câmara municipal – francês], e que organiza a espionagem até nos cantos mais recônditos da aldeia mais remota; a lei contra os mestres-escolas, que submete ao arbítrio dos prefeitos as competências, os porta-vozes, os educadores e os intérpretes da classe camponesa, vendo-se assim os professores, esses proletários da classe culta, perseguidos de freguesia em freguesia como se fossem caça acossada; a proposta de lei contra os *maires,* que suspende sobre a cabeça destes a espada, de Dâmocles, da demissão e que a todo o momento os opõe, eles, os presidentes das freguesias camponesas, ao presidente da república e ao partido da ordem; a ordenança que transformou as 17 divisões militares da França em quatro paxaliques[84] e que impôs aos franceses a caserna e o bivaque como salão nacional; a lei do ensino, com a qual o partido da ordem proclamou a falta de consciência e a estupidificação violenta da França como a sua condição de existência sob o regime do sufrágio universal – o que eram todas essas leis e medidas? Tentativas

---

dos partidários da Montanha, por uma maioria de 20 mil votos num total de 36 mil.

[84] Em 1850, o governo dividiu o território da França em cinco grandes regiões militares, em resultado do que Paris e os Departamentos vizinhos ficaram cercados pelas quatro regiões restantes, à frente das quais foram colocados os reacionários mais declarados. Ao sublinhar a semelhança entre o poder ilimitado desses generais reacionários e o poder despótico dos paxás turcos, a imprensa republicana chamou a essas regiões paxaliques.

A REVOLUÇÃO ANTES DA REVOLUÇÃO | **169**

desesperadas para conquistar de novo para o partido da ordem os Departamentos e os camponeses dos Departamentos.

Considerados como repressão, esses meios eram deploráveis, torciam o pescoço ao seu próprio fim. As grandes medidas, como a manutenção do imposto sobre o vinho, o imposto dos 45 centavos, a desdenhosa rejeição das petições dos camponeses de reembolso dos bilhões etc., todos esses raios legislativos, vindos da sede central, atingiram em cheio de uma só vez a classe camponesa; as leis e medidas mencionadas tornaram geral o ataque e a resistência, os tornaram na conversa diária em todas as choupanas; inocularam a revolução em todas as aldeias, localizaram e tornaram camponesa a revolução.

Não provam, por outro lado, essas propostas de Bonaparte e a sua aceitação por parte da Assembleia Nacional, a unanimidade de ambos os poderes da república constitucional no que toca à repressão da anarquia, isto é, de todas as classes que se insurgem contra a ditadura burguesa? Não tinha Soulouque, logo a seguir a sua brusca mensagem,[85] assegurado à Legislativa o seu *dévouement* [dedicação – francês] à ordem por meio da mensagem que imediatamente seguiu de Carlier,[86] essa caricatura ordinária e suja de Fouché, tal como o próprio Luís Bonaparte era a caricatura vulgar de Napoleão?

A lei do ensino revela-nos a aliança dos jovens católicos com os velhos voltairianos. Podia a dominação dos burgueses coligados ser outra coisa senão o despotismo coligado da restauração amiga dos jesuítas e da monarquia de julho que se fazia passar por livre--pensadora? As armas que uma fração burguesa repartira pelo povo

---

[85] Trata-se da mensagem do presidente Luís Bonaparte à Assembleia Legislativa, enviada em 31 de outubro de 1849, na qual informava que aceitava a demissão do governo de Barrot e formava um novo governo.

[86] Na mensagem de 10 de novembro de 1849, Carlier, recém-nomeado chefe da polícia de Paris, apelava para a criação de uma "liga social contra o socialismo", para a defesa "da religião, do trabalho, da família, da propriedade, da lealdade".

contra a outra, na luta entre si pelo predomínio, não tinham agora de ser de novo retiradas ao povo desde que este se contrapunha à sua ditadura unificada? Nada, nem mesmo a rejeição dos *concordats à l'amiable,* tinha indignado mais a *boutique* parisiense do que essa coquete *étalage* [ostentação – francês] de jesuitismo.

Entretanto, prosseguiam as colisões tanto entre as diferentes frações do partido da ordem quanto entre a Assembleia Nacional e Bonaparte. Agradou pouco à Assembleia Nacional que Bonaparte, logo a seguir ao seu *coup d'État,* depois da sua criação de um ministério bonapartista próprio, mandasse vir à sua presença os inválidos da monarquia recentemente nomeados prefeitos e lhes impusesse como condição do exercício do seu cargo que fizessem agitação anticonstitucional em favor da sua reeleição para presidente; que Carlier festejasse a sua tomada de posse com a supressão de um clube legitimista; que Bonaparte fundasse um jornal próprio, *Le Napoléon,*[87] que revelava ao público os apetites secretos do presidente enquanto os seus ministros tinham de desmenti-los no palco da Assembleia Legislativa; agradou-lhe pouco a obstinada manutenção do ministério a despeito das sucessivas moções de desconfiança; agradou-lhe pouco a tentativa de ganhar as boas-graças dos sargentos por meio da atribuição de um suplemento diário de quatro *sous* e as boas-graças do proletariado com um plágio tirado dos *Mystéres,* de Eugène Sue, por meio de um banco de empréstimos de honra; agradou pouco, finalmente, o descaramento com que se requereu, por meio dos ministros, a deportação para a Argélia dos restantes insurgentes de junho afim de atirar *en gros* [por atacado – francês] para a Assembleia Legislativa a impopularidade de tal medida enquanto o presidente reservava para si *en détail* [a varejo – francês] a popularidade por meio de perdões individuais.

---

[87] *Le Napoléon* (*O Napoleão*): jornal que se publicou em Paris, de 6 de janeiro a 19 de maio de 1850.

A REVOLUÇÃO ANTES DA REVOLUÇÃO | 171

Thiers falou ameaçadoramente de *coups d'état* e *coups de tête*[88] e a Assembleia Legislativa vingou-se de Bonaparte rejeitando todas as propostas de lei que ele apresentava no seu próprio interesse, investigando com alarido e desconfiança as que ele apresentava no interesse comum, para saber se pelo aumento do poder executivo ele não aspirava a tirar proveito para seu poder pessoal. Numa palavra, vingou-se com a conspiração do desprezo.

O partido legitimista, por seu lado, via com desagrado os orleanistas mais qualificados apoderarem-se de novo de quase todos os lugares e aumentar a centralização, enquanto ele, em princípio, procurava a sua salvação na descentralização. E procurava-a realmente. A contrarrevolução centralizava violentamente, isto é, preparava o mecanismo da revolução. Centralizava até, por meio da circulação forçada de papel-moeda, o ouro e a prata da França no Banco de Paris, criando desse modo o tesouro de guerra da revolução já pronto.

Finalmente, os orleanistas viam com desagrado o emergente princípio da legitimidade opor-se ao seu princípio de bastardia e eles próprios serem a todo o momento marginalizados e maltratados como a *mésalliance* [casamento desigual – francês] burguesa de um esposo aristocrata.

Vimos os camponeses, os pequeno-burgueses e as classes médias em geral porem-se, pouco a pouco, ao lado do proletariado, empurrados para a oposição aberta contra a república oficial, tratados por ela como inimigos. Sublevação contra a ditadura burguesa, necessidade de uma transformação da sociedade, manutenção das instituições democrático-republicanas como órgãos do seu movimento, agrupamento em torno do proletariado como poder revolucionário decisivo – tudo isto são os traços característicos comuns do chamado partido da social-democracia, do partido da república vermelha. Esse partido da anarquia, como os adversários o batizam, não é menos

---

[88] Jogo de palavras com as expressões francesas *coup d'état* (golpe de Estado) e *coup de tête* (ato arriscado, arrogante).

uma coligação de diversos interesses do que o partido da ordem. Da menor reforma da velha desordem social até a transformação da velha ordem social, do liberalismo burguês até o terrorismo revolucionário, tão distantes estão entre si os extremos que formam o ponto de partida e o ponto final do partido da "anarquia".

Abolição das barreiras protecionistas – socialismo! pois ataca o monopólio da fração industrial do partido da ordem. Regulamentação do orçamento do Estado – socialismo! pois ataca o monopólio da fração financeira do partido da ordem. Livre importação de carne e cereais estrangeiros – socialismo! pois ataca o monopólio da terceira fração do partido da ordem, a grande propriedade fundiária. As exigências do partido dos *free-traders*,[89] isto é, o partido burguês inglês mais progressista, surgem na França como outras tantas reivindicações socialistas. Voltairianismo – socialismo! pois ele ataca uma quarta fração do partido da ordem, a católica. Liberdade de imprensa, direito de associação, ensino popular universal – socialismo, socialismo! Atacam todo o monopólio do Partido da Ordem.

O curso da revolução amadurecera tão depressa que os partidários de reformas de todos os matizes, as mais modestas reivindicações das classes médias, eram obrigados a agrupar-se em torno da bandeira do partido subversivo mais extremo, em torno da bandeira vermelha.

Todavia, por mais variado que fosse o socialismo dos diversos grandes membros do partido da anarquia – o que estava dependente das condições econômicas e das necessidades globais revolucionárias da sua classe ou fração de classe delas decorrentes – num ponto ele estava de acordo: proclamar-se como meio de emancipação do proletariado e proclamar a emancipação deste como seu fim. Engano intencional de uns, autoengano de outros, que apresentam o mundo

---

[89] *Free-traders* (livre-cambistas): partidários da liberdade de comércio e da não intervenção do Estado na vida econômica. Nos anos de 1840-1850, os livre--cambistas constituíram um agrupamento político à parte, que posteriormente entrou para o Partido Liberal.

transformado segundo as suas necessidades como o melhor dos mundos para todos, como a realização de todas as reivindicações revolucionárias e a superação de todas as colisões revolucionárias. Sob as frases socialistas gerais do "partido da anarquia" que soavam de modo razoavelmente uniforme oculta-se o socialismo do *National,* da *Presse* e do *Siècle,* que mais ou menos consequentemente quer derrubar a dominação da aristocracia financeira e libertar a indústria e o comércio das peias a que até então tinham estado sujeitos. Esse é o socialismo da indústria, do comércio e da agricultura, cujos chefes no partido da ordem negam esses interesses na medida em que já não coincidem com os seus monopólios privados. Desse socialismo burguês, que, naturalmente, como todas as variantes do socialismo, congrega uma parte dos operários e dos pequeno-burgueses, demarca-se o socialismo pequeno-burguês propriamente dito, o socialismo *par excellence* [por excelência – francês]. O capital persegue essa classe principalmente como credor; por isso ela exige instituições de crédito. Esmaga-a pela concorrência; por isso ela exige associações apoiadas pelo Estado. Subjuga-a pela concentração; por isso ela exige impostos progressivos, limitações sobre as heranças, que o Estado se encarregue das obras de vulto e outras medidas que detenham pela força o crescimento do capital. Uma vez que ela sonha com a realização pacífica do seu socialismo – à exceção porventura de uma segunda revolução de fevereiro com a duração de alguns dias – parece-lhe naturalmente que o processo histórico vindouro é a aplicação de sistemas que os pensadores da sociedade, coletiva ou isoladamente, inventam ou inventaram. Desse modo convertem-se em ecléticos ou em adeptos dos sistemas socialistas existentes, do socialismo doutrinário, que só foi expressão teórica do proletariado até este ter se desenvolvido num movimento histórico livre e autônomo.

Enquanto a utopia, o socialismo doutrinário, que submete a totalidade do seu movimento a um dos aspectos daquela; que coloca no lugar da produção comum, da produção social, a atividade cerebral de um qualquer pedante e sobretudo elimina fantasiosamente a luta revolucionária das classes com as suas necessidades por pequenos passes de mágica ou por grandes sentimentalismos; enquanto esse socialismo doutrinário, que no fundo apenas idealiza a sociedade atual, dela recolhe uma imagem sem sombras e pretende impor o seu ideal contra a realidade dela, enquanto esse socialismo é cedido pelo proletariado à pequena burguesia; enquanto a luta dos diversos chefes socialistas entre si mesmos põe em evidência que cada um dos chamados sistemas se apega afincadamente a um dos pontos de trânsito da revolução social contrapondo-o aos outros, o proletariado agrupa-se cada vez mais em torno do socialismo revolucionário, em torno do comunismo, para o qual a própria burguesia tinha inventado o nome Blanqui. Esse socialismo é a declaração da permanência da revolução, a ditadura de classe do proletariado como ponto de trânsito necessário para a abolição das diferenças de classes em geral, para a abolição de todas as relações de produção em que aquelas se apoiam, para a abolição de todas as relações sociais que correspondem a essas relações de produção, para a revolução de todas as ideias que decorrem dessas relações sociais.

O espaço desta exposição não me permite tratar este assunto mais pormenorizadamente.

Já vimos como a aristocracia financeira necessariamente se pôs à frente do Partido da Ordem, o mesmo acontecendo com o proletariado no partido da "anarquia". Enquanto as diferentes classes unidas numa *ligue* [liga – francês] revolucionária se agrupavam em torno do proletariado; enquanto os Departamentos se tornavam cada vez mais inseguros e a própria Assembleia Legislativa se mostrava cada vez mais rabugenta em relação às pretensões do Soulouque francês,[90] aproximavam-se as eleições complementares – há tanto tempo adiadas – para preencher os lugares dos *montagnards* proscritos em consequência do 13 de junho.

---

[90] Napoleão III.

A REVOLUÇÃO ANTES DA REVOLUÇÃO | 175

O governo, desprezado pelos seus inimigos, maltratado e diariamente humilhado pelos seus pretensos amigos, viu apenas um meio de sair da situação desagradável e insustentável em que se encontrava: o motim. Um motim em Paris teria permitido impor o estado de sítio a essa cidade e aos Departamentos e, desse modo, pôr e dispor nas eleições. Por outro lado, perante um governo que tinha conseguido uma vitória sobre a anarquia, os amigos da ordem seriam obrigados a concessões se não quisessem, eles próprios, aparecer como anarquistas.

O governo pôs mão à obra. Princípio de fevereiro de 1850: provocações ao povo com a destruição das árvores da liberdade.[91] Em vão. Quando as árvores da liberdade foram arrancadas, o próprio governo perdeu a cabeça e recuou perante a sua própria provocação. Contudo, a Assembleia Nacional recebeu com uma desconfiança gelada essa tentativa canhestra de emancipação de Bonaparte. Não teve maior êxito a remoção das coroas de sempre-vivas da coluna de julho.[92] Isso deu motivo a uma parte do exército para manifestações revolucionárias e à Assembleia Nacional para um voto de desconfiança mais ou menos disfarçado contra o ministério. Em vão a ameaça da imprensa do governo da abolição do sufrágio universal e da invasão dos cossacos. Em vão o desafio direto de d'Hautpoul lançado à esquerda, em plena Assembleia Legislativa, para vir para a rua, e a sua declaração de que o governo estava preparado para recebê-la. Hautpoul não recebeu senão uma chamada à ordem do presidente, e o partido da ordem deixou com tranquila malícia que um deputado da esquerda troçasse dos apetites de usurpação de

---

[91] As árvores da liberdade foram plantadas nas ruas de Paris depois da vitória da revolução de fevereiro de 1848. A plantação das árvores da liberdade – geralmente carvalhos e álamos – tornou-se uma tradição na França já no período da revolução burguesa francesa de fins do século XVIII e foi introduzida nessa altura por uma disposição da Convenção.

[92] A coluna de julho erigida em Paris de 1840, na Praça da Bastilha, em memória dos mortos da revolução de julho de 1830, estava adornada com coroas de sempre-vivas desde os tempos da revolução de fevereiro de 1848.

Bonaparte. Em vão, finalmente, a profecia de uma revolução para o dia 24 de fevereiro. O governo conseguiu que o 24 de fevereiro fosse ignorado pelo povo.

O proletariado não se deixou provocar para um motim porque estava prestes a fazer uma revolução.

Sem se deixar desviar pelas provocações do governo que unicamente aumentavam a irritação geral contra o estado de coisas existente, o comitê eleitoral totalmente influenciado por operários apresentou três candidatos por Paris: de Flotte, Vidal e Carnot. De Flotte era um deportado de junho, anistiado por uma das decisões de Bonaparte em busca de popularidade; era amigo de Blanqui e tinha participado no atentado de 15 de maio. Vidal, conhecido como escritor comunista devido ao seu livro *Sobre a repartição da riqueza*, antigo secretário de Louis Blanc na Comissão do Palácio do Luxemburgo; Carnot, filho do homem da Convenção que organizara a vitória, o membro menos comprometido do partido do *National*, ministro da Educação no governo provisório e na Comissão Executiva, um protesto vivo contra as leis de ensino dos jesuítas devido ao seu projeto de lei democrático sobre a instrução pública. Esses três candidatos representavam as três classes aliadas: à frente um insurgente de junho, o representante do proletariado revolucionário; ao seu lado o socialista doutrinário, o representante da pequena burguesia socialista; por fim, o terceiro, o representante do partido republicano burguês, cujas fórmulas democráticas tinham ganho um sentido socialista em relação ao Partido da Ordem e perdido há muito tempo o seu significado próprio. Era, como em fevereiro, uma coligação geral contra a burguesia e o governo. Mas dessa vez o proletariado era a cabeça da *ligue* revolucionária.

A despeito de todos os esforços contra, os candidatos socialistas venceram. O próprio exército votou nos insurgentes de junho contra la Hitte, o seu próprio ministro da Guerra. O partido da ordem ficou como que fulminado por um raio. As eleições departamentais não o consolaram, pois deram uma maioria aos *montagnards*.

As eleições de 10 de março de 1850! Era a revogação do junho de 1848: massacradores e deportadores dos insurgentes de junho regressaram à Assembleia Nacional mas de cabeça baixa, atrás dos deportados e com os princípios destes nos lábios. Era a revogação do 13 de junho de 1849: a Montagne proscrita pela Assembleia Nacional regressou à Assembleia Nacional, mas desta vez como clarim avançado da revolução e já não como seu comandante. Era a revogação do 10 de dezembro: Napoleão tinha sido derrotado juntamente com o seu ministro la Hitte. A história parlamentar da França conhece apenas um caso análogo: o fracasso d'Haussez, ministro de Carlos X em 1830. As eleições de 10 de março de 1850 foram finalmente a declaração da nulidade da eleição de 13 de maio, que tinha dado a maioria ao partido da ordem. As eleições de 10 de março protestaram contra a maioria do 13 de maio. O 10 de março foi uma revolução. Por detrás dos boletins de voto estão as pedras das calçadas.

"A votação do 10 de março é a guerra" exclamou Ségur d'Aguesseau, um dos membros mais progressistas do partido da ordem.

Com o 10 de março de 1850, a república constitucional entrou numa nova fase, a fase da sua dissolução. As diferentes frações da maioria estão de novo unidas entre si e com Bonaparte, são de novo as salvadoras da ordem, ele novamente o seu homem neutro. Quando elas se lembram de que são realistas, só o fazem por desesperançarem das possibilidades da república burguesa; quando ele se lembra de que é um pretendente, é só porque se desespera de permanecer presidente.

À eleição de De Flotte, o insurgente de junho, responde Bonaparte, sob comando do partido da ordem, com a nomeação de Baroche para ministro do Interior. Baroche, o acusador de Blanqui e de Barbès, de Ledru-Rollin e Guinard. À eleição de Carnot responde a Assembleia Legislativa com a aceitação da lei sobre o ensino; à eleição de Vidal, com a repressão da imprensa socialista.

Com o trombetear da sua imprensa, o partido da ordem procura dissipar o seu próprio medo. "A espada é sagrada", exclama um dos seus órgãos; "os defensores da ordem têm de tomar a ofensiva contra o partido vermelho", proclama um outro; "entre o socialismo e a sociedade trava-se um duelo de morte, uma guerra desapiedada e sem quartel; nesse duelo desesperado, um deles tem de perecer; se a sociedade não aniquilar o socialismo, o socialismo aniquila a sociedade", canta um terceiro galo da ordem. Erguei as barricadas da ordem, as barricadas da religião, as barricadas da família! Tem de se acabar com os 127 mil eleitores de Paris![93] Uma noite de São Bartolomeu para os socialistas! E, por momentos, o partido da ordem está seguro que a vitória será sua.

Os seus órgãos mostram-se mais fanáticos contra os *boutiquiers* de Paris. O insurgente de junho eleito representante pelos *boutiquiers* de Paris! Isso significa que é impossível um segundo junho de 1848; isso significa que é impossível um segundo 13 de junho de 1849; isso significa que a influência moral do capital está quebrada; isso significa que a Assembleia burguesa representa apenas a burguesia; isso significa que a grande propriedade está perdida porque o seu vassalo, a pequena propriedade, procura a sua salvação no campo dos sem-propriedade.

O partido da ordem regressa naturalmente ao seu inevitável lugar-comum. "Mais repressão!" exclama, "Dez vezes mais repressão!", mas a força da sua repressão diminuiu dez vezes, enquanto a resistência centuplicou. O próprio instrumento principal da repressão, o exército, não deverá também ele ser reprimido? E o partido da ordem diz a sua última palavra:

> Tem de se romper o anel de ferro de uma legalidade asfixiante. A república constitucional é impossível. Temos de lutar com as nossas verdadeiras armas; desde fevereiro de 1848 que combatemos a revolução com as suas

---

[93] De Flotte, partidário de Blanqui e representante do proletariado revolucionário de Paris, obteve 126.643 votos nas eleições de 15 de março de 1850.

armas e no seu terreno. Aceitamos as suas instituições; a Constituição é uma fortaleza que protege unicamente os sitiantes, não os sitiados! Ao introduzirmo-nos na sagrada Ílion dentro do bojo do cavalo de Troia, não só não conquistamos a cidade inimiga – ao contrário do que os nossos antepassados, os *grecs*,[94] tinham feito – como nos tornamos prisioneiros.

A base da Constituição porém é o sufrágio universal. O aniquilamento do sufrágio universal é a última palavra do partido da ordem, da ditadura burguesa.

O sufrágio universal deu-lhes razão no dia 4 de maio de 1848, no dia 20 de dezembro de 1848, no dia 13 de maio de 1849 e no dia 8 de julho de 1849. Porém, no dia 10 de março de 1850, o sufrágio universal não deu razão a si próprio. O sentido da Constituição burguesa é a dominação da burguesia como produto e resultado do sufrágio universal, como ato inequívoco da vontade soberana do povo. Mas a partir do momento em que o conteúdo desse sufrágio, dessa vontade soberana já não é a dominação da burguesia, terá a Constituição ainda sentido? Não será dever da burguesia regulamentar o direito de voto de maneira a que se queira o que é razoável, isto é, a sua dominação? Ao suprimir de novo e continuamente o poder de Estado existente e ao recriá-lo a partir de si mesmo, o sufrágio universal não suprime toda a estabilidade, não põe em questão a todo o momento os poderes existentes, não destrói a autoridade, não ameaça transformar a própria anarquia em autoridade? Quem poderia duvidar disso depois do 10 de março de 1850?

Ao repudiar o sufrágio universal com o qual até essa altura se havia coberto e do qual havia retirado toda a sua onipotência, a burguesia confessa sem rebuço: "A nossa ditadura tem até agora existido pela vontade do povo; agora tem de ser consolidada contra a vontade do povo". E consequentemente já não procura os seus apoios na França, mas sim no exterior, no estrangeiro, na invasão.

---

[94] Jogo de palavras: gregos, mas também: trapaceiros profissionais. (Nota de Engels à edição de 1895)

Com a invasão ela, uma segunda Coblença[95] que abrira sua sede na própria França, despertara contra si todas as paixões nacionais. Com o ataque ao sufrágio universal, dá à nova revolução um pretexto geral, e a revolução precisava de semelhante pretexto, cada pretexto especial separaria as frações da *ligue* revolucionária e poria em evidência as suas diferenças. O pretexto geral atordoa as classes meio revolucionárias e permite-lhes se iludirem sobre o caráter definido da revolução futura, sobre as consequências da sua própria ação. Cada revolução precisa de uma questão de banquete [pretexto]. O sufrágio universal é a questão de banquete da nova revolução.

As frações burguesas coligadas, todavia, estão já condenadas ao abandonarem a única forma possível do seu poder unificado, a forma mais violenta e completa da sua dominação de classe, a república constitucional, para voltarem a refugiar-se na forma subalterna, incompleta e mais fraca, a monarquia. Assemelhavam-se a um ancião que, para voltar a ter a força da sua juventude, vá buscar a roupa de criança e procure à força enfiar nela os seus murchos membros. A sua república teve apenas um mérito: ser a estufa da revolução.

O 10 de março de 1850 exibe a seguinte inscrição: *Après moi le déluge*,[96] depois de mim o dilúvio!

---

[95] Coblença: cidade da Alemanha; durante a revolução burguesa francesa de fins do século XVIII foi o centro da emigração contrarrevolucionária.

[96] Palavras atribuídas a Luís XV.

IV – A ABOLIÇÃO DO SUFRÁGIO UNIVERSAL EM 1850

(A continuação dos três capítulos precedentes encontra-se na *Revue* do último volume duplo, 5º e 6º, da *Neue Rheinische Zeitung*. Depois de aqui ter sido retratada a grande crise comercial que rebentou na Inglaterra em 1847 e explicado como ela repercutiu no continente europeu, agudizando as complicações políticas aqui existentes e que culminaram nas revoluções de fevereiro e março de 1848, ver-se-á agora como, no decorrer de 1848, a prosperidade do comércio e da indústria de novo regressada, e, em 1849, ainda mais elevada, estorvou o impulso revolucionário e tornou possível as vitórias simultâneas da reação. Em especial sobre a França lê-se então:)[97]

Desde 1849 e, sobretudo, desde o princípio de 1850 para cá, manifestam-se na França os mesmos sintomas. As indústrias de Paris estão em plena atividade e as fábricas de algodão em Rouen e Mülhausen vão também bastante bem, embora aqui os elevados preços da matéria-prima, tal como na Inglaterra, tenham uma ação retardadora. Além disso, a prosperidade na França foi especialmente fomentada devido à ampla reforma aduaneira na Espanha e à baixa dos direitos alfandegários sobre diversos artigos de luxo

---

[97] Esse parágrafo de introdução foi escrito por Engels para a edição de 1895.

do México. A exportação de mercadorias francesas para esses dois mercados aumentou consideravelmente. O aumento de capitais na França levou a uma série de especulações para as quais serviu de pretexto a exploração em grande escala das minas de ouro da Califórnia. Surgiu uma profusão de sociedades cujo baixo valor das ações e as tintas socialistas dos prospectos apelam diretamente aos bolsos dos pequeno-burgueses e dos operários, mas que, ao fim e ao cabo, acabam naquela vigarice pura que é peculiar dos franceses e dos chineses. Uma dessas sociedades chega mesmo a ser protegida diretamente pelo governo. Os direitos alfandegários sobre as importações atingiram na França, nos primeiros nove meses de 1848, 63 milhões de francos; em 1849, 95 milhões de francos e, em 1850, 93 milhões de francos. No mês de setembro de 1850, voltaram a subir mais de um milhão em comparação com o mesmo mês de 1849. As exportações aumentaram de igual modo em 1849 e ainda mais em 1850.

A prova mais concludente do restabelecimento da prosperidade é a reintrodução dos pagamentos em dinheiro do sistema bancário pela lei de 6 de agosto de 1850. No dia 15 de março de 1848, o sistema bancário tinha recebido plenos poderes para suspender os pagamentos em dinheiro. A circulação de notas, incluindo os bancos da província, ascendia nessa altura a 373 milhões de francos (14.920.000 de libras esterlinas). No dia 2 de novembro de 1849, esta circulação ascendia a 482 milhões de francos, ou seja, 19.280.000 de libras esterlinas, o que correspondia a um aumento de 4.360.000 de libras. No dia 2 de setembro de 1850 – 496 milhões de francos, ou seja, 19.840.000 de libras esterlinas. Por conseguinte, um aumento de cerca de 5 milhões de libras. Não se registrou nenhuma desvalorização das notas. O aumento da circulação das notas foi, antes, acompanhado de um acumular continuamente crescente de ouro e prata nos porões do sistema bancário, de modo que, no verão de 1850, a reserva metálica elevava-se a cerca de 14 milhões de libras esterlinas, uma soma inaudita na França. O fato de ao

A REVOLUÇÃO ANTES DA REVOLUÇÃO | 183

sistema bancário ter sido possível elevar a sua circulação e assim o seu capital ativo em 123 milhões de francos, ou seja, 5 milhões de libras, demonstra concludentemente a justeza da nossa afirmação num caderno anterior, segundo a qual a aristocracia financeira não só não fora derrubada com a revolução, mas também até ficara fortalecida. Um relance geral sobre a legislação bancária francesa dos últimos dez anos torna esse resultado ainda mais evidente. No dia 10 de junho de 1847, o sistema bancário recebeu plenos poderes para emitir notas de 200 francos. Até então a nota de menor valor era de 500 francos. Um decreto de 15 de março de 1848 declarava as notas do Banco da França moeda legal e desobrigava o sistema bancário de trocá-las por dinheiro. A emissão de notas foi limitada a 350 milhões de francos. Ao mesmo tempo, recebeu plenos poderes para emitir notas de 100 francos. Um decreto de 27 de abril ordenou a fusão dos bancos departamentais com o Banco da França; um outro decreto de 2 de maio de 1848 aumentou a sua emissão de notas para 452 milhões de francos. Um decreto de 22 de dezembro de 1849 passou o máximo da emissão de notas para 525 milhões de francos. Finalmente, a lei de 6 de agosto de 1850 introduziu de novo a possibilidade de trocar as notas por moeda. Esses fatos, o contínuo aumento da circulação, a concentração de todo o crédito francês nas mãos do sistema bancário e a acumulação de todo o ouro e prata franceses nos porões dos bancos, levaram o Sr. Proudhon à conclusão de que o sistema bancário devia agora largar a sua velha pele de cobra e metamorfosear-se num Banco do Povo à Proudhon. Ele nem sequer precisava conhecer a história das restrições bancárias ocorridas na Inglaterra de 1797 a 1819;[98] bastava que tivesse lançado os olhos para o outro lado do canal para compreender que esse fato inaudito na história da sociedade burguesa não passava, afinal, de

---

[98] Em 1797, o governo inglês promulgou uma lei especial sobre a restrição (limitação) bancária que estabelecia o curso forçado das notas e abolia a troca de notas por ouro. A troca de notas por ouro só foi restabelecida em 1819.

um acontecimento burguês absolutamente normal, que só agora, pela primeira vez, se manifestava na França. Vê-se assim que os teóricos pretensamente revolucionários que, depois do governo provisório, davam o tom em Paris, sabiam tão pouco da natureza e dos resultados das medidas tomadas como os senhores do próprio governo provisório.

Apesar da prosperidade industrial e comercial de que por momentos a França gozou, a massa da população, os 25 milhões de camponeses, sofrem uma grande depressão. As boas colheitas dos últimos anos tinham feito baixar os preços dos cereais ainda mais na França do que na Inglaterra; por conseguinte, a situação dos camponeses, cheios de dívidas, sugados pela usura e carregados de impostos pouco podia ter de brilhante. A história dos últimos três anos, no entanto, já mostrou suficientemente que essa classe da população de modo algum é capaz de qualquer iniciativa revolucionária.

Tal como o período de crise surgiu mais tarde no continente do que na Inglaterra, assim também o da prosperidade. Na Inglaterra ocorre sempre o processo original; ela é o demiurgo do cosmos burguês. No continente, as diferentes fases do ciclo que a sociedade burguesa sempre percorre de novo surgem numa forma secundária e terciária. Em primeiro lugar, o continente exporta para Inglaterra incomparavelmente mais do que para qualquer outro país. Todavia, essas exportações para a Inglaterra dependem por sua vez da situação da Inglaterra, em especial no que diz respeito ao mercado ultramarino. De fato, a Inglaterra exporta incomparavelmente mais para os países ultramarinos do que todo o continente europeu. Desse modo, a quantidade das exportações continentais para esses países está sempre dependente das exportações ultramarinas da Inglaterra a cada momento. Por conseguinte, embora as crises deem primeiro origem a revoluções no continente, as razões das mesmas encontram-se sempre na Inglaterra. As manifestações violentas têm naturalmente de surgir mais cedo nas extremidades do corpo burguês do que no coração, uma vez que aqui a possibilidade do

A REVOLUÇÃO ANTES DA REVOLUÇÃO | 185

equilíbrio é maior do que ali. Por outro lado, o grau em que as revoluções continentais repercutem sobre a Inglaterra é ao mesmo tempo o termômetro em que se lê até que ponto essas revoluções põem realmente em causa as relações da vida burguesa, ou até que ponto só atingem as suas formações políticas.

Nessa prosperidade geral em que as forças produtivas da sociedade burguesa se desenvolvem tão exuberantemente quanto é possível no seio das relações burguesas, não se pode falar de uma verdadeira revolução. Tal revolução só é possível nos períodos em que ambos fatores, as modernas forças produtivas e as formas burguesas de produção, entrem em contradição entre si. As diversas disputas em que agora os representantes das diferentes frações do partido da ordem continental se envolvem e mutuamente se comprometem, muito longe de darem ensejo a novas revoluções, são, ao contrário, apenas possíveis porque a base das relações é momentaneamente muito segura e – o que a reação não sabe – muito burguesa. É contra ela que vêm chocar, pois, todas as tentativas da reação para conter o desenvolvimento burguês, assim como toda a indignação moral e todas as inflamadas proclamações dos democratas. Uma nova revolução só é possível na sequência de uma nova crise. É, porém, tão certa como esta.

Passemos agora à França.

A vitória que o povo, em conjugação com os pequeno-burgueses, tinha alcançado nas eleições de 10 de março foi por ele próprio anulada ao provocar as novas eleições de 28 de abril. Vidal fora eleito não só em Paris, mas também no baixo Reno. O comitê de Paris no qual a Montagne e a pequena burguesia estavam fortemente representadas levou-o a aceitar o baixo Reno. A vitória do 10 de março deixou assim de ser decisiva. O prazo da decisão foi novamente prolongado, a energia do povo foi afrouxada, este foi habituado a triunfos legais em vez de revolucionários. O sentido revolucionário do 10 de março, a reabilitação da insurreição de junho ficaram por fim destruídos devido à candidatura de Eugène Sue, esse social-fantasista pequeno-burguês sentimental, candidatura que o proletariado quando muito podia aceitar como piada, para agradar às *grisettes* [costureiras – francês]. A essa candidatura bem intencionada contrapôs o partido da ordem, agora mais audaz devido à política hesitante dos seus adversários, um candidato que representaria a vitória de junho. Esse cômico candidato era Leclerc, um espartano pai de família ao qual, contudo, a imprensa arrancou, peça por peça, a heroica armadura e que acabou por sofrer uma estrondosa derrota nas eleições. A nova vitória eleitoral do 28 de abril embriagou a Montagne e a pequena burguesia. Ela regozijou-se já com a ideia de poder chegar ao objetivo dos seus desejos por uma via puramente legal e sem empurrar, para uma nova revolução, o proletariado de novo para o primeiro plano. Contava já firmemente levar nas novas eleições de 1852, pelo sufrágio universal, o sr. Ledru-Rollin à cadeira presidencial e uma maioria de *montagnards* à Assembleia. O partido da ordem, perfeitamente seguro pela renovação das eleições, pela candidatura de Sue e pelo estado de espírito da Montagne e da pequena burguesia, de que estas estavam decididas a permanecer tranquilas em todas as circunstâncias, respondeu às duas vitórias eleitorais com a lei eleitoral que abolia o sufrágio universal.

Cautelosamente, o governo teve o cuidado de não apresentar essa proposta de lei como da sua própria responsabilidade. Fez à maioria uma concessão aparente ao encarregar da sua elaboração os dignitários dessa maioria, os 17 burgraves.[99] Por conseguinte, não foi o governo que propôs à Assembleia a abolição do sufrágio universal, foi a maioria da Assembleia que o propôs a si própria.

---

[99] Burgraves foi a alcunha dada aos 17 dirigentes orleanistas e legitimistas que faziam parte da comissão da Assembleia Legislativa para a elaboração do projeto de nova lei eleitoral. A alcunha se deu devido às suas injustificadas pretensões ao poder e às suas aspirações reacionárias. A alcunha foi retirada do drama histórico homônimo de Victor Hugo sobre a vida da Alemanha medieval. Na Alemanha, os burgraves eram os governadores das cidades e províncias nomeados pelo imperador.

Em 8 de maio, o projeto foi levado à Câmara. Toda a imprensa social-democrata se levantou como um só homem para pregar ao povo uma atitude digna, uma *calme majestueux* [calma majestosa – francês], passividade e confiança nos seus representantes. Cada artigo destes jornais era uma confissão de que uma revolução tinha, antes de mais nada, de aniquilar a chamada imprensa revolucionária e de que agora do que se tratava era portanto da sua própria conservação. A imprensa pretensamente revolucionária traiu totalmente o seu segredo. Assinou assim a sua própria sentença de morte.

Em 21 de maio, a Montagne trouxe ao debate a questão preliminar e propôs a rejeição de todo o projeto porque violava a Constituição. O partido da ordem respondeu que se violaria a Constituição sempre que tal fosse necessário. No entanto, no caso vertente isso não seria necessário porque a Constituição era suscetível de todas as interpretações e porque só a maioria era competente para decidir da interpretação correta. Aos ataques desenfreados e selvagens de Thiers e Montalembert opôs a Montagne um humanismo decente e educado. Invocou o terreno do direito; o partido da ordem remeteu-a para o terreno em que esse direito assenta, a propriedade burguesa. A Montagne gemeu: não iria realmente provocar revoluções a qualquer custo? O partido da ordem replicou: estaremos preparados para elas.

Em 22 de maio por 462 votos contra 227 a questão preliminar ficou resolvida. Os mesmos homens que tinham demonstrado com uma profundidade tão solene que a Assembleia Nacional e cada um dos deputados renunciariam ao seu mandato se renunciassem ao povo, que lhes conferiu o poder, persistiam teimosamente nos seus lugares, procurando agora repentinamente fazer o país agir em vez deles, por meio de petições, e ainda continuavam impavidamente sentados quando em 31 de maio a lei brilhantemente passou. Procuraram vingar-se por meio de um protesto no qual alegaram a sua inocência na violação da Constituição, protesto esse que sequer apresentaram abertamente, mas sim enfiaram dissimuladamente no bolso do presidente.

Um exército de 150 mil homens, o longo arrastar da decisão, o apaziguamento da imprensa, a pusilanimidade da Montagne e dos representantes recém-eleitos, a calma majestosa dos pequeno--burgueses, mas sobretudo a prosperidade comercial e industrial, impediram toda e qualquer tentativa de revolução da parte do proletariado.

O sufrágio universal tinha cumprido a sua missão. A maioria do povo tinha passado pela escola de desenvolvimento, que é a única coisa para que pode servir o sufrágio universal numa época revolucionária. Tinha de ser eliminado por uma revolução ou pela reação.

Numa ocasião que cedo se seguiu, a Montagne desenvolveu um dispêndio de energia ainda maior. Do alto da sua tribuna, o ministro da Guerra, d'Hautpoul, tinha classificado a revolução de fevereiro como uma funesta catástrofe. Os oradores da Montagne que, como sempre, se distinguiam pelo barulho com que exprimiam a sua indignação moral, foram impedidos pelo presidente Dupin de usar da palavra. Girardin propôs à Montagne uma imediata retirada em massa. Resultado: a Montagne ficou sentada, enquanto Girardin foi expulso do seu seio por indigno.

A lei eleitoral precisava ainda de um complemento, de uma nova lei de imprensa. Esta não se fez esperar muito. Um projeto do governo bastante agravado por emendas do partido da ordem, elevou as cauções, impôs uma taxa suplementar sobre os romances em folhetins (resposta à eleição de Eugène Sue), lançou um imposto sobre todas as publicações semanais ou mensais até um determinado número de páginas e dispôs, por fim, que todos os artigos de jornal teriam de apresentar a assinatura do autor. As determinações sobre finanças mataram a chamada imprensa revolucionária; o povo considerou a sua queda como uma satisfação pela abolição do sufrágio universal. Todavia, nem a tendência nem os efeitos da nova lei se faziam sentir apenas sobre esse setor da imprensa. Enquanto a imprensa periódica foi anônima, ela aparecia como um órgão de uma opinião pública numerosa e anônima. Era o terceiro poder dentro do Estado. Com a assinatura dos artigos, cada jornal tornou-se uma simples coleção de contribuições literárias de um número de indivíduos mais ou menos conhecidos. Todos os artigos desceram ao nível de anúncios. Até então os jornais tinham circulado como papel-moeda da opinião pública. Agora dissolviam-se em letras de câmbio mais ou menos más, cuja qualidade e circulação não dependiam apenas do crédito do sacador mas também do endossante. A imprensa do partido da ordem, tal como para a abolição do sufrágio universal, tinha incitado também as medidas mais extremas contra a má imprensa. Contudo, a própria boa imprensa, no seu sinistro anonimato, não deixava de incomodar o partido da ordem e ainda mais cada um dos seus representantes provinciais. No seu caso, ele só exigia o nome, o domicílio e dados pessoais ao escritor pago. A boa imprensa lamentava-se em vão da ingratidão com que se recompensava os seus bons serviços. A lei passou. A determinação da indicação dos nomes atingiu-a sobretudo a ela. Os nomes dos jornalistas republicanos eram bastante conhecidos. Contudo as respeitáveis firmas do *Journal des Débats,* da *L'Assemblée Nationale,*[100] do *Le Constitutionnel*[101] etc. etc., fizeram uma tristíssima figura com a sua tão apregoada sabedoria estatal, quando a misteriosa companhia de repente se desfez em venais *penny-a-liners* [escritores pagos a um *penny* por linha – inglês] de longa prática que, por dinheiro, tinham defendido todas as causas possíveis, como Granier de Cassagnac, ou em velhos trastes que a si próprios se chamavam estadistas, como

---

[100] *L'Assemblée Nationale* (*A Assembleia Nacional*): jornal francês de orientação monárquico-legitimista publicado em Paris de 1848 a 1857. Em 1848-1851 exprimia as opiniões dos partidários da fusão de ambos os partidos dinásticos, os legitimistas e os orleanistas.

[101] *Le Constitutionnel* (*O Constitucional*): jornal burguês francês; publicou-se em Paris de 1815 a 1870: nos anos de 1840, foi o órgão da ala moderada dos orleanistas; durante a revolução de 1848 exprimiu as opiniões da burguesia contrarrevolucionária, agrupada em torno de Thiers; depois do golpe de Estado de dezembro de 1851, tornou-se um jornal bonapartista.

Copefigue, ou ainda em petulantes armados em coquetes, como o Sr. Lemoinne, do *Débats*.

No debate sobre a lei de imprensa, a Montagne tinha já descido a um tal grau de degenerescência moral que teve de se limitar a aplaudir as brilhantes tiradas de uma velha notabilidade do tempo de Luís Felipe, o senhor Victor Hugo.

Com a lei eleitoral e a lei de imprensa o partido revolucionário democrático retirava-se da ribalta oficial. Antes de partirem para casa, pouco depois do fecho da sessão, ambas as frações da Montagne, os democratas socialistas e os socialistas democráticos apresentaram dois manifestos, dois *testimonia paupertatis* [atestados de pobreza – latim], em que afirmavam que, embora nunca o poder e o êxito tivessem estado do seu lado, eles, contudo, tinham estado sempre do lado do direito eterno e das demais verdades eternas.

Vejamos agora o partido da ordem. A *Neue Rheinische Zeitung* dizia no seu número 3, p.16:

> Frente aos apetites de restauração dos orleanistas e legitimistas coligados, Bonaparte defende o título do seu poder efetivo, a república; frente aos apetites de restauração de Bonaparte, o partido da ordem defende o título da sua dominação comum, a república; frente aos orleanistas, os legitimistas defendem, como frente aos legitimistas os orleanistas, o *status quo*, a república. Todas essas frações do partido da ordem, cada uma delas com o seu próprio rei e a sua própria restauração *in petto*, fazem valer alternadamente, frente aos apetites de usurpação e sublevação dos seus rivais, a dominação comum da burguesia, a forma na qual ficam neutralizadas e reservadas as pretensões particulares – a república... E Thiers falava mais verdade do que suspeitava quando dizia: "Nós, os realistas, somos os verdadeiros pilares da república constitucional."

Essa comédia dos *républicains malgré eux* [republicanos à força – francês],[102] a antipatia do *status quo* e o constante fortalecimento do mesmo; os incessantes atritos entre Bonaparte e a Assembleia Nacional; a ameaça do partido da ordem constantemente renovada

---

[102] Alusão à comédia de Molière *Le médecin malgré lui (O Médico à Força)*.

de se cindir nas suas diversas partes constitutivas e a junção constantemente repetida das suas frações; a tentativa de cada fração de transformar a vitória contra o inimigo comum numa derrota dos aliados temporários; a ciumeira, as intrigas, os rancores, as perseguições recíprocas, o desembainhar das espadas que terminava sempre com um *baiser-Lamourette*[103] – toda essa pouco edificante comédia de enganos nunca se desenvolveu de maneira mais clássica do que durante os últimos seis meses.

O partido da ordem encarava a lei eleitoral como se fosse ao mesmo tempo uma vitória sobre Bonaparte. Não tinha o governo abdicado ao entregar à comissão dos 17 a redação e a responsabilidade da sua própria proposta? Não residia a maior força de Bonaparte perante a Assembleia no fato de ser o eleito de seis milhões? Por sua vez, Bonaparte tratava a lei eleitoral como uma concessão à Assembleia com a qual comprara a harmonia do poder legislativo com o executivo. Em pagamento, esse vulgar aventureiro exigia um aumento de 3 milhões da sua lista civil. Podia a Assembleia Nacional entrar em conflito com o executivo num momento em que ela excomungava a grande maioria dos franceses? Encolerizou-se, pareceu querer levar as coisas ao extremo; a sua comissão rejeitou a proposta, a imprensa bonapartista ameaçou, apontou o povo deserdado e despojado do seu direito de voto; realizaram-se inúmeras e ruidosas tentativas de entendimento e, por fim, a Assembleia cedeu na matéria, mas ao mesmo tempo, vingou-se no princípio. Em vez do aumento anual por princípio da lista civil de 3 milhões, concedeu-lhe uma ajuda de 2.160.000 de francos. Não contente com isso, só fez essa concessão depois de a ter apoiado Changarnier, o general do partido da ordem e

---

[103] *Baiser-Lamourette* (beijo-Lamourette): alusão a um conhecido episódio do tempo da revolução burguesa francesa de fins do século XVIII. Em 7 de julho de 1792, o deputado à Assembleia Legislativa Lamourette propôs que se acabasse com todas as divergências partidárias através de um beijo fraternal. Seguindo o seu apelo, os representantes de partidos hostis abraçaram-se mutuamente, mas, como era de se esperar, logo no dia seguinte esse hipócrita "beijo fraternal" foi esquecido.

protetor imposto a Bonaparte. Por conseguinte, não foi a Bonaparte que ela realmente concedeu os 2 milhões, mas sim a Changarnier.

Esse presente, lançado assim de *mauvaise grâce* [de má vontade – francês], foi acolhido por Bonaparte inteiramente no sentido de quem lho deu. A imprensa bonapartista voltou a fazer barulho contra a Assembleia Nacional. Assim, quando no debate da lei de imprensa se fez a emenda sobre a indicação dos nomes, emenda essa que era dirigida muito especialmente contra os jornais subalternos, defensores dos interesses privados de Bonaparte, o principal jornal bonapartista, o *Le Pouvoir*,[104] desferiu um ataque aberto e violento contra a Assembleia Nacional. Os ministros tiveram de desmentir o jornal perante a Assembleia; o *gérant* [gerente – francês] do *Le Pouvoir* compareceu na Assembleia Nacional e apanhou a multa máxima, 5 mil francos. No dia seguinte, o *Le Pouvoir* publicava um artigo ainda mais insolente contra a Assembleia e, como vingança do governo, o ministério público processou imediatamente diversos jornais legitimistas por violação da Constituição.

Por fim, chegou-se à questão do adiamento da Câmara. Bonaparte desejava-o para poder manobrar à vontade sem intromissão da Assembleia. O partido da ordem desejava-o, em parte para levar a cabo as intrigas das suas frações, em parte para que os diferentes deputados pudessem tratar dos seus interesses privados. Ambos precisavam dele para consolidarem e levarem adiante nas províncias as vitórias da reação. Por conseguinte, a Assembleia interrompeu os seus trabalhos de 11 de agosto até 11 de novembro. Como, porém, Bonaparte de modo algum dissimulava que apenas lhe interessava ver-se livre da importuna fiscalização da Assembleia Nacional, esta imprimiu ao próprio voto de confiança a marca da desconfiança contra o presidente. Todos os bonapartistas foram afastados da comissão permanente de 28 membros que, como guardiões da virtude

---

[104] *Le Pouvoir* (*O Poder*): jornal bonapartista fundado em Paris de 1849: com esse título publicou-se entre junho de 1850 e janeiro de 1851.

da república, se mantiveram nos seus postos durante as férias.[105] Em vez deles, foram até escolhidos alguns republicanos do *Siècle* e do *National* a fim de mostrar ao presidente a adesão da maioria à república constitucional.

Pouco tempo antes e sobretudo logo a seguir ao adiamento da Câmara, pareceu que ambas as grandes frações do partido da ordem, os orleanistas e os legitimistas, queriam reconciliar-se, unindo para isso as duas casas reais sob cuja bandeira combatiam. Os jornais andavam cheios de propostas de reconciliação que se dizia terem sido discutidas à cabeceira da cama de enfermo de Luís Felipe, em St. Leonards, quando, subitamente, a morte de Luís Felipe veio simplificar a situação. Luís Felipe era o usurpador, Henrique V o despojado. Em compensação, visto Henrique V não ter filhos, o conde de Paris era o seu herdeiro legítimo. Agora, desaparecera todo o pretexto para a fusão dos dois interesses dinásticos. Todavia, precisamente agora é que as duas frações da burguesia descobriram que não as separava a paixão por uma determinada casa real, mas sim que interesses de classe separados afastavam as duas dinastias. Os legitimistas tinham feito uma peregrinação à residência real de Henrique V em Wiesbaden, tal como os seus rivais a St. Leonards, receberam aí a notícia da morte de Luís Felipe. Formaram imediatamente um ministério[106] *in partibus infidelium* [no país dos infiéis – latim],[107] que na sua maioria era composto por membros daquela comissão de guardiões da virtude da república e que, por

---

[105] Segundo o artigo 32 da Constituição da República Francesa, devia ser criada, durante a interrupção das sessões da Assembleia Legislativa, uma comissão permanente composta por 25 membros eleitos e pela Mesa da Assembleia. A comissão tinha o direito de convocar, se necessário, a Assembleia Legislativa. Em 1850, essa comissão era composta de fato por 39 membros: 11 membros da Mesa, 3 questores e 25 membros eleitos.

[106] Trata-se do gabinete de ministros projetado pelos legitimistas e composto por de Lévis, Saint-Priest, Berryer, Pastoret e d'Escars, para o caso de o conde de Chambord subir ao poder.

[107] Ver nota 4, p. 42.

ocasião de uma discórdia surgida no seio do partido, apareceu com a proclamação categórica do direito por meio da graça de Deus. Os orleanistas rejubilaram com o comprometedor escândalo que esse manifesto[108] provocou na imprensa e nem por um momento ocultaram a sua franca hostilidade contra os legitimistas.

As representações dos Departamentos se reuniram durante o adiamento da Assembleia Nacional. A maioria declarou-se a favor de uma revisão da Constituição mais ou menos clausulada, isto é, pronunciou-se por uma restauração monárquica não definida com mais pormenor, por uma "solução", e ao mesmo tempo confessava que era demasiado incompetente e demasiado covarde para encontrar essa solução. A fração bonapartista interpretou logo esse desejo de revisão no sentido de uma prorrogação da presidência de Bonaparte.

A solução constitucional: a demissão de Bonaparte em maio de 1852, a eleição simultânea de um novo presidente por todos os eleitores do país, a revisão da Constituição por uma câmara de revisão nos primeiros meses do novo mandato presidencial, era completamente inadmissível para a classe dominante. O dia da eleição do novo presidente seria o dia do *rendez-vous* [encontro – francês] de todos os partidos inimigos, dos legitimistas, dos orleanistas, dos republicanos burgueses, dos revolucionários. Teria de se chegar a uma decisão violenta entre as diferentes frações. Mesmo que o partido da ordem tivesse conseguido unir-se em torno da candidatura de um homem neutro fora das famílias dinásticas, surgir-lhe-ia de novo pela frente Bonaparte. Na sua luta com o povo, o partido da ordem é obrigado

---

[108] Trata-se do chamado "manifesto de Wiesbaden", circular redigida em 30 de agosto de 1850, em Wiesbaden pelo secretário da fração legitimista na Assembleia Legislativa, de Barthélemy, por encargo do conde de Chambord. Nessa circular, era definida a política dos legitimistas no caso de subirem ao poder; o conde de Chambord declarava que "rejeitava oficial e categoricamente qualquer apelo ao povo, pois tal apelo significava a renúncia ao grande princípio nacional de uma monarquia hereditária". Essa declaração provocou uma polêmica na imprensa em relação ao protesto de uma série de monárquicos chefiados pelo deputado La Rochejaquelein.

A REVOLUÇÃO ANTES DA REVOLUÇÃO | 195

a aumentar constantemente o poder do executivo. Cada aumento do poder executivo aumenta o poder do seu titular, Bonaparte. Por conseguinte, na mesma medida em que o partido da ordem reforça a sua dominação comum, reforça os meios de luta das pretensões dinásticas de Bonaparte e reforça a sua possibilidade de, no dia da decisão, fazer malograr pela força a solução constitucional. Então, face ao partido da ordem, Bonaparte não se deterá perante um dos pilares da Constituição, tal como esse partido, face ao povo, não se deteve perante o outro no caso da lei eleitoral. Aparentemente seria até capaz de fazer um apelo ao sufrágio universal face à Assembleia. Numa palavra, a solução constitucional põe em questão todo o *status quo* político e, por detrás da ameaça ao *status quo*, o burguês vê o caos, a anarquia, a guerra civil. Vê as suas compras e vendas, as trocas, os casamentos, os seus contratos cartoriais, as hipotecas, os rendimentos, as rendas, os lucros, todos os seus contratos e fontes de lucro postos em causa no primeiro domingo de maio de 1852 e não pode expor-se a esse risco. Por detrás da ameaça ao *status quo* político oculta-se o perigo do colapso de toda a sociedade burguesa. A única solução possível no sentido da burguesia é o adiamento da solução. Só pode salvar a república constitucional violando a Constituição, prorrogando o poder do presidente. Essa é também a última palavra da imprensa da ordem após demorados e profundos debates sobre as "soluções" a que se entregou depois da sessão dos conselhos gerais. O poderoso partido da ordem vê-se assim obrigado, para sua vergonha, a levar a sério a pessoa ridícula, ordinária e que lhe era odiosa do pseudo-Bonaparte.

Essa suja figura igualmente se iludia sobre as causas que cada vez mais a revestiam do caráter de homem necessário. Enquanto o seu partido teve discernimento bastante para atribuir às circunstâncias a crescente importância de Bonaparte, este supunha que essa importância era unicamente devida à magia do seu nome e à sua incessante caricatura de Napoleão. A cada dia ele tornava-se cada vez mais empreendedor. Às peregrinações a St. Leonards e a Wiesbaden opôs ele as suas digressões através da França. Os bonapartistas tinham tão pouca confiança no efeito mágico da sua personalidade que enviaram por toda a parte como claque, despachada em massa por comboios e diligências, gente da sociedade do 10 de dezembro, essa organização do lumpemproletariado de Paris. Puseram discursos na boca da sua *marionette* [boneco, pessoa manipulável – francês], os quais proclamavam, segundo a recepção nas diferentes cidades, ora a resignação republicana ora a tenacidade perseverante como lema eleitoral da política presidencial. Apesar de todas as manobras, essas viagens tinham muito pouco de cortejos triunfais.

Depois de, segundo imaginava, ter assim entusiasmado o povo, Bonaparte pôs-se em movimento para ganhar o exército. Na planície de Satory perto de Versalhes mandou realizar grandes revistas no decurso das quais tentou comprar os soldados com salsichão, champanhe e charutos. Se o verdadeiro Napoleão sabia animar os seus soldados esgotados nas fadigas das suas campanhas de conquista por meio de uma momentânea intimidade patriarcal, o pseudo-Napoleão julgava que as tropas lhe agradeciam ao gritar: *Vive Napoléon, vive le saucisson!* [Viva Napoleão, viva o salsichão! – francês] isto é: Viva a salsicha, viva o arlequim!

Essas revistas fizeram eclodir a dissensão durante longo tempo contida entre Bonaparte e o seu ministro da Guerra, d'Hautpoul, por um lado, e Changarnier, por outro. Em Changarnier tinha o partido da ordem encontrado o seu verdadeiro homem neutro, a respeito do qual não podia falar-se em quaisquer pretensões dinásticas pessoais. Assim, tinha-o destinado para sucessor de Bonaparte. Além disso, com a sua atuação em 29 de janeiro e em 13 de junho de 1849, Changarnier tornara-se o grande general do partido da ordem, o Alexandre moderno, cuja intervenção brutal tinha, aos olhos do burguês tímido, cortado o nó górdio da revolução. No fundo, tão ridículo como Bonaparte, ele tinha se tornado, de um modo extremamente barato, um poder e a Assembleia Nacional o opunha ao presidente para vigiá-lo. Ele próprio se vangloriava, por exemplo, no caso da dotação, da proteção que oferecia a Bonaparte e apresentava-se sempre mais arrogante contra ele e os ministros. Quando, por ocasião da lei eleitoral, se esperava uma insurreição, proibiu os seus oficiais de receberem quaisquer ordens, quer do ministro da Guerra quer do presidente. A imprensa contribuía também para engrandecer a figura de Changarnier. Na completa falta de grandes personalidades, o partido da ordem via-se naturalmente obrigado a concentrar num só indivíduo toda a força que faltava à sua classe e a dar-lhe dimensões gigantescas. Foi assim que nasceu o mito de Changarnier, o "baluarte da sociedade". A petulante charlatanice, a secreta presunção com que Changarnier condescendeu em carregar o mundo aos ombros constitui o mais ridículo dos contrastes com os acontecimentos durante e depois da revista de Satory, os quais demonstraram irrefutavelmente que apenas era necessário um rabisco da pena de Bonaparte, o infinitamente pequeno, para reduzir esse fantástico produto do medo burguês, o colosso Changarnier, às dimensões da mediocridade e para transformá-lo de herói salvador da sociedade num general reformado.

Já há muito que Bonaparte tinha se vingado de Changarnier ao incitar o ministro da Guerra a conflitos disciplinares com o incômodo protetor. A última revista em Satory fez finalmente explodir o velho rancor. A indignação constitucional de Changarnier deixou de ter limites quando viu desfilar os regimentos de Cavalaria com o grito anticonstitucional: *Vive l'empereur!* [Viva o imperador! – francês]. Bonaparte, para se antecipar a todos os desagradáveis debates sobre esse grito na sessão da Câmara que se avizinhava, afastou o ministro da Guerra, d'Hautpoul, nomeando-o governador da Argélia. No seu lugar colocou um velho general de confiança do tempo do império, que não ficava a dever nada em brutalidade a Changarnier. Mas para que a demissão de d'Hautpoul não parecesse uma concessão a Changarnier, transferiu ao mesmo tempo de Paris para Nantes o braço direito do grande salvador da sociedade, o general Neumayer. Fora Neumayer quem, na última revista, levara toda a infantaria a desfilar num silêncio glacial perante o sucessor de Napoleão. Changarnier, atingido ele próprio em Neumayer, protestou e ameaçou. Em vão. Após dois dias de negociações o decreto da transferência de Neumayer era publicado no *Moniteur,* não tendo o herói da ordem outro remédio senão submeter-se à disciplina ou demitir-se.

A luta de Bonaparte com Changarnier é a continuação da sua luta com o partido da ordem. A reabertura da Assembleia Nacional em 11 de novembro ocorria, por isso, sob ameaçadores auspícios. Será, contudo uma tempestade num copo de água. No essencial, a velha comédia tem de continuar. Entretanto, a maioria do partido da ordem será obrigada, apesar da gritaria dos paladinos de princípios das suas diferentes frações, a prolongar o poder do presidente. Do mesmo modo, aceitará, apesar de todos os protestos, já obrigado pela falta de dinheiro, o prolongamento do poder como uma simples delegação das mãos da Assembleia Nacional. Desse modo, a solução é adiada, o *status quo* mantido, uma fração do partido da ordem comprometida, enfraquecida, tornada impossível pela outra; a repressão contra o inimigo comum, contra a massa da nação é ampliada e esgotada até as próprias relações econômicas terem de novo alcançado o ponto de desenvolvimento em que uma explosão faça ir pelos ares todos esses litigiosos partidos juntamente com a sua república constitucional.

Para tranquilidade do burguês tem, de resto, de dizer-se que o escândalo entre Bonaparte e o partido da ordem tem como resultado a ruína na Bolsa de uma multidão de pequenos capitalistas e a transferência das suas fortunas para as algibeiras dos grandes tubarões da Bolsa.

Escrito por K. Marx de janeiro a 1º de novembro de 1850.

Publicado pela 1ª vez na Neue Rheinische Zeitung. Politisch-ökonomische Revue, n. 1,2, 3, 5-6 de 1850.

Assinado: Karl Marx.

Publicado segundo o texto da revista, cotejado com o da edição de 1895. Traduzido do alemão.

O 18 BRUMÁRIO DE LUÍS BONAPARTE

PREFÁCIO À SEGUNDA EDIÇÃO DE 1869

KARL MARX

O meu amigo Joseph Weydemeyer,[1] morto prematuramente, propunha-se editar em Nova York, a partir de 1º de janeiro de 1852, um semanário político. Convidou-me a mandar-lhe para esse semanário a história do *coup d'État* [golpe de Estado – francês]. Escrevi-lhe, pois, um artigo por semana, até meados de fevereiro, sob o título de O *18 brumário de Luís Bonaparte*. Entretanto, o plano primitivo de Weydemeyer fracassou. Em contrapartida, começou a publicar, na primavera de 1852, uma revista mensal *Die Revolution*, cujo primeiro caderno era composto pelo meu *18 brumário*. Algumas centenas de exemplares desse caderno partiram a caminho da Alemanha, mas sem chegar a entrar no comércio de livros propriamente dito. Um livreiro alemão que tem a pretensão de ser tremendamente radical, a quem propus que se encarregasse da venda, rejeitou com verdadeira indignação moral tão "inoportuna pretensão".

Como se vê por esses dados, a presente obra nasceu sob o impulso imediato dos acontecimentos, e o seu material histórico não ultrapassa o mês de fevereiro (de 1852). A atual reedição deve-se, em

---

[1] Comandante militar do distrito de Saint Louis durante a guerra civil na América do Norte.

parte, à procura da obra no mercado livreiro e, em parte, a instâncias dos meus amigos da Alemanha.

Entre as obras que tratavam na mesma época do mesmo tema, apenas duas são dignas de menção: *Napoléon le petit,* de Victor Hugo, e *Coup d'État,* de Proudhon.

Victor Hugo limita-se a amargas e engenhosas invectivas contra o editor responsável do golpe de Estado. Quanto ao próprio acontecimento, parece, na sua obra, um raio que caísse de um céu sereno. Não vê nele mais que um ato de força de um só indivíduo. Não se apercebe de que aquilo que faz é engrandecer esse indivíduo em vez de o diminuir, ao atribuir-lhe um poder pessoal de iniciativa sem paralelo na história universal. Pela sua parte, Proudhon tenta apresentar o golpe de Estado como resultado de um desenvolvimento histórico anterior. Mas, nas suas mãos, a construção histórica do golpe de Estado transforma-se numa apologia histórica do herói do golpe de Estado. Cai com isso no erro dos nossos pretensos historiadores objetivos. Eu, ao contrário, demonstro como a luta de classes criou na França as circunstâncias e as condições que permitiram a um personagem medíocre e grotesco representar o papel de herói.

Uma reelaboração da presente obra tê-la-ia privado do seu colorido particular. Por isso, limitei-me simplesmente a corrigir as grralhas e a riscar as alusões que hoje já não seriam entendidas.

A frase final da minha obra: "Mas quando o manto imperial cair finalmente sobre os ombros de Luís Bonaparte, a estátua de bronze de Napoleão tombará do alto da Coluna de Vendôme",[2] já se realizou.

O coronel Charras desencadeou a ofensiva contra o culto napoleônico na sua obra sobre a campanha de 1815. A partir de então, e sobretudo nesses últimos anos, a literatura francesa, com as armas da

---

[2] A Coluna de Vendôme foi construída em 1806-1810 em Paris em honra das vitórias da França napoleônica; foi fundida com o bronze dos canhões inimigos capturados e era encimada por uma estátua de Napoleão. Em 16 de maio de 1871, por decisão da Comuna de Paris, a Coluna de Vendôme foi derrubada; em 1875, foi reconstruída pela reação.

A REVOLUÇÃO ANTES DA REVOLUÇÃO | 203

investigação histórica, da crítica, da sátira e do humor, deu o golpe de misericórdia na lenda de Napoleão. Fora da França, apreciou-se pouco e compreendeu-se ainda menos essa violenta ruptura com a fé tradicional do povo, essa formidável revolução espiritual.

Finalmente, confio em que a minha obra contribuirá para eliminar esse lugar-comum do chamado cesarismo, tão corrente, sobretudo atualmente, na Alemanha. Nesta superficial analogia histórica esquece-se o principal, nomeadamente, que na antiga Roma, a luta de classes apenas se processava entre uma minoria privilegiada, entre os ricos livres e os pobres livres, enquanto a grande massa produtiva da população, os escravos, formavam um pedestal puramente passivo para aqueles lutadores. Esquece-se a importante sentença de Sismondi: o proletariado romano vivia à custa da sociedade, enquanto a moderna sociedade vive à custa do proletariado.[3] A diferença das condições materiais, econômicas, da luta de classes antiga e moderna é tão completa que as suas criaturas políticas respectivas não podem ter mais semelhança umas com as outras que o arcebispo de Cantuária com o pontífice Samuel.

Londres, 23 de junho de 1869.

Karl Marx

Publicado na segunda edição da obra de Karl Marx: *O 18 brumário de Luís Bonaparte*, publicada em Hamburg em julho de 1869.

Publicado segundo o texto da edição de 1869. Traduzido do alemão.

---

[3] J. C. L. Simonde de Sismondi. *Études sur l'Economie Politique* (*Estudos sobre a Economia Política*), tomo I, Paris, 1837, p. 35.

PREFÁCIO À TERCEIRA EDIÇÃO ALEMÃ DE 1885

FRIEDRICH ENGELS

O fato de ter se tornado necessária uma nova edição de *O 18 brumário*, 33 anos depois da primeira publicação, demonstra que este pequeno escrito nada perdeu do seu valor.

E foi, na realidade, um trabalho genial. Imediatamente depois do acontecimento que surpreendeu todo o mundo político como um raio caído de um céu sereno, condenado por uns com gritos de indignação moral e aceito por outros como tábua de salvação contra a revolução e como castigo pelos seus extravios, mas contemplado por todos com assombro e por ninguém entendido, imediatamente depois desse acontecimento Marx surgiu com uma exposição breve, epigramática, em que se explicava na sua conexão interna toda a marcha da história francesa desde as jornadas de fevereiro, se reduzia o milagre de 2 de dezembro[4] a um resultado natural e necessário dessa conexão, e não era necessário tratar o herói do golpe de Estado a não ser com o desprezo que tinha plenamente merecido. E o quadro foi traçado com tanta maestria que cada nova revelação tornada pública desde então nada mais fez que fornecer novas provas de quão fielmente ele reflete a realidade. Essa

---

[4]   2 de dezembro de 1851: dia do golpe de Estado contrarrevolucionário na França realizado por Luís Bonaparte e os seus partidários.

eminente compreensão da história viva do dia a dia, essa penetração clara nos acontecimentos, no próprio momento em que se produzem, é, de fato, sem exemplo.

Mas para isso era necessário possuir também o conhecimento tão exato que Marx possuía da história francesa. A França é o país em que as lutas históricas de classes sempre foram levadas mais do que em qualquer outro lugar ao seu termo decisivo e onde, portanto, as formas políticas mutáveis dentro das quais se movem essas lutas de classes e nas quais se assumem os seus resultados, adquirem os contornos mais acusados. Centro do feudalismo na Idade Média e país modelo da monarquia unitária de Estados (ou ordens sociais – *ständische*) desde o Renascimento,[5] a França demoliu o feudalismo na grande revolução e fundou a dominação pura da burguesia sob uma forma clássica como nenhum outro país da Europa. Também a luta do proletariado cada vez mais vigoroso contra a burguesia dominante reveste aqui uma forma aguda, desconhecida noutras partes. Essa foi a razão por que Marx não só estudava com especial predileção a história passada francesa, mas também seguia em todos os seus pormenores a história em curso, reunindo os materiais para empregá-los posteriormente, e portanto nunca se via surpreendido pelos acontecimentos.

Mas a isso veio acrescentar-se outra circunstância. Foi precisamente Marx quem primeiro descobriu a grande lei do movimento da história, a lei segundo a qual todas as lutas históricas, quer se desenvolvam no terreno político, no religioso, no filosófico ou noutro terreno ideológico qualquer, não são, na realidade, mais do que a expressão mais ou menos clara de lutas de classes sociais, e que a existência dessas classes, e portanto também as colisões entre elas,

---

[5] Renascimento: período do desenvolvimento cultural e ideológico de vários países da Europa ocidental e central, determinado pelo nascimento das relações capitalistas e que abarcou a segunda metade do século XV e o século XVI. O período do Renascimento é habitualmente relacionado com o pujante florescimento da arte e da ciência, com o despertar do interesse pela cultura do Mundo Antigo (donde provém a própria denominação do período).

são condicionadas, por sua vez, pelo grau de desenvolvimento da sua situação econômica, pelo caráter e pelo modo da sua produção e da sua troca, condicionada por estes. Foi também essa lei, que tem para a história o mesmo significado que a lei da transformação da energia para a Ciência da Natureza, que lhe deu aqui a chave para a compreensão da história da segunda República Francesa.[6] Essa história serviu-lhe para pôr à prova a sua lei, e mesmo 33 anos depois, temos ainda que dizer que essa prova foi brilhantemente passada.

F. E.

Escrito em 1885.

Publicado no livro: Karl Marx, *Der Achtzehnte Brumaire des Luís Bonaparte*, Hamburg, 1885.

Publicado segundo o texto do livro. Traduzido do alemão.

---

[6] A segunda República existiu na França entre 1848 e 1852.

I

Hegel observa algures que todos os grandes fatos e personagens da história universal aparecem, por assim dizer, duas vezes. Mas esqueceu-se de acrescentar: a primeira vez como tragédia e a outra como farsa. Caussidière por Danton, Louis Blanc por Robespierre, a Montagne de 1848 a 1851 pela Montagne de 1793 a 1795,[7] o sobrinho pelo tio. E a mesma caricatura nas circunstâncias em que apareceu a segunda edição do *18 brumário*![8]

Os homens fazem a sua própria história, mas não a fazem segundo a sua livre vontade, em circunstâncias escolhidas por eles próprios, mas nas circunstâncias imediatamente encontradas, dadas e transmitidas pelo passado. A tradição de todas as gerações mortas pesa sobre o cérebro dos vivos como um pesadelo. E mesmo quando estes parecem ocupados a revolucionar-se, a si e às coisas, mesmo a criar algo ainda não existente, é precisamente nessas épocas de crise revolucionária que esconjuram temerosamente em seu auxílio os

---

[7] Ver nota 46, p. 99.

[8] Brumário: mês do calendário republicano francês. Em 18 de brumário (9 de novembro) de 1799, Napoleão Bonaparte levou a cabo um golpe de Estado e estabeleceu uma ditadura militar. Por "segunda edição do *18 brumário*", Marx entende o golpe de Estado de 2 de dezembro de 1851.

espíritos do passado, tomam emprestados os seus nomes, as suas palavras de ordem de combate, a sua roupagem, para, com esse disfarce de velhice venerável e essa linguagem emprestada, representar a nova cena da história universal. Assim, Lutero disfarçou-se de apóstolo Paulo, a revolução de 1789-1814 vestiu-se alternadamente com a roupagem da República Romana e do Império Romano, e a revolução de 1848 nada soube fazer de melhor que parodiar aqui 1789 e ali a tradição revolucionária de 1793 a 1795. Assim o principiante que aprendeu uma nova língua: a traduz sempre para a sua língua materna, mas só se apropria do espírito da nova língua e só é capaz de se exprimir livremente nela quando se move nela sem reminiscências e esquece nela a sua língua original.

No exame desses esconjuros dos mortos da história universal, mostra-se imediatamente uma diferença que salta aos olhos. Camille Desmoulins, Danton, Robespierre, Saint-Just, Napoleão, os heróis, tal como os partidos e a massa da velha revolução francesa, cumpriram, sob a roupagem romana e com frases romanas, a missão do seu tempo: libertar das correntes e instaurar a sociedade burguesa moderna. Uns fizeram em pedaços o solo feudal e ceifaram as cabeças feudais que dele tinham brotado. O outro criou no interior da França as condições somente sob as quais pode se desenvolver a livre concorrência, explorar a propriedade fundiária parcelária, aplicar a livre força produtiva industrial da nação; e do outro lado das fronteiras francesas varreu por toda a parte as formações feudais, tanto quanto isso era necessário para prover a sociedade burguesa na França de um ambiente correspondente, adequado aos tempos, no continente europeu. Uma vez instaurada a nova formação social, desapareceram os colossos antediluvianos, e com eles o romanismo ressuscitado: os Brutos, os Gracos, os Publícolas, os tribunos, os senadores e o próprio César. A sociedade burguesa na sua sóbria realidade criara os seus verdadeiros intérpretes e porta-vozes nos Say, Cousin, Royer-Collard, Benjamin Constant e Guizot; os seus efetivos chefes militares estavam instalados atrás do balcão, e a cabeça de toucinho de Luís XVIII era a sua cabeça política. Completamente

A REVOLUÇÃO ANTES DA REVOLUÇÃO 211

absorvida pela produção da riqueza e pela luta pacífica da concorrência, já não se dava conta de que os espectros do tempo dos romanos tinham velado o seu berço. Mas, por muito pouco heroica que a sociedade burguesa seja, para trazê-la ao mundo tinham sido necessários, no entanto, o heroísmo, a abnegação, o terror, a guerra civil e as batalhas entre povos. E os seus gladiadores encontravam nas tradições classicamente severas da República Romana os ideais e as formas artísticas, as ilusões de que necessitavam para ocultarem a si próprios o conteúdo burguesamente limitado das suas lutas e para manterem a sua paixão à altura da grande tragédia histórica. Assim, noutra fase de desenvolvimento, um século antes, Cromwell e o povo inglês tomaram de empréstimo ao Antigo Testamento linguagem, paixões e ilusões para a sua revolução burguesa. Uma vez alcançado o objetivo real, cumprida a reorganização burguesa da sociedade inglesa, Locke expulsou Habacuc.

Nessas revoluções, a ressurreição dos mortos servia, pois, para glorificar as novas lutas e não para parodiar as antigas, para exagerar na fantasia a tarefa a ser feita e não para retroceder face ao seu cumprimento na realidade, para encontrar de novo o espírito da revolução e não para fazer vaguear outra vez o seu espectro.

Em 1848-1851, apenas errou o espectro da velha revolução, desde Marrast, o *républicain en gants jaunes* [republicano de luvas amarelas – francês], que se disfarçou de velho Bailly, até o aventureiro que esconde os seus vulgares e repugnantes traços sob a férrea máscara de morte de Napoleão. Todo um povo que acredita ter se dado, por meio de uma revolução, uma força de movimento acelerada, encontra-se de súbito remetido para uma época morta, e para que não possa haver ilusão acerca da recaída, reaparecem as velhas datas, o velho calendário, os velhos nomes, os velhos éditos, há muito caídos na erudição de antiquário, e os velhos esbirros, que há muito pareciam apodrecidos. A nação parece-se com aquele inglês louco de Bedlam[9] que pensava viver no tempo

---

[9]   *Bedlam*: manicômio de Londres.

dos velhos faraós e se lamentava diariamente dos duros trabalhos que tinha que realizar como cavador nas minas de ouro da Etiópia, emparedado naquele cárcere subterrâneo, com uma lâmpada de luz mortiça presa à cabeça, tendo atrás o guarda dos escravos com o seu longo látego e, à saída, uma multidão de mercenários bárbaros, que nem entendem os trabalhadores escravizados das minas nem se entendem entre si porque não falam nenhuma língua comum. "E tudo isso – suspira o inglês louco – foi imposto a mim, um cidadão britânico livre, para tirar ouro para os antigos faraós!" "Para pagar as dívidas da família Bonaparte!", suspira a nação francesa. O inglês, enquanto estava no uso da razão, não podia ver-se livre da ideia fixa de obter ouro. Os franceses, enquanto estavam em revolução, não podiam ver-se livres da recordação napoleônica, como demonstraram as eleições de 10 de dezembro.[10] Pensando nas panelas de carne do Egito,[11] aspiravam a escapar aos perigos da revolução, e a resposta foi o 2 de dezembro de 1851.[12] Não só fizeram a caricatura do velho Napoleão, mas conseguiram o próprio velho Napoleão em caricatura tal como ele tem de se apresentar em meados do século XIX.

A revolução social do século XIX não pode tirar a sua poesia do passado, mas apenas do futuro. Não pode começar consigo mesma antes de se limpar de toda a superstição perante o passado. As revoluções anteriores necessitavam de reminiscências da história universal para dissimularem o seu próprio conteúdo. A revolução do século XIX tem que deixar os mortos enterrarem os seus mor-

---

[10] Em 10 de dezembro de 1848 Luís Bonaparte foi eleito presidente da República Francesa por sufrágio universal.

[11] A expressão "suspirar pelas panelas de carne do Egito" procede de uma lenda bíblica: durante o êxodo dos judeus do cativeiro egípcio, os mais pusilânimes dentre eles, sob a influência das dificuldades da viagem e da fome, começaram a suspirar pelos dias passados no cativeiro, onde pelo menos tinham comida.

[12] O dia 2 de dezembro de 1851: dia do golpe de Estado contrarrevolucionário na França, realizado por Luís Bonaparte e os seus partidários.

A REVOLUÇÃO ANTES DA REVOLUÇÃO | 213

tos, para chegar ao seu próprio conteúdo. Ali, a frase ultrapassava o conteúdo; aqui, o conteúdo ultrapassa a frase.

A revolução de fevereiro foi um golpe imprevisto, uma surpresa, para a velha sociedade, e o povo proclamou esse *coup de main* inesperado como um acontecimento da história universal com que se abria a nova época. Em 2 de dezembro, a revolução de fevereiro é escamoteada por um truque de um trapaceiro, e o que parece derrubado não é já a monarquia, mas as concessões liberais que lhe tinham sido arrancadas por lutas seculares. Em vez de ser a própria sociedade a ter conquistado um novo conteúdo, parece simplesmente que o Estado voltou à sua forma mais antiga, à dominação desavergonhadamente simples do sabre e da sotaina. Assim responde ao *coup de main* de fevereiro de 1848 o *coup de tête*[13] de dezembro de 1851. Tal como veio, foi-se. No entanto, o intervalo não passou em vão. Durante os anos de 1848 a 1851, a sociedade francesa assimilou, e o fez através de um método abreviado, por ser revolucionário, os ensinamentos e as experiências que num desenvolvimento normal, lição após lição, por assim dizer, deveriam ter precedido a revolução de fevereiro, para que esta tivesse sido algo mais que um estremecimento da superfície. Hoje, a sociedade parece ter retrocedido para lá do seu ponto de partida; na verdade, ela tem apenas que criar o ponto de partida revolucionário, a situação, as relações, as condições, sob as quais somente a revolução moderna se torna séria.

Revoluções burguesas, como a do século XVIII, avançam impetuosamente de êxito em êxito, os seus efeitos dramáticos atropelam-se, os homens e as coisas parecem iluminados por fogos de artifício, o êxtase é o espírito de cada dia; mas essas revoluções têm vida curta, chegam rapidamente ao seu apogeu e um longo mal-estar se apodera da sociedade, antes de ter aprendido a apropriar-se serenamente dos

---

[13] Jogo de palavras com as expressões francesas *coup de main* (aqui: golpe de mão) e *coup de tête* (sentidos mais frequentes: ação sutil, irrefletida, coisa que passa pela cabeça).

resultados dos seus períodos de ímpeto e tempestade. Em contrapartida, as revoluções proletárias, como as do século XIX, criticam-se constantemente a si próprias, interrompem-se constantemente na sua própria marcha, voltam ao que parecia terminado, para começá--lo de novo, troçam profunda e cruelmente das hesitações dos lados fracos e da mesquinhez das suas primeiras tentativas, parece que apenas derrubam o seu adversário para que este tire da terra novas forças e volte a levantar-se mais gigantesco frente a elas, retrocedem constantemente perante a indeterminada enormidade dos seus próprios fins, até que se cria uma situação que torna impossível qualquer retrocesso e as próprias circunstâncias gritam:

> *Hic Rhodus, hic salta!*

> Aqui está a rosa, dança aqui![14]

Aliás, qualquer observador mediano, ainda que não tivesse seguido passo a passo a marcha do desenvolvimento francês, tinha que pressentir que esperava a revolução uma inaudita vergonha. Basta escutar os vaidosos latidos de triunfo com que os senhores democratas se felicitavam mutuamente pelos êxitos milagrosos que esperavam do segundo [domingo do mês] de maio de 1852.[15] O segundo [domingo do mês] de maio de 1852 convertera-se nas suas cabeças numa ideia fixa, num dogma, como nas cabeças dos

---

[14]   *Hic Rhodus, hic salta!* (Aqui está Rodes, salta aqui!): expressão de uma fábula de Esopo sobre um fanfarrão que, invocando testemunhas, afirmava que uma vez, em Rodes, conseguira dar um salto enorme. Os que o escutavam responderam-lhe: "Para que é preciso testemunhas? Aqui está Rodes, salta aqui!"No sentido figurado significa: aqui é que está o essencial, aqui é que é preciso demonstrar. "Aqui está a rosa, dança aqui!": paráfrase da citação precedente ('Ρòδοζ em grego é o nome da ilha e, simultaneamente, significa "rosa") apresentada por Hegel no prefácio ao livro *Linhas fundamentais da Filosofia do Direito.*

[15]   Segundo a Constituição francesa de 1848, as eleições do novo presidente deviam realizar-se de quatro em quatro anos, no segundo domingo do mês de maio. Em maio de 1852, terminavam as funções presidenciais de Luís Bonaparte.

quiliastas[16] o dia em que Cristo devia ressuscitar e começar o reino milenário. A fraqueza tinha encontrado, como sempre, salvação na crença em milagres; acreditava ter vencido o inimigo quando o tinha esconjurado em fantasia, e perdia toda a compreensão do presente perante a glorificação passiva do futuro que a esperava e dos feitos que guardava *in petto* [no peito, no íntimo – italiano], mas que ainda não considerava oportuno revelar. Esses heróis, que se esforçavam por refutar a sua provada incapacidade manifestando mútua compaixão e reunindo-se em tropel, tinham recolhido os seus trastes, embolsaram as suas coroas de louro a crédito e dispunham-se precisamente a descontar no mercado de letras de câmbio as suas repúblicas *in partibus* [no país dos infiéis – latim][17] para as quais, no segredo do seu ânimo pouco exigente, tinham já previdentemente organizado o pessoal de governo. O 2 de dezembro caiu sobre eles como um raio em céu sereno, e os povos, que em épocas de mau humor pusilânime gostam de deixar que os gritadores mais ruidosos afoguem o seu medo interior, ter-se-ão convencido talvez de que já passaram os tempos em que o grito dos gansos podia salvar o Capitólio.[18]

A Constituição, a Assembleia Nacional, os partidos dinásticos, os republicanos azuis e os vermelhos, os heróis de África,[19] o trovão da

---

[16]   Quiliastas (do grego *khilias*, mil): pregadores da doutrina místico-religiosa da segunda vinda de Cristo e do estabelecimento na Terra do "reino milenário" da justiça, da igualdade e do bem-estar.

[17]   Ver nota 4, p. 42.

[18]   Capitólio: colina de Roma que é uma cidadela fortificada onde foram construídos os templos de Júpiter, Juno e outros. Segundo a tradição, no ano 390 antes da nossa era, durante a invasão dos gauleses, Roma salvou-se unicamente graças aos gritos dos gansos do templo de Juno, que despertaram a guarda adormecida do Capitólio.

[19]   Trata-se dos chamados "africanistas ou argelinos", que eram os nomes dados na França aos generais e oficiais que faziam a sua carreira militar nas guerras coloniais contra as tribos argelinas que lutavam pela independência. Na Assembleia Nacional Legislativa, os generais africanistas Cavaignac, Lamoricière e Bedeau encabeçavam a minoria republicana.

tribuna, os relâmpagos da imprensa diária, toda a literatura, os nomes políticos e os renomes intelectuais, a lei civil e o direito penal, a *liberté, egalité, fraternité* [liberdade, igualdade, fraternidade – francês] e o segundo [domingo do mês] de maio de 1852, tudo desapareceu como uma fantasmagoria, perante o passe de magia de um homem que nem os seus próprios inimigos reconhecem como bruxo. O sufrágio universal apenas pareceu sobreviver um momento para fazer o seu testamento pelo seu próprio punho e letra aos olhos do mundo inteiro e poder declarar, em nome do próprio povo: "Tudo o que existe merece perecer".[20]

Não basta dizer, como fazem os franceses, que a sua nação foi surpreendida. Nem às nações nem às mulheres se perdoa a hora de descuido em que qualquer aventureiro pôde abusar delas pela força. Com essas declarações, o enigma não é esclarecido, mas apenas formulado de outro modo. Ficaria por explicar como é que três cavalheiros de indústria puderam surpreender e reduzir ao cativeiro, sem resistência, uma nação de 36 milhões [de pessoas].

Recapitulemos, nos seus traços gerais, as fases percorridas pela revolução francesa desde o 24 de fevereiro de 1848 até dezembro de 1851.

Três períodos capitais são inconfundíveis: o período de fevereiro; o de 4 de maio de 1848 a 28 de maio de 1849: período de constituição da república ou da Assembleia Nacional Constituinte; o de 28 de maio de 1849 a 2 de dezembro de 1851: período da república constitucional ou da Assembleia Nacional Legislativa.

O primeiro período, desde 24 de fevereiro, isto é, desde a queda de Luís Felipe, até 4 de maio de 1848, data em que se reúne a Assembleia Constituinte, o período de fevereiro, propriamente dito, pode ser caracterizado como o prólogo da revolução. O seu caráter revelava-se oficialmente no fato de que o governo por ele improvisado se declarou a si próprio provisório e que, como o governo, tudo o que nesse período foi proposto, tentado ou proclamado só o foi

---

[20] Goethe, *Fausto,* parte 1, *(Gabinete de estudo),* expressão de Mefistófeles.

provisoriamente. Nada nem ninguém se atrevia a reclamar para si o direito de existir e atuar de um modo real. Todos os elementos que tinham preparado ou determinado a revolução, a oposição dinástica, a burguesia republicana, a pequena burguesia democrático-republicana e o operariado social-democrata encontraram provisoriamente o seu lugar no governo de fevereiro.

Não podia ser de outro modo. As jornadas de fevereiro propunham-se primitivamente como objetivo uma reforma eleitoral, que deveria alargar o círculo dos privilegiados políticos dentro da mesma classe possidente e derrubar a dominação exclusiva da aristocracia financeira. Mas, quando rebentou o conflito real, o povo subiu às barricadas, a Guarda Nacional[21] comportou-se passivamente, o exército não opôs uma resistência séria e a realeza fugiu, a república parecia impor-se por si mesma. Cada partido interpretava-a à sua maneira. Arrancada pelo proletariado com as armas na mão, este imprimiu-lhe o seu selo e proclamou-a república social. Com isso indicava-se o conteúdo geral da moderna revolução, o qual se encontrava na mais evidente contradição com tudo o que de momento podia ser posto diretamente em prática, com o material disponível, o grau de formação alcançado pela massa e nas circunstâncias e relações dadas. Por outro lado, as pretensões de todos os elementos restantes que tinham cooperado na revolução de fevereiro foram reconhecidas na parte leonina que obtiveram no governo. Por isso, em nenhum período encontramos uma mistura mais variada de frases altissonantes e insegurança e desamparo efetivos, de aspirações mais entusiastas de inovação e de dominação mais arraigada da velha rotina, de mais aparente harmonia de toda a sociedade e mais profunda alienação [*entfremdung*] entre os seus elementos. Enquanto o proletariado de Paris se embriagava ainda na visão da grande perspectiva que se abrira diante de si e se entregava com toda a seriedade a discussões sobre os problemas sociais, as velhas forças da sociedade tinham se agrupado, reunido, voltado a si e encontrado um apoio ines-

---

[21] Ver nota 11, p. 48.

perado na massa da nação, nos camponeses e pequeno-burgueses, que se precipitaram todos de súbito para a cena política, depois de caídas as barreiras da monarquia de julho.[22]

O segundo período, de 4 de maio de 1848 até fins de maio de 1849, é o período da constituição, da fundação da república burguesa. Imediatamente depois das jornadas de fevereiro, não só a oposição dinástica se viu surpreendida pelos republicanos, os republicanos pelos socialistas, como toda a França por Paris. A Assembleia Nacional, que se reuniu em 4 de maio de 1848, saída do sufrágio da nação, representava a nação. Era um protesto vivo contra as pretensões das jornadas de fevereiro e devia reduzir ao nível burguês os resultados da revolução. Em vão o proletariado de Paris, que compreendeu imediatamente o caráter dessa Assembleia Nacional, tentou em 15 de maio,[23] poucos dias depois de esta se reunir, interromper pela força a sua existência, dissolvê-la, decompor de novo nas suas diferentes partes integrantes a forma orgânica com que o espírito de reação da nação o ameaçava. Como é sabido, o 15 de maio não teve outro resultado do que afastar da cena pública, durante todo o ciclo que examinamos, Blanqui e camaradas, isto é, os efetivos chefes do partido proletário.

À monarquia burguesa de Luís Felipe só pode seguir-se a república burguesa; isto é, se em nome do rei tinha dominado uma parte reduzida da burguesia, agora dominará a totalidade da burguesia em nome do povo. As reivindicações do proletariado de Paris são balelas utópicas, com as quais há que acabar. O proletariado de Paris respondeu a essa declaração da Assembleia Nacional Constituinte com a insurreição de junho,[24] o acontecimento mais colossal na história

---

[22] Monarquia de julho: reinado de Luís Felipe (1830-1848), que recebeu a sua designação da revolução de julho.

[23] Ver nota 44, p. 93.

[24] Insurreição de junho: heroica insurreição dos operários de Paris em 23-26 de junho de 1848, esmagada com excepcional crueldade pela burguesia francesa. Essa insurreição foi a primeira grande guerra civil da história entre o proletariado e a burguesia.

das guerras civis europeias. Venceu a república burguesa. A seu lado estava a aristocracia financeira, a burguesia industrial, a ordem média [*mittelstand*], os pequeno-burgueses, o exército, o lumpemproletariado organizado como Guarda Móvel, as competências intelectuais, os padres e a população do campo. Ao lado do proletariado de Paris não estava ninguém senão ele próprio. Mais de 3 mil insurgentes foram passados pelas armas depois da vitória e 15 mil deportados sem julgamento. Com essa derrota, o proletariado passou para o plano de fundo da cena revolucionária. Procurou de novo retomar o seu lugar dianteiro cada vez que o movimento parecia tomar um novo impulso, mas sempre com uma energia debilitada e um resultado mais reduzido. Logo que uma das camadas sociais colocada acima dele entra em fermentação revolucionária, dá-se uma aliança com ela e partilha, assim, todas as derrotas que os diversos partidos sofrem uns após outros. Mas esses golpes sucessivos atenuam-se cada vez mais quanto mais se repartem por toda a superfície da sociedade. Os seus chefes mais importantes na Assembleia Nacional e na imprensa vão caindo uns após outros, vítimas dos tribunais, e são colocadas à sua frente figuras cada vez mais equívocas. Em parte, atira-se para experiências doutrinárias, bancos de troca e associações operárias, isto é, para um movimento no qual renuncia revolucionar o velho mundo, com a ajuda dos grandes meios que lhe são próprios, procurando antes realizar a sua redenção nas costas da sociedade, pela via privada, dentro das suas limitadas condições de existência, e, portanto, necessariamente, fracassa. Parece que nem pode descobrir novamente em si mesmo a grandeza revolucionária, nem tirar nova energia das alianças de novo concluídas, até que todas as classes contra as quais lutou em junho não estejam por terra a seu lado. Mas, pelo menos, sucumbe com as honras de uma grande luta de alcance histórico-universal; não só a França, mas também toda a Europa, tremem perante o terremoto de junho, enquanto as sucessivas derrotas das classes mais altas são conseguidas com tanta facilidade que só o insolente exagero do partido vencedor pode em geral fazê-las passar por acontecimentos, e são tanto mais ignominiosas quanto mais longe fica do proletariado o partido que sucumbe.

Certamente, a derrota dos insurgentes de junho tinha preparado, aplanado, o terreno em que podia fundar-se e erigir-se a república burguesa; mas, ao mesmo tempo, tinha mostrado que na Europa se discutiam outras questões que não a de "república ou monarquia". Revelara que aqui república burguesa significava despotismo ilimitado de uma classe sobre outras. Demonstrara que em países de velha civilização, com uma formação de classe mais desenvolvida, com condições modernas de produção e com uma consciência espiritual, na qual todas as ideias tradicionais se encontram dissolvidas por um trabalho secular, a república, em geral, significa apenas a forma de transformação política da sociedade burguesa e não a sua forma conservadora de vida, como, por exemplo, nos Estados Unidos da América do Norte, onde já existem classes, mas ainda não fixadas (antes mudando constantemente e cedendo umas às outras as suas partes integrantes, em movimento contínuo), onde os meios modernos de produção, em vez de coincidirem com uma sobrepopulação estagnante, antes suprem a escassez relativa de cabeças e braços, e onde, por último, o movimento febrilmente juvenil da produção material, que tem um mundo novo para dele se apropriar, não deu tempo nem ocasião para eliminar o velho mundo dos espíritos.

Durante as jornadas de junho, todas as classes e partidos tinham se unido num partido da ordem frente à classe proletária, como partido da anarquia, do socialismo, do comunismo. Tinham "salvo" a sociedade dos "inimigos da sociedade". Tinham dado como consigna ao seu exército as palavras de ordem da velha sociedade: "Propriedade, família, religião, ordem", e gritado à cruzada contrarrevolucionária: "Por este sinal vencerás!".[25] A partir desse momento, logo que qualquer

---

[25] Segundo a afirmação do historiador romano Eusébio de Cesareia, no ano de 312, na véspera da vitória sobre Maxêncio, o imperador Constantino I teria visto no céu uma cruz com a seguinte inscrição: "Por este sinal vencerás."

dos numerosos partidos que se tinham agrupado sob aquele signo contra os insurgentes de junho tenta defender o campo de batalha revolucionário no seu próprio interesse de classe, sucumbe ao grito de "Propriedade, família, religião, ordem!". A sociedade é salva tantas vezes quantas vai se restringindo o círculo dos seus dominadores e um interesse mais exclusivo é defendido contra um interesse mais amplo. Qualquer reivindicação da mais simples reforma financeira burguesa, do liberalismo mais vulgar, do republicanismo mais formal, da democracia mais trivial, é ao mesmo tempo castigada como "atentado contra a sociedade" e estigmatizada como "socialismo". E, por fim, os pontífices da "religião e da ordem" veem-se expulsos eles próprios a pontapé das suas cadeiras píticas,[26] arrancados da cama no meio da noite e do nevoeiro, encafuados em camburões, metidos no cárcere ou enviados para o exílio; o seu templo é arrasado, a sua boca é selada, a sua pena quebrada, a sua lei rasgada, em nome da religião, da propriedade, da família e da ordem. Burgueses fanáticos da ordem são espingardeados nas suas varandas pela soldadesca embriagada, a santidade do lar é profanada e as suas casas são bombardeadas como passatempo, em nome da propriedade, da família, da religião e da ordem. As fezes da sociedade burguesa formam por fim a sagrada falange da ordem, e o herói Krapülinski[27] faz a sua entrada nas Tulherias como "salvador da sociedade".

---

[26] Alusão à pitonisa, sacerdotisa e profetisa do templo de Apolo em Delfos, que anunciava as suas profecias sentada numa trípode junto do templo.

[27] Luís Bonaparte.

II

Retomemos o fio do desenvolvimento [dos acontecimentos]. A história da Assembleia Nacional Constituinte, desde as jornadas de junho, é a história da dominação e da desagregação da fração burguesa republicana, daquela fração que se conhece pelo nome de republicanos tricolores, republicanos puros, republicanos formalistas etc.

Sob a monarquia burguesa de Luís Felipe, essa fração formara a oposição republicana oficial e era, portanto, parte integrante reconhecida do mundo político da época. Tinha os seus representantes nas Câmaras e um significativo círculo de influência na imprensa. O seu órgão parisiense, o *Le National*,[28] era considerado, a seu modo, um órgão tão respeitável como o *Journal des Débats*;[29] a essa posição que ocupava sob a monarquia constitucional correspondia o seu caráter. Não se trata de uma fração da burguesia mantida coesa por grandes interesses comuns e delimitada por condições peculiares de produção. Era uma camarilha de burgueses, escritores, advogados, oficiais e funcionários de ideias republicanas, cuja influência repousava nas antipatias pessoais do país contra Luís Felipe, nas recordações da

---

[28] Ver nota 31, p. 74.
[29] Ver nota 50, p. 102.

velha república, na fé republicana de um certo número de sonhadores e, sobretudo, no nacionalismo francês, cujo ódio aos Tratados de Viena[30] e à aliança com a Inglaterra ela atiçava constantemente. Uma grande parte dos apoiadores que o *Le National* tinha sob Luís Felipe era devido a esse imperialismo [dominação imperial] dissimulado, que, mais tarde, sob a república, pôde enfrentar-se, portanto, com ele, como um concorrente esmagador, na pessoa de Luís Bonaparte. Combatia a aristocracia financeira, como o fazia todo o resto da oposição burguesa. A polêmica contra o orçamento, que na França estava ligada à luta contra a aristocracia financeira, oferecia uma popularidade demasiado barata e proporcionava aos *leading articles* [editoriais – inglês] puritanos matéria demasiado rica para que não fosse explorada. A burguesia industrial lhe era agradecida pela sua defesa servil do sistema protecionista francês, que ele, no entanto, preconizava por razões mais nacionais do que de economia nacional; a burguesia, no seu conjunto, lhe era agradecida pelas suas odiosas denúncias do comunismo e do socialismo. Para além disso, o partido do *Le National* era puramente republicano, exigia que a dominação da burguesia adotasse uma forma republicana em vez de uma forma monárquica, e exigia sobretudo a sua parte de leão nessa dominação. Em relação às condições dessa transformação, não via absolutamente nada claro. O que, em contrapartida, era para ele claro como a luz do Sol e o que era declarado publicamente nos banquetes da reforma nos últimos tempos do reinado de Luís Felipe, era a sua impopularidade entre os pequeno-burgueses democratas e sobretudo entre o proletariado revolucionário. Esses republicanos puros – os republicanos puros são assim – estavam completamente dispostos a contentar-se momentaneamente com uma regência da duquesa de Orléans, quando rebentou a revolução de fevereiro e atribuiu aos seus representantes mais conhecidos um lugar no governo provisório. Possuíam, de

---

30 Tratados de Viena: tratados concluídos em Viena, em maio e junho de 1815, entre os Estados participantes nas guerras napoleônicas.

A REVOLUÇÃO ANTES DA REVOLUÇÃO | 225

antemão, naturalmente, a confiança da burguesia e a maioria da Assembleia Nacional Constituinte. Da Comissão Executiva que se formou na Assembleia Nacional, quando esta se reuniu, foram imediatamente excluídos os elementos socialistas do governo provisório, e o partido do *Le National* aproveitou-se da eclosão da insurreição de junho para despedir também a Comissão Executiva e desembaraçar-se, assim, dos seus rivais mais próximos, os republicanos pequeno-burgueses ou democratas (Ledru-Rollin etc.). Cavaignac, o general do partido republicano burguês, que tinha comandado a batalha de junho, substituiu a Comissão Executiva por uma espécie de poder ditatorial. Marrast, antigo chefe da redação do *Le National,* tornou-se o presidente perpétuo da Assembleia Nacional Constituinte, e os ministérios e todos os lugares importantes que restavam caíram nas mãos dos republicanos puros.

A fração burguesa republicana, que tinha vindo a considerar-se há muito tempo como a legítima herdeira da monarquia de julho, encontrou-se assim mais além do que o seu ideal, mas chegou à dominação, não como sonhara sob Luís Felipe, por uma revolta liberal da burguesia contra o trono, mas por um motim, sufocado a tiro de canhão, do proletariado contra o capital. Aquilo que ela tinha imaginado como o acontecimento mais revolucionário foi, na realidade, o mais contrarrevolucionário. Caiu-lhe o fruto no regaço, mas caiu não da árvore da vida, mas da árvore da ciência.

A exclusiva dominação dos republicanos burgueses durou apenas de 24 de junho até 10 de dezembro de 1848. Esta resume-se na redação de uma Constituição republicana e na proclamação do estado de sítio em Paris.

A nova Constituição, no fundo, era apenas a edição republicanizada da Carta Constitucional, de 1830.[31] O censo eleitoral restrito

---

[31] A "Carta Constitucional", adotada depois da revolução burguesa de 1830 na França, era a lei fundamental da Monarquia de julho. Formalmente, a Carta proclamava os direitos soberanos da nação e limitava um pouco o poder do rei.

da monarquia de julho, que excluía da dominação política mesmo uma grande parte da burguesia, era incompatível com a existência da república burguesa. A revolução de fevereiro proclamara imediatamente, em vez desse censo, o sufrágio universal e direto. Os republicanos burgueses não podiam fazer desse acontecimento algo não acontecido. Tiveram que se contentar com acrescentar a determinação restritiva de se manter um domicílio durante seis meses no círculo eleitoral. A antiga organização administrativa, municipal, judicial, militar etc. manteve-se intacta, ou onde a Constituição a modificou, essa modificação afetou o índice de matérias, não a matéria, o nome, não a coisa.

O inevitável Estado-maior das liberdades de 1848 – a liberdade pessoal, de imprensa, de palavra, de associação, de reunião, de ensino, de culto etc. – recebeu um uniforme constitucional, que as tornava invulneráveis. Com efeito, cada uma dessas liberdades foi proclamada como direito incondicional do *citoyen* [cidadão – francês] francês, mas com o comentário adicional de que essas liberdades são ilimitadas na medida em que não são limitadas pelos "direitos iguais de outros e pela segurança pública", ou por "leis" que precisamente devem mediar essa harmonia das liberdades individuais entre si e com a segurança pública. Por exemplo:

> Os cidadãos têm o direito de se associar, de se reunir pacificamente e sem armas, de formular petições e exprimir as suas opiniões por meio da imprensa ou de outro modo. O uso desses direitos não tem outro limite senão os direitos iguais de outros e a segurança pública. (Cap. II da Constituição francesa, § 8º) O ensino é livre. A liberdade de ensino deve ser exercida nas condições fixadas pela lei e sob o controle supremo do Estado. *(Loc. cit.,* § 9º) O domicílio de qualquer cidadão é inviolável, salvo nas condições previstas pela lei. (Cap. II, § 3º) etc. etc.

Portanto, a Constituição remete constantemente para futuras leis orgânicas, que devem precisar aquelas reservas e regulamentar desse modo o uso daquelas liberdades ilimitadas, de modo que não se choquem entre si, nem com a segurança pública. E essas leis orgânicas foram promulgadas mais tarde pelos amigos da ordem, e todas essas liberdades regulamentadas de tal modo que a burguesia no uso delas não as chocasse com os direitos iguais das outras classes. Onde proíbe completamente "aos outros" essas liberdades, ou consente o seu uso sob condições que são outras tantas ciladas policiais, fá-lo sempre, pura e exclusivamente, no interesse da "segurança pública", isto é, da segurança da burguesia, tal como a Constituição prescreve. Posteriormente, ambas as partes invocaram, portanto, com pleno direito, a Constituição: tanto os amigos da ordem, que suprimiam todas aquelas liberdades, quanto os democratas, que as reivindicavam todas. Cada parágrafo da Constituição contém em si, com efeito, a sua própria antítese, a sua própria câmara alta e câmara baixa: no fraseado geral, a liberdade; na glosa marginal, a supressão da liberdade. Portanto, enquanto se respeitasse o nome da liberdade e apenas se impedisse a sua aplicação efetiva – pela via legal, entende-se –, a existência constitucional da liberdade permanecia íntegra, intacta, por muito que se assassinasse a sua existência comum.

No entanto, essa Constituição, convertida em inviolável de um modo tão sutil, era, como Aquiles, vulnerável num ponto; não no calcanhar, mas na cabeça, ou melhor, nas duas cabeças em que se perdia: a Assembleia Legislativa, por um lado, e, por outro, o presidente. Se se folhear a Constituição, ver-se-á que só os parágrafos em que se determina a relação do presidente com a Assembleia Legislativa são absolutos, positivos, sem contradição, incontornáveis. Com efeito, aqui se tratava, para os republicanos burgueses, de se porem a si próprios em segurança. Os parágrafos 45-70 da Constituição estão redigidos de tal forma que a Assembleia Nacional pode eliminar o presidente constitucionalmente, enquanto o presidente só pode eliminar a Assembleia Nacional inconstitucionalmente, apenas na medida em que elimine a própria Constituição. Aqui, ela mesma provoca, pois, o seu violento aniquilamento. Não só consagra a divisão de poderes, como a Carta [Constitucional] de 1830, como a alarga até a contradição insustentável. O jogo dos poderes constitucionais, como Guizot chamava às querelas parlamentares entre o poder legislativo e o executivo, joga na Constituição de 1848 constantemente *va banque* [apostar tudo, arriscar tudo – francês]. De um lado, 750 representantes do povo, eleitos por sufrágio universal e reelegíveis, que constituem uma Assembleia Nacional incontrolável, indissolúvel e indivisível, uma Assembleia Nacional que goza de onipotência legislativa, que decide em última instância acerca da guerra, da paz e dos tratados comerciais, a única que tem o direito de anistia e que com a sua permanência ocupa constantemente o primeiro plano da cena. De outro lado, o presidente, com todos os atributos do poder régio, com a faculdade de nomear e demitir os seus ministros, independentemente da Assembleia Nacional, com todos os meios do poder executivo nas suas mãos, sendo ele que distribui todos os lugares e quem, portanto, decide na França da sorte de mais de 1,5 milhão de existências, que dependem dos 500 mil funcionários e oficiais de todos os graus. Tem sob o seu comando todo o poder armado. Goza do privilégio de indultar delinquentes individuais, de suspender os guardas nacionais, de destituir, de acordo com o Conselho de Estado, os conselheiros gerais, cantonais e municipais eleitos pelos próprios cidadãos. A iniciativa e a direção de todos os tratados com o estrangeiro lhe estão reservadas. Enquanto a Assembleia Nacional pisa constantemente o tablado, exposta à luz do dia e à crítica pública, o presidente leva uma vida oculta nos Campos Elíseos e, além disso, tendo sempre cravado nos olhos e no coração o artigo 45 da Constituição, que todos os dias lhe grita: *Frère, il faut mourir!* [Irmão, é preciso morrer – francês].[32] O teu poder acaba no segundo domingo do lindo mês de maio do quarto ano da tua eleição! Lá se vai, então, o esplendor, não haverá segunda representação, e se tens dívidas vê a tempo como te arranjas para pagá-las com os

---

[32] Palavras com que se saudavam entre si os membros da ordem dos monges católicos trapistas.

600 mil francos que a Constituição te paga, se é que não preferes ir parar a Clichy[33] na segunda-feira do lindo mês de maio! Se, desse modo, a Constituição atribui ao presidente o poder efetivo, procura assegurar à Assembleia Nacional o poder moral. Para além de ser impossível criar um poder moral por meio de parágrafos da lei, a Constituição suprime aqui outra vez a si própria, na medida em que elege o presidente de todos os franceses por sufrágio direto. Enquanto os votos da França se dispersam entre os 750 deputados da Assembleia Nacional, aqui concentram-se, ao contrário, num indivíduo. Enquanto cada um dos representantes do povo apenas representa este ou aquele partido, esta ou aquela cidade, esta ou aquela testa de ponte ou mesmo só a necessidade de eleger um qualquer septingentésimo quinquagésimo, sem se olhar muito nem à coisa nem ao homem, ele é o eleito da nação, e o ato da sua eleição é o grande trunfo que o povo soberano joga todos os quatro anos. A Assembleia Nacional eleita está numa relação metafísica com a nação, enquanto o presidente eleito está numa relação pessoal. A Assembleia Nacional representa sem dúvida, nos seus diferentes deputados, os múltiplos aspectos do espírito nacional, mas no presidente esse espírito está encarnado. Ele tem face a ela uma espécie de direito divino: é pela Graça do Povo.

Tétis, a deusa do mar, profetizara a Aquiles que morreria na flor da juventude. A Constituição, que tem o seu ponto vulnerável, como Aquiles, tinha também como Aquiles o pressentimento de que morreria de morte prematura. Aos republicanos puros, constituintes bastava-lhes deitar do reino das nuvens da sua república ideal um olhar ao mundo profano para se darem conta de como, à medida que iam se aproximando da consumação da sua grande obra de arte legislativa, crescia dia a dia a insolência dos realistas [partidários da realeza], dos bonapartistas, dos democratas, dos comunistas, e o

---

[33] Clichy: prisão em Paris onde eram encarcerados os devedores insolventes, entre 1826 e 1867.

seu próprio descrédito, sem que, portanto, Tétis necessitasse abandonar o mar e lhes confiar o segredo. Tentaram enganar o destino por meio de um ardil constitucional com o § 111 da Constituição, segundo o qual qualquer proposta de revisão constitucional deveria ser votada em três debates sucessivos, com um intervalo de um mês inteiro entre cada debate, por pelo menos três quartos dos votantes, e sempre e quando, além disso, votassem não menos de 500 deputados da Assembleia Nacional. Com isso não faziam mais do que a pobre tentativa de exercer como minoria – porque já se viam profeticamente como tal – um poder que naquele momento, em que dispunham da maioria parlamentar e de todos os meios do poder do governo, se lhes ia escapando dia após dia das débeis mãos.

Finalmente, num parágrafo melodramático, a Constituição confia-se "à vigilância e ao patriotismo de todo o povo francês como de cada francês em particular", depois de noutro parágrafo anterior ter entregue já os "vigilantes" e "patriotas" aos ternos e criminalíssimos cuidados do Supremo Tribunal, *haute cour*, criado expressamente por ela.

Tal era a Constituição de 1848, que foi derrubada em 2 de dezembro de 1851 não por uma cabeça, mas que caiu ao contato de um simples chapéu; é certo que esse chapéu era o tricórnio de Napoleão.

Enquanto os republicanos burgueses da Assembleia se ocupavam em cavilar, discutir e votar essa Constituição, Cavaignac mantinha, fora da Assembleia, o estado de sítio em Paris. O estado de sítio em Paris foi a parteira da Constituinte nas suas dores de parto republicanas. Se mais tarde a Constituição foi mandada para o outro mundo pelas baionetas, não se deve esquecer que também tinha sido guardada no ventre materno e trazida ao mundo pelas baionetas, por baionetas voltadas contra o povo. Os antepassados dos "republicanos honestos" tinham feito o seu símbolo, a bandeira tricolor,[34] dar a volta na Europa. Eles, por sua vez, fizeram também uma invenção que abriu por si

---

[34] Ver nota 34, p. 79.

mesma caminho por todo o continente, mas, regressando à França com amor sempre renovado, até que acabou por adquirir direito de cidadania em metade dos seus Departamentos: o estado de sítio. Magnífica invenção, aplicada periodicamente em cada uma das crises sucessivas no curso da revolução francesa! Mas caserna e bivaque, postos assim, periodicamente, sobre a cabeça da sociedade francesa para lhe comprimir o cérebro e fazer dela um ser tranquilo; sabre e mosquete, que periodicamente exerciam a justiça e administravam, exerciam tutela e censura, faziam funções de polícia e serviço de vigilante noturno; bigode e uniforme periodicamente trombeteados como a sabedoria suprema da sociedade e como reitores da sociedade – não teriam necessariamente caserna e bivaque, sabre e mosquete, bigode e uniforme que acabar por se lembrar de que era melhor salvar a sociedade de uma vez por todas, proclamando o seu próprio regime como o mais alto de todos e libertando por completo a sociedade burguesa [*bürgerliche Gesellschaft*] do cuidado de se governar por si própria? Caserna e bivaque, sabre e mosquete, bigode e uniforme tinham que acabar por se lembrar disso, com tanto mais razão quanto, desse modo, podiam esperar também uma melhor recompensa pelos seus altos serviços, ao passo que, limitando-se a decretar periodicamente o estado de sítio e a salvar transitoriamente a sociedade por encargo desta ou daquela fração da burguesia, se conseguia pouco de sólido, exceto alguns mortos e feridos e algumas zombarias amigáveis de burgueses. Não devia finalmente o militar jogar de uma vez por todas o estado de sítio no seu próprio interesse e para seu próprio interesse, e ao mesmo tempo sitiar as Bolsas burguesas? Aliás, não esqueçamos, diga-se de passagem, que o coronel Bernard, aquele mesmo presidente da Comissão Militar que sob Cavaignac ajudou a mandar para a deportação, sem julgamento, 15 mil insurgentes, volta a encontrar-se nesse momento à frente das Comissões Militares que se movimentam em Paris.

Se os republicanos honestos, puros, com a proclamação do estado de sítio em Paris, prepararam o viveiro onde deviam nascer os pretorianos do 2 de dezembro de 1851,[35] merecem ao contrário o elogio de, em vez de exagerarem o sentimento nacional, como foi o caso sob Luís Felipe, rastejarem agora, quando dispõem do poder nacional diante do estrangeiro e de, em vez de libertarem a Itália, deixarem que os austríacos e os napolitanos a reconquistem.[36] A eleição de Luís Bonaparte como presidente, em 10 de dezembro de 1848, pôs fim à ditadura de Cavaignac e à Constituinte.

No § 44 da Constituição diz-se: "O presidente da República Francesa não deverá ter perdido nunca a sua qualidade francesa." O primeiro presidente da República Francesa, L. N. Bonaparte, não só tinha perdido a sua qualidade francesa, não só tinha sido agente especial da polícia inglesa, mas também era inclusive um suíço naturalizado.[37]

Já expus noutro lugar o significado das eleições de 10 de dezembro.[38] Não voltarei aqui sobre isso. Basta observar aqui que foram uma reação dos camponeses, que tinham tido que pagar o custo da revolução de fevereiro, contra as restantes classes da nação, uma reação do campo contra a cidade. Essa reação encontrou grande eco no exército, ao qual os republicanos do *Le National* não tinham dado fama nem aumento de soldo; entre a grande burguesia, que saudava Bonaparte como ponte para a monarquia; entre os proletários e os pequeno-burgueses, que o saudavam como flagelo de Cavaignac. Mais adiante terei ocasião de examinar

---

[35] Pretorianos: designação dada na Roma Antiga à guarda pessoal privilegiada dos chefes militares ou do imperador; os pretorianos participavam constantemente nos motins internos e muitas vezes levavam ao trono protegidos seus. Aqui trata-se da Sociedade do 10 de dezembro.

[36] Trata-se da participação conjunta do Reino Napolitano e da Áustria na intervenção contra a República Romana em maio-julho de 1849.

[37] Marx refere-se aos seguintes fatos da biografia de Luís Bonaparte: em 1832 Luís Bonaparte adotou a nacionalidade suíça no cantão de Thurgau; em 1848, durante a sua estada na Inglaterra, Luís Bonaparte entrou como voluntário para a *constabulary* especial (na Inglaterra, reserva policial composta de civis).

[38] Ver p. 111-114.

mais pormenorizadamente a atitude dos camponeses para com a revolução francesa.

A época que vai desde 20 de dezembro de 1848 até a dissolução da Constituinte em maio de 1849 abarca a história da decadência dos republicanos burgueses. Depois de terem fundado uma república para a burguesia, de terem expulso do campo de luta o proletariado revolucionário e reduzido provisoriamente ao silêncio a pequena burguesia democrática, veem-se eles próprios postos à margem pela massa da burguesia, que com justo direito embarga essa república como propriedade sua. Mas essa massa burguesa era realista [partidários da realeza]. Uma parte dela, os grandes proprietários fundiários, tinha dominado sob a Restauração[39] e era, portanto, legitimista. A outra parte, os aristocratas financeiros e os grandes industriais, tinha dominado sob a monarquia de julho e era, portanto, orleanista.[40] Os altos dignitários do Exército, da universidade, da Igreja, do *barreau* [foro – francês], da academia e da imprensa repartiam-se entre ambos os campos, embora em proporção desigual. Aqui, na república burguesa, que não ostentava o nome de Bourbon nem o nome de Orléans, mas o nome de capital, tinham encontrado a forma de Estado sob a qual podiam dominar conjuntamente. Já a insurreição de junho os tinha unido no "partido da ordem".[41] Agora tratava-se sobretudo de pôr de lado a camarilha dos republicanos burgueses que ocupavam ainda os assentos da Assembleia Nacional. E tudo o que esses republicanos puros tinham tido de brutais para abusar da força física contra o povo, tiveram-no agora de covardes, de pusilânimes, de tímidos, de impotentes e de incapazes de lutar para manter o seu republicanismo e o seu direito de legisladores face ao poder executivo e aos realistas. Não tenho que relatar aqui a história ignominiosa da sua desintegração. Não caíram, acabaram-se. A sua

---

[39]   Ver nota 62, p. 131.
[40]   Ver nota 5, p. 46.
[41]   Ver nota 61, p. 131.

história terminou para sempre, e no período seguinte já figuram apenas, tanto dentro quanto fora da Assembleia, como recordações, recordações que parecem reviver de novo logo que se trata do mero nome de República e tantas vezes quantas o conflito revolucionário ameaça descer até o nível mais baixo. Observo de passagem que o jornal que deu o nome a esse partido, o *Le National*, se converteu no período seguinte ao socialismo.

Antes de terminar com esse período, temos que deitar ainda um olhar retrospectivo aos dois poderes, um dos quais anulou o outro em 2 de dezembro de 1851, enquanto desde 20 de dezembro de 1848 até a dissolução da Constituinte viveram em relações conjugais. Referimo-nos, por um lado, a Luís Bonaparte e, por outro lado, ao partido dos realistas coligados, ao partido da ordem, ao partido da grande burguesia. Ao tomar posse da presidência, Bonaparte formou imediatamente um ministério do partido da ordem, à frente do qual pôs Odilon Barrot, que era, *nota bene* [note-se – latim], o antigo dirigente da fração mais liberal da burguesia parlamentar. Finalmente, o senhor Barrot tinha conquistado o ministério cujo espectro o perseguia desde 1830 e, mais ainda, a presidência do ministério; mas não como o tinha imaginado sob Luís Felipe, como chefe mais avançado da oposição parlamentar, mas com a missão de matar um parlamento e como aliado de todos os seus inimigos jurados, os jesuítas e os legitimistas. Por fim, pôde casar-se com a noiva, mas só depois de esta ter sido já prostituída. O próprio Bonaparte eclipsou-se aparentemente por completo. Aquele partido atuava por ele.

Logo no primeiro conselho de ministros se decidiu a expedição a Roma, que se acordou realizar às costas da Assembleia Nacional e arrancando a esta os meios sob um falso pretexto. Assim começou a coisa, trapaceando a Assembleia Nacional e com uma conspiração secreta com as potências absolutistas estrangeiras contra a república revolucionária romana. Do mesmo modo e com a mesma manobra, Bonaparte preparou o *coup* [golpe – francês] de 2 de dezembro contra a Assembleia Legislativa realista e a sua república constitucional. Não esqueçamos que o mesmo partido, que em 20 de dezembro de 1848 formava o ministério de Bonaparte, formava em 2 de dezembro de 1851 a maioria da Assembleia Nacional Legislativa.

A Constituinte tinha decidido em agosto não se dissolver antes de elaborar e promulgar toda uma série de leis orgânicas complementares da Constituição. O partido da ordem propôs-lhe em 6 de janeiro de 1849, por meio do representante Rateau, que não tocasse nas leis orgânicas e decidisse antes a sua própria dissolução. Não só o ministério, com o senhor Odilon Barrot à frente, mas todos os membros realistas da Assembleia Nacional lhe fizeram saber nesse momento, em tom imperativo, que a sua dissolução era necessária para restabelecer o crédito, para consolidar a ordem, para pôr fim àquela indeterminação provisória e criar um estado de coisas definitivo; disse-lhe que entorpecia a atividade do novo governo e só procurava alongar a sua existência por rancor, que o país estava cansado dela. Bonaparte tomou nota de todas essas invectivas contra o poder legislativo, aprendeu-as de cor e, em 2 de dezembro de 1851, demonstrou aos realistas parlamentares que tinha aprendido com eles. Repetiu contra eles as suas próprias palavras de ordem.

O ministério Barrot e o partido da ordem foram mais longe. Fizeram com que, de toda a França, se dirigissem petições à Assembleia Nacional pedindo a esta o mais amigavelmente possível que desaparecesse. Desse modo, lançaram na batalha contra a Assembleia Nacional, expressão constitucionalmente organizada do povo, as suas massas não organizadas. Ensinaram Bonaparte a apelar para o povo contra as assembleias parlamentares. Por fim, em 29 de janeiro de 1849, chegou o dia em que a Constituinte deveria resolver o problema da sua própria dissolução. A Assembleia Nacional encontrou o edifício em que se realizavam as suas sessões ocupado militarmente; Changarnier, o general do partido da ordem, em cujas mãos se encontrava o comando supremo da Guarda Nacional e das tropas de linha, realizou em Paris uma grande revista de tropas, como em vésperas de uma batalha, e os realistas coligados declararam cominatoriamente à Constituinte que se não se mostrasse submissa seria utilizada a força. Ela mostrou-se submissa e regateou apenas um prazo brevíssimo de vida. Que foi o 29 de janeiro se não o *coup d'État* [golpe de Estado – francês] de 2 de dezembro de 1851, só que executado pelos realistas juntamente com Bonaparte contra a Assembleia Nacional republicana? Esses senhores não se deram conta ou não quiseram dar-se conta de que Bonaparte se serviu do 29 de janeiro de 1849 para fazer com que desfilasse diante dele, pelas Tulherias, uma parte das tropas, e agarrou-se avidamente a essa primeira demonstração pública do poder militar contra o poder parlamentar, para sugerir Calígula.[42] Claro que eles não viam senão o seu Changarnier.

Um motivo que levou especialmente o partido da ordem a encurtar violentamente a vida da Constituinte foram as leis orgânicas complementares da Constituição, como a lei do ensino, a lei dos cultos etc. Aos realistas coligados interessava extremamente fazerem eles próprios essas leis e não deixar que elas fossem feitas pelos republicanos já desconfiados. Entre essas leis orgânicas, figurava também, no entanto, uma lei sobre a responsabilidade do presidente da república. Em 1851, a Assembleia Legislativa ocupava-se precisamente da redação dessa lei, quando Bonaparte antecipou este *coup* com o *coup* de 2 de dezembro. Que não teriam dado os realistas coligados, na sua campanha parlamentar do inverno de 1851, para a terem encontrado pronta, a lei sobre a responsabilidade! E redigida, além disso, por uma Assembleia desconfiada, rancorosa. Republicana!

Depois de a própria Constituinte ter quebrado em 29 de janeiro a sua última arma, o ministério Barrot e os amigos da ordem acossaram-na até a morte, não deixaram por fazer nada que pudesse humilhá-la e arrancaram à sua debilidade e à sua

---

[42] O imperador romano Calígula (37-41) foi levado ao trono pela guarda pretoriana.

falta de confiança em si mesma leis que lhe custaram o último resíduo de respeito de que ainda gozava entre o público. Bonaparte, ocupado com a sua ideia fixa napoleônica, foi suficientemente audaz para explorar publicamente essa degradação do poder parlamentar. Com efeito, quando em 8 de maio de 1849 a Assembleia Nacional dá um voto de censura ao ministério pela ocupação de Civitavecchia[43] por Oudinot e ordena que se reduza a expedição romana à sua pretensa finalidade, Bonaparte publicou no *Moniteur*,[44] na tarde do mesmo dia, uma carta a Oudinot na qual o felicita pelos seus feitos heroicos, e se apresenta já, por oposição aos plumitivos parlamentares, como o generoso protetor do exército. Os realistas riram disso. Tomaram-no simplesmente por *dupe* [lorpa – francês]. Por fim, quando Marrast, presidente da Constituinte, considerou em perigo por um momento a segurança da Assembleia Nacional e, apoiando-se na Constituição, requereu um coronel com o seu regimento, o coronel negou-se a obedecer, invocou a disciplina e remeteu Marrast para Changarnier, que o despachou ironicamente, com a observação de que não gostava de *baïonnettes intelligentes* [baionetas inteligentes – francês]. Em novembro de 1851, quando os realistas coligados quiseram começar a luta decisiva contra Bonaparte, procuraram com o seu célebre projeto de lei sobre os questores,[45] que fosse adotado o princípio da requisição direta das tropas pelo presidente da Assembleia Nacional. Um dos seus generais, Le Flô, tinha subscrito o projeto de lei. Em vão Changarnier votou a favor da proposta e Thiers prestou homenagem à circunspecta sageza

---

[43] Ver "As lutas de classes na França", p. 127 ss.

[44] Ver nota 36, p. 80.

[45] Na Assembleia Legislativa chamavam-se questores os encarregados de administrar as finanças e de velar pela sua segurança (por analogia com os questores da Roma antiga). O projeto de lei sobre a concessão ao presidente da Assembleia Nacional do poder de convocar as tropas foi apresentado pelos questores realistas Le Flô, Baze e Panat em 6 de novembro de 1851, e foi rejeitado em 17 de novembro, após acesos debates.

da antiga Constituinte. O ministro da Guerra, Saint-Arnaud, respondeu-lhe como Changarnier tinha respondido a Marrast, e entre os gritos de aplauso da Montagne!

Foi assim que o próprio partido da ordem, quando ainda não era Assembleia Nacional, quando apenas era ministério, estigmatizou o regime parlamentar. E põe-se a gritar quando, em 2 de dezembro de 1851, esse regime é desterrado da França!

Desejamos-lhe feliz viagem!

III

Em 28 de maio de 1849, reuniu-se a Assembleia Nacional Legislativa. Em 2 de dezembro de 1851, foi dissolvida. Esse período abarca a vida da república constitucional ou parlamentar.

Na primeira revolução francesa, ao domínio dos constitucionais segue-se o domínio dos girondinos; e ao domínio dos girondinos, o domínio dos jacobinos.[46] Cada um desses partidos apoia-se no mais avançado. Logo que impulsionou a revolução o suficiente para não poder segui-la, e muito menos para poder encabeçá-la, é substituído e enviado para a guilhotina pelo aliado, mais intrépido, que está atrás dele. A revolução move-se desse modo numa linha ascensional.

---

[46] Constitucionais: partidários da monarquia constitucional, representantes da grande burguesia, estreitamente ligada ao poder real, e da aristocracia liberal. Girondinos: agrupamento político da burguesia durante a revolução burguesa francesa de fins do século XVIII. Os girondinos exprimiam os interesses da burguesia moderada, vacilavam entre a revolução e a contrarrevolução, seguiam a via dos entendimentos com a monarquia. Receberam a sua denominação do Departamento da Gironde, que era representado na Assembleia Legislativa e na Convenção por muitos dirigentes desse agrupamento. Jacobinos: agrupamento político da burguesia do período da revolução burguesa francesa de fins do século XVIII, representavam a ala esquerda da burguesia, defendiam de modo consequente e firme a necessidade de suprimir o feudalismo e o absolutismo.

Na revolução de 1848 é ao contrário. O partido proletário aparece como apêndice do pequeno-burguês democrático. É traído e abandonado por este em 16 de abril,[47] em 15 de maio e nas jornadas de junho. Por sua vez, o partido democrático apoia-se nos ombros do republicano burguês. Mal os republicanos burgueses se acreditam seguros, livram-se do camarada incômodo e se apoiam, por sua vez, nos ombros do partido da ordem. O partido da ordem levanta os seus ombros, deixa cair os republicanos burgueses às cambalhotas e salta, por sua vez, para os ombros do poder armado. E quando crê que está ainda sentado sobre os seus ombros, um belo dia verifica que os ombros se converteram em baionetas. Cada partido bate por trás no que o empurra para a frente e apoia-se por diante no que o empurra para trás. Não é de estranhar que, nessa ridícula postura, perca o equilíbrio e caia por terra entre estranhas cabriolas, depois de ter feito os trejeitos inevitáveis. Desse modo, a revolução move-se em linha descendente. É nesse movimento de retrocesso que ela se encontra antes mesmo de removida a última barricada de fevereiro e de constituído o primeiro órgão de autoridade revolucionária.

O período que temos perante nós abarca a mistura mais variada de clamorosas contradições: constitucionais que conspiram declaradamente contra a Constituição; revolucionários que confessam declaradamente ser constitucionais; uma Assembleia Nacional que quer ser onipotente e permanece constantemente parlamentar; uma Montagne que encontra a sua vocação na resignação e apara os golpes das suas derrotas presentes com a profecia de vitórias futuras; realistas que são os *patres conscripti* [pais conscritos, designação honorífica dos senadores da Roma antiga – latim] da república e que são obrigados pela situação a manter no estrangeiro as casas reais inimigas, de que são partidários, e a sustentar na França a república, que odeiam; um

---

[47] Em 16 de abril de 1848, em Paris, uma manifestação pacífica de operários que iam entregar uma petição ao Governo Provisório sobre a "organização do trabalho" e a "abolição da exploração do homem pelo homem" foi detida pela Guarda Nacional burguesa, especialmente mobilizada para esse fim.

A REVOLUÇÃO ANTES DA REVOLUÇÃO | 241

poder executivo que encontra na sua própria debilidade a sua força, e a sua respeitabilidade no desprezo que inspira; uma república que não é senão a infâmia combinada de duas monarquias, da Restauração e da monarquia de julho, com uma etiqueta imperialista [do império]; alianças cuja primeira cláusula é a separação; lutas cuja primeira lei é a indecisão; em nome da calma uma agitação desenfreada e vaga; em nome da revolução os mais solenes sermões a favor da tranquilidade; paixões sem verdade; verdades sem paixão; heróis sem feitos heroicos; história sem acontecimentos; desenvolvimento cuja única força motriz parece ser o calendário, cansativo pela constante repetição das mesmas tensões e distensões; oposições que apenas parecem agudizar-se periodicamente para se embotar e decair, sem poderem ser resolvidas; esforços pretensiosamente ostentados e temores burgueses perante o perigo do fim do mundo e ao mesmo tempo os salvadores deste tecendo as mais mesquinhas intrigas e comédias palacianas, que, no seu *laisser aller* [deixar andar – francês], recordam, mais que o Juízo Final, os tempos da Fronda;[48] o gênio coletivo oficial da França ultrajado pela estupidez finória de um só indivíduo; a vontade coletiva da nação, sempre que fala no sufrágio universal, procura a sua expressão correspondente nos inimigos empedernidos dos interesses das massas, até que, por último, a encontra na vontade obstinada de um aventureiro. Se há alguma passagem da história pintada de cinzento sobre fundo cinzento, é esta. Homens e acontecimentos aparecem como um Schlemihle[49] ao contrário, como sombras que perderam os seus corpos. A revolução mesma paralisa os seus próprios portadores e só dota de violência apaixonada os seus adversários. E quando, por fim, aparece o "espectro vermelho", constantemente evocado e esconju-

---

48 Fronda: movimento aristocrático-burguês na França em 1648-1653, dirigido contra o absolutismo. Os nobres dirigentes do movimento, apoiando-se no seu séquito e em tropas estrangeiras, utilizaram no seu interesse as insurreições de camponeses e o movimento democrático das cidades, que tiveram lugar nessa época.

49 Schlemihle: herói de uma novela de Chamisso, que vende sua sombra.

rado pelos contrarrevolucionários, não aparece com o barrete frígio anarquista na cabeça, mas com o uniforme da ordem, em calções vermelhos.

Vimos: o ministério que Bonaparte instalou em 20 de dezembro de 1848, dia da sua ascensão,[50] era um ministério do partido da ordem, da coligação legitimista e orleanista. Esse ministério, Barrot-Falloux, sobrevivera à Constituinte republicana, cuja vida ele tinha encurtado de um modo mais ou menos violento, e empunhava ainda o leme. Changarnier, o general dos realistas coligados, continuava a concentrar na sua pessoa o comando geral da primeira divisão militar e da Guarda Nacional de Paris. Finalmente, as eleições gerais tinham assegurado ao partido da ordem a grande maioria na Assembleia Nacional. Aqui, os deputados e os pares de Luís Felipe encontraram-se com uma legião sagrada de legitimistas para os quais numerosos boletins de voto da nação tinham se transformado em entradas para a cena política. Os deputados bonapartistas eram demasiado esparsos para poder formar um partido parlamentar independente. Apareciam apenas como uma *mauvaise queue* [apêndice mau – francês] do partido da ordem. Como vemos, o partido da ordem estava na posse do poder governamental, do exército e do corpo legislativo – numa palavra, todos os poderes do Estado – e encontrava-se fortalecido moralmente pelas eleições gerais que faziam aparecer a sua dominação como vontade do povo, e pela vitória simultânea da contrarrevolução em todo o continente europeu.

Nunca um partido abriu a campanha com meios mais abundantes nem sob melhores auspícios.

Os republicanos puros naufragados viram-se reduzidos na Assembleia Nacional Legislativa a uma *clique* [camarilha, bando – francês] de 50 homens, e à sua frente os generais africanos Cavaignac, Lamoricière e Bedeau. Mas o grande partido da oposição era constituído

---

[50] Maneira irônica de designar a entrada no Eliseu, residência oficial do presidente da República francesa.

pela Montagne. O partido social-democrata tinha dado a si próprio esse nome de batismo parlamentar. Dispunha de mais de 200 dos 750 votos da Assembleia Nacional e era, portanto, pelo menos tão forte quanto qualquer das três frações do partido da ordem tomadas de *per se*. A sua minoria relativa face a toda a coligação realista parecia ser compensada por circunstâncias especiais. Não apenas porque as eleições departamentais tinham mostrado que esse partido tinha ganho simpatias consideráveis entre a população do campo. Contava, além disso, nas suas fileiras com quase todos os deputados de Paris, o exército tinha feito uma profissão de fé democrática através da eleição de três oficiais subalternos, e o chefe da Montagne, Ledru-Rollin, ao contrário de todos os representantes do partido da ordem, tinha sido elevado à categoria da nobreza parlamentar por cinco Departamentos que tinham concentrado o seu voto nele. Portanto, em 28 de maio de 1849, dados os inevitáveis choques dos realistas entre si e os de todo o partido da ordem com Bonaparte, a Montagne parecia ter por si todos os elementos de êxito. Catorze dias mais tarde, tinha perdido tudo, incluindo a honra.

Antes de prosseguir com a história parlamentar, são indispensáveis algumas observações, para evitar os erros correntes acerca do caráter global da época que nos ocupa. Segundo a maneira de ver dos democratas, aquilo de que se trata durante o período da Assembleia Nacional Legislativa como durante o período da Constituinte é a simples luta entre republicanos e realistas. O próprio movimento resumem-no porém numa palavra-chave: reação, noite em que todos os gatos são pardos e que lhes permite salmodiar todos os seus habituais lugares--comuns, próprios do seu papel de vigilante noturno. E, certamente, à primeira vista, o partido da ordem parece um novelo de diversas frações realistas, que não só intrigam umas contra as outras para cada qual elevar ao trono o seu próprio pretendente e eliminar o do partido contrário, mas também, além disso, se unem todos no ódio comum e nos ataques comuns contra a república. Em contraposição a essa conspiração realista, a Montagne aparece como a representante da república. O partido da ordem aparece constantemente ocupado numa reação que, nem mais nem menos que na Prússia, vai contra a imprensa, contra a associação etc., e se traduz, tal como na Prússia, em brutais ingerências policiais da burocracia, da *gendarmerie* [gendarmaria – francês] e dos tribunais. Por sua vez, a Montagne está constantemente ocupada com não menos zelo em repelir esses ataques, defendendo assim "os eternos direitos humanos", como todo partido que se diz popular o vem fazendo há mais ou menos século e meio. No entanto, examinando mais de perto a situação e os partidos, esfuma-se essa aparência superficial, que encobre a luta das classes e a peculiar fisionomia desse período.

Legitimistas e orleanistas formavam, como fica dito, as duas grandes frações do partido da ordem. O que ligava essas frações aos seus pretendentes e mutuamente as separava seria apenas as flores-de-lis[51] e a bandeira tricolor, a Casa de Bourbon e a Casa de Orléans, diferentes matizes do realismo, seria, em geral, a sua profissão de fé realista? Sob os Bourbons governaram a grande propriedade fundiária, com os seus padres e os seus lacaios; sob os Orléans, a alta finança, a grande indústria, o grande comércio, isto é, o capital, com todo o seu séquito de advogados, professores e bem-falantes. A realeza legítima era simplesmente a expressão política da dominação herdada dos senhores da terra, do mesmo modo que a monarquia de julho era apenas a expressão política da dominação usurpada dos arrivistas burgueses. O que, portanto, separava essas frações não eram quaisquer pretensos princípios, eram as suas condições materiais de vida, duas espécies diferentes de propriedade; era a velha oposição entre a cidade e o campo, a rivalidade entre o capital e a propriedade fundiária. Que, ao mesmo tempo, havia velhas recordações, inimizades pessoais, temores e esperanças, preconceitos e ilusões, simpatias e antipatias, convicções, artigos de fé e princípios que os mantinham unidos a uma ou outra casa real, quem o nega? Sobre as diversas formas de propriedade e sobre as condições sociais de existência ergue-se toda uma superestrutura de sensações,

---

[51] Ver nota 54, p. 112.

ilusões, modos de pensar e visões da vida diversos e formados de um modo peculiar. A classe inteira cria-os e forma-os a partir das suas bases materiais e das relações sociais correspondentes. O indivíduo isolado, a quem afluem por tradição e educação, pode imaginar que constituem os verdadeiros princípios determinantes e o ponto de partida do seu agir. Se os orleanistas e os legitimistas, se cada fração procurava convencer a si própria e às outras de que o que as separava era a lealdade às suas casas reais, os fatos demonstraram mais tarde que eram mais os seus interesses divididos aquilo que impedia a união das duas casas reais. E assim como na vida privada se distingue entre aquilo que um homem pensa e diz de si próprio e aquilo que realmente é e faz, nas lutas históricas há que distinguir ainda mais entre as frases e o que os partidos imaginam e o seu organismo efetivo e os seus interesses efetivos, entre a representação que têm e a sua realidade. Orleanistas e legitimistas encontraram-se na república uns junto com os outros e com idênticas pretensões. Se cada parte queria impor à outra a restauração da sua própria casa real, isso apenas significava uma coisa: que cada um dos dois grandes interesses em que se divide a burguesia – propriedade fundiária e capital – aspirava a restaurar a sua própria supremacia e a subordinação do outro. Falamos de dois interesses da burguesia, pois a grande propriedade fundiária, apesar da sua coqueteria feudal e do seu orgulho de casta, estava completamente aburguesada pelo desenvolvimento da sociedade moderna. Também os *tories* [conservadores – inglês] na Inglaterra imaginaram durante muito tempo que se entusiasmavam com a monarquia, a Igreja e as belezas da velha Constituição inglesa, até que chegou o dia do perigo e lhes arrancou a confissão de que só se entusiasmavam com a renda da terra.

Os realistas coligados intrigavam uns contra os outros na imprensa, em Ems,[52] em Claremont,[53] fora do Parlamento. Nos

---

[52] Ver nota 74, p. 151.

[53] Nos arredores de Londres, em Claremont, vivia Luís Felipe, que fugiu da França depois da revolução de fevereiro de 1848.

bastidores, voltavam a vestir as suas velhas librés orleanistas e legitimistas e retomavam os seus velhos torneios. Mas na cena pública, nas suas ações principais,[54] como grande partido parlamentar, despachavam as suas respectivas casas reais com simples reverências e adiavam a restauração da monarquia *in infinitum* [indefinidamente – latim]. Cumpriam o seu verdadeiro ofício como partido da ordem, isto é, sob um título social e não sob um título político, como representantes da ordem burguesa e não como cavaleiros de alguma princesa errante, como classe burguesa face a outras classes e não como realistas face a republicanos. E, como partido da ordem, exerceram uma dominação mais ilimitada e mais dura sobre as restantes classes da sociedade do que a que tinham alguma vez exercido sob a Restauração ou sob a monarquia de julho, como só era possível exercê-la sob a forma da república parlamentar, pois só sob essa forma podiam unir-se os dois grandes setores da burguesia francesa e, portanto, pôr na ordem do dia a dominação da sua classe em vez do regime de uma fração privilegiada dela. Se, apesar disso e também como partido da ordem, insultavam a república e exprimiam aversão por ela, não era apenas por recordações realistas. O instinto ensinava-lhes que, embora a república tivesse culminado a sua dominação política, minava ao mesmo tempo a sua base social, pois agora enfrentavam as classes subjugadas e tinham que lutar contra elas sem mediação, sem a cobertura da coroa, sem poder desviar o interesse nacional por meio das suas lutas subalternas entre si e contra a realeza. Era um sentimento de debilidade o que os fazia retroceder tremendo perante as condições puras da sua dominação de classe e suspirar pelas formas mais incompletas, menos desenvolvidas e precisamente por isso menos perigosas da sua dominação. Ao contrário, sempre que os realistas coligados entravam em conflito com o pretendente que se lhes contrapunha, com Bonaparte, sempre que

---

[54] Ver nota 49, p. 101-102.

A REVOLUÇÃO ANTES DA REVOLUÇÃO | 247

acreditavam que o poder executivo fazia perigar a sua onipotência parlamentar, sempre que tinham que exibir, portanto, o título político da sua dominação, atuavam como republicanos e não como realistas. Desde o orleanista Thiers, que adverte a Assembleia Nacional de que a república é o que menos os separa, até o legitimista Berryer, que em 2 de dezembro de 1851, cingido com a faixa tricolor, arenga como tribuno, em nome da república, ao povo congregado diante do edifício da sede do 10º *arrondissement* [bairro, divisão administrativa – francês]. Claro está que o eco trocista lhe respondia com este grito: Henri V! Henri V![55]

Frente à burguesia coligada, formara-se uma coligação de pequeno-burgueses e operários, o chamado partido social-democrata. Os pequeno-burgueses viram-se mal recompensados depois das jornadas de junho de 1848, viram em perigo os seus interesses materiais e postas em causa pela contrarrevolução as garantias democráticas que deviam assegurar-lhes a possibilidade de fazer valer esses interesses. Aproximaram-se, portanto, dos operários. Por outro lado, a sua representação parlamentar, a Montagne, posta à margem durante a ditadura dos republicanos burgueses, tinha reconquistado durante a última metade da vida da Constituinte, com a luta contra Bonaparte e os ministros realistas, a sua perdida popularidade. Tinha estabelecido uma aliança com os chefes socialistas. Em fevereiro de 1849, festejou-se com banquetes a reconciliação. Esboçou-se um programa comum, criaram-se comitês eleitorais comuns e proclamaram-se candidatos comuns. Às reivindicações sociais do proletariado, limou-se sua ponta revolucionária e foi dada a elas uma cara democrática; às exigências democráticas da pequena burguesia retirou-se a sua forma meramente política e afiou-se a sua ponta socialista. Assim nasceu a social-democracia. A nova Montagne, resultado dessa combinação, continha, prescindindo de alguns figurantes da classe operária e de alguns sectários socialistas, os mesmos elementos que a velha

---

[55] Henrique V! Henrique V!

Montagne, só que numericamente mais fortes. Mas tinha mudado, no decurso do desenvolvimento, com a classe que representava. O caráter peculiar da social-democracia consiste em exigir instituições democrático-republicanas, não como meio para abolir ao mesmo tempo os dois extremos, capital e trabalho assalariado, mas para atenuar o seu antagonismo e convertê-lo em harmonia. Por diferentes que possam ser as medidas propostas para alcançar esse fim, por muito que se possa revestir por representações mais ou menos revolucionárias, o conteúdo permanece o mesmo. Esse conteúdo é a transformação da sociedade pela via democrática, mas uma transformação dentro do quadro da pequena burguesia. Não se deve ter a limitada ideia segundo a qual a pequena burguesia quer impor, por princípio, um interesse egoísta de classe. Ela crê, ao contrário, que as condições particulares da sua emancipação são as condições gerais fora das quais a sociedade moderna não pode ser salva nem pode se evitar a luta das classes. Também não se deve imaginar que os representantes democráticos são todos *shopkeepers* [lojistas – inglês] ou pessoas que se entusiasmam com eles. Podem estar a um mundo de distância deles, pela sua cultura e pela sua situação individual. O que os faz representantes do pequeno-burguês é que a sua cabeça não ultrapassa os limites que aquele não ultrapassa na vida; que, portanto, são teoricamente impulsionados para as mesmas tarefas e soluções para as quais o interesse material e a situação social impulsionaram, praticamente, aquele. Tal é, em geral, a relação existente entre os representantes políticos e literários de uma classe e a classe que eles representam.

Por todo o exposto se torna por si mesmo evidente que, se a Montagne luta constantemente contra o partido da ordem em torno da república e dos chamados direitos do homem, nem a república nem os direitos do homem são o seu fim último, do mesmo modo que um exército a quem se quer retirar as armas e que se defende não se lança no terreno da luta apenas para ficar na posse das suas armas.

Logo na abertura da Assembleia Nacional, o partido da ordem provocou a Montagne. A burguesia sentia agora a necessidade de acabar com os democratas pequeno-burgueses, tal como um ano antes tinha compreendido a necessidade de acabar com o proletariado revolucionário. Mas a situação do adversário era diferente. A força do partido proletário estava na rua, e a dos pequeno-burgueses na própria Assembleia Nacional. Tratava-se, pois, de tirá-los da Assembleia Nacional, levá-los para a rua e fazer com que eles próprios destroçassem a sua força parlamentar antes que tivessem tempo e ocasião para a consolidá-la. A Montagne correu para a armadilha à rédea solta.

A isca que lhe deitaram foi o bombardeio de Roma pelas tropas francesas. Esse bombardeio infringia o artigo V da Constituição, que proíbe a República Francesa de empregar as suas forças armadas contra as liberdades de outro povo. Além disso, o artigo 54 proibia também qualquer declaração de guerra pelo poder executivo sem a aprovação da Assembleia Nacional, e a Constituinte tinha desautorizado a expedição romana, com a sua resolução de 8 de maio. Baseando-se nessas razões, Ledru-Rollin apresentou em 11 de junho de 1849 um pedido de *impeachment* contra Bonaparte e os seus ministros. Atiçado pelas ferroadas de vespa de Thiers, ele deixou-se levar para a ameaça de que estavam dispostos a defender a Constituição por todos os meios, até com as armas na mão. A Montagne levantou-se como um só homem e repetiu esse apelo às armas. Em 12 de junho, a Assembleia Nacional rejeitou o pedido de *impeachment*, e a Montagne abandonou o Parlamento. Os acontecimentos de 13 de junho são conhecidos: a proclamação de uma parte da Montagne declarando "fora da Constituição" Bonaparte e os seus ministros; a procissão de rua dos guardas nacionais democráticos, que, desarmados como iam, se dispersaram rapidamente quando se encontraram com as tropas de Changarnier etc. etc. Uma parte da Montagne fugiu para o estrangeiro, outra parte foi entregue ao Supremo Tribunal de Bourges,[56] e um regulamento parlamentar

---

[56] Ver nota 63, p. 134.

submeteu o resto à vigilância de mestre-escola do presidente da Assembleia Nacional. Em Paris foi declarado novamente o estado de sítio, e a parte democrática da sua Guarda Nacional foi dissolvida. Assim se destroçava a influência da Montagne no Parlamento e a força dos pequeno-burgueses em Paris.

Em Lyon, onde o 13 de junho tinha dado o sinal para um sangrento levante operário, foi também declarado o estado de sítio, que se tornou extensivo aos cinco Departamentos circundantes, situação que dura até o momento atual.

O grosso da Montagne traiu a sua vanguarda, recusando-se a assinar a sua proclamação. A imprensa desertou, na medida em que só dois jornais se atreveram a publicar o pronunciamento. Os pequeno-burgueses traíram os seus representantes: os guardas nacionais não apareceram, ou onde apareceram foi para impedir que se levantassem barricadas. Os representantes tinham enganado os pequeno-burgueses, já que os pretensos aliados do exército não foram vistos em parte alguma. Finalmente, em vez de retirar um suplemento de força do proletariado, o partido democrático contagiou-o com a sua própria debilidade e, como costuma acontecer com os altos feitos democráticos, os chefes tiveram a satisfação de poder acusar o seu "povo" de deserção, e o povo a de poder acusar de fraude os seus chefes.

Raramente tinha se anunciado uma ação com mais estrépito que a campanha iminente da Montagne, raramente tinha se trombeteado um acontecimento com mais segurança e com mais antecedência que a vitória inevitável da democracia. Indubitavelmente: os democratas acreditam nas trombetas, ante cujos toques as muralhas de Jericó ruíram. E sempre que se defrontam com os muros do despotismo tentam repetir o milagre. Se a Montagne queria vencer no Parlamento, não devia ter apelado para as armas. E se apelava para as armas no Parlamento, não devia portar-se parlamentarmente na rua. Se a manifestação pacífica era um propósito sério, era estúpido não prever que seria recebida belicosamente. E se se pensava numa luta efetiva, era original depor as armas com que essa luta devia ser travada. Mas as ameaças revolucionárias dos pequeno-burgueses e dos seus representantes democráticos não são mais do que tentativas para intimidar o adversário. E quando se veem num beco sem saída, quando estão já suficientemente comprometidos para se verem obrigados a executar as suas ameaças, fazem-no de um modo equívoco, evitam sobretudo os meios para alcançar os fins, esforçam-se por encontrar pretextos para a derrota. A abertura estrepitosa que anunciava o combate perdeu-se num resmungo surdo assim que o combate teve de começar, os atores deixaram de se levar *au sérieux* [a sério – francês] e a ação abateu-se lamentavelmente, como um balão cheio de ar que se fura com uma agulha.

Nenhum partido exagera mais perante si próprio os seus meios do que o democrático, nenhum se engana com mais ligeireza sobre a situação. Porque uma parte do exército votou a seu favor, a Montagne estava já convencida de que o exército se sublevaria por ela. E com que motivo? Com um motivo que, do ponto de vista das tropas, não tinha qualquer outro sentido senão o de que os revolucionários tomavam o partido dos soldados romanos contra os soldados franceses. Por outro lado, estavam ainda demasiado frescas as recordações do mês de junho de 1848 para que não tivessem de existir uma profunda antipatia do proletariado contra a Guarda Nacional e uma desconfiança completa dos chefes das sociedades secretas contra os chefes democráticos. Para aplanar essas diferenças, seria necessário que estivessem em jogo grandes interesses comuns. A violação de um parágrafo abstrato da Constituição não podia representar tal interesse. Por acaso não tinha já sido violada repetidas vezes a Constituição, segundo asseguravam os próprios democratas? E por acaso os jornais mais populares não a tinham estigmatizado como um refugo contrarrevolucionário? Mas o democrata, como representa a pequena burguesia, isto é, uma classe de transição, na qual os interesses das duas classes se embotam uns contra os outros, julga-se estar acima da oposição de classes em geral. Os democratas reconhecem que têm pela frente uma classe privilegiada, mas eles, com toda a nação restante que os circunda, constituem o povo. O que eles representam é o direito do povo, o que lhes interessa é o interesse do povo. Por isso, quando se prepara uma luta, não necessitam examinar os interesses e as posições das diferentes classes. Não necessitam ponderar demasiado escrupulosamente os seus próprios meios. Basta lhes dar o sinal, para que o povo, com todos os seus recursos inesgotáveis, caia sobre os opressores. E se, ao pôr a coisa em prática, se verifica que os seus interesses não interessam e o seu poder é impotente, a culpa é dos sofistas corruptores, que separam o povo indivisível em vários campos inimigos, ou do exército, demasiado embrutecido e cego para ver nos fins puros da democracia o melhor para ele, ou então fracassou tudo por um pormenor de execução, ou surgiu um acaso imprevisto que fez malograr a partida por esta vez. Em todo o caso, o democrata sai da derrota mais ignominiosa tão imaculado como era inocente quando entrou nela, com a convicção readquirida de que tem que vencer, não de que ele próprio e o seu partido têm que abandonar a velha posição, mas que, ao contrário, são as condições que têm que amadurecer para se porem de acordo com ele.

Por isso não devemos fazer uma ideia demasiado infeliz da Montagne dizimada, destroçada e humilhada pelo novo regulamento parlamentar. Se o 13 de junho afastou os seus chefes, por outro lado abriu caminho a competências subalternas, a quem essa nova posição lisonjeava. Se a sua impotência no Parlamento já não deixava lugar para dúvidas, isso dava-lhes também o direito de limitar a sua ação a acessos de indignação moral e a declamações ruidosas. Se o partido da ordem fingia ver corporizados neles, como últimos representantes oficiais da revolução, todos os horrores da anarquia, isso permitia-lhes comportar-se na realidade com tanto maior trivialidade e humildade. E do 13 de junho consolavam-se com esta profunda tirada: mas, se se ousar tocar no sufrágio universal, ah!, então! Então verão quem nós somos! *Nous verrons!* [Veremos! – francês]

No que se refere aos *montagnards* [montanheses, membros do partido da Montagne – francês] fugidos para o estrangeiro, basta observar aqui que Ledru-Rollin, dado que tinha conseguido arruinar irremissivelmente em menos de duas semanas o potente partido à frente do qual estava, julgou-se chamado a formar um governo francês *in partibus*[57] que, ao longe, afastada do campo de ação, a sua figura parecia ganhar em estatura à medida que baixava o nível da revolução e as grandezas oficiais da França oficial iam se tornando mais anãs; que pôde figurar como pretendente republicano para 1852; que dirigia circulares periódicas aos valáquios e a outros povos, nas quais se ameaçava os déspotas do continente com os seus feitos e os dos seus aliados. Acaso faltaria por completo a razão a Proudhon quando gritou a esses senhores: *"Vous n'êtes que des blagueurs!"* [Não sois mais que uns impostores! – francês].

Em 13 de junho, o partido da ordem não só tinha quebrado a força da Montagne, mas também tinha imposto a submissão da Constituição às decisões da maioria da Assembleia Nacional. E entendia assim a república: que a burguesia dominava aqui sob formas parlamentares, sem encontrar uma barreira, como sob a monarquia, no veto do poder executivo ou na dissolubilidade do Parlamento. Isso era a república parlamentar, como lhe chamava Thiers. Mas, se em 13 de junho a burguesia assegurou a sua onipotência no seio do Parlamento, não condenava ela o próprio Parlamento a uma debilidade incurável face ao poder executivo e ao povo, na medida em que repudiava a parte mais popular da Assembleia? Ao entregar numerosos deputados, sem mais cerimônias, à requisição dos tribunais, suprimia a sua própria imunidade parlamentar. O regulamento humilhante que impôs à Montagne elevava o presidente da república na mesma medida em que rebaixava cada um dos representantes do povo. Ao estigmatizar como anarquista, como destinada a subverter a sociedade, a insurreição em defesa do regime constitucional, a

---

[57] Ver nota 4, p. 42.

burguesia proibia a si própria o apelo à insurreição quando o poder executivo violasse contra ela a Constituição. E a ironia da história quis que, em 2 de dezembro de 1851, o general que bombardeou Roma por ordem de Bonaparte, dando assim o motivo imediato para o motim constitucional de 13 de junho, Oudinot, fosse apresentado ao povo, em tom implorativo e em vão, pelo partido da ordem, como o general da Constituição contra Bonaparte. Outro herói do 13 de junho, Vieyra, que da tribuna da Assembleia Nacional colheu elogios pelas brutalidades por ele cometidas nas sedes de jornais democráticos, à frente de um bando de guardas nacionais pertencentes à alta finança, esse mesmo Vieyra estava no segredo da conspiração de Bonaparte e contribuiu essencialmente para privar a Assembleia Nacional, à hora da sua morte, de toda a proteção por parte da Guarda Nacional.

O 13 de junho tinha, além disso, outro sentido. A Montagne queria forçar a entrega de Bonaparte aos tribunais. Portanto, a sua derrota era uma vitória direta para Bonaparte, o triunfo pessoal deste sobre os seus inimigos democráticos. O partido da ordem tinha conseguido a vitória e Bonaparte apenas tinha tido que embolsá-la. Assim fez. Em 14 de junho, pôde ler-se nos muros de Paris uma proclamação na qual o presidente, como que sem a sua participação, resistindo, obrigado simplesmente pela força dos acontecimentos, sai do seu recato claustral, queixa-se, como a virtude ofendida, das calúnias dos seus adversários, e identifica antes a causa da ordem com a sua pessoa. Além disso, a Assembleia Nacional tinha aprovado, embora depois de realizada, a expedição contra Roma, tendo a iniciativa da mesma corrido a cargo de Bonaparte. Depois de reinstalar no Vaticano o pontífice Samuel, podia esperar entrar nas Tulherias como rei David.[58] Tinha ganho os padres.

---

[58] Alusão aos planos de Luís Bonaparte, que tencionava receber a coroa francesa das mãos do papa Pio IX. Segundo a tradição bíblica, David, rei de Israel, foi ungido para o trono pelo profeta Samuel.

O motim de 13 de junho limitou-se, como vimos, a uma pacífica procissão de rua. Contra ele não se podia, portanto, ganhar louros de guerra. No entanto, numa época tão pobre em heróis e em acontecimentos, o partido da ordem converteu essa batalha sem efusão de sangue num segundo Austerlitz.[59] A tribuna e a imprensa exaltaram o exército como poder da ordem oposto às massas do povo, representando a impotência da anarquia, e Changarnier, como o "baluarte da sociedade". Uma mistificação em que ele próprio acabou por acreditar. Mas, na calada foram afastados de Paris os corpos que pareciam duvidosos, os regimentos onde as eleições tinham dado os resultados mais democráticos foram desterrados da França para Argélia, as cabeças irrequietas que havia entre as tropas foram enviadas para companhias disciplinares, e, por último, sistematicamente se isolou a imprensa do quartel e este da sociedade burguesa (*bürgerliche Gesellschaft*).

Chegamos aqui à mudança decisiva na história da Guarda Nacional francesa. Em 1830, ela tinha decidido a queda da Restauração. Sob Luís Felipe, todo motim em que a Guarda Nacional estivera do lado das tropas fracassara. Quando, nas jornadas de fevereiro de 1848, se mostrou passiva para com a insurreição e equívoca para com Luís Felipe, este deu-se por perdido, e estava perdido. Assim foi se enraizando a convicção de que a revolução não podia vencer sem a Guarda Nacional, nem o exército podia vencer contra ela. Era a fé supersticiosa do exército na onipotência burguesa (*bürgerliche*). As jornadas de junho de 1848, em que toda a Guarda Nacional, com as tropas de linha, sufocou a insurreição, tinham reforçado essa fé supersticiosa. Depois de Bonaparte ter subido ao governo, a posição da Guarda Nacional foi, de certo modo, enfraquecida pela fusão anticonstitucional

---

[59] A batalha de Austerlitz (Morávia), travada em 2 de dezembro (20 de novembro) de 1805, terminou com a vitória de Napoleão I sobre as tropas austro--russas.

do seu comando com o comando da primeira divisão militar na pessoa de Changarnier.

Do mesmo modo que o comando da Guarda Nacional aqui aparecia como um atributo do alto comando militar, assim ela própria aparecia apenas como um apêndice das tropas de linha. Por fim, em 13 de junho foi destroçada. E não apenas pela sua dissolução parcial, que desde aquele tempo se repetiu periodicamente em todos os pontos da França e dela só deixou ruínas. A manifestação de 13 de junho foi, sobretudo, uma manifestação dos guardas nacionais democráticos. É certo que não opuseram ao exército as suas armas mas apenas os seus uniformes, mas nesse uniforme residia precisamente o talismã. O exército convenceu-se de que o tal uniforme era um trapo de lã como outro qualquer. O encanto foi quebrado. Nas jornadas de junho de 1848, a burguesia e a pequena burguesia, na qualidade de Guarda Nacional, estiveram unidas com o exército contra o proletariado; em 13 de junho de 1849, a burguesia fez com que o exército dispersasse a Guarda Nacional pequeno-burguesa; em 2 de dezembro de 1851, a Guarda Nacional da burguesia desapareceu ela própria, e Bonaparte constatou apenas esse fato ao assinar, depois, o decreto da sua dissolução. Foi assim que a burguesia quebrou, ela mesma, a sua última arma contra o exército, mas não tinha outro remédio senão quebrá-la a partir do momento em que a pequena burguesia já não estava atrás dela como vassalo, mas diante dela como rebelde, do mesmo modo que tinha necessariamente que destruir – em geral, com as suas próprias mãos, a partir do momento em que ela mesma se tornou absolutista – todos os seus meios de defesa contra o absolutismo.

Entretanto, o partido da ordem festejava a reconquista de um poder, que, em 1848, apenas parecia ter perdido para voltar a encontrá-lo livre dos seus entraves, em 1849, com invectivas contra a república e a Constituição, com a maldição de todas as revoluções passadas, presentes e futuras, incluindo as que os seus próprios chefes tinham feito, e com leis que amordaçavam a imprensa, destruíam o direito de associação e sancionavam o estado de sítio como instituto orgânico. Depois, a Assembleia Nacional suspendeu as suas sessões desde meados de agosto até meados de outubro, após ter nomeado uma comissão permanente, para o período que durasse a sua ausência. Durante essas férias, os legitimistas conspiraram com Ems, os orleanistas com Claremont, Bonaparte em digressões principescas, os conselhos departamentais em consultas sobre a revisão constitucional, casos que se repetem com regularidade durante as férias periódicas da Assembleia Nacional e nos quais entrarei logo que se convertam em acontecimentos. Aqui, assinalamos apenas que a Assembleia Nacional atuou impoliticamente ao desaparecer da cena durante tão longo intervalo, deixando que apenas aparecesse à frente da república uma figura, mesmo tão lamentável como a de Luís Bonaparte, enquanto o partido da ordem, para escândalo do público, se decompunha nas suas partes integrantes realistas e se deixava levar pelos seus divergentes apetites de restauração. Sempre que, durante essas férias, emudecia o ruído confuso do Parlamento e o seu corpo se dissolvia na nação, ninguém podia deixar de ver que apenas faltava uma coisa para consumar a verdadeira figura dessa república: tornar permanentes as suas férias e substituir o seu lema: *liberté, égalité, fraternité*, pelas inequívocas palavras: *Infanterie, Cavalerie, Artillerie*! [infantaria, cavalaria, artilharia! – francês].

IV

Em meados de outubro de 1849, a Assembleia Nacional reuniu-se de novo. Em 1º de novembro, Bonaparte surpreendeu-a com uma mensagem em que anunciava a destituição do ministério Barrot--Falloux e a formação de um novo ministério. Nunca se expulsaram lacaios do seu posto com menos cerimônia do que Bonaparte os seus ministros. Os pontapés destinados à Assembleia Nacional eram recebidos, momentaneamente, por Barrot e companhia.

O ministério Barrot era composto, como vimos, por legitimistas e orleanistas, era um ministério do partido da ordem. Bonaparte precisara dele para dissolver a Constituinte republicana, realizar a expedição contra Roma e destroçar o partido democrático. Tinha se eclipsado aparentemente por detrás desse ministério, abandonando o poder do governo nas mãos do partido da ordem e pondo a máscara de modéstia que, sob Luís Felipe, o editor responsável dos jornais usava a máscara do *homme de paille* [homem de palha – francês]. Agora tirou a máscara, que já não era um véu sutil por detrás do qual podia ocultar a sua fisionomia, mas a máscara de ferro que o impedia de mostrar uma fisionomia própria. Tinha constituído o ministério Barrot para dissolver, em nome do partido da ordem, a Assembleia Nacional republicana; destituiu-o para declarar o seu próprio nome independente da Assembleia Nacional do partido da ordem.

Pretextos plausíveis para essa destituição não faltavam. O ministério Barrot descuidava inclusive as formas de decoro que teriam feito o presidente da república aparecer como um poder ao lado da Assembleia Nacional. Durante as férias da Assembleia Nacional, Bonaparte publicou uma carta dirigida a Edgar Ney na qual parecia desaprovar a atuação não liberal do papa,[60] do mesmo modo que tinha publicado, em oposição à Constituinte, outra carta na qual elogiava Oudinot pelo seu ataque contra a República Romana. Ao ser votado na Assembleia Nacional o orçamento da expedição romana, Victor Hugo, por um pretenso liberalismo, pôs à discussão essa carta. O partido da ordem afogou entre exclamações incrédulas de desprezo a ideia de que as ideias de Bonaparte pudessem ter qualquer peso político. Nenhum dos ministros aceitou o desafio. Noutra ocasião, Barrot, com o seu conhecido *pathos* [caráter, qualidade – grego] oco, deixou escapar, da tribuna, palavras de indignação contra as "manobras abomináveis" em que, segundo o seu testemunho, andavam metidas as pessoas mais próximas do presidente. Por fim, o ministério, ao mesmo tempo que aprovava pela Assembleia Nacional uma pensão de viuvez para a duquesa de Orléans, rejeitava todas as propostas para aumentar a lista civil presidencial. E, em Bonaparte, o pretendente imperial fundia-se tão intimamente com o cavalheiro de indústria arruinado, que uma grande ideia, a da sua missão de restaurar o império, era sempre complementada com outra: a de que o povo francês tinha a missão de pagar as suas dívidas.

O ministério Barrot-Falloux foi o primeiro e o último ministério parlamentar a que Bonaparte deu vida. Por isso a sua destituição assinala uma mudança decisiva. Com ele, o partido da ordem perdeu, para nunca mais recuperá-lo, um posto indispensável para a formação do regime parlamentar, o manejo do poder executivo. Compreende-se imediatamente que num país como a França, onde o poder executivo dispõe de um exército de funcionários de mais de meio milhão de

---

[60] Pio IX.

indivíduos e tem portanto constantemente sob a sua dependência mais incondicional uma massa imensa de interesses e existências, onde o Estado manieta, controla, regulamenta, vigia e tutela a sociedade burguesa, desde as suas manifestações mais amplas de vida até as suas vibrações mais insignificantes, desde as suas modalidades mais gerais de existência até a existência privada dos indivíduos, onde esse corpo parasitário adquire, pela mais extraordinária centralização, uma onipresença, uma onisciência, uma capacidade acelerada de movimento e uma elasticidade que só encontram correspondência na dependência desamparada, na disformidade incoerente do corpo social efetivo, compreende-se que em semelhante país, ao perder a possibilidade de dispor dos postos ministeriais, a Assembleia Nacional perdia toda a influência efetiva, se ao mesmo tempo não simplificasse a administração do Estado, não reduzisse o mais possível o exército de funcionários e finalmente não deixasse a sociedade burguesa (*bürgerliche Gesellschaft*) e a opinião pública criar os seus órgãos próprios, independentes do poder do governo. Mas, o interesse material da burguesia francesa está precisamente entretecido do modo mais íntimo com a conservação dessa extensa e ramificadíssima máquina do Estado. Coloca aqui a sua população excedente e completa sob a forma de vencimentos do Estado o que não pode embolsar sob a forma de lucros, juros, rendas e honorários. Por outro lado, o seu interesse político obrigava-a a aumentar diariamente a repressão e, portanto, os meios e o pessoal do poder do Estado, ao mesmo tempo que se via obrigada a travar uma guerra ininterrupta contra a opinião pública e a mutilar e a paralisar com desconfiança os órgãos independentes de movimento da sociedade, lá onde não conseguia amputá-los por completo. Deste modo, a burguesia francesa via-se forçada, pela sua situação de classe, por um lado, a aniquilar as condições de vida de todo o poder parlamentar, incluindo, portanto, o seu próprio, e, por outro, a tornar irresistível o poder executivo que lhe era hostil.

O novo ministério chamava-se ministério d'Hautpoul. Não porque o general d'Hautpoul tivesse obtido o cargo de presidente do

Conselho. Com Barrot, Bonaparte tinha suprimido ao mesmo tempo essa dignidade, que condenava, certamente, o presidente da república à nulidade legal de um rei constitucional, mas de um rei constitucional sem trono e sem coroa, sem cetro e sem espada, sem irresponsabilidade, sem a posse imprescritível da suprema dignidade do Estado e, o mais fatal de tudo, sem lista civil. O ministério d'Hautpoul contava apenas com um homem de renome parlamentar, o judeu Fould, um dos membros de pior reputação da alta finança. Tocou-lhe por sorte o ministério das Finanças. Consultem-se as cotações da Bolsa de Paris e ver-se-á que, a partir de 1º de novembro de 1849, os fundos franceses sobem e descem com as subidas e descidas das ações bonapartistas. Tendo encontrado assim os seus associados na Bolsa, Bonaparte apoderou-se, ao mesmo tempo, da polícia pela nomeação de Carlier para chefe da polícia de Paris.

No entanto, as consequências da mudança de ministério só podiam revelar-se no curso do desenvolvimento. A princípio, Bonaparte apenas tinha dado um passo em frente para poder de maneira mais evidente ser empurrado para trás. À sua grosseira mensagem, seguiu-se a declaração mais servil de submissão à Assembleia Nacional. Sempre que os ministros faziam a tímida tentativa de apresentar como projetos de lei os seus caprichos pessoais, eles próprios pareciam apenas cumprir contra vontade e obrigados pela sua situação ordens cômicas de cujo insucesso estavam de antemão convencidos. Sempre que Bonaparte, nas costas dos ministros, deixava escapar as suas intenções e jogava com as suas *idées napoléoniennes*,[61] os seus próprios ministros o desautorizavam do alto da tribuna da Assembleia Nacional. Parecia que os seus apetites de usurpação apenas se faziam ouvir para que não se aplacassem os risos maliciosos dos seus adversários. Comportava-se como um gênio ignorado, considerado por todo mundo como um simples de espírito. Jamais foi objeto

---

[61] Alusão ao livro de Luís Bonaparte, *Des idées napoléoniennes (Ideias Napoleônicas),* publicado em Paris em 1839.

do desprezo de todas as classes de um modo mais completo como durante esse período. Jamais a burguesia dominou de modo mais incondicional, jamais ostentou com mais jactância as insígnias da sua dominação.

Não tenho que escrever aqui a história da sua atividade legislativa, que se resume, durante este período, a duas leis: a lei que restabelece o imposto sobre o vinho e a lei do ensino, que suprime a incredulidade [religiosa]. Se se colocava aos franceses obstáculos para beberem vinho, em contrapartida lhes era servida com tanto maior abundância a água da verdadeira vida. Se na lei sobre o imposto do vinho a burguesia declarava intangível o antigo odioso sistema fiscal francês, com a lei do ensino tentava assegurar o antigo estado de espírito das massas, que lho fazia suportar. Causa espanto ver os orleanistas, os burgueses liberais, esses velhos apóstolos do voltairianismo e da filosofia eclética, confiar aos seus inimigos hereditários, os jesuítas, a administração do espírito francês. Orleanistas e legitimistas podiam divergir quanto ao pretendente à coroa, mas compreendiam que a sua dominação coligada exigia a união dos meios de opressão de duas épocas, que os meios de submissão da monarquia de julho tinham de ser completados e reforçados com os meios de submissão da Restauração.

Os camponeses, defraudados em todas as suas esperanças, oprimidos mais do que nunca, por um lado, pelo baixo nível dos preços dos cereais e, por outro lado, pela crescente carga das contribuições e do endividamento hipotecário, começaram a agitar-se nos Departamentos. Foi-lhes respondido com uma investida contra os mestres-escolas, que foram submetidos aos eclesiásticos, com uma investida contra os *maires,* contra os presidentes das câmaras, que foram submetidos ao prefeito, e com um sistema de espionagem a que todos ficaram submetidos. Em Paris e nas grandes cidades, a própria reação apresenta a fisionomia da sua época e provoca mais do que reprime. No campo, torna-se baixa, vulgar, mesquinha, opressiva, vexatória, numa palavra: gendarme. Compreende-se até que ponto três anos de regime do gendarme, benzido pelo regime do padre, tinham que desmoralizar massas imaturas.

Qualquer que fosse a soma de paixão e de declamação que o partido da ordem pudesse verter da tribuna da Assembleia Nacional contra a minoria, os seus discursos permaneciam monossilábicos, como os do cristão cujas palavras devem ser: sim, sim; não, não. Monossilábicos na tribuna e monossilábicos na imprensa. Insonsos como uma adivinha cuja solução se sabe de antemão. Quer se trate do direito de petição ou do imposto sobre o vinho, da liberdade de imprensa ou do comércio livre, dos clubes ou da organização municipal, da proteção da liberdade pessoal ou da regulamentação do orçamento do Estado, a palavra de ordem repete-se sempre, o tema é sempre o mesmo, a sentença está sempre preparada e reza invariavelmente: "Socialismo!" E é apresentado como socialismo até o liberalismo burguês, a ilustração burguesa e até a reforma financeira burguesa. Era socialista construir uma ferrovia onde havia já um canal e socialista defender-se com um pau quando se é atacado com uma espada.

E isso não era mera maneira de falar, moda, tática de partido. A burguesia tinha a percepção correta de que todas as armas por ela forjadas contra o feudalismo se voltavam contra ela mesma, de que todos os meios de cultura criados por ela se rebelavam contra a sua própria civilização, de que todos os deuses que tinha criado a abandonavam. Compreendia que todas as chamadas liberdades civis (*bürgerliche Freiheiten*) e os órgãos de progresso atacavam e ameaçavam, ao mesmo tempo, na base social e no vértice político, a sua dominação de classe e, portanto, tinham se convertido em "socialistas". Nessa ameaça e nesse ataque, achava com razão o segredo do socialismo, cujo sentido e cuja tendência ela julga mais corretamente do que se pode julgar a si próprio o chamado socialismo, que não pode compreender por isso como a burguesia se fecha obstinadamente contra ele, quer gema sentimentalmente sobre os sofrimentos da humanidade, quer anuncie cristãmente o reino milenário e a fraternidade universal, quer tagarele humanisticamente sobre o espírito, a cultura, a liberdade, quer congemine doutrinalmente um sistema da conciliação e do bem-estar de todas as classes. O que ela não compreendia era a consequência de que o seu próprio regime parlamentar, de que a sua dominação política em geral tinha que cair também sob a condenação geral, como socialista. Enquanto a dominação da classe burguesa não tivesse se organizado integralmente, não tivesse adquirido a sua expressão política pura, o antagonismo das outras classes também não poderia se manifestar em sua forma pura e, onde o fizesse, não poderia assumir esse caráter perigoso que converte toda a luta contra o poder do Estado numa luta contra o capital. Quando em cada vibração de vida da sociedade via um perigo para a "tranquilidade", como podia empenhar-se em manter à frente da sociedade o regime da intranquilidade, o seu próprio regime, o regime parlamentar, esse regime que, segundo a expressão de um dos seus oradores, vive na luta e pela luta? O regime parlamentar vive da discussão; como pode ele proibir a discussão? Todo o interesse, toda a instituição social se transformam aqui em ideias gerais, discutidas como ideias; como, pois, algum interesse, alguma instituição poderá situar-se acima do pensamento e impor-se como artigo de fé? A luta dos oradores na tribuna provoca a luta dos plumitivos na imprensa, o clube de debates do Parlamento é necessariamente complementado com os clubes de debates dos salões e das tabernas, os representantes que apelam continuamente para a opinião do povo a autorizam a expressar em petições a sua efetiva opinião. O regime parlamentar entrega tudo à decisão das maiorias; como, pois, não irão as grandes maiorias querer decidir fora do Parlamento? Se os que estão nos cumes do Estado tocam violino, que coisa há de mais natural do que os que estão em baixo dancem?

Portanto, quando a burguesia excomunga como "socialista" o que antes exaltava como "liberal", confessa que o seu próprio interesse lhe ordena que evite os perigos do seu autogoverno, que para poder impor a tranquilidade no país tem que impô-la em primeiro lugar ao seu parlamento burguês, que para manter intacto o seu poder social tem que enfraquecer o seu poder político; que o burguês privado só pode continuar a explorar outras classes e a gozar pacificamente da propriedade, da família, da religião e da ordem com a condição de a sua classe ser condenada com as outras classes à mesma nulidade política; que para salvar a bolsa há que renunciar à coroa, e que a espada que devia protegê-la tem que pender ao mesmo tempo sobre a sua própria cabeça como a espada de Dâmocles.

No campo dos interesses gerais da burguesia, a Assembleia Nacional mostrou-se tão improdutiva que, por exemplo, os debates sobre a ferrovia Paris-Avignon, iniciados no inverno de 1850, ainda não estavam prontos para ser concluídos em 2 de dezembro de 1851. Onde não se tratava de reprimir, de atuar reacionariamente, estava condenada a uma esterilidade incurável.

Enquanto o ministério de Bonaparte tomava, em parte, a iniciativa de leis no espírito do partido da ordem e, em parte, exagerava ainda mais a sua severidade na execução e manejo das mesmas, ele, por outro lado, tentava, por meio de propostas puerilmente néscias, ganhar popularidade, tornar manifesta a sua oposição com a Assembleia Nacional e dar a entender por um desígnio secreto que só as condições o impediam momentaneamente de abrir ao povo francês os seus tesouros ocultos. Por isso, a proposta de decretar um aumento de quatro *sous* [moeda de cinco centavos – francês] por dia para os soldos dos oficiais subalternos. Por isso, a proposta de criar um banco para conceder empréstimos [sob compromisso] de honra aos operários. Obter dinheiro oferecido e emprestado: eis aqui a perspectiva com que esperava que as massas mordessem o anzol. Oferecer e receber emprestado: a isso se limita a ciência financeira do lumpemproletariado, tanto do distinto quanto do vulgar. A isso se limitavam as molas que Bonaparte sabia pôr em movimento. Nunca um pretendente especulou mais tacanhamente com a tacanhez das massas.

A Assembleia Nacional encolerizou-se repetidas vezes perante essas tentativas inegáveis de ganhar popularidade à sua custa, perante o perigo crescente de que esse aventureiro, esporeado pelas dívidas e que não podia ser contido pelo receio de perder qualquer reputação adquirida, ousasse um golpe desesperado. O desacordo entre o partido da ordem e o presidente tinha tomado um caráter ameaçador, quando um acontecimento inesperado voltou a lançar este, arrependido, nos braços daquele. Referimo-nos às eleições parciais de 10 de março de 1850. Essas eleições realizaram-se para preencher os lugares de deputados que a prisão ou o exílio tinham deixado vagos depois do 13 de junho. Paris elegeu apenas candidatos social-democratas. Concentrou inclusive a maioria dos votos num insurgente de junho de 1848, em De Flotte. A pequena burguesia de Paris, aliada ao proletariado, vingava-se assim da sua derrota de 13 de junho de 1849. Parecia que tinha se retirado do campo de batalha no momento de perigo apenas para voltar a pisá-lo, com uma massa maior de forças combatentes e com uma palavra de ordem de guerra mais audaz, quando a ocasião se apresentava propícia. Uma circunstância parecia aumentar o perigo dessa vitória eleitoral. O exército votou em Paris pelo insurgente de junho, contra La Hitte, um ministro de Bonaparte, e nos Departamentos votou em grande parte pelos *montagnards,* que também aqui, ainda que de um modo não tão decisivo como em Paris, afirmaram a supremacia sobre os seus adversários.

Bonaparte viu-se, de súbito, colocado outra vez frente à revolução. Tal como em 29 de janeiro de 1849, tal como em 13 de junho de 1849, em 10 de março de 1850 desapareceu atrás do partido da ordem. Inclinou-se, pediu pusilanimemente perdão, ofereceu-se para nomear qualquer ministério que a maioria parlamentar ordenasse, suplicou inclusive aos chefes de partido, orleanistas e legitimistas, aos Thiers, aos Berryer, aos Broglie, aos Molé, numa palavra, aos chamados burgraves,[62] que em pessoa empunhassem o leme do Estado. O partido da ordem não soube aproveitar esse momento

---

[62] Ver nota 99, p. 186.

único. Em vez de tomar audazmente o poder que lhe ofereciam, não obrigou sequer Bonaparte a repor o ministério destituído em 1º de novembro; contentou-se em humilhá-lo através do perdão e em integrar no ministério d'Hautpoul o senhor Baroche. Esse Baroche, como acusador público, tinha se enfurecido uma vez contra os revolucionários de 15 de maio e outra contra os democratas de 13 de junho, perante o Supremo Tribunal de Bourges, ambas as vezes por atentado contra a Assembleia Nacional. Nenhum dos ministros de Bonaparte contribuiria mais para desprestigiar a Assembleia Nacional, e depois do 2 de dezembro de 1851 voltamos a encontrá-lo, bem instalado e esplendidamente retribuído, como vice-presidente do Senado. Tinha cuspido na sopa dos revolucionários, para que depois Bonaparte a comesse.

Por sua vez, o Partido social-democrata apenas parecia procurar pretextos para pôr de novo em causa a sua própria vitória e quebrar-lhe o gume. Vidal, um dos deputados recém-eleitos em Paris, tinha sido eleito também por Estrasburg. Convenceram-no a rejeitar o mandato de Paris e a optar pelo de Estrasburg. Portanto, em vez de dar à sua vitória no terreno eleitoral um caráter definitivo, obrigando com isso o partido da ordem a disputá-la imediatamente no Parlamento; em vez de empurrar assim o adversário para a luta no momento do entusiasmo popular e aproveitando o estado de espírito favorável do exército, o partido democrático aborreceu Paris durante os meses de março e abril com uma nova campanha de agitação eleitoral, deixou que as paixões populares excitadas se extenuassem nesse novo jogo de escrutínio provisório, que a energia revolucionária se saciasse com êxitos constitucionais, se gastasse em pequenas intrigas, ocas declamações e movimentações ilusórias, que a burguesia se concentrasse e tomasse as suas medidas, e, finalmente, que o significado das eleições de março encontrasse, na votação parcial de abril, com a eleição de Eugène Sue, um comentário sentimental suavizador. Numa palavra, fez ao 10 de março uma partida de 1º de abril.

A maioria parlamentar compreendeu a debilidade do seu adversário. Os seus 17 burgraves – pois Bonaparte tinha-lhes entregue a direção e a responsabilidade do ataque – elaboraram uma nova lei eleitoral, cujo projeto foi confiado ao senhor Faucher, que recolheu para si essa honra. A lei foi apresentada por ele em 8 de maio; nela era abolido o sufrágio universal, era imposto como condição aos eleitores um domicílio de três anos no lugar de voto e, finalmente, para os operários a prova desse domicílio dependia de um atestado do patrão.

Do mesmo modo que os democratas tinham durante a luta eleitoral constitucional conduzido uma agitação revolucionária, assim os seus discursos se tornavam constitucionais, agora que tratava de se mostrar de armas na mão a seriedade daquela vitória eleitoral, pregando ordem, calma majestosa (*calme majestueux*), atitude legal, isto é, submissão cega à vontade da contrarrevolução, que se impunha insolentemente como lei. Durante o debate, a Montagne envergonhou o partido da ordem, fazendo valer contra a sua paixão revolucionária a atitude desapaixonada do homem de bem que não sai do terreno legal e fulminando-o com a espantosa crítica de que se comportava revolucionariamente. Até os deputados recém-eleitos se esforçaram por demonstrar, com a sua atitude correta e reflexiva, quão ignorantes eram os que os denegriam como anarquistas e interpretavam a sua eleição como uma vitória da revolução. Em 31 de maio foi aprovada a nova lei eleitoral. A Montagne contentou-se em enfiar sorrateiramente um protesto no bolso do presidente da Assembleia. À lei eleitoral seguiu-se uma nova lei de imprensa, com a qual ficava completamente suprimida toda a imprensa diária revolucionária.[63] Tinha merecido

---

[63] Segundo a lei de imprensa adotada pela Assembleia Legislativa em julho de 1850, era consideravelmente aumentada a soma que os editores de jornais deviam depositar; foi também introduzido o imposto de selo, que foi igualmente alargado aos folhetos.

o seu destino. O *Le National* e *La Presse*[64]– dois órgãos burgueses – ficaram depois desse dilúvio como os pontos avançados mais extremos da revolução.

Vimos que os chefes democráticos fizeram, durante os meses de março e abril, todo o possível por enredar o povo de Paris numa luta fictícia e que depois de 8 de maio fizeram tudo para desviá-lo da luta real. Não devemos, além disso, esquecer que o ano de 1850 foi um dos anos mais brilhantes de prosperidade industrial e comercial, e que portanto, o proletariado de Paris estava completamente ocupado. Mas a lei eleitoral de 31 de maio de 1850 afastava-o de qualquer participação no poder político. Isolava-o até do próprio campo de luta. Voltava a precipitar os operários na situação de párias que ocupavam antes da revolução de fevereiro. Ao deixar-se guiar pelos democratas face a esse acontecimento e ao esquecer o interesse revolucionário da sua classe perante um bem-estar momentâneo, renunciaram à honra de ser uma potência conquistadora, submeteram-se ao seu destino, demonstraram que a derrota de junho de 1848 os tinha incapacitado para lutar durante anos e que, momentaneamente, o processo histórico tinha que passar de novo sobre as suas cabeças. Quanto à democracia pequeno-burguesa, que em 13 de junho tinha gritado: "Ah!, mas se tocam no sufrágio universal, ah!, então!", consolava-se agora pensando que o golpe contrarrevolucionário que tinha sido descarregado sobre ela não era tal golpe e que a lei de 31 de maio não era tal lei. No segundo [domingo do mês] de maio de 1852, todo o povo francês comparecerá no local de voto, empunhando numa mão o boletim de voto e na outra a espada. Essa profecia servia-lhe de satisfação. Finalmente, o exército foi castigado pelos seus superiores pelas eleições de março e de abril de 1850, como o tinha sido pelas de 28 de maio de 1849. Mas desta vez disse para consigo resolutamente: "A revolução não nos enganará pela terceira vez!"

---

[64] Ver nota 72, p. 150.

A lei de 31 de maio de 1850 era o *coup d'État* da burguesia. Todas as suas conquistas anteriores sobre a revolução tinham um caráter apenas provisório. Logo que a Assembleia Nacional em exercício se retirava da cena, eram postas em questão. Dependiam do acaso de umas novas eleições gerais, e a história das eleições desde 1848 provava irrefutavelmente que, na mesma medida em que se desenvolvia a dominação de fato da burguesia, esta ia perdendo a sua dominação moral sobre as massas do povo. Em 10 de março, o sufrágio universal pronunciou-se diretamente contra a dominação da burguesia; a burguesia respondeu com a proscrição do sufrágio universal. A lei de 31 de maio era, pois, uma das necessidades impostas pela luta das classes. Por outro lado, a Constituição exigia, para que a eleição do presidente fosse válida, um mínimo de 2 milhões de votos. Se nenhum dos candidatos à presidência obtivesse esse mínimo, a Assembleia Nacional deveria eleger o presidente entre os três candidatos que obtivessem mais votos. No tempo em que a Constituinte fez essa lei, estavam inscritos 10 milhões de eleitores nos cadernos eleitorais. Portanto, na opinião dela bastavam os votos de uma quinta parte dos eleitores para que a eleição do presidente fosse válida. A lei de 31 de maio riscou do recenseamento eleitoral, pelo menos, 3 milhões de eleitores, reduziu o número destes a 7 milhões e manteve, não obstante, o mínimo legal de 2 milhões para a eleição do presidente. Portanto, elevou o mínimo legal de um quinto para quase um terço dos eleitores; isto é, fez tudo para retirar a eleição do presidente das mãos do povo para as mãos da Assembleia Nacional. Pelo que, o partido da ordem parecia ter consolidado duplamente a sua dominação com a lei de 31 de maio, ao entregar a eleição da Assembleia Nacional e a do presidente da república à parte estacionária da sociedade.

V

Depois de superada a crise revolucionária e abolido o sufrágio universal, rebentou imediatamente uma nova luta entre a Assembleia Nacional e Bonaparte.

A Constituição tinha fixado o vencimento de Bonaparte em 600 mil francos. Ainda não tinha passado meio ano desde a sua posse quando conseguiu elevar essa soma para o dobro. Odilon Barrot arrancou à Assembleia Constituinte um suplemento anual de 600 mil francos para as chamadas despesas de representação. Depois do 13 de junho, Bonaparte tinha apresentado uma solicitação semelhante, sem desta vez encontrar eco junto de Barrot. Agora, depois do 31 de maio, aproveitou-se imediatamente do momento favorável e fez com que os seus ministros propusessem à Assembleia Nacional uma lista civil de 3 milhões. Uma longa e aventureira vida de vagabundo tinha-o dotado das antenas mais desenvolvidas para captar os momentos de fraqueza em que devia arrancar dinheiro do burguês. Era uma *chantage* [chantagem – francês] em forma. A Assembleia Nacional tinha desonrado a soberania do povo com a sua ajuda e a sua conivência. Ameaçou denunciar o seu crime ao tribunal do povo se não abrisse os cordões à bolsa e comprasse o seu silêncio com 3 milhões por ano.

A Assembleia Nacional tinha roubado o voto de 3 milhões de franceses. A cada francês posto fora de circulação, ele reclamava um franco em circulação, precisamente 3 milhões de francos. Ele, o eleito de 6 milhões, reclamava uma indenização pelos votos que lhe haviam roubado depois. A comissão da Assembleia Nacional recusou o importuno. A imprensa bonapartista ameaçou. Podia a Assembleia Nacional romper com o presidente da república num momento em que havia rompido fundamental e definitivamente com a massa da nação? Com efeito, recusou a lista civil anual, mas concedeu de uma só vez um suplemento de 2.160.000 francos. Com isso, tornava-se culpada de uma dupla fraqueza: a de conceder o dinheiro e a de revelar ao mesmo tempo, com a sua irritação, que o concedia a contragosto. Mais adiante veremos para que necessitava Bonaparte do dinheiro. Depois desse incômodo epílogo que se seguiu de perto à abolição do sufrágio universal, e no qual Bonaparte trocou a humilde atitude que tinha adotado durante a crise de março e abril por um cinismo provocatório frente ao Parlamento usurpador, a Assembleia Nacional suspendeu as suas sessões por três meses, de 11 de agosto a 11 de novembro. Deixou em seu lugar uma comissão permanente de 28 membros, que não continha nenhum bonapartista, mas que tinha, em contrapartida, alguns republicanos moderados. A comissão permanente do ano de 1849 contara apenas com homens da ordem e bonapartistas. Mas naquela época o partido da ordem declarara-se permanentemente contra a revolução. Dessa vez, a república parlamentar declarava-se permanentemente contra o presidente. Depois da lei de 31 de maio, o partido da ordem já não tinha pela frente senão esse rival.

Quando a Assembleia Nacional voltou a reunir-se em novembro de 1850, parecia inevitável que rebentasse, em vez das suas escaramuças anteriores com o presidente, uma grande luta implacável, uma luta de vida ou de morte entre os dois poderes.

Tal como no ano de 1849, durante as férias parlamentares desse ano o partido da ordem tinha se dispersado nas suas diferentes

A REVOLUÇÃO ANTES DA REVOLUÇÃO | 275

frações, cada qual ocupada com as suas próprias intrigas de restauração às quais a morte de Luís Felipe dava novo alento. O rei dos legitimistas, Henrique V, tinha chegado a nomear um ministério formal, que residia em Paris e do qual faziam parte membros da comissão permanente. Bonaparte ficava, pois, autorizado a realizar por sua vez digressões pelos Departamentos franceses e a deixar escapar, recatada ou abertamente, segundo o estado de espírito da cidade que brindava com a sua presença, os seus próprios planos de restauração, recrutando votos para si. Nesses cortejos que o grande *moniteur* oficial e os pequenos *moniteurs* privados de Bonaparte tinham, naturalmente, que festejar como cortejos triunfais, era constantemente acompanhado por filiados da Sociedade do 10 de Dezembro. Essa sociedade data do ano de 1849. Sob o pretexto de criar uma sociedade de beneficência, organizou-se o lumpemproletariado de Paris em seções secretas, cada uma das quais dirigida por agentes bonapartistas e um general bonapartista à frente de todas. Juntamente com *roués* [devassos, interesseiros e sem escrúpulos – francês] arruinados, com meios de subsistência equívocos e equivoca proveniência, juntamente com rebentos degenerados e aventureiros da burguesia, vagabundos, soldados desmobilizados, reclusos postos em liberdade, galerianos desertores, vigaristas, charlatões, Lazzaroni,[65] batedores de carteira, burlões, jogadores, *maquereaus* [cafetões, – francês], donos de bordéis, carregadores, escribas, tocadores de realejo, trapeiros, amoladores, caldeireiros, mendigos; numa palavra, toda essa massa indefinida, desagregada, flutuante a que os franceses chamam *la bohème* [a boêmia – francês]; desse elemento, com ele aparentado, formou Bonaparte a cepa da Sociedade do 10 de Dezembro, "sociedade de beneficência" na medida em que todos os membros sentiam, tal como Bonaparte, a

---

[65] Lazzaroni: alcunha dada na Itália aos lumpemproletários, aos elementos desclassificados; os Lazzaroni eram frequentemente utilizados pelos círculos monárquico-reacionários na luta contra o movimento democrático e liberal.

necessidade de [se] beneficiar à custa da nação trabalhadora. Esse Bonaparte, que se constitui em chefe do lumpemproletariado, que só neste encontra de forma maciça os interesses que ele pessoalmente persegue, que reconhece nessas fezes, detritos e escória de todas as classes a única classe em que pode apoiar-se incondicionalmente, é o autêntico Bonaparte, o Bonaparte *sans phrase* [sem rodeios – francês]. Velho *roué* manhoso, concebe a vida histórica dos povos e as ações principais[66] destes como uma comédia, no sentido mais ordinário da palavra, como uma mascarada, em que os grandes trajes, palavras e poses apenas servem de máscara à canalhice mais baixa. Aconteceu assim no seu cortejo a Estrasburg, em que o abutre suíço amestrado representou a águia napoleônica. Para a sua incursão em Boulogne, enfia uns quantos lacaios de Londres em uniformes franceses.[67] Eles representam o exército. Na sua Sociedade do 10 de Dezembro reúne 10 mil miseráveis do lúmpen, que teriam de representar o povo, como Klaus Zettel,[68] o leão. Num momento em que a própria burguesia representava a comédia mais completa, mas com a maior seriedade do mundo, sem faltar nenhuma das pedantes condições da etiqueta dramática francesa, e estando ela própria semienganada e semiconvencida da solenidade das suas próprias ações principais,[69] o aventureiro que tomasse pura e simplesmente como comédia tal como tinha que vencer. Só depois de eliminar o seu solene adversário, quando ele mesmo leva a sério o seu papel imperial e crê

---

[66] Ver nota 49, p. 101-102.

[67] Alusão a dois fatos da biografia de Luís Bonaparte: em 30 de outubro de 1836, com a ajuda de dois regimentos de artilharia, tentou provocar um motim em Estrasburg. Os amotinados foram desarmados, e Luís Bonaparte foi preso e deportado para a América. Em 6 de agosto de 1840, tentou de novo organizar um motim entre as tropas da guarnição local de Boulogne; depois deste motim ter fracassado, foi condenado a prisão perpétua, mas fugiu para a Inglaterra em 1846.

[68] Klaus Zettel: O tecelão da peça de Shakespeare: "Sonhos de uma noite de verão".

[69] Ver nota 49, p. 101-102.

representar, com a sua máscara napoleônica, o autêntico Napoleão, só então é vítima da sua própria concepção do mundo, o palhaço sério que já não toma a história universal por uma comédia, mas a sua comédia pela história universal. Aquilo que para os operários socialistas tinham sido as oficinas nacionais e para os republicanos burgueses os *gardes mobiles*, a Sociedade do 10 de Dezembro era para Bonaparte a sua própria força combatente. Nas suas viagens, as seções dessa sociedade, empacotadas por ferrovia, tinham de improvisar para ele um público, de representar o entusiasmo público, gritar *vive l'empereur* [viva o imperador – francês], insultar e espancar os republicanos, naturalmente sob a proteção da polícia. Nos seus regressos a Paris, eles tinham de constituir a vanguarda, adiantar-se às contramanifestações ou dispersá-las. A Sociedade do 10 de Dezembro pertencia-lhe, era obra sua, o seu pensamento mais próprio. Todo o resto de que se apropria lhe é dado pela força das circunstâncias, em todos os seus feitos atuam por ele as circunstâncias ou limita-se a copiar dos feitos dos outros; mas ele, que se apresenta em público, perante os cidadãos, com as frases oficiais da ordem, da religião, da família, da propriedade, e tendo atrás de si a sociedade secreta dos Schufterle e dos Spiegelberg, a sociedade da desordem, da prostituição e do roubo, é o próprio Bonaparte como autor original, e a história da Sociedade do 10 de Dezembro é a sua própria história. Tinha acontecido, excepcionalmente, de deputados do povo pertencentes ao partido da ordem terem caído debaixo dos cacetetes dos dezembristas. Mais ainda. O comissário de polícia Yon, destacado para a Assembleia Nacional e encarregado de sua segurança, denunciou à comissão permanente, baseando-se no testemunho de um tal Allais, que uma seção de dezembristas tinha decidido assassinar o general Changarnier e Dupin, presidente da Assembleia Nacional, estando já escolhidos os indivíduos encarregados de executar essa decisão. Compreende-se o terror do senhor Dupin. Parecia inevitável uma *enquête* [inquérito – francês] parlamentar sobre a Sociedade do 10 de Dezembro, isto é, a profanação do mundo secreto bonapartista. Por isso, precisamente, antes que a Assembleia Nacional voltasse a se reunir, Bonaparte dissolveu prudentemente a sua sociedade, claro que apenas no papel, pois ainda em fins de 1851 o chefe da polícia Carlier, num extenso relatório, tentava em vão levá-lo a dissolver realmente os dezembristas.

A Sociedade do 10 de Dezembro deveria continuar a ser o exército privado de Bonaparte enquanto este não conseguisse converter o exército público numa Sociedade do 10 de dezembro. Bonaparte fez a primeira tentativa nesse sentido pouco depois da suspensão das sessões da Assembleia Nacional, e fê-la precisamente com o dinheiro que acabava de arrancar desta. Como fatalista, abriga a convicção de que há certos poderes superiores aos quais o homem e, sobretudo, o soldado não pode resistir. Entre esses poderes inclui, em primeiro lugar, os charutos e o champanhe, as aves frias e o salsichão temperado com alho. Por isso, nos salões do Eliseu, começa a obsequiar os oficiais e subalternos com charutos e champanhe, aves frias e salsichão temperado com alho. Em 3 de outubro, repete essa manobra com as massas da tropa na revista de St. Maur e, em 10 de outubro, volta a repeti-la numa escala ainda maior na revista militar de Satory. O tio recordava-se das campanhas de Alexandre na Ásia, o sobrinho recorda-se dos cortejos triunfais de Baco nas mesmas terras. Alexandre era, certamente, um semideus, mas Baco era um deus. E, além disso, o deus tutelar da Sociedade do 10 de Dezembro.

Depois da revista de 3 de outubro, a comissão permanente convocou perante ela o ministro da Guerra, d'Hautpoul. Este prometeu que não voltariam a repetir-se aquelas infrações à disciplina. Sabe-se como Bonaparte cumpriu em 10 de outubro a palavra dada por d'Hautpoul. Changarnier dirigiu ambas as revistas, como comandante-em-chefe do exército de Paris. Este, que era ao mesmo tempo membro da comissão permanente, chefe da Guarda Nacional, o "salvador" do 29 de janeiro e do 13 de junho, o "baluarte da sociedade", candidato do partido da ordem para a dignidade presidencial, o pretenso Monk[70] de duas monarquias, não tinha reconhecido nunca até então a sua subordinação ao ministro da Guerra, tinha burlado sempre abertamente da Constituição republicana e tinha perseguido Bonaparte com uma proteção elegante e equívoca. Agora, mostrava-se zeloso pela disciplina contra o ministro da Guerra e pela Constituição contra Bonaparte. Enquanto em 10 de outubro uma parte da cavalaria fez ecoar o grito *"Vive Napoléon! Vivent les saucissons!"* [Viva Napoleão, Vivam os salsichões! – francês], Changarnier fez com que pelo menos a infantaria, que desfilava sob o comando do seu amigo Neumayer, mantivesse um silêncio glacial. Como castigo, o ministro da Guerra, espicaçado por Bonaparte, destituiu o general Neumayer do seu posto em Paris com o pretexto de lhe entregar o alto comando das 14ª e 15ª divisões. Neumayer recusou essa mudança de lugar e teve assim de apresentar a sua demissão. Changarnier, por sua vez, publicou em 2 de novembro uma ordem do dia na qual proibia às tropas gritos ou manifestações políticas de qualquer espécie quando em armas. Os jornais elísios[71] atacaram Changarnier; os jornais do partido da ordem, Bonaparte; a comissão permanente repetia uma sessão secreta após outra, nas quais se apresentava repetidamente a proposta de declarar a pátria em perigo; o exército parecia estar dividido em dois campos inimigos, com dois estados-maiores inimigos, um no Eliseu, onde morava Bonaparte, o outro nas Tulherias, onde morava Changarnier. Só parecia faltar o recomeço das sessões da Assembleia Nacional para que soasse o sinal da luta. Para o público francês, essas fricções entre Bonaparte e Changarnier mereciam a mesma opinião que para aquele jornalista inglês que as caracterizou com as seguintes palavras:

---

[70]   Ver nota 57, p. 123.
[71]   Trata-se dos jornais de tendência bonapartista; a denominação provém do Palácio do Eliseu, residência de Luís Bonaparte em Paris durante o seu mandato presidencial.

As criadas políticas da França varrem a ardente lava da revolução com as velhas vassouras e armam uma confusão entre si enquanto executam esse trabalho.

Entretanto, Bonaparte apressou-se a destituir o ministro da Guerra, d'Hautpoul, enviando-o precipitadamente para a Argélia e nomeando em lugar dele para ministro da Guerra o general Schramm. Em 12 de novembro, enviou à Assembleia Nacional uma mensagem de uma prolixidade americana, carregada de pormenores, tresandando a ordem, ávida de reconciliação, cheia de resignação constitucional, na qual se tratava de tudo e mais alguma coisa menos das *questions brûlantes* [questões candentes – francês] do momento. Como que de passagem, deixava escapar as palavras segundo as quais, de acordo com as determinações expressas da Constituição, só o presidente dispunha do exército. A mensagem terminava com estas palavras altissonantes:

> A França exige antes de tudo tranquilidade... Unicamente ligado pelo meu juramento, manter-me-ei dentro dos estritos limites que me traçou... Pelo que a mim se refere, eleito pelo povo e não devendo senão a este o meu poder, submeter-me-ei sempre à sua vontade legalmente expressa. Se nesta sessão decidirdes a revisão da Constituição, uma Assembleia Constituinte regulamentará a posição do poder executivo. Caso contrário, o povo declarará solenemente a sua decisão em 1852. Mas, sejam quais forem as soluções do futuro, cheguemos a um entendimento, para que nunca a paixão, a surpresa ou a violência decidam o destino de uma grande nação... O que sobretudo me preocupa não é saber quem vai governar a França em 1852, mas empregar o tempo de que disponho de modo a que o período restante se passe sem agitação e perturbação. Abri-vos sinceramente o meu coração, respondei vós à minha franqueza com a vossa confiança, ao meu bom desejo com a vossa colaboração, e Deus se encarregará do resto.

A linguagem honesta, hipocritamente moderada, virtuosamente cheia de lugares-comuns da burguesia, revela o seu mais profundo sentido na boca do autocrata da Sociedade do 10 de Dezembro e do herói de piquenique de St. Maur e de Satory.

A REVOLUÇÃO ANTES DA REVOLUÇÃO | 281

Os burgraves do partido da ordem não se deixam enganar nem por um momento quanto à confiança que merecia esse abrir de coração. De juramentos estavam eles fartos há muito; entre eles havia veteranos, virtuosos do perjúrio político, e a passagem dedicada ao exército não lhes passou despercebida. Observaram com indignação que, na prolixa e interminável enumeração das leis recentemente promulgadas, a mensagem mantinha um silêncio afetado sobre a mais importante de todas, a lei eleitoral, e, mais ainda, que em caso de não revisão da Constituição se confiava ao povo a eleição do presidente para 1852. A lei eleitoral era o grilhão atado aos pés do partido da ordem, que o impedia de andar, para não dizer de se lançar ao assalto! Além disso, com a dissolução oficial da Sociedade do 10 de Dezembro e a destituição do ministro da Guerra, d'Hautpoul, Bonaparte tinha sacrificado pela sua própria mão, no altar da pátria, os bodes expiatórios. Tinha quebrado o gume à colisão esperada. Finalmente, o próprio partido da ordem procurou evitar, atenuar, dissimular temerosamente qualquer conflito decisivo com o poder executivo. Com medo de perder as conquistas arrancadas à revolução, deixou que o seu rival colhesse os frutos delas. "A França exige antes de tudo tranquilidade". Assim apelava, desde fevereiro,[72] o partido da ordem à revolução, assim apelava a mensagem de Bonaparte ao partido da ordem. "A França exige antes de tudo tranquilidade". Bonaparte cometia atos que visavam a usurpação, mas o partido da ordem provocava "agitação" se fizesse barulho sobre esses atos e os interpretasse hipocondriacamente. Os salsichões de Satory ficariam mudos se ninguém falasse deles. "A França exige antes de tudo tranquilidade". Assim, Bonaparte exigia que o deixassem agir tranquilamente, e o partido parlamentar estava paralisado por um duplo temor: pelo temor de provocar de novo a agitação revolucionária e pelo temor de aparecer como o causador da agitação

---

[72] Fevereiro de 1848.

aos olhos da sua própria classe, aos olhos da burguesia. Visto que a França exigia antes de tudo tranquilidade, o partido da ordem não se atreveu, depois de Bonaparte, na sua mensagem, ter dito "paz", a responder "guerra". O público, que tinha antegozado com grandes cenas de escândalo na abertura da Assembleia Nacional, ficou defraudado na sua expectativa. Os deputados da oposição que exigiam que fossem apresentadas as atas da comissão permanente sobre os acontecimentos de outubro foram vencidos pelos votos da maioria. Evitou-se por princípio todo o debate que pudesse exaltar os ânimos. Os trabalhos da Assembleia Nacional durante novembro e dezembro de 1850 não tiveram interesse.

Por último, em fins de dezembro, começou a guerra de guerrilha em torno de determinadas prerrogativas do Parlamento. O movimento perdeu-se em discussões mesquinhas acerca das prerrogativas de ambos os poderes, depois de a burguesia, com a abolição do sufrágio universal, ter antes de mais nada liquidado a luta das classes.

Tinha sido conseguida contra Mauguin, um dos representantes do povo, uma sentença judicial por dívidas. Às demandas do presidente do tribunal, o ministro da Justiça, Rouher, declarou que podia ser passada sem mais formalidades uma ordem de prisão contra o devedor. Mauguin foi, pois, atirado para a prisão por dívidas. Ao ter conhecimento do atentado, a Assembleia Nacional encolerizou-se. Não só ordenou que o preso fosse imediatamente posto em liberdade, como naquela mesma tarde mandou o seu *greffier* [oficial de diligências – francês] tirá-lo pela força de Clichy.[73] No entanto, para testemunhar a sua fé na santidade da propriedade privada e com a segunda intenção de abrir, em caso de necessidade, um asilo para *montagnards* tornados incômodos, declarou admissível a prisão por dívidas de representantes do povo, desde que com prévio pedido de autorização sua. Esqueceu-se de decretar que também se poderia

---

[73] Ver nota 33, p. 229.

A REVOLUÇÃO ANTES DA REVOLUÇÃO | 283

prender por dívidas o presidente. Aniquilou a última aparência de inviolabilidade que rodeava os membros do seu próprio corpo.

Recorda-se que o comissário da polícia, Yon, tinha denunciado, baseando-se no testemunho de um tal Allais, uma seção de dezembristas, pelo plano de assassínio de Dupin e Changarnier. Logo na primeira sessão, os questores apresentaram em relação com isso a proposta de criar uma polícia parlamentar própria, paga pelo orçamento privado da Assembleia Nacional e absolutamente independente do chefe da polícia. O ministro do Interior, Baroche, protestou contra essa ingerência nas suas atribuições. Em face disso, chegou-se a um mísero compromisso, segundo o qual o comissário de polícia da Assembleia seria pago pelo orçamento privado desta e nomeado e destituído pelos seus questores, mas por meio de prévio acordo com o ministro do Interior. Nesse ínterim, Allais tinha sido entregue pelo governo aos tribunais, e não foi difícil apresentar as suas declarações como uma mistificação e projetar, pela boca do acusador público, um feixe de ridículo sobre Dupin, Changarnier, Yon e toda a Assembleia Nacional. Agora, em 29 de dezembro, o ministro Baroche escreveu uma carta a Dupin exigindo a demissão de Yon. A presidência da Assembleia Nacional decidiu manter Yon no seu posto, mas a Assembleia Nacional, assustada pela violência com que tinha procedido no caso Mauguin e habituada a que o poder executivo lhe devolvesse dois golpes por cada um que ela lhe desferia, não sancionou a decisão. Ela destituiu Yon em recompensa pelo zelo com que ele a tinha servido e abandonou uma prerrogativa parlamentar indispensável contra um homem que não decide de noite para executar de dia, mas que decide de dia e executa de noite.

Vimos como a Assembleia Nacional, durante os meses de novembro e dezembro, evitou, afogou, em grandes e decisivas ocasiões, a luta contra o poder executivo. Agora a vemos obrigada a aceitar essa luta pelos motivos mais mesquinhos. No caso Mauguin, ratifica o princípio da prisão por dívidas dos representantes do povo, mas reserva-se de o fazer aplicar apenas aos representantes que lhe desagradam e regateia por esse infame privilégio com o ministro da Justiça. Em vez de se aproveitar do pretenso plano de assassínio para abrir uma *enquête* [inquérito – francês] sobre a Sociedade do 10 de Dezembro e desmascarar irremissivelmente Bonaparte perante a França e perante a Europa, apresentando-o com a sua verdadeira figura, como cabeça do lumpemproletariado de Paris, deixa que a colisão desça a um ponto em que a única coisa que é discutida entre ela e o ministro do Interior é quem tem competência para nomear e destituir um comissário de polícia. Assim, vemos o partido da ordem, durante todo este período, obrigado, pela sua posição equívoca, a converter a sua luta contra o poder executivo em mesquinhas discórdias de competências, chicanas, minudências de rabulista, litígios de partilhas, e a tomar como conteúdo da sua atividade as mais insípidas questões de forma. Não se atreve a enfrentar a colisão no momento em que esta tem um significado de princípio, em que o poder executivo se comprometeu realmente e em que a causa da Assembleia Nacional seria a causa nacional. Com isso daria à nação uma ordem de marcha, mas não há nada que ela mais tema do que a nação em movimento. Por isso, nessas ocasiões, rejeita as propostas da Montagne e passa à ordem do dia. Depois de ser assim abandonada a questão litigiosa nas suas grandes dimensões, o poder executivo espera tranquilamente o momento de poder voltar a colocá-la por motivos fúteis e insignificantes, lá onde apenas ofereça, por assim dizer, um interesse parlamentar local. E então estala a ira contida do partido da ordem, então rasga a cortina dos bastidores, então denuncia o presidente, então declara a república em perigo; mas então o seu *pathos* aparece também insípido e o motivo da luta aparece como um pretexto hipócrita e indigno de ser tido em conta. A tempestade parlamentar converte-se numa tempestade num copo de água, a luta em intriga, a colisão em escândalo. Enquanto a alegria maligna das classes revolucionárias se ceva na humilhação da Assembleia Nacional, pois essas classes entusiasmam-se com as prerrogativas parlamentares tanto quanto aquela Assembleia com as liberdades públicas, a burguesia fora do Parlamento não compreende como a burguesia dentro do Parlamento pode desperdiçar o tempo em tão mesquinhas querelas e comprometer a tranquilidade com tão míseras rivalidades com o presidente. Faz-lhe confusão uma estratégia que estabelece a paz no momento em que toda a gente espera batalhas e ataca no momento em que toda a gente crê que se estabeleceu a paz.

Em 20 de dezembro, Pascal Duprat interpelou o ministro do Interior sobre a loteria dos lingotes de ouro. Essa loteria era uma "filha do Eliseu".[74] Bonaparte tinha-a trazido ao mundo com os seus fiéis, e o chefe da polícia, Carlier, tinha-a tomado sob a proteção oficial, apesar de a lei francesa proibir toda a espécie de loterias, à exceção da tômbola com fins beneficentes. Sete milhões de bilhetes de um franco cada um, o lucro destinado, aparentemente, a embarcar vagabundos de Paris para a Califórnia. Por um lado, os sonhos dourados deveriam substituir os sonhos socialistas do proletariado parisiense, a tentadora perspectiva de o primeiro prêmio substituir o direito doutrinário ao trabalho. Naturalmente, os operários de Paris não reconheceram no brilho dos lingotes de ouro da Califórnia os baços francos que lhes tinham arrancado do bolso. Mas, no fundamental, tratava-se de uma vigarice direta. Os vagabundos que queriam abrir minas de ouro californianas sem deixarem de Paris eram o próprio Bonaparte e os seus cavaleiros da Tábula Redonda cheios de dívidas. Os 3 milhões concedidos pela Assembleia Nacional já os tinham gasto alegremente, a caixa tinha que voltar a ser cheia de uma maneira ou de outra. Em vão tinha aberto Bonaparte uma subscrição nacional para construir as chamadas *cités ouvrières* [cidades, bairros operários – francês], à frente da qual figurava ele próprio, com uma soma significativa. Os burgueses, duros de coração, aguardaram que ele desembolsasse

---

[74] Marx utiliza aqui, para um jogo de palavras, versos da ode de Schiller *An die Freude (À Alegria),* no qual o poeta canta a alegria, filha de Elísio ou dos Campos Elísios (sinônimo de paraíso entre os autores antigos). Os Campos Elísios são também o nome de uma avenida de Paris, na qual se encontrava a residência de Luís Bonaparte.

o capital subscrito, e como, naturalmente, o desembolso não se efetuou, a especulação sobre aqueles castelos socialistas no ar caiu redondamente por terra. Os lingotes de ouro deram melhor resultado. Bonaparte e consortes não se contentaram em meter no bolso parcialmente o excedente dos 7 milhões sobre os lingotes postos em sorteio, fabricaram dez, 15 e mesmo 20 bilhetes falsos com o mesmo número. Operação financeira no espírito da Sociedade do 10 de Dezembro! Aqui a Assembleia Nacional não tinha pela frente o fictício presidente da República, mas o Bonaparte em carne e osso. Aqui, podia apanhá-lo em flagrante, em conflito não com a Constituição, mas com o *Code pénal* [Código penal – francês]. Se perante a interpelação de Duprat a Assembleia passou à ordem do dia, não foi apenas porque a proposta Girardin de se declarar *satisfait* [satisfeito – francês] trazia à memória do partido da ordem a sua corrupção sistemática. O burguês, e sobretudo o burguês armado em estadista, completa a sua grosseira prática com uma exaltação teórica. Como estadista converte-se, tal como o poder do Estado que tem pela frente, num ser superior, que só pode ser combatido de modo superior, solene.

Bonaparte, que precisamente como *bohémien* [boêmio – francês], como lumpemproletário principesco, levava sobre o burguês crápula a vantagem de poder travar a luta com meios vis, viu agora, depois de a própria Assembleia Nacional o ter ajudado a atravessar, levando-o pela mão, o terreno escorregadio dos banquetes militares, das revistas, da Sociedade do 10 de Dezembro e, por último, do *Code pénal,* chegado o momento de o poder passar da aparente defensiva à ofensiva. Incomodavam-no pouco as pequenas derrotas do ministro da Justiça, do ministro da Guerra, do ministro da Marinha, do ministro das Finanças, que se lhe atravessavam no caminho e com as quais a Assembleia Nacional manifestava o seu descontentamento resmungão. Não só proibiu que os ministros se demitissem e que reconhecessem assim a subordinação do poder executivo ao Parlamento, pôde agora completar aquilo que durante as férias da Assembleia Nacional tinha iniciado – arrancar o poder militar do Parlamento, destituir Changarnier.

Um jornal elísio publicou uma ordem do dia, dirigida, durante o mês de maio, aparentemente, à primeira divisão do exército e proveniente, portanto, de Changarnier, na qual se recomendava aos oficiais, em caso de sublevação, que não dessem *quartier* [quartel – francês] aos traidores dentro das suas próprias fileiras, que os fuzilassem imediatamente e recusassem à Assembleia Nacional as tropas, se as requisitasse. Em 3 de janeiro de 1851, o gabinete foi interpelado sobre essa ordem do dia. Para examinar esse caso, pede primeiro três meses, depois uma semana e por último apenas 24 horas de reflexão. A Assembleia insiste em que seja dada uma resposta imediata. Changarnier levanta-se e declara que aquela ordem do dia nunca existiu. Acrescenta que se apressará sempre em atender os requerimentos da Assembleia Nacional e que, em caso de colisão, esta pode contar com ele. Ela acolhe a sua declaração com indescritível aplauso e concede-lhe um voto de confiança. Abdica, decreta a sua própria impotência e a onipotência do exército, ao colocar-se sob a proteção privada de um general; mas o general engana-se, ao pôr à disposição dela, contra Bonaparte, um poder só mantido por delegação do próprio Bonaparte, e ao esperar, por sua vez, proteção desse parlamento, do seu protegido carecido de proteção. Mas Changarnier acredita no poder misterioso de que a burguesia o dotou desde 29 de janeiro de 1849. Considera-se o terceiro poder ao lado dos dois outros poderes de Estado. Partilha o destino dos restantes heróis, ou melhor, santos dessa época, cuja grandeza consiste precisamente na grande opinião interessada que os seus partidos fazem deles e que ficam reduzidos a figuras banais logo que as circunstâncias os convidam a fazer milagres. A descrença é sempre o inimigo mortal desses supostos heróis e reais santos. Daí a sua indignação moral cheia de dignidade contra os trocistas e os zombadores pobres de entusiasmo.

Naquela mesma noite, os ministros foram chamados ao Eliseu. Bonaparte insiste na demissão de Changarnier, cinco ministros recusam-se a assiná-la, o *Moniteur* anuncia uma crise ministerial e a imprensa da ordem ameaça com a formação de um exército parlamentar sob o comando de Changarnier. O partido da ordem tinha atribuições constitucionais para dar esse passo. Bastava-lhe nomear Changarnier presidente da Assembleia Nacional e requisitar qualquer massa de tropas para sua segurança. Podia fazê-lo tanto mais seguramente quanto Changarnier se encontrava ainda realmente à frente do exército e da Guarda Nacional de Paris e apenas esperava o momento de ser requisitado juntamente com o exército. A imprensa bonapartista não se atrevia sequer a pôr em causa o direito da Assembleia Nacional de requisitar diretamente tropas, escrúpulo jurídico que naquelas circunstâncias não previa nenhum êxito. E, se se tiver em conta que Bonaparte teve que andar à procura em Paris inteira durante oito dias para encontrar por fim dois generais – Baraguay d'Hilliers e Saint Jean d'Angely – que se declarassem dispostos a aprovar a destituição de Changarnier, parece como o mais verossímil que o exército teria respondido à ordem da Assembleia Nacional. Em contrapartida, é mais do que duvidoso que o partido da ordem tivesse encontrado nas suas próprias fileiras e no Parlamento o número de votos necessário para essa decisão, se se tiver em conta que oito dias depois se separaram dele 286 votos e que a Montagne rejeitou uma proposta semelhante, inclusive em dezembro de 1851, na hora final da decisão. No entanto, talvez os burgraves tivessem conseguido ainda arrastar a massa do seu partido para um heroísmo que consistia em sentir-se seguros atrás de um bosque de baionetas e a aceitar os serviços de um exército que tinha desertado para o seu campo. Em vez disso, os senhores burgraves transferiram-se para o Eliseu na noite de 6 de janeiro para fazer Bonaparte desistir, por meio de manobras diplomáticas e de considerações de estadistas hábeis, da destituição de Changarnier. Quando se tenta convencer alguém, é porque se reconhece esse alguém como senhor da situação. Bonaparte, fortalecido por esse passo, nomeia em 12 de janeiro um novo ministério, no qual continuam os chefes do velho, Fould e Baroche. Saint-Jean d'Angely torna-se ministro da Guerra, o *Moniteur* traz o decreto de destituição de Changarnier, e o seu comando é dividido entre Baraguay d'Hilliers, ao qual é atribuída a primeira divisão, e Perrot, que se encarrega da Guarda Nacional. O "baluarte da sociedade" é despachado e, se nenhuma pedra cai dos telhados, sobem em contrapartida as cotações da Bolsa.

O partido da ordem, repelindo o exército, que se coloca à sua disposição na pessoa de Changarnier, e entregando-o assim de modo irrevogável ao presidente, declara que a burguesia tinha perdido a vocação para dominar. Já não existia mais qualquer ministério parlamentar. Ao perder o domínio do exército e da Guarda Nacional, que meio de poder lhe restava para afirmar ao mesmo tempo o poder usurpado do Parlamento sobre o povo e o seu poder constitucional contra o presidente? Nenhum. Apenas lhe restava o apelo para princípios impotentes que ele mesmo tinha interpretado, sempre, apenas como regras gerais e que se prescrevem a terceiros para poder se movimentar tanto mais livremente. Com a destituição de Changarnier, com a queda do poder militar nas mãos de Bonaparte, termina a primeira parte do período que estamos a examinar, o período da luta entre o partido da ordem e o poder executivo. A guerra entre ambos os poderes é agora declarada abertamente, travada abertamente, mas quando o partido da ordem já perdeu as suas armas e os seus soldados. Sem ministério, sem exército, sem povo, sem opinião pública, sem ser já, desde a sua lei eleitoral de 31 de maio, representante da nação soberana, sem olhos, sem ouvidos, sem dentes, sem nada,[75] a Assembleia Nacional vai se transformando pouco a pouco num antigo parlamento francês,[76] que tem de entregar

---

[75] Shakespeare, *As you like it* (*Como lhe aprouver*), II ato, cena 7.

[76] Parlamentos: instituições judiciais supremas na França até a revolução burguesa de fins do século XVIII. Os Parlamentos faziam o registro das disposições reais e gozavam do chamado direito de recriminação, isto é, do direito de protesto contra as disposições que não correspondiam aos usos e à legislação do país.

a ação ao governo e contentar-se por sua vez com recriminações resmungonas *post festum* [depois dos acontecimentos – latim].

O partido da ordem recebe o novo ministério com uma tempestade de indignação. O general Bedeau traz à memória a indulgência da comissão permanente durante as férias e a excessiva deferência com que tinha renunciado à publicação das suas atas. O ministro do Interior, por sua vez, insiste na publicação dessas atas que são já, naturalmente, tão insossas como água estagnada, que não revelam nenhum fato novo e não produzem o menor efeito no público enfastiado. Por proposta de Rémusat, a Assembleia Nacional retira-se para os seus gabinetes e nomeia um "Comitê de Medidas Extraordinárias". Paris sai tanto menos dos carris da sua ordem cotidiana quanto nesse momento o comércio prospera, as manufaturas trabalham, os preços do trigo estão baixos, os víveres abundam, nas caixas econômicas guardam-se diariamente novos depósitos. As "medidas extraordinárias", tão estrepitosamente anunciadas pelo Parlamento, desvanecem-se, em 18 de janeiro, num voto de desconfiança contra os ministros, sem que se mencione sequer o general Changarnier. O partido da ordem viu-se obrigado a dar essa feição à sua moção para assegurar os votos dos republicanos, já que de todas as medidas do ministério, estes só aprovavam a destituição de Changarnier, enquanto o partido da ordem não podia de fato censurar os restantes atos ministeriais, que ele próprio tinha ditado.

O voto de desconfiança de 18 de janeiro foi decidido por 415 votos contra 286. Obtido, portanto, por meio de uma coligação dos legitimistas e orleanistas extremos com os republicanos puros e a Montagne. Provou-se, pois, que o partido da ordem não só tinha perdido o ministério e o exército, mas também que nos conflitos com Bonaparte tinha perdido igualmente a sua maioria parlamentar independente, que um bando de deputados tinha desertado do seu campo por fanatismo da conciliação, por medo da luta, por cansaço, por considerações de família pelos vencimentos de Estado de parentes seus, por especulação com os postos de ministros deixados vagos (Odilon Barrot), por esse mesquinho egoísmo com que o burguês comum se inclina sempre a sacrificar o interesse geral da sua classe a este ou àquele motivo privado. Desde o princípio, os deputados bonapartistas pertenciam ao partido da ordem apenas na luta contra a revolução. O chefe do partido católico, Montalembert, tinha posto, já nessa altura, a sua influência no prato da balança de Bonaparte, pois era desesperançoso da vitalidade do partido parlamentar. Finalmente, os chefes desse partido, Thiers e Berryer, o orleanista e o legitimista, viram-se obrigados a proclamar-se abertamente republicanos, reconhecer que, embora o seu coração fosse monárquico, a sua cabeça era republicana e que a república parlamentar era a única forma possível para a dominação da burguesia no seu conjunto. Desse modo se viram obrigados a estigmatizar, eles próprios, aos olhos da classe, como uma intriga tão perigosa como desmiolada, os planos de restauração que impavidamente continuavam a tramar nas costas do Parlamento.

O voto de desconfiança de 18 de janeiro atingiu os ministros e não o presidente. No entanto, não tinha sido o ministério, mas o presidente, quem tinha destituído Changarnier. Devia o partido da ordem pedir o *impeachment* de Bonaparte? Pelas suas veleidades de restauração? Elas apenas completavam as suas próprias. Pela sua conspiração nas revistas militares e na Sociedade do 10 de Dezembro? Há muito tempo que esses temas tinham sido enterrados sob simples ordens do dia. Pela destituição do herói do 29 de janeiro e do 13 de junho, do homem que em maio de 1850 ameaçava, em caso de um motim, atear fogo aos quatro cantos de Paris? Os seus aliados da Montagne e Cavaignac não lhe permitiam sequer sustentar o caído baluarte da sociedade através de uma manifestação oficial de condolências. Eles próprios não podiam contestar a faculdade constitucional do presidente de destituir um general. Apenas se enfureciam porque tinha feito um uso não parlamentar do seu direito constitucional. Não tinham eles feito constantemente um uso inconstitucional das suas prerrogativas parlamentares, nomeadamente ao abolir o sufrágio universal? Eram obrigados, pois, a mover-se estritamente dentro dos limites parlamentares. E era necessário sofrer daquela peculiar doença que desde 1848 vem grassando em todo o continente, o cretinismo parlamentar, doença que aprisiona como por encanto os contagiados num mundo imaginário e os priva de todo o senso, de toda a memória, de toda a compreensão do rude mundo exterior; era necessário sofrer desse cretinismo parlamentar para que os que tinham destruído e tinham necessariamente que destruir pelas suas próprias mãos, na sua luta com as outras classes, todas as condições do poder parlamentar, considerassem ainda como vitórias as suas vitórias parlamentares e acreditassem atingir o presidente na medida que batiam nos seus ministros. Não faziam mais do que dar-lhe uma ocasião para humilhar novamente a Assembleia Nacional aos olhos da nação. Em 20 de janeiro, o *Moniteur* anunciou que tinha sido aceita a demissão de todo o ministério. Sob o pretexto de que nenhum partido parlamentar tinha já a maioria, como o demonstrava o voto de 18 de janeiro, fruto da coligação entre a Montagne e os realistas, e esperando a formação de uma nova maioria, Bonaparte nomeou um chamado ministério de transição, no qual não figurava nenhum deputado e no qual todos os seus componentes eram indivíduos completamente desconhecidos e insignificantes, um ministério de simples mandaletes e escribas. O partido da ordem podia agora desgastar-se no jogo com essas marionetes; o poder executivo achou que nem valia a pena estar seriamente representado na Assembleia Nacional. Quanto mais simples figurantes fossem os seus ministros, mais visivelmente concentrava Bonaparte na sua pessoa todo o poder executivo, mais livre era o campo de manobra para o explorar ao serviço dos seus fins.

O partido da ordem, coligado com a Montagne, vingou-se rejeitando a dotação presidencial de 1,8 milhão de francos que o chefe da Sociedade do 10 de Dezembro tinha obrigado os seus mandaletes ministeriais a apresentar. Dessa vez, a votação foi decidida por uma maioria de apenas 102 votos; isto é, desde 18 de janeiro

A REVOLUÇÃO ANTES DA REVOLUÇÃO | 293

tinham desertado mais 27 votos; a dissolução do partido da ordem seguia o seu curso. Ao mesmo tempo, para que em momento algum pudesse haver dúvidas sobre o sentido da sua coligação com a Montagne, não se dignou sequer levar em consideração uma proposta visando a anistia geral para os condenados políticos, assinada por 189 membros da Montagne. Bastou que o ministro do Interior, um tal Vaïsse, declarasse que a ordem era apenas aparente, que reinava grande agitação secreta, que sociedades onipresentes se organizavam secretamente, que os jornais democráticos se preparavam para reaparecer, que os relatórios dos Departamentos eram desfavoráveis, que os refugiados de Genebra organizavam, através de Lyon, uma conspiração por todo o Sul da França, que a França estava à beira de uma crise industrial e comercial, que os fabricantes de Roubaix tinham reduzido a jornada de trabalho, que os presos de Belle-Isle[77] tinham se sublevado; bastou que até um Vaïsse esconjurasse o espectro vermelho para que o partido da ordem rejeitasse, sem sequer discuti-la, uma proposta que teria valido à Assembleia Nacional uma enorme popularidade e teria obrigado Bonaparte a lançar-se de novo nos seus braços. Em vez de ter se deixado intimidar pelo poder executivo com a perspectiva de novas desordens, devia, ao contrário, ter deixado à luta de classes um pequeno campo de manobra, para manter dependente de si o executivo. Mas não se sentia à altura da tarefa de brincar com o fogo.

Entretanto, o chamado ministério de transição foi vegetando até meados de abril. Bonaparte cansou, enganou a Assembleia Nacional com constantes combinações de novos ministérios. Tão depressa parecia querer formar um ministério republicano com Lamartine e Billault, como um ministério parlamentar, com o inevitável Odilon Barrot, cujo nome não pode faltar quando é necessário um *dupe* [simplório – francês], ou um ministério legitimista, com Vatimesnil e Benoist d'Azy, ou um ministério orleanista, com Maleville.

---

[77]   Belle-Isle: Ilha no golfo da Biscaia, lugar de reclusão dos presos políticos.

E enquanto desse modo mantém em tensão as diversas frações do partido da ordem umas contra as outras e as atemoriza a todas com a perspectiva de um ministério republicano e com a restauração tornada inevitável do sufrágio universal, suscita na burguesia, ao mesmo tempo, a convicção de que os seus esforços sinceros para conseguir um ministério parlamentar se chocam contra a atitude de intransigência das frações realistas. Mas a burguesia clamava tanto mais ruidosamente por um "governo forte", considerava tanto mais imperdoável deixar a França "sem administração", quanto mais parecia estar em marcha uma crise comercial geral, que lavrava nas cidades a favor do socialismo como lavrava no campo o baixo preço ruinoso do trigo. O comércio languescia dia a dia, os braços parados aumentavam visivelmente; em Paris, havia pelo menos dez mil operários sem pão; em Rouen, Mulhouse, Lyon, Roubaix, Tourcoing, Saint-Etienne, Elbeuf etc., inúmeras fábricas estavam paradas. Nessas circunstâncias, Bonaparte pôde atrever-se a restaurar, em 11 de abril, o ministério do 18 de janeiro: os senhores Rouher, Fould, Baroche etc., reforçados pelo senhor Léon Faucher, a quem a Assembleia Constituinte, durante os seus últimos dias, por unanimidade, com exceção dos votos de cinco ministros, tinha estigmatizado com um voto de desconfiança pela difusão de despachos telegráficos falsos. Portanto, a Assembleia Nacional tinha conseguido em 18 de janeiro uma vitória sobre o ministério, tinha lutado durante três meses contra Bonaparte, para que, em 11 de abril, Fould e Baroche pudessem receber na sua união ministerial, como terceiro, o puritano Faucher.

Em novembro de 1849, Bonaparte tinha se contentado com um ministério não parlamentar e, em janeiro de 1851, com um ministério extraparlamentar; em 11 de abril, sentiu-se já suficientemente forte para formar um ministério antiparlamentar, no qual se uniam harmoniosamente os votos de desconfiança de ambas as Assembleias, a Constituinte e a Legislativa, a republicana e a realista. Essa gradação de ministérios era o termômetro pelo qual o Parlamento podia medir a descida do seu próprio calor vital. Em fins de abril, este caíra a tal ponto que Persigny pôde convidar Changarnier, numa entrevista pessoal, a passar para o campo do presidente. Assegurou-lhe que Bonaparte considerava completamente aniquilada a influência da Assembleia Nacional e que estava já preparada a proclamação que devia ser publicada depois do *coup d'État,* constantemente projetado, mas outra vez acidentalmente adiado. Changarnier comunicou aos chefes do partido da ordem a notificação de óbito, mas quem acredita que as picadas dos percevejos matam? E o Parlamento, apesar de estar tão abatido, desintegrado, apodrecido, não podia coibir-se de ver no duelo com o grotesco chefe da Sociedade do 10 de Dezembro outra coisa senão o duelo com um percevejo. Mas Bonaparte respondeu ao partido da ordem como Agesilau ao rei Agis: "Pareço-te formiga, mas um dia serei um leão".[78]

---

[78] Marx utiliza aqui, reproduzindo-o embora de maneira não totalmente exata, o seguinte episódio relatado pelo escritor antigo Ateneu (séculos II-III) no seu livro *Deipnosophistae (Os banquetes dos sofistas):* o faraó egípcio Takhos, aludindo à pequena estatura de Agesilau, rei de Esparta, que viera em sua ajuda com tropas, disse: "A montanha estava grávida. Zeus assustou-se. Mas a montanha pariu um rato". Agesilau respondeu: "Pareço-te um rato, mas ainda um dia te parecerei um leão".

VI

A coligação com a Montagne e com os republicanos puros, a que o partido da ordem se via condenado, nos seus vãos esforços para reter o poder militar e reconquistar a suprema direção do poder executivo, demonstrava irrefutavelmente que tinha perdido a sua maioria parlamentar autônoma. A mera força do calendário, o ponteiro do relógio, deu em 28 de maio o sinal para a sua completa desintegração. Com o 28 de maio começou o último ano de vida da Assembleia Nacional. Esta tinha que se decidir agora pela manutenção inalterada da Constituição ou pela revisão. Mas, revisão da Constituição não queria dizer apenas dominação da burguesia ou da democracia pequeno-burguesa, democracia ou anarquia proletária, república parlamentar ou Bonaparte, mas queria dizer também Orléans ou Bourbon. Desse modo, caiu no meio do Parlamento o pomo da discórdia, em torno do qual forçosamente tinha que acender abertamente o conflito de interesses que dividiam o partido da ordem em frações inimigas. O partido da ordem era uma combinação de substâncias sociais heterogêneas. O problema da revisão criou uma temperatura política que decompôs o produto nos seus componentes originários.

O interesse dos bonapartistas pela revisão era simples. Para eles tratava-se, sobretudo, da revogação do artigo 45, que proibia a reeleição de Bonaparte e a prorrogação do seu poder. Não menos simples parecia a posição dos republicanos. Estes rejeitavam incondicionalmente qualquer revisão, vendo nela uma conspiração de todos contra a república. E como dispunham de mais da quarta parte dos votos na Assembleia Nacional e constitucionalmente eram necessários três quartos de votos para decidir validamente a revisão e convocar a Assembleia encarregada de levá-la a cabo, bastava-lhes contar os seus votos para estarem seguros da vitória. E estavam seguros da vitória.

Face a essas posições tão claras, o partido da ordem encontrava-se metido em inextricáveis contradições. Se rejeitasse a revisão, punha em perigo o *status quo,* não deixando a Bonaparte senão uma saída, a da violência, entregando a França no segundo [domingo do mês] de maio de 1852, no momento decisivo, à anarquia revolucionária, com um presidente que tinha perdido a sua autoridade, com um parlamento que há muito não a tinha e com um povo que pensava em reconquistá-la. Se votasse pela revisão constitucional, sabia que votava em vão e que os seus votos fracassariam necessariamente face ao veto constitucional dos republicanos. Se, anticonstitucionalmente, declarasse válida a simples maioria de votos, só podia confiar em dominar a revolução submetendo-se incondicionalmente às ordens do poder executivo e tornava Bonaparte senhor da Constituição, da revisão e do próprio partido da ordem. Uma revisão apenas parcial, que prorrogasse os poderes do presidente, abria o caminho à usurpação imperial. Uma revisão geral, que encurtasse a existência da república, levantava um conflito inevitável entre as pretensões dinásticas, pois as condições para uma restauração bourbônica e para uma restauração orleanista não só eram diferentes mas também se excluíam mutuamente.

A república parlamentar era algo mais do que o terreno neutro onde podiam coabitar uma ao lado da outra com direitos iguais as duas frações da burguesia francesa, os legitimistas e os orleanistas, a grande propriedade fundiária e a indústria. Era a condição inevitável para a sua dominação comum, a única forma de Estado em que o seu interesse geral de classe podia submeter simultaneamente as pretensões das suas diferentes frações e as de todas as outras classes da sociedade. Como realistas, voltavam a cair na sua velha oposição, na luta pela supremacia da propriedade fundiária ou do dinheiro, e a expressão suprema dessa oposição, a sua personificação, eram os seus próprios reis, as suas dinastias. Daí a resistência do partido da ordem contra o regresso dos Bourbons.

O orleanista e representante do povo Creton tinha apresentado periodicamente, em 1849, 1850, 1851, a proposta de revogar o decreto de desterro contra as famílias reais. E o Parlamento dava, com a mesma periodicidade, o espetáculo de uma Assembleia de realistas que se obstinavam em fechar aos seus reis desterrados a porta pela qual podiam regressar à pátria. Ricardo III tinha assassinado Henrique VI com a observação de que era demasiado bom para este mundo e estava melhor no céu. Aqueles realistas declaravam que a França não merecia voltar a possuir os seus reis. Obrigados pela força das circunstâncias, tinham se convertido em republicanos e sancionavam repetidamente a decisão do povo que expulsara da França os seus reis.

A revisão da Constituição – e as circunstâncias obrigavam a tê-la em conta – punha em causa, juntamente com a república, a dominação comum das duas frações da burguesia e ressuscitava, com a possibilidade de uma restauração da monarquia, a rivalidade de interesses que, de preferência, esta tinha representado alternadamente, ressuscitava a luta pela supremacia de uma fração sobre a outra. Os diplomatas do partido da ordem acreditavam poder resolver a luta por uma amálgama de ambas as dinastias, por uma chamada fusão dos partidos realistas e das suas casas reais. A efetiva fusão da restauração e da monarquia de julho era a república parlamentar, na qual se apagavam as cores orleanista e legitimista e as espécies burguesas desapareciam no burguês puro e simples, no gênero burguês. Mas agora o orleanista devia tornar-se legitimista, o legitimista orleanista. A realeza, na qual se personificava a sua oposição, devia corporizar a sua unidade, a expressão dos seus interesses fracionais exclusivos devia tornar-se expressão do seu interesse comum de classe, a monarquia devia realizar aquilo que só a superação das duas monarquias, a república, podia realizar e tinha realizado. Era isso a pedra filosofal, para cuja produção quebravam a cabeça os doutores do partido da ordem. Como se a monarquia legítima pudesse alguma vez tornar-se a monarquia do burguês industrial ou a realeza do burguês alguma vez tornar-se a realeza da hereditária aristocracia da terra! Como se a propriedade fundiária e a indústria pudessem irmanar-se sob uma coroa, quando a coroa apenas podia assentar sobre uma cabeça, sobre a cabeça do irmão mais velho ou a do mais novo! Como se a indústria pudesse alguma vez entender-se com a propriedade fundiária, enquanto a propriedade fundiária não se decidir a tornar-se ela própria industrial! Ainda que Henrique V morresse amanhã, o conde de Paris não se converteria por isso em rei dos legitimistas, a menos que deixasse de o ser dos orleanistas. No entanto, os filósofos da fusão, que se envaideciam à medida que a questão da revisão ia passando para primeiro plano, que fizeram da *L'Assemblée Nationale*[79] o seu órgão diário oficial e que inclusive voltam ao trabalho nesse momento (fevereiro de 1852), procuravam a explicação de todas as dificuldades na resistência e na rivalidade de ambas as dinastias. As tentativas para reconciliar a família de Orléans com Henrique V, que começaram desde a morte de Luís Felipe, mas que, como todas as intrigas dinásticas, apenas se representavam, em geral, durante as férias da Assembleia Nacional, nos intervalos, nos bastidores, mais por coqueteria sentimental com a velha superstição do que como um propósito sério, converteram-se agora em ações principais,[80] representadas pelo partido da ordem

---

[79] Ver nota 100, p. 189.
[80] Ver nota 49, p. 101-102.

na cena pública, em vez de serem representadas como antes num teatro de amadores. Os correios voavam de Paris para Veneza,[81] de Veneza para Claremont, de Claremont para Paris. O conde de Chambord lança um manifesto no qual, "com a ajuda de todos os membros da sua família", anuncia, não a sua restauração, mas a restauração "nacional". O orleanista Salvandy lança-se aos pés de Henrique V. Os chefes legitimistas Berryer, Benoist d'Azy, Saint-Priest, deslocam-se a Claremont, para convencer os Orléans, mas em vão. Os fusionistas se dão conta demasiado tarde de que os interesses de ambas as frações burguesas não perdem em exclusivismo nem ganham em transigência por se agudizarem sob a forma de interesses de família, de interesses de duas casas reais. Ainda que Henrique V reconhecesse o conde de Paris como seu sucessor – único êxito que, no melhor dos casos, a fusão podia conseguir – a casa de Orléans não ganhava com isso nenhum direito que não lhe estivesse já garantido pela inexistência de filhos de Henrique V e em contrapartida, perdia todos os direitos que tinha conquistado com a revolução de julho. Renunciava aos seus direitos originários, a todos os títulos que, numa luta quase secular, tinha ido arrancando do ramo mais antigo dos Bourbons, trocava as suas prerrogativas históricas, as prerrogativas da realeza moderna, pelas prerrogativas da sua árvore genealógica. Portanto, a fusão não era mais do que a abdicação voluntária da casa de Orléans, a sua resignação legitimista, o regresso arrependido da Igreja de Estado protestante à católica. Um regresso que, além disso, não a levaria sequer ao trono que tinha perdido, mas aos degraus do trono em que tinha nascido. Os antigos ministros orleanistas, Guizot, Duchâtel etc., que foram também correndo a Claremont, advogar a fusão, apenas representavam de fato a ressaca deixada pela revolução de julho, a desesperança na monarquia burguesa e

---

[81] Nos anos de 1850 Veneza foi o lugar de residência do pretendente legitimista ao trono da França, conde de Chambord.

no monarquismo dos burgueses, a crença supersticiosa na legitimidade como último amuleto contra a monarquia. Na sua imaginação, mediadores entre os Orléans e os Bourbons, eram, de fato, apenas orleanistas renegados e, como tais, os recebeu o príncipe de Joinville. Em contrapartida, o setor viável e belicoso dos orleanistas, Thiers, Baze etc., convenceu com tanto maior facilidade a família de Luís Felipe de que se qualquer restauração monárquica imediata pressupunha a fusão de ambas as dinastias e esta, por sua vez, a abdicação da casa de Orléans, em contrapartida, correspondia inteiramente à tradição dos seus antepassados reconhecer provisoriamente a república e esperar que os acontecimentos permitissem converter a cadeira presidencial em trono. A candidatura de Joinville à presidência foi difundida sob a forma de boato, a curiosidade pública foi mantida em suspenso e, alguns meses mais tarde, em setembro, depois da rejeição da revisão, foi publicamente proclamada.

Desse modo, não só tinha fracassado a tentativa de uma fusão realista entre orleanistas e legitimistas, mas também tinha se rompido a sua fusão parlamentar, a sua forma comum republicana, e o partido da ordem desagrega-se de novo nos seus componentes originários; mas, quanto mais crescia o distanciamento (*Entfremdung*) entre Claremont e Veneza, quanto mais se rompia o seu entendimento e quanto mais ia se estendendo a agitação a favor de Joinville, mais prementes e mais sérias se tornavam as negociações entre Faucher, o ministro de Bonaparte, e os legitimistas.

A desintegração do partido da ordem não se deteve nos seus elementos originários. Cada uma das duas grandes frações decompôs-se por sua vez de novo. Era como se voltassem a reviver todos os velhos matizes que antigamente tinham se combatido dentro de cada um dos dois círculos, o legitimista e o orleanista, como acontece com os infusórios secos ao contato com a água, era como se tivessem recuperado a energia vital suficiente para formar grupos próprios e oposições autônomas. Os legitimistas voltaram a sonhar com os litígios entre as Tulherias e o Pavillon Marsan, entre Villèle e Polignac.[82] Os orleanistas reviviam a idade de ouro dos torneios entre Guizot, Molé, Broglie, Thiers e Odilon Barrot.

A parte do partido da ordem que desejava a revisão, mas de novo em desacordo quanto aos limites da revisão, composta pelos legitimistas liderados por Berryer e Falloux, por um lado, e por La Rochejaquelein, por outro, e os orleanistas cansados de lutar, sob a direção de Molé, Broglie, Montalembert e Odilon Barrot, chegou a um acordo com os representantes bonapartistas sobre a seguinte proposta ampla e indeterminada:

> Os deputados abaixo assinados, com o fim de restituir à nação o pleno exercício da sua soberania, apresentam a moção de que a Constituição seja revista.

Mas ao mesmo tempo declaravam unanimemente, pela boca do seu porta-voz, Tocqueville, que a Assembleia Nacional não tinha o direito de pedir a abolição da república, que esse direito apenas cabia à câmara encarregada da revisão. Que, além disso, a Constituição só podia ser revista pela via "legal", isto é, quando votassem a favor da revisão os três quartos do número de votos constitucionalmente prescritos. Após 6 dias de turbulentos debates, em 19 de julho, foi rejeitada, como era de prever, a revisão. Votaram a favor 446, mas contra 278. Os decididos orleanistas, Thiers, Changarnier etc., votaram com os republicanos e a Montagne.

A maioria do Parlamento declarava-se assim contra a Constituição, mas esta mesma Constituição declarava-se a favor da minoria e declarava a sua decisão como vinculativa. Mas por acaso o partido da ordem não tinha submetido a Constituição à maioria parlamentar em

---

[82] Trata-se das divergências táticas surgidas no campo dos legitimistas no período da Restauração. Villèle (partidário de Luís XVIII) pronunciou-se por uma aplicação prudente de medidas reacionárias; Polignac (partidário do conde d'Artois, rei Carlos X a partir de 1824) defendia o total restabelecimento da ordem anterior à revolução. Palácio das Tulherias em Paris: residência de Luís XVIII; *Pavillon Marsan:* um dos edifícios do palácio; no período da Restauração foi residência do conde d'Artois.

31 de maio de 1850 e em 13 de junho de 1849? Não repousava toda a sua política até aqui na submissão dos parágrafos constitucionais às decisões parlamentares da maioria? Não tinha deixado aos democratas, e castigado nos democratas, a crença supersticiosa velho-testamentária na letra da lei? Mas nesse momento a revisão da Constituição não significava mais que a continuação do poder presidencial, do mesmo modo que a continuação da Constituição não significava senão a destituição de Bonaparte. O Parlamento declarara-se a favor dele, mas a Constituição declarava-se contra o Parlamento. Bonaparte agiu, pois, no sentido do Parlamento ao rasgar a Constituição, e agiu no sentido da Constituição ao dispersar o Parlamento.

O Parlamento tinha declarado a Constituição, "fora da maioria", e com ela a sua própria dominação, com a sua decisão tinha revogado a Constituição e prorrogado o poder presidencial, declarando ao mesmo tempo que nem uma podia morrer nem o outro viver enquanto ele próprio persistisse. Aqueles que haviam de enterrá-lo estavam já à porta. Enquanto ele debatia a revisão, Bonaparte afastou o general Baraguay d'Hilliers, que se mostrava indeciso, do comando da primeira divisão militar e nomeou para o seu lugar o general Magnan, o vencedor de Lyon, o herói das jornadas de dezembro, uma das criaturas que, já sob Luís Felipe, tinham se comprometido mais ou menos com ele [Bonaparte] por ocasião da expedição de Boulogne.

O partido da ordem demonstrou, com a sua decisão sobre a revisão, que não sabia governar nem servir, nem viver nem morrer, nem apoiar a república nem derrubá-la, nem manter a Constituição nem deitá-la por terra, nem cooperar com o presidente nem romper com ele. De quem esperava a solução de todas as contradições? Do calendário, do curso dos acontecimentos. Deixou de se arrogar um poder sobre os acontecimentos. Desafiou, portanto, os acontecimentos fazendo valer a sua violência e portanto desafiou o poder, a quem, na sua luta contra o povo, tinha ido cedendo um atributo após outro, até estar impotente frente a ele. Para que o chefe do poder executivo pudesse traçar o plano de luta contra ele sem ser

A REVOLUÇÃO ANTES DA REVOLUÇÃO | 305

incomodado, fortalecer os seus meios de ataque, escolher os seus instrumentos, consolidar as suas posições, decidiu, no meio desse momento crítico, retirar-se da cena e adiar as suas sessões por três meses, de 10 de agosto a 4 de novembro.

O partido parlamentar não só tinha se desintegrado nas suas duas grandes frações e cada uma destas não só tinha se desintegrado ela própria no seu interior, mas também o partido da ordem no Parlamento tinha se dissociado do partido da ordem fora do Parlamento. Os porta-vozes e escribas da burguesia, a sua tribuna e a sua imprensa, numa palavra, os ideólogos da burguesia e a própria burguesia, os representantes e os representados estavam divorciados (*entfremdet*) uns dos outros e já não se entendiam mais.

Os legitimistas nas províncias, com o seu horizonte limitado e o seu ilimitado entusiasmo, acusavam os seus chefes parlamentares, Berryer e Falloux, de deserção para o campo bonapartista e de traição a Henrique V. A sua inteligência flor-de-lisada acreditava no pecado original, mas não na diplomacia.

Incomparavelmente mais funesta e mais decisiva era a ruptura da burguesia comercial com os seus políticos. Ela não os criticava, como os legitimistas aos seus, pelo fato de terem desertado de um princípio, mas, ao contrário, por se aferrarem a princípios tornados inúteis.

Já apontei atrás que, desde a entrada de Fould no ministério, a parte da burguesia comercial que tinha ficado com a parte de leão na dominação de Luís Felipe, a aristocracia financeira, tinha se tornado bonapartista. Fould não representava apenas o interesse de Bonaparte na Bolsa, mas representava ao mesmo tempo o interesse da Bolsa junto de Bonaparte. A posição da aristocracia financeira retrata-se do modo mais evidente numa citação do seu órgão europeu, o *The Economist*,[83] de Londres. No seu número de 1º de fevereiro de 1851, escreve de Paris:

---

[83] *The Economist* (*O Economista*): revista semanal inglesa sobre questões de economia e política, órgão da grande burguesia industrial, publica-se em Londres desde 1843.

Por toda a parte pudemos constatar que a França exige acima de tudo tranquilidade. O presidente declara-o na sua mensagem à Assembleia Legislativa; ressoa como eco da tribuna nacional; é afirmado pelos jornais; é proclamado do púlpito; é demonstrado pela sensibilidade dos valores do Estado perante a menor perspectiva de desordem e pela sua firmeza logo que triunfa o poder executivo.

No seu número de 29 de novembro de 1851, o *The Economist* declara em seu próprio nome:

> Em todas as Bolsas da Europa reconhece-se agora o presidente como o guardião da ordem.

Portanto, a aristocracia financeira condenava a luta parlamentar do partido da ordem contra o poder executivo como uma perturbação da ordem e festejava cada vitória do presidente como uma vitória da ordem sobre os pretensos representantes dela. Por aristocracia financeira há que entender aqui não só os grandes empresários dos empréstimos e os especuladores em valores do Estado, cujos interesses coincidem, por razões bem compreensíveis, com os interesses do poder de Estado. Todo o moderno negócio de dinheiro, toda a economia bancária, se encontra entretecida do modo mais íntimo com o crédito público. Uma parte do seu capital comercial é necessariamente investida em valores do Estado, rapidamente convertíveis, e dá juro. Os seus depósitos, o capital posto à sua disposição e distribuído por eles entre os comerciantes e industriais aflui em parte dos dividendos dos obrigacionistas do Estado. Se em cada época a estabilidade do poder de Estado significou Moisés e os profetas para todo o mercado do dinheiro e para os sacerdotes desse mercado de dinheiro, como não ainda mais hoje, quando cada dilúvio ameaça arrastar, juntamente com os velhos Estados, as velhas dívidas de Estado?

Também a burguesia industrial, com o seu fanatismo da ordem, se irritava com as querelas do partido da ordem parlamentar com o poder executivo. Depois do seu voto de 18 de janeiro por ocasião da destituição de Changarnier, Thiers, Anglès, Sainte-Beuve etc., receberam reprimendas públicas, procedentes precisamente dos seus mandantes dos círculos industriais, nas quais se estigmatizava sobretudo a sua coligação com a Montagne como um delito de alta traição contra a ordem. Se, como vimos, as provocações jactanciosas, as mesquinhas intrigas em que se manifestava a luta do partido da ordem contra o presidente não mereciam melhor acolhimento, por outro lado, esse partido burguês, que exigia que os seus representantes deixassem passar sem resistência o poder militar das mãos do seu próprio parlamento para as mãos de um pretendente aventureiro, não era sequer digno das intrigas malbaratadas em seu interesse. Demonstrava que a luta pela defesa do seu interesse público, do seu próprio interesse de classe, do seu poder político, apenas o incomodava e o desgostava como a perturbação do negócio privado.

Durante as digressões de Bonaparte, as notabilidades burguesas das cidades departamentais, os magistrados, os juízes comerciais etc., recebiam-no em toda parte, quase sem exceção, do modo mais servil, mesmo quando, como em Dijon, atacava sem reservas a Assembleia Nacional e especialmente o partido da ordem.

Quando o comércio corria bem, como acontecia ainda no início de 1851, a burguesia comercial enfurecia-se contra toda a luta parlamentar, para que ao comércio não faltasse o ânimo. Quando o comércio corria mal, como acontecia constantemente desde fins de fevereiro de 1851, acusava as lutas parlamentares de serem a causa da estagnação e clamava para que essas lutas se acalmassem para que o comércio pudesse reanimar-se. Os debates sobre a revisão coincidiram precisamente com esse período mau. Como aqui se tratava do ser ou não ser da forma existente de Estado, a burguesia sentiu-se tanto mais justificada a reclamar dos seus representantes o fim desse provisório atormentador e ao mesmo tempo a manutenção do *status quo*. Isso não era nenhuma contradição. Ela entendia por fim do provisório, precisamente, a sua continuação, o adiamento, para um futuro remoto, do momento em que uma decisão tinha de ser tomada. O *status quo* apenas podia manter-se por dois caminhos: prolongamento do poder de Bonaparte ou demissão constitucional deste e eleição de Cavaignac. Uma parte da burguesia desejava a última solução e não soube dar aos seus representantes melhor conselho do que o de se calarem, de deixarem intacto o ponto candente. Supunha que se os seus representantes não falassem, Bonaparte não agiria. Queria um parlamento-avestruz, que escondesse a cabeça para ficar sem ser visto. Outra parte da burguesia queria que Bonaparte, uma vez que estava sentado na cadeira presidencial, continuasse sentado nela, para que tudo continuasse no velho carril. Insurgia-se porque o seu parlamento não violava abertamente a Constituição e não abdicava sem rodeios.

Os Conselhos Gerais dos Departamentos, representações provinciais da grande burguesia, reunidos durante as férias da Assembleia Nacional, desde 25 de agosto, declararam-se quase unanimemente pela revisão, portanto, contra o Parlamento e por Bonaparte.

Mais inequivocadamente ainda do que a desavença com os seus representantes parlamentares, a burguesia trazia à luz do dia a sua fúria contra os seus representantes literários, contra a sua própria imprensa. As condenações a multas exorbitantes e a desavergonhadas penas de prisão com que os júris burgueses castigavam qualquer ataque dos jornalistas burgueses contra os apetites de usurpação de Bonaparte, qualquer tentativa por parte da imprensa de defender os direitos políticos da burguesia contra o poder executivo, causavam o espanto não só da França, mas também de toda a Europa.

Se o partido da ordem parlamentar, com a sua gritaria pela tranquilidade, condenava a si próprio à tranquilidade, como mostrei, se declarava a dominação política da burguesia incompatível com a segurança e a existência da burguesia, na medida em que, na luta contra as restantes classes da sociedade, aniquilava pela sua própria mão todas as condições do seu próprio regime, do regime parla-mentar, a massa extraparlamentar da burguesia, pelo seu servilismo face ao presidente, pelos seus insultos ao Parlamento, pelo mau trato

A REVOLUÇÃO ANTES DA REVOLUÇÃO | 309

brutal da própria imprensa, levava Bonaparte a oprimir, a aniquilar a parte dela que falava e que escrevia, os seus políticos e os seus literatos, a sua tribuna e a sua imprensa, podendo assim entregar-se plenamente confiante aos seus negócios privados sob a proteção de um governo forte e ilimitado. Declarava inequivocadamente que suspirava por se desfazer da sua própria dominação política, para se desfazer dos cuidados e perigos da dominação.

E essa burguesia extraparlamentar, que tinha se rebelado já contra a luta puramente parlamentar e literária a favor da dominação da sua própria classe e traído os chefes dessa luta, atreve-se agora, depois, a acusar o proletariado por não ter se lançado por ela numa luta sangrenta, numa luta de vida ou de morte! Ela, que a cada momento sacrificou o seu interesse geral de classe, isto é, o seu interesse político, ao mais tacanho, ao mais sórdido interesse privado, e que colocou aos seus representantes a exigência de um sacrifício análogo, lamenta-se agora de que o proletariado teria sacrificado aos seus interesses materiais os interesses políticos ideais dela! Comporta-se como uma bela alma a quem o proletariado, extraviado por socialistas, não compreendeu e abandonou no momento decisivo. E encontra um eco geral no mundo burguês. Não falo aqui, naturalmente, dos políticos de capelinha e dos sentenciosos abrutalhados alemães. Remeto, por exemplo, para o mesmo *The Economist*, que, ainda em 29 de novembro de 1851, isto é, quatro dias antes do golpe de Estado, apresentava Bonaparte como o "guardião da ordem" e os Thiers e Berryer como "anarquistas", e que logo, em 27 de dezembro de 1851, depois de Bonaparte ter reduzido à tranquilidade tais "anarquistas", vocifera contra a traição cometida pelas "ignorantes, incultas, estúpidas massas proletárias contra o engenho, o conhecimento, a disciplina, a influência espiritual, os recursos intelectuais e o peso moral das camadas médias e superiores da sociedade". A massa estúpida, ignorante e vulgar não era outra senão a própria massa burguesa.

É certo que em 1851 a França tinha vivido uma espécie de pequena crise comercial. Em fins de fevereiro tornou-se evidente a diminuição das exportações em relação a 1850; em março ressentiu-se o comércio e começaram a fechar as fábricas; em abril a situação dos Departamentos industriais parecia tão desesperada como depois das jornadas de fevereiro; em maio o negócio não tinha ainda se reavivado; ainda em 28 de junho, a carteira do Banco da França, com o seu aumento enorme dos depósitos e a sua descida não menos grande dos descontos de letras, revelava a estagnação da produção; e só em meados de outubro voltou a verificar-se uma melhoria progressiva do negócio. A burguesia francesa explicava essa estagnação do comércio por razões puramente políticas, pela luta entre o Parlamento e o poder executivo, pela insegurança de uma forma de Estado apenas provisória, pela perspectiva intimidadora do segundo [domingo do mês] de maio de 1852. Não negarei que todas essas circunstâncias exerciam um efeito deprimente sobre alguns ramos industriais em Paris e nos Departamentos. Em todo o caso, essa influência das condições políticas era, porém, apenas local e insignificante. Seria necessário uma outra prova disso do que a melhoria do comércio, precisamente, no momento em que a situação política piorava, em que o horizonte político se obscurecia, esperando-se a todo o momento que caísse um raio do Eliseu em meados de outubro? Além disso, o burguês francês, cujo "engenho, conhecimento, penetração espiritual e recursos intelectuais" não vão além do seu nariz, pôde dar com o nariz na causa da sua miséria comercial ao longo de toda a duração da Exposição Industrial de Londres.[84] Enquanto na França as fábricas fechavam, na Inglaterra rebentavam as bancarrotas comerciais. Enquanto em abril e maio o pânico industrial atingia na França o apogeu, em abril e maio o pânico comercial atingia o apogeu na Inglaterra. A indústria de lanifícios inglesa sofria quebras como a francesa, e outro tanto acontecia com a manufatura da seda. Se as

---

[84] Exposição Industrial de Londres: primeira exposição comercial industrial do mundo; realizou-se entre maio e outubro de 1851.

A REVOLUÇÃO ANTES DA REVOLUÇÃO | 311

fábricas algodoeiras inglesas continuavam a trabalhar, não era já com os mesmos lucros que em 1849 e 1850. A diferença era apenas que na França a crise era industrial e na Inglaterra, comercial; que, enquanto na França as fábricas estavam paradas, na Inglaterra expandiam-se, mas em condições mais desfavoráveis que nos anos anteriores; que na França o que ficava em pior situação era a exportação e na Inglaterra a importação. A causa comum que, naturalmente, não se pode procurar dentro dos limites do horizonte político francês, era evidente. Os anos de 1849 e 1850 foram anos da maior prosperidade material e de uma superprodução que só se manifestou como tal a partir de 1851. No início desse ano, foi ainda fomentada de um modo especial com vista à Exposição Industrial. Como circunstâncias peculiares há que acrescentar: primeiro, a má colheita de algodão de 1850 e 1851; depois, a segurança de uma colheita algodoeira mais abundante que a que se esperava, a alta e depois a baixa repentina, numa palavra, as oscilações dos preços do algodão. A colheita de seda em bruto tinha caído, pelo menos na França, abaixo da média. Finalmente, a manufatura da lã tinha se expandido tanto, a partir de 1848, que a produção de lã não bastava para abastecê-la e o preço da lã em bruto subiu muito desproporcionadamente em relação ao preço dos artigos de lã. Aqui, na matéria-prima de três indústrias do mercado mundial, temos, pois, já triplo material para uma estagnação do comércio. Prescindindo dessas circunstâncias especiais, a aparente crise do ano de 1851 não era mais do que a paragem que a superprodução e a superespeculação fazem sempre que percorrem o ciclo industrial, antes de reunir todas as suas forças para percorrer com vertiginosidade febril a última etapa do ciclo e chegar de novo ao seu ponto de partida: a crise comercial geral. Em tais intervalos da história do comércio, rebentam na Inglaterra as bancarrotas comerciais, enquanto na França paralisa a própria indústria, em parte obrigada a retroceder pela concorrência dos ingleses em todos os mercados, concorrência que precisamente nesse momento se agudiza até limites intoleráveis, em parte por ser uma indústria de luxo, que sofre preferentemente as consequências de qualquer estagnação dos negócios. Desse modo, a França, para além de percorrer as crises gerais, percorre a sua própria crise nacional de comércio, que, no entanto, é muito mais determinada e condicionada pelo estado geral do mercado mundial do que pelas influências locais francesas. Não carecerá de interesse contrapor ao prejuízo do burguês francês o juízo do burguês inglês. Uma das maiores casas de Liverpool escreve no seu relatório comercial anual de 1851:

> Poucos anos enganaram mais do que o agora findo quanto às previsões feitas no início; em vez da grande prosperidade que se previa quase una-nimamente, foi um dos anos mais decepcionantes desde há um quarto de século. Isso refere-se apenas, naturalmente, às classes mercantis, não às industriais. E, no entanto, no início do ano havia seguramente razões para pensar o contrário; as reservas de mercadorias eram escassas, o capital abundante, os víveres baratos, estava assegurado um outono próspero; paz inalterada no continente e ausência de perturbações políticas ou financeiras no nosso país; de fato, nunca tinham estado tão livres as asas do comércio (...) A que atribuir esse resultado desfa-vorável? Cremos que ao supercomércio, tanto nas importações quanto nas exportações. Se os nossos comerciantes não põem por si próprios à sua atividade limites mais estreitos, nada poderá manter-nos nos carris senão um pânico todos os três anos.

Imagine-se agora o burguês francês no meio desse pânico dos negócios, com o seu cérebro obcecado pelo comércio, torturado, aturdido pelos boatos de golpe de Estado e de restabelecimento do sufrágio universal, pela luta entre o Parlamento e o poder executivo, pela guerra de Fronda dos orleanistas e dos legitimistas, pelas conspirações comunistas no Sul da França e as pretensas *jacqueries* [insurreições camponesas – francês] dos Departamentos do Nièvre e do Cher, pelos reclamos dos diferentes candidatos à presidência, pelas palavras de ordem ruidosas dos jornais, pelas ameaças dos republicanos de defenderem com as armas na mão a Constituição e o sufrágio universal, pelos evangelhos dos heróis emigrados *in partibus*,[85] que anunciavam o fim do mundo para o segundo [domingo do mês] de maio de 1852, e compreender-se-á que, no meio dessa confusão indescritível e estrepitosa de fusão, revisão, prorrogação, Constituição, conspiração, coligação, emigração, usurpação e revolução, o burguês, ofegante, gritasse como um louco à sua república parlamentar: "Antes um fim com terror do que um terror sem fim!".

Bonaparte entendeu esse grito. A sua capacidade de compreensão aguçou-se em virtude da crescente violência dos seus credores, que viam em cada crepúsculo que os ia aproximando do dia do vencimento, o segundo [domingo do mês] de maio de 1852, um protesto do movimento dos astros contra as suas letras de câmbio terrenas. Tinham se tornado verdadeiros astrólogos. A Assembleia Nacional tinha frustrado a Bonaparte a esperança na prorrogação constitucional do seu poder e a candidatura do príncipe de Joinville não consentia mais vacilações.

Se houve alguma vez um acontecimento que projetou diante de si a sua sombra muito tempo antes de se dar, foi o golpe de Estado de Bonaparte. Logo em 29 de janeiro de 1849, mal tinha passado um mês após a sua eleição, fez uma proposta nesse sentido a Changarnier. O seu próprio primeiro-ministro, Odilon Barrot, denunciara veladamente no verão de 1849, e Thiers abertamente no inverno de 1850, a política do golpe de Estado. Em maio de 1851, Persigny tentara mais uma vez ganhar Changarnier para o *Coup* e o *Messager de l'Assemblée*[86] tinha publicado essa negociação. Perante cada tormenta parlamentar os jornais bonapartistas ameaçavam com um golpe de Estado, e quanto mais se aproximava a crise mais subiam de tom. Nas orgias que Bonaparte celebrava todas as noites com a *swell mob* [fina flor – inglês] masculina e feminina, quando se aproximava a meia-noite e as abundantes libações desatavam as línguas

---

[85]   Ver nota 4, p. 42.

[86]   *Le Messager de l'Assemblée* (*O mensageiro da Assembleia*): jornal francês de tendência antibonapartista; publicou-se em Paris de 16 de fevereiro a 2 de dezembro de 1851.

e aqueciam a fantasia, decidia-se o golpe de Estado para a manhã seguinte. Desembainhavam-se as espadas, os copos tilintavam, os deputados saíam voando pelas janelas e o manto imperial caía sobre os ombros de Bonaparte, até que a manhã seguinte afugentava o fantasma e Paris inteirava-se, pelas vestais pouco reservadas e pelos indiscretos paladinos, do perigo que tinha escapado uma vez mais. Durante os meses de setembro e outubro multiplicavam-se os boatos sobre um *coup d'État*. A sombra ganhava ao mesmo tempo cor, como um daguerreótipo de cores variadas. Se se folhear as séries de setembro e outubro dos órgãos da imprensa diária europeia, encontram-se textualmente notícias deste tipo: "Paris está cheia de boatos de um golpe de Estado. Diz-se que a capital se encherá de tropas durante a noite e que a manhã seguinte trará decretos que dissolvem a Assembleia Nacional, que declaram o Departamento do Sena em estado de sítio, que restauram o sufrágio universal e que apelam para o povo. Diz-se que Bonaparte procura ministros para a prossecução desses decretos ilegais." As correspondências que dão estas notícias terminam sempre com a palavra fatal "adiado". O golpe de Estado foi sempre a ideia fixa de Bonaparte. Com essa ideia voltou a pisar o solo francês. Estava a tal ponto possuído por ela, que a denunciava e imprudentemente a revelava a cada passo. E era tão débil que voltava a abandoná-la também a cada passo. A sombra do golpe de Estado tinha se tornado tão familiar para os parisienses como um espectro, que, quando por fim se lhes apresentou em carne e osso, não queriam acreditar nele. Não foi, pois, nem o recato discreto do chefe da Sociedade do 10 de Dezembro nem uma surpresa insuspeitada pela Assembleia Nacional que fez com que o golpe de Estado triunfasse. Triunfou, apesar da indiscrição daquele e do conhecimento prévio desta, como resultado necessário e inevitável do processo anterior.

Em 10 de outubro, Bonaparte anunciou aos seus ministros a sua resolução de querer estabelecer o sufrágio universal; em 16 apresentaram-lhe a demissão, e em 26 Paris conheceu a formação do ministério Thorigny. O chefe da polícia Carlier foi substituído ao mesmo tempo por Maupas e o chefe da primeira divisão, Magnan, concentrou na capital os regimentos mais seguros. Em 4 de novembro, a Assembleia Nacional retomou as suas sessões. Já nada mais tinha a fazer senão repetir como uma curta e breve lição de revisão o curso que tinha acabado e provar que só seria enterrada depois de estar morta.

O primeiro posto que tinha perdido na sua luta com o poder executivo foi o ministério. Teve de reconhecer solenemente essa perda na medida em que aceitou completamente o ministério Thorigny, um simples simulacro de ministério. A comissão permanente tinha recebido com gargalhadas o senhor Giraud, quando este se apresentou em nome dos novos ministros. Tão fraco era o ministério para medidas tão fortes como o restabelecimento do sufrágio universal! Mas tratava-se precisamente de nada fazer no Parlamento, e fazer tudo contra o Parlamento.

Desde o primeiro dia da sua reabertura, a Assembleia Nacional recebeu a mensagem de Bonaparte em que exigia o restabelecimento do sufrágio universal e a revogação da lei de 31 de maio de 1850. Os seus ministros apresentaram no mesmo dia um decreto nesse sentido. A Assembleia rejeitou imediatamente o pedido de urgência dos ministros, e em 13 de novembro a própria lei, por 355 votos contra 348. Desse modo, rompeu uma vez mais o seu mandato, confirmou uma vez mais que se transformara de representação do povo livremente eleita em Parlamento de uma classe, usurpador, confessou uma vez mais que ela própria tinha cortado os músculos que ligavam a cabeça parlamentar ao corpo da nação.

Se o poder executivo, com a sua proposta de restabelecimento do sufrágio universal, apelava da Assembleia Nacional para o povo, o poder legislativo, com o seu projeto de lei sobre os questores, apelava do povo para o exército. Este projeto devia fixar o direito à requisição imediata de tropas, à formação de um exército parlamentar. O exército se erigia assim em árbitro entre ela e o povo, entre ela e Bonaparte, se reconhecia o exército como poder de Estado decisivo, tinha, por outro lado, de confirmar que há muito havia renunciado à pretensão de dominação sobre ele. Quando, em vez de requisitar de imediato as tropas, debatia o seu direito de requisição, traía a dúvida sobre o seu próprio poder. Ao rejeitar o projeto de lei sobre os questores, confessava abertamente a sua impotência. Esse projeto de lei foi rejeitado com uma minoria de 108 votos; a Montagne decidiu, portanto, a votação. Encontrou-se na situação do burro de Buridan, não certamente para decidir-se entre dois sacos de feno qual o mais atraente, mas para decidir-se entre duas cargas de pancada qual a mais pesada. De um lado, o medo de Changarnier; do outro, o medo de Bonaparte. Há que reconhecer que a situação não era heroica.

Em 18 de novembro foi proposta uma emenda à lei sobre as eleições municipais apresentada pelo partido da ordem, na qual se estabelecia que os eleitores municipais não necessitariam de três anos de domicílio, mas apenas de um, para poder votar. A emenda foi rejeitada por um só voto, mas verificou-se imediatamente que esse voto era um erro. O partido da ordem tinha, pela cisão nas suas frações inimigas, perdido há muito a sua maioria parlamentar autônoma. Agora tornava evidente que já não existia de modo nenhum maioria no Parlamento. A Assembleia Nacional tinha se tornado incapaz de tomar decisões. Os seus elementos atômicos já não se mantinham unidos por nenhuma força de coesão; tinha gasto o seu último sopro de vida, estava morta.

Finalmente, alguns dias antes da catástrofe, a massa extraparlamentar da burguesia confirmaria solenemente uma vez mais a sua ruptura com a burguesia dentro do Parlamento. Thiers, que, como herói parlamentar, estava contagiado, mais que os outros, pela doença incurável do cretinismo parlamentar, tinha maquinado depois da morte do Parlamento uma nova intriga parlamentar com o Conselho de Estado: uma lei de responsabilidade, com a qual se pretendia manietar o presidente nos limites da Constituição. Assim como em 15 de setembro, por ocasião da fundação do novo mercado de Paris, Bonaparte tinha, tal qual um segundo Masaniello, fascinado as *dames des halles,* as

A REVOLUÇÃO ANTES DA REVOLUÇÃO | 317

peixeiras – e seguramente uma peixeira valia mais, em poder real, que 17 burgraves –, do mesmo modo que, depois de apresentado o projeto de lei sobre os questores, entusiasmara os tenentes obsequiados no Eliseu, agora, em 25 de novembro, arrebatou a burguesia industrial, congregada no circo para receber das suas mãos as medalhas dos prêmios pela Exposição Industrial de Londres. Reproduzo a parte significativa do seu discurso, segundo o *Journal des Débats:*

> Com êxitos tão inesperados, estou no direito de repetir quão grande seria a República Francesa se lhe fosse consentido defender os seus interesses reais e reformar as suas instituições, em vez de se ver constantemente perturbada, por um lado, pelos demagogos e, por outro, pelas alucinações monárquicas (Ruidosos, tempestuosos e repetidos aplausos de todas as partes do anfiteatro). As alucinações monárquicas impedem todo o progresso e todo o desenvolvimento industrial sério. Em vez de progresso, apenas luta. Veem-se homens, que antes eram o mais zeloso sustentáculo da autoridade e prerrogativas régias, tornarem-se partidários de uma Convenção somente para enfraquecer a autoridade nascida do sufrágio universal (Ruidosos e repetidos aplausos). Vemos homens que sofreram mais do que ninguém com a revolução, e que a deploraram mais do que ninguém, provocar uma nova, e apenas para agrilhoar a vontade da nação (...). Eu prometo-vos tranquilidade para o futuro etc. etc. ('Bravo', 'bravo', tempestuosamente 'bravo').

Assim aplaude a burguesia industrial com o seu "bravo" servil o golpe de Estado de 2 de dezembro, a aniquilação do Parlamento, o declínio da sua própria dominação, a ditadura de Bonaparte. A tempestade de aplausos de 25 de novembro teve a sua resposta na tempestade de tiros de canhão de 4 de dezembro, e a maioria das bombas foi rebentar na casa do senhor Sallandrouze, que tinha aplaudido a maioria dos "bravos".

Quando Cromwell dissolveu o Longo Parlamento,[87] dirigiu-se sozinho ao centro da sala de sessões, pegou no relógio para que

---

[87] Longo Parlamento (1640-1653): Parlamento inglês convocado pelo rei Carlos I no início da revolução burguesa e transformado depois em seu órgão legislativo. Em 1649 o Parlamento condenou Carlos I à morte e proclamou a república na Inglaterra; foi dissolvido por Cromwell em 1653.

aquele não vivesse nem um só minuto a mais do que o prazo que lhe tinha dado e foi expulsando da sala os deputados um após outro com insultos alegres e humoristas. No 18 brumário, Napoleão, menor que o seu modelo, dirigiu-se, apesar de tudo, para o Corpo Legislativo e leu-lhe, ainda que com a voz entrecortada, a sua sentença de morte. O segundo Bonaparte, que de resto se encontrava na posse de um poder executivo muito diferente do de Cromwell ou de Napoleão, não foi procurar o seu modelo nos anais da história universal, mas nos anais da Sociedade do 10 de Dezembro, nos anais da jurisprudência criminal. Rouba ao Banco da França 25 milhões de francos, compra o general Magnan por um milhão e os soldados por 15 francos cada um e por aguardente, reúne-se de noite às escondidas com os seus cúmplices, como um ladrão, manda assaltar as casas dos parlamentares mais perigosos e tirar das suas camas Cavaignac, Lamoricière, Le Flô, Changarnier, Charras, Thiers, Baze etc., manda ocupar por tropas as principais praças de Paris e o edifício do Parlamento e afixar, de manhã cedo, em todas as paredes, cartazes charlatanescos proclamando a dissolução da Assembleia Nacional e do Conselho de Estado, o restabelecimento do sufrágio universal e a declaração do Departamento do Sena em estado de sítio. Do mesmo modo, publica pouco depois no *Moniteur* um documento falso segundo o qual influentes personalidades parlamentares se agruparam em torno dele num Conselho de Estado.

Os restos do Parlamento, formado principalmente por legitimistas e orleanistas, reúnem-se no edifício da *mairie* [Câmara municipal – francês] do 10º *arrondissement* e decidem entre repetidos gritos de "Viva a república!" a destituição de Bonaparte, arengam em vão à massa boquiaberta congregada diante do edifício e, por último, sob a guarda de atiradores africanos, são arrastados primeiro para o quartel de Orsay e depois empacotados em camburões e transportados para as prisões de Mazas, Ham e Vincennes. Assim terminaram o partido da ordem, a Assembleia Legislativa e a revolução de fevereiro. Eis aqui em breves traços, antes de passar rapidamente à conclusão, o esquema da sua história:

I. Primeiro período. De 24 de fevereiro a 4 de maio de 1848. Período de fevereiro. Prólogo. Farsa de confraternização geral.

II. Segundo período. Período de constituição da república e da Assembleia Nacional Constituinte.

1. De 4 de maio a 25 de junho de 1848. Luta das classes todas juntas contra o proletariado. Derrota do proletariado nas jornadas de junho.

2. De 25 de junho a 10 de dezembro de 1848. Ditadura dos republicanos burgueses puros. Elaboração da Constituição. Declaração do estado de sítio em Paris. Em 10 de dezembro é posta de lado a ditadura burguesa com a eleição de Bonaparte para presidente.

3. De 20 de dezembro de 1848 a 28 de maio de 1849. Luta da Constituinte com Bonaparte e com o partido da ordem unido a ele. Declínio da Constituinte. Queda da burguesia republicana.

III. Terceiro período. Período da república constitucional e da Assembleia Nacional Legislativa.

1. De 28 de maio a 13 de junho de 1849. Luta dos pequeno- -burgueses contra a burguesia e contra Bonaparte. Derrota da democracia pequeno-burguesa.

2. De 13 de junho de 1849 a 31 de maio de 1850. Ditadura parlamentar do partido da ordem. Completa a sua dominação com a abolição do sufrágio universal, mas perde o ministério parlamentar.

3. De 31 de maio de 1850 a 2 de dezembro de 1851. Luta entre a burguesia parlamentar e Bonaparte.

a) De 31 de maio de 1850 a 12 de janeiro de 1851. O Parlamento perde o alto comando sobre o exército.

b) De 12 de janeiro a 11 de abril de 1851. O Parlamento sucumbe nas suas tentativas para voltar a apoderar-se do poder administrativo. O partido da ordem perde a sua maioria parlamentar autônoma. Coligação deste com os republicanos e a Montagne.

c) De 11 de abril a 9 de outubro de 1851. Tentativas de revisão, de fusão, de prorrogação. O partido da ordem decompõe-se nos seus elementos isolados. Consolida-se a ruptura do Parlamento burguês e da imprensa burguesa com a massa da burguesia.

d) De 9 de outubro a 2 de dezembro de 1851. Ruptura aberta entre o Parlamento e o poder executivo. O Parlamento consuma o seu último ato e sucumbe, abandonado pela sua própria classe, pelo exército e pelas classes restantes. Declínio do regime parlamentar e da dominação burguesa. Vitória de Bonaparte. Paródia de restauração imperialista [do império].

VII

A república social apareceu como frase, como profecia, no limiar da revolução de fevereiro. Nas jornadas de junho de 1848, foi afogada no sangue do proletariado de Paris, mas aparece nos restantes atos do drama como espectro. Anuncia-se a república democrática. Esfuma-se em 13 de junho de 1849, com os seus pequeno-burgueses em fuga, nesta lança atrás de si reclamos duplamente jactanciosos. A república parlamentar com a burguesia apodera-se de toda a cena, vive a sua existência em toda a plenitude, mas o 2 de dezembro de 1851 enterra-a sob o grito de angústia dos realistas coligados: "Viva a república!"

A burguesia francesa, que se rebelava contra a dominação do proletariado trabalhador, elevou à dominação o lumpemproletariado, com o chefe da Sociedade do 10 de Dezembro à frente. A burguesia mantinha a França sob o medo sufocante dos futuros terrores da anarquia vermelha; Bonaparte descontou esse futuro quando em 4 de dezembro fez com que o exército da ordem, animado pela aguardente, disparasse contra os distintos burgueses do Boulevard Montmartre e do Boulevard des Italiens, que tinham assomado às janelas. A burguesia recebia em apoteose o sabre; o sabre dominou-a. Aniquilara a imprensa revolucionária; a sua própria imprensa foi aniquilada. Submetera as assembleias populares à vigilância da polícia; os seus salões encontram-se sob a vigilância da polícia. Dissolvera a Guarda Nacional democrática; a sua própria Guarda Nacional foi dissolvida. Decretara o estado de sítio; o estado de sítio foi decretado contra ela. Substituíra os júris por comissões militares; os seus júris foram substituídos por militares. Submetera o ensino do povo aos padres; os padres submetem-na ao seu próprio ensino. Deportara presos sem julgamento; é deportada sem julgamento. Reprimira todo movimento da sociedade pelo poder do Estado; todo movimento da sua sociedade é esmagado pelo poder do Estado. Rebelara-se, por entusiasmo para com a sua bolsa, contra os seus próprios políticos e literatos; os seus políticos e literatos foram postos de lado, mas a bolsa dela vê-se saqueada, depois de amordaçada a boca e de quebrada a pena destes. A burguesia gritara incansavelmente à revolução, tal como Santo Arsênio aos cristãos: *Fuge, tace, quiesce!* Foge, esconde-te, cala-te!; Bonaparte grita à burguesia: *Fuge, tace, quiesce!* Foge, esconde-te, cala-te!

A burguesia francesa tinha resolvido há muito tempo o dilema de Napoleão: *Dans cinquante ans l'Europe sera républicaine ou cosaque* [Dentro de 50 anos, a Europa será republicana ou cossaca – francês]. Tinha-o resolvido na *république cosaque* [república cossaca – francês]. Nenhuma Circe[88] desfigurou com o seu encanto maligno a obra de arte da república burguesa, convertendo-a num monstro. Essa república não tinha perdido senão a sua aparência de respeitabilidade. A França atual[89] estava já integralmente contida na república parlamentar. Era apenas necessário um golpe de baioneta para que a bolha rebentasse e o monstro saltasse à vista.

Por que é que o proletariado de Paris não se sublevou depois do 2 de dezembro?

---

[88] Circe: personagem da mitologia grega, que transformava os homens em animais.

[89] A França depois do golpe de Estado de 1851.

A queda da burguesia apenas estava decretada; o decreto ainda não tinha sido executado. Qualquer levante sério do proletariado ter-lhe-ia dado nova vida, tê-la-ia reconciliado com o exército e teria assegurado aos operários uma segunda derrota de junho.

Em 4 de dezembro, o proletariado foi aguilhoado para a luta pelo burguês e pelo *épicier* [merceeiro – francês]. Na noite desse dia prometeram comparecer no campo da luta várias legiões da Guarda Nacional, armadas e uniformizadas. O burguês e o *épicier* tinham descoberto, nomeadamente, que Bonaparte, num dos seus decretos de 2 de dezembro, abolira o voto secreto e ordenava-lhes que inscrevessem nos registros oficiais, atrás dos seus nomes, um sim ou um não. A resistência de 4 de dezembro amedrontou Bonaparte. Durante a noite mandou colar em todas as esquinas de Paris cartazes anunciando o restabelecimento do voto secreto. O burguês e o *épicier* acreditaram que tinham alcançado os seus fins. Quem não se apresentou na manhã seguinte foi o *épicier* e o burguês.

Por um *coup de main*, dado durante a noite de 1º para 2 de dezembro, Bonaparte tinha privado o proletariado de Paris dos seus guias, dos chefes das barricadas. Um exército sem oficiais, a quem as recordações de junho de 1848 e de 1849 e de maio de 1850 inspiravam a aversão de lutar sob a bandeira dos *montagnards,* confiou à sua vanguarda, às sociedades secretas, a salvação da honra insurrecional de Paris, que a burguesia entregou tão sem resistência à soldadesca que, mais tarde, Bonaparte pôde desarmar a Guarda Nacional com o pretexto trocista de que temia que as suas armas fossem empregadas abusivamente contra ela própria pelos anarquistas!

C'est le triomphe complet et definitf du socialisme! [É o triunfo completo e definitivo do socialismo! – francês]. Assim caracterizou Guizot o 2 de dezembro. Mas se a queda da república parlamentar encerra já em germe o triunfo da revolução proletária, o seu resultado tangível mais próximo, era a vitória de Bonaparte sobre o Parlamento, do poder executivo sobre o poder legislativo, do poder sem frases sobre o poder da frase. No Parlamento, a nação elevava a sua vontade geral a lei, isto é, elevava a lei da classe dominante a sua vontade geral. Perante o poder executivo, abdica de toda a sua vontade própria e submete-se às ordens de um poder estranho, da autoridade. O poder executivo, por oposição ao legislativo, exprime a heteronomia da nação por oposição à sua autonomia. Portanto, a França apenas parece escapar ao despotismo de uma classe para voltar a cair no despotismo de um indivíduo, e precisamente sob a autoridade de um indivíduo sem autoridade. A luta parece ter se arranjado de tal modo que todas as classes se prostraram de joelhos, com igual impotência e com igual mutismo, perante a coronha da espingarda.

Mas a revolução é radical (*gründlich*). Ela ainda está passando pelo purgatório. Cumpre a sua tarefa com método. Até 2 de dezembro de 1851, tinha terminado metade do seu trabalho preparatório; agora, completa a outra metade. Leva primeiro à perfeição o poder parlamentar, para poder derrubá-lo. Agora, conseguido isso, leva à perfeição o poder executivo, o reduz à sua expressão mais pura, isola-o, enfrenta-se com ele, como o único alvo contra o qual deve concentrar todas as suas forças de destruição. E quando a revolução já tiver levado a cabo essa segunda parte do seu trabalho preliminar, a Europa erguer-se-á e rejubilará: bem escavado, velha toupeira![90]

Esse poder executivo, com a sua imensa organização burocrática e militar, com a sua extensa e engenhosa maquinaria de Estado, um exército de meio milhão de funcionários, juntamente com um exército de outro meio milhão de soldados, esse terrível corpo de parasitas, que se cinge como uma rede ao corpo da sociedade francesa e lhe tapa todos os poros, surgiu no tempo da monarquia absoluta, com a decadência da feudalidade, que ajudou a acelerar. Os privilégios senhoriais dos grandes proprietários fundiários e das cidades transformaram-se em outros tantos atributos do poder de Estado, os dignitários feudais em funcionários retribuídos e o

---

[90] Shakespeare, *Hamlet,* ato I, cena 5.

A REVOLUÇÃO ANTES DA REVOLUÇÃO | 325

variado mostruário dos plenos poderes medievais divergentes no plano regulado de um poder de Estado cujo trabalho está dividido e centralizado como uma fábrica. A primeira revolução francesa, com a sua tarefa de quebrar todos os poderes particulares locais, territoriais, municipais e provinciais, para criar a unidade burguesa (*bürgerliche*) da nação, tinha de desenvolver aquilo que a monarquia absoluta havia iniciado: a centralização, mas ao mesmo tempo a extensão, os atributos e os servidores do poder do governo. Napoleão aperfeiçoou essa máquina de Estado. A monarquia legítima e a monarquia de julho nada mais acrescentaram senão uma maior divisão do trabalho, que crescia à medida que a divisão do trabalho dentro da sociedade burguesa criava novos grupos de interesses, e portanto novo material para a administração do Estado. Cada interesse comum (*gemeinsame*) destacava-se imediatamente da sociedade, contrapunha-se a esta como interesse superior, geral (*allgemeines*), subtraia-se à atividade própria dos membros da sociedade e convertia-se em objeto da atividade do governo, desde a ponte, a escola e os bens comunais de um município rural até as ferrovias, a riqueza nacional e as universidades da França. Finalmente, a república parlamentar, na sua luta contra a revolução, viu-se obrigada a fortalecer, juntamente com as medidas repressivas, os meios e a centralização do poder do governo. Todas as revoluções aperfeiçoavam essa máquina, em vez de a destruir. Os partidos que lutavam alternadamente pela dominação, consideravam a tomada de posse desse imenso edifício do Estado como a presa principal do vencedor.

Mas sob a monarquia absoluta, durante a primeira revolução, sob Napoleão, a burocracia era apenas o meio para preparar a dominação de classe da burguesia. Sob a restauração, sob Luís Felipe, sob a república parlamentar, era o instrumento da classe dominante, por muito que também aspirasse a um poder próprio.

Somente sob o segundo Bonaparte parece ter o Estado se autonomizado completamente. A máquina do Estado consolidou-se já de tal modo frente à sociedade burguesa (*bürgerliche Gesellschaft*) que basta que se encontre à sua frente o chefe da Sociedade do 10 de Dezembro, um cavalheiro de fortuna acorrido do estrangeiro, erigido em chefe por uma soldadesca embriagada, que comprou com aguardente e salsichão e a quem tem que lançar constantemente salsichão. Daí o desespero embaraçado, o sentimento da mais intensa humilhação e degradação que oprime o peito da França e contém a sua respiração. Ela sente-se como desonrada.

E no entanto, o poder de Estado não flutua no ar. Bonaparte representa uma classe e, sem dúvida, a classe mais numerosa da sociedade francesa: os camponeses detentores de parcelas.

Assim como os Bourbons eram a dinastia dos grandes proprietários fundiários e assim como os Orléans a dinastia do dinheiro, os Bonapartes são, desse modo, a dinastia dos camponeses, isto é, da massa do povo francês. O eleito dos camponeses não é o Bonaparte que se submeteu ao Parlamento burguês, mas o Bonaparte que dispersou o Parlamento burguês. Durante três anos, as cidades conseguiram falsificar o sentido da eleição do 10 de dezembro e enganar os camponeses quanto ao restabelecimento do império. A eleição de 10 de dezembro de 1848 só se consumou no *coup d'État* de 2 de dezembro de 1851.

Os camponeses detentores de parcelas constituem uma massa imensa, cujos membros vivem em situação idêntica, mas sem que entre eles existam múltiplas relações. O seu modo de produção isola-os uns dos outros, em vez de os levar a um intercâmbio mútuo. O isolamento é favorecido pelos precários meios de comunicação da França e pela pobreza dos camponeses. O seu campo de produção, a parcela, não admite no seu cultivo nenhuma divisão do trabalho, nenhuma aplicação da ciência; não admite, portanto, nenhuma multiplicidade de desenvolvimento, nenhuma diversidade de talentos, nenhuma riqueza de relações sociais. Cada família camponesa quase basta a si própria; produz imediatamente ela própria a maior parte do seu consumo e obtém assim os seus meios de vida (*Lebensmaterial*) mais na troca com a natureza do que no intercâmbio com a sociedade. A parcela, o camponês e a família; e ao lado, uma parcela, um outro camponês e uma outra família. Umas quantas destas constituem uma aldeia, e umas quantas aldeias, um Departamento. Assim se forma a grande massa da nação francesa, pela simples adição de grandezas do mesmo nome, do mesmo modo como, por exemplo, batatas em um saco formam um saco de batatas. Na medida em que milhões de famílias vivem em condições econômicas de existência que as separam pelo seu modo de viver, pelos seus interesses e pela sua cultura das outras classes e as opõem a estas de um modo hostil, aquelas formam uma classe. Na medida em que subsiste entre os camponeses detentores de parcelas uma conexão apenas local e a identidade dos seus interesses não gera entre eles nenhuma comunidade, nenhuma união nacional e nenhuma organização política, não formam uma classe. São, portanto, incapazes de fazer valer o seu interesse de classe em seu próprio nome, quer por meio de um parlamento quer por meio de uma convenção. Não podem representar-se, antes têm que ser representados. O seu representante tem de aparecer ao mesmo tempo como seu senhor, como uma autoridade sobre eles, como um poder ilimitado de governo que os proteja das restantes classes e lhes envie do alto a chuva e o sol. Por conseguinte, a influência política dos camponeses detentores de parcelas encontra a sua última expressão no fato de o poder executivo subordinar a si a sociedade.

Pela tradição histórica nasceu a crença dos camponeses franceses no milagre de que um homem de nome Napoleão lhes traria de novo toda a magnificência. E encontra-se um indivíduo que se faz passar por tal homem, porque traz o nome de Napoleão em consequência do *Code Napoléon,* que ordena: *La recherche de la paternité est interdite* [É proibida a investigação da paternidade – francês]. Após 20 anos de vagabundagem e uma série de grotescas aventuras, cumpre-se a lenda, e esse homem torna-se imperador dos franceses. A ideia fixa do sobrinho realizou-se porque coincidia com a ideia fixa da classe mais numerosa dos franceses.

Mas objetar-me-ão: e os levantes camponeses em meia França, as batidas do exército contra os camponeses, e as prisões e deportações em massa de camponeses?

Desde Luís XIV que a França não assistia a semelhante perseguição de camponeses "por manobras demagógicas".

Mas entenda-se bem. A dinastia de Bonaparte não representa o camponês revolucionário, mas o conservador; não o camponês que luta para sair da sua condição social de vida, a parcela, mas aquele que, ao contrário, quer consolidá-la; não a população rural que, com a sua própria energia e unida às cidades, quer derrubar a velha ordem, mas a que, ao contrário, sombriamente retraída nessa velha ordem, quer ver-se salva e preferida, juntamente com a sua parcela, pelo espectro do império. Não representa a ilustração, o esclarecimento, mas a superstição do camponês, não o seu juízo, mas o seu pré-juízo, não o seu futuro, mas o seu passado, não as suas Cévennes[91] modernas, mas a sua moderna Vendée.[92]

A dura dominação de três anos da república parlamentar tinha libertado uma parte dos camponeses franceses da ilusão napoleônica e tinha os revolucionado, mesmo que apenas superficialmente; mas a burguesia empurrava-os violentamente para trás sempre que se punham em movimento. Sob a república parlamentar, a consciência moderna dos camponeses franceses lutou contra a sua consciência tradicional. O processo decorreu sob a forma de uma luta incessante entre os mestres-escolas e os padres. A burguesia abateu os mestres-escolas. Pela primeira vez os camponeses fizeram esforços para adotar uma atitude autônoma face à atividade do governo. Isso manifestou-se no conflito continuado entre os *maires* [presidente

---

[91] Cévennes: região montanhosa da província de Languedoc, na França, onde, em 1702-1705, uma insurreição camponesa, provocada pelas perseguições aos protestantes, ganhou uma clara expressão antifeudal.

[92] Alusão ao motim contrarrevolucionário na Vendée (província ocidental da França), desencadeado em 1793 pelos realistas franceses, que utilizaram o campesinato atrasado dessa província para a luta contra a revolução francesa.

A REVOLUÇÃO ANTES DA REVOLUÇÃO | 329

da Câmara Municipal – francês] e os prefeitos. A burguesia destituiu os *maires*. Finalmente, os camponeses de diversas localidades levantaram-se durante o período da república parlamentar contra o seu próprio fruto, o exército. A burguesia castigou-os com estados de sítio e execuções. E essa mesma burguesia clama agora contra a estupidez das massas, contra a *vile multitude* [vil multidão – francês] que a traiu com Bonaparte. Ela própria consolidou com as suas violências o imperialismo [sentimentos favoráveis ao império] da classe camponesa, manteve as condições que formam o berço dessa religião camponesa. Claro que a burguesia tem de temer a estupidez das massas, enquanto estas permanecem conservadoras, e a inteligência das massas, logo que se tornam revolucionárias.

Nos levantamentos verificados depois do *coup d'État,* uma parte dos camponeses franceses protestou de armas na mão contra o seu próprio voto de 10 de dezembro de 1848. A experiência adquirida desde 1848 tinha os tornado avisados. Só que tinham se condenado aos infernos da história: a história pegou-lhes na palavra, e a maioria estava ainda tão confusa que, precisamente nos Departamentos mais vermelhos, a população camponesa votou abertamente em Bonaparte. Na opinião deles, a Assembleia Nacional tinha lhe dificultado o caminho. Ele tinha agora apenas quebrado as correntes que as cidades tinham posto à vontade do campo. Nalguns sítios abrigavam inclusive a ideia grotesca de colocar, junto de um Napoleão, uma convenção.

Depois de a primeira revolução ter transformado os camponeses semisservos em proprietários fundiários livres, Napoleão consolidou e regulamentou as condições em que podiam explorar, sem que ninguém os incomodasse, o solo da França que acabava de lhes caber, satisfazendo o seu prazer juvenil da propriedade. Mas aquilo que hoje leva à ruína o camponês francês é a sua própria parcela, a divisão da terra, a forma de propriedade que Napoleão consolidou na França. Foram precisamente as condições materiais que fizeram do camponês feudal francês o camponês da parcela e de Napoleão imperador. Bastaram duas gerações para provocar este resultado inevitável: agravamento progressivo da agricultura e endividamento progressivo do agricultor. A forma "napoleônica" de propriedade, que no início do século XIX era a condição para a libertação e o enriquecimento da população rural francesa, desenvolveu-se no decurso desse século como a lei da sua escravatura e do seu pauperismo. E é precisamente essa lei a primeira das *"idées napoléoniennes"* [ideias napoleônicas – francês] que o segundo Bonaparte tem para afirmar. Se ele partilha ainda com os camponeses a ilusão de procurar a causa da ruína destes, não na própria propriedade parcelária, mas fora dela, na influência de circunstâncias secundárias, os seus experimentos rebentarão como bolas de sabão contra as relações de produção.

O desenvolvimento econômico da propriedade parcelária inverteu radicalmente a relação dos camponeses com as restantes classes da sociedade. Sob Napoleão, o parcelamento da terra no campo complementava a livre concorrência e a grande indústria incipiente nas cidades. A classe camponesa era o protesto onipresente contra a aristocracia fundiária que precisamente acabava de ser derrubada. As raízes que a propriedade parcelária lançou na terra francesa tiraram do feudalismo toda a sua substância nutritiva. Os seus marcos divisórios formavam o baluarte natural da burguesia contra qualquer *coup de main* dos seus antigos senhores. Mas, no decurso do século XIX, o usurário da cidade passou a ocupar o lugar do feudal, a hipoteca o lugar das obrigações feudais da terra, o capital burguês o lugar da propriedade fundiária aristocrática. A parcela do camponês só, já é o pretexto que permite ao capitalista tirar lucro, juros e renda da terra, e o próprio agricultor que veja como ganhar o seu salário. As dívidas hipotecárias que pesam sobre a terra francesa impõem ao campesinato francês um juro tão grande como os juros anuais de toda a dívida nacional britânica. A propriedade parcelária, nessa escravatura sob o capital a que conduz inevitavelmente o seu desenvolvimento, transformou a massa da nação francesa em trogloditas. Dezesseis milhões de camponeses (incluindo mulheres e crianças) vivem em cavernas, uma grande parte das quais apenas têm uma abertura, outra parte, apenas duas, e a mais favorecida apenas três aberturas. As janelas são para uma casa aquilo que os cinco sentidos são para a cabeça. A ordem burguesa, que no início do século pôs o Estado como sentinela diante da parcela recém-criada e a adubou com louros, tornou-se um vampiro que lhe chupa o sangue e os miolos e os lança na caldeira de alquimista do capital. O *Code Napoléon* já não é mais do que o código do arresto, da venda forçada e do leilão judicial. Aos quatro milhões (incluindo crianças etc.) de *paupers* [pobres, indigentes – inglês] oficiais, vagabundos, criminosos e prostitutas que a França conta, vêm acrescentar-se cinco milhões, cuja existência flutua à beira do abismo e que ou moram no próprio campo ou que desertam constantemente, com os seus farrapos e os seus filhos, do campo para as cidades e das cidades para o campo. Portanto, os interesses dos camponeses não se encontram mais, como sob Napoleão, em consonância, mas em oposição com os interesses da burguesia, com o capital. Por isso os camponeses encontram o seu aliado e chefe natural no proletariado urbano, cuja tarefa é a derrubada da ordem burguesa. Mas o governo forte e ilimitado – e isto é a segunda *idée napoléonienne* que o segundo Napoleão tem de realizar – é chamado à defesa pela força dessa ordem "material". E esta *ordre matériel* [ordem material – francês] é também a palavra-chave em todas as proclamações de Bonaparte contra os camponeses rebeldes.

Juntamente com a hipoteca, que o capital lhe impõe, pesa sobre a parcela o imposto. O imposto é a fonte de vida da burocracia, do exército, dos padres e da corte; numa palavra, de todo o aparelho do poder executivo. Governo forte e imposto elevado é idêntico. A propriedade parcelária presta-se pela sua natureza para servir de base a uma burocracia onipotente e inumerável. Cria um nível igual das relações e das pessoas em toda a superfície do país. Permite também, portanto, a ação uniforme sobre todos os pontos desta massa homogênea a partir de um centro supremo. Aniquila os graus intermédios aristocráticos entre a massa do povo e o poder de Estado. Provoca, portanto, a partir de todos os lados, a ingerência direta desse poder de Estado e a interposição dos seus órgãos imediatos. Finalmente, cria uma superpopulação inocupada, que não encontra lugar nem no campo nem nas cidades e que, portanto, lança mão dos cargos públicos como de uma espécie de esmola respeitável e provoca a criação destes. Com os novos mercados abertos pela baioneta, com o saque do continente, Napoleão restituiu o imposto forçado com juros. Esse imposto era um acicate para a indústria do camponês, enquanto agora priva a sua indústria dos últimos recursos e completa a sua falta de resistência contra o pauperismo. E uma enorme burocracia, bem galonada e bem cevada, é a *idée napoléonienne* que de todas mais agrada ao segundo Bonaparte. E como não havia de lhe agradar, se se vê obrigado a criar, juntamente com as classes reais da sociedade, uma casta artificial, para a qual a manutenção do seu regime é uma questão de faca e garfo? Por isso uma das suas primeiras operações financeiras consistiu na elevação de novo dos vencimentos dos funcionários para o seu antigo montante e na criação de novas sinecuras.

Outra *idée napoléonienne* é a dominação dos padres como meio de governo. Mas se a parcela recém-criada, na sua consonância com a sociedade, na sua dependência das forças da natureza e na sua submissão à autoridade que a protegia de cima era, naturalmente, religiosa, essa parcela, cheia de dívidas, dissociada da sociedade e da autoridade e forçada a sair da sua própria estreiteza, torna-se, naturalmente, irreligiosa. O céu era um suplemento muito belo ao pequeno pedaço de terra acabado de adquirir, tanto mais que é ele que faz o tempo; mas torna-se um insulto logo que se pretende impô-lo como substituto da parcela. O padre só aparece, então, como o cão de guarda consagrado da polícia terrena – uma outra *idée napoléonienne*. Da próxima vez, a expedição contra Roma será levada a cabo na própria França, mas no sentido inverso ao do senhor de Montalembert.

A REVOLUÇÃO ANTES DA REVOLUÇÃO | 333

Finalmente, o ponto culminante das *idées napoléoniennes* é a preponderância do exército. O exército era *o point d'honneur* [ponto de honra – francês] dos camponeses das parcelas, eles próprios transformados em heróis, defendendo a sua nova propriedade contra o exterior, glorificando a sua nacionalidade recém-conquistada, saqueando e revolucionando o mundo. O uniforme era o seu próprio traje de gala; a guerra a sua poesia; a parcela, prolongada e arredondada na fantasia, a pátria, e o patriotismo a forma ideal do sentido de propriedade. Mas os inimigos contra quem o camponês francês tem agora de defender a sua propriedade não são os cossacos, são os *huissiers* [funcionários judiciais – francês] e os agentes do fisco. A parcela já não está na chamada pátria, mas no registro hipotecário. O próprio exército já não é a flor da juventude camponesa, mas a flor do pântano do lumpemproletariado camponês. Consiste na sua maioria em *remplaçants*, em substitutos, do mesmo modo que o segundo Bonaparte não é mais do que o *remplaçant*, o substituto de Napoleão. Realiza agora os seus feitos heroicos em caçadas e batidas contra os camponeses, em serviço de gendarme, e se as contradições internas do seu sistema lançam o chefe da Sociedade do 10 de Dezembro para o outro lado da fronteira francesa, o exército, após alguns atos de banditismo, não colherá quaisquer louros, mas pauladas.

Vê-se: todas as *idées napoléoniennes* são ideias da parcela não desenvolvida no frescor da juventude, são um contrassenso para a parcela antiquada. São apenas as alucinações da sua agonia, palavras transformadas em frases, espíritos transformados em fantasmas. Mas a paródia do imperialismo [dominação imperial] era necessária para libertar a massa da nação francesa do peso da tradição e para fazer com que se destacasse nitidamente a oposição do poder de Estado à sociedade. Com a ruína progressiva da propriedade parcelária, abate-se o edifício do Estado construído sobre ela. A centralização estatal, de que a sociedade moderna necessita, apenas se ergue sobre as ruínas da máquina militar-burocrática de governo, forjada por oposição ao feudalismo.

A condição dos camponeses franceses desvenda-nos o mistério das eleições gerais de 20 e 21 de dezembro, que levaram o segundo Bonaparte ao Monte Sinai, não para receber leis, mas para as dar.

Manifestamente, a burguesia não tinha agora outra escolha senão eleger Bonaparte. Quando, no Concílio de Constança,[93] os puritanos se queixavam da vida licenciosa dos papas e se lamuriavam sobre a necessidade da reforma dos costumes, o cardeal Pierre d'Ailly trovejou-lhes: "Só o diabo em pessoa pode salvar a Igreja católica, e vós pedis anjos!" A burguesia francesa exclamou também, depois do *coup d'État*: Só o chefe da Sociedade do 10 de Dezembro pode salvar a sociedade burguesa! Só o roubo pode salvar a propriedade, o perjúrio a religião, a bastardia a família, a desordem a ordem!

Bonaparte, como força do poder executivo autonomizada, sente como vocação sua assegurar a "ordem burguesa". Mas a força dessa ordem burguesa é a classe média. Sabe-se, portanto, representante da classe média e promulga decretos nesse sentido. Ele só é de fato alguma coisa, porque quebrou o poder político dessa classe média e, diariamente, o quebra de novo. Sabe-se, portanto, adversário do poder político e literário da classe média. Mas, ao proteger o seu poder material, gera de novo o seu poder político. Há, portanto, que manter em vida a causa, mas o efeito onde quer que se mostre tem de ser extirpado. Mas isso não pode fazer-se sem pequenas confusões de causa e efeito, porque ambas na ação recíproca perdem as suas características distintivas. Novos decretos que apagam a linha divisória. Bonaparte sabe-se ao mesmo tempo, face à burguesia, como representante dos camponeses e do povo em geral, chamado a fazer felizes dentro da sociedade as classes inferiores do povo. Novos

---

[93] O Concílio de Constança (1414-1418) foi convocado com o objetivo de reforçar a unidade da Igreja católica, enfraquecida pelo nascente movimento reformista.

decretos que de antemão defraudam os "socialistas verdadeiros"[94] na sua sabedoria governamental. Mas Bonaparte sabe-se acima de tudo chefe da Sociedade do 10 de Dezembro, representante do lumpemproletariado, a que ele próprio, a sua *entourage* [meio, os que o rodeiam – francês], o seu governo e o seu exército pertencem, e para quem se trata antes de tudo de beneficiar a si próprio e de sacar prêmios da loteria californiana do Tesouro público. E confirma-se como chefe da Sociedade do 10 de Dezembro com decretos, sem decretos e apesar dos decretos.

Essa tarefa contraditória do homem explica as contradições do seu governo, o confuso tatear aqui e ali, que tão depressa procura atrair como humilhar, umas vezes esta e outras vezes aquela classe, pondo-as a todas uniformemente contra si, e cuja insegurança prática forma um contraste altamente cômico com o estilo imperioso e categórico dos atos de governo, estilo submissamente copiado pelo do tio.

Indústria e comércio, portanto, os negócios da classe média, há que fazê-los florescer como em uma estufa sob o governo forte. Atribuição de um sem-número de concessões de ferrovia. Mas há que enriquecer o lumpemproletariado bonapartista. *Tripotage* [tripúdio – francês] na Bolsa com as concessões de ferrovia pelos antecipadamente iniciados. Mas não se apresenta nenhum capital para as ferrovias. Obriga-se o banco a adiantar dinheiro à custa das ações da ferrovia. Mas, ao mesmo tempo, há que explorar pessoalmente o banco, e, portanto, cumulá-lo de atenções. Exime-se o banco do dever de publicar semanalmente os seus relatórios. Contrato leonino do banco com o governo. Há que dar ocupação ao povo. Ordenam--se obras públicas. Mas as obras públicas aumentam os encargos fiscais do povo. Portanto, redução dos impostos por meio de um

---

[94] Alusão às obras dos representantes do socialismo alemão ou "verdadeiro", corrente reacionária que se difundiu na Alemanha nos anos de 1840, particularmente entre a intelectualidade pequeno-burguesa.

ataque contra os *rentiers* [os que possuem ou vivem de rendimentos – francês] pela conversão das rendas de 5% em rendas de 4,5%. Mas o estado médio (*Mittelstand*) tem de apanhar de novo uma *douceur* [doce – francês]. Portanto, duplicação do imposto sobre o vinho para o povo, que o compra *en détail* [a varejo – francês], e redução à metade para o estado médio, que o bebe *en gros* [por atacado – francês]. Dissolução das associações operárias efetivas, mas promessa de futuras maravilhas de associação. Há que ajudar os camponeses. Bancos hipotecários, que aceleram o seu endividamento e a concentração da propriedade. Mas há que utilizar esses bancos para extrair dinheiro dos bens confiscados da casa de Orléans. Nenhum capitalista aceita essa condição, que não está no decreto, e o banco hipotecário permanece um mero decreto etc. etc.

Bonaparte gostaria de aparecer como o benfeitor patriarcal de todas as classes. Mas nada pode dar a uma sem tirar a outra. E assim como no tempo da Fronda se dizia do duque de Guise que era o homem mais *obligeant* [obsequioso – francês] da França, porque tinha transformado todas as suas quintas em obrigações dos seus partidários contra si próprio, Bonaparte gostaria de ser também o homem mais *obligeant* da França e transformar toda a propriedade e todo o trabalho da França numa obrigação pessoal contra si próprio. Gostaria de roubar a França inteira para a oferecer à França, ou antes, para poder comprar de novo a França com dinheiro francês, pois como chefe da Sociedade do 10 de Dezembro tem necessariamente que comprar o que lhe deve pertencer. E tornaram-se instituição de compra todas as instituições de Estado: o Senado, o Conselho de Estado, o Corpo Legislativo, a Legião de Honra, a medalha do soldado, os lavadouros, os edifícios públicos, as ferrovias, o *État-maior* [Estado-maior] da Guarda Nacional sem soldados rasos, os bens confiscados da casa de Orléans. Todos os postos do exército e da máquina de governo se tornaram meios de compra. Mas o mais importante, porém, nesse processo em que se tira da França para lhe dar, são as percentagens que vão parar nos bolsos do chefe e dos membros da Sociedade do 10

A REVOLUÇÃO ANTES DA REVOLUÇÃO | 337

de Dezembro durante a transação. O trocadilho com que a condessa L., amante do senhor de Morny, caracterizava o confisco dos bens orleanistas: *C'est le premier vol*[95] *de l'aigle.* [É o primeiro voo (roubo) da águia – francês] pode ser aplicado a todos os voos dessa águia, que aliás é mais corvo. Ele próprio e os seus adeptos gritam diariamente, como aquele cartuxo italiano ao avarento, que contava orgulhosamente os bens de que desfrutaria ainda durante anos: *Tu fai conto sopra i beni, hisogna prima fare il conto sopra gli anni.*[96] Para não se enganarem nos anos, contam em minutos. Na corte, nos ministérios, nas cúpulas da administração e do exército, comprime-se um magote de fulanos, do melhor dos quais pode se dizer que não se sabe donde vem, uma *bohème* ruidosa, suspeita e ávida de saque, que se arrasta em casacas galonadas com a mesma grotesca dignidade que os grandes dignitários de Soulouque. Pode ter-se imagem dessa camada superior da Sociedade do 10 de Dezembro, se se considerar que Véron-Crevel[97] é o seu pregador de bons costumes e Granier de Cassagnac o seu pensador. Quando Guizot, no tempo do seu ministério, utilizou este Granier num jornaleco contra a oposição dinástica, costumava elogiá-lo com o dito: *C'est le roi des drôles,* é o rei dos bobos. Seria injusto recordar a propósito da corte e da tribo de Luís Bonaparte a Regência[98] ou Luís XV. Pois "muitas vezes passou a França por um governo de favoritas, mas ainda nunca por um governo de *hommes entretenus* [chulos – francês]".[99]

Acossado pelas exigências contraditórias da sua situação, ao mesmo tempo, como um prestidigitador na necessidade de atrair,

---

[95] *Vol* significa voo e roubo. (Nota de Marx)

[96] "Tu deitas contas aos bens, mas é preciso primeiro deitar contas aos anos." (Nota de Marx)

[97] Na sua obra *La Cousine Bette,* Balzac apresenta em Crevel, personagem inspirado no Dr. Véron, proprietário do jornal *Constitutionnel,* o tipo do filisteu mais libertino de Paris. (Nota de Marx)

[98] Trata-se da regência de Felipe de Orléans na França em 1715-1723, durante a menoridade de Luís XV.

[99] Palavras de madame de Girardin. (Nota de Marx)

por meio da surpresa constante, os olhares do público sobre si como substituto de Napoleão, [na necessidade], portanto, de executar todos os dias um golpe de Estado *en miniature* [em miniatura – francês], Bonaparte põe toda a economia burguesa em balbúrdia, atenta contra tudo aquilo que à revolução de 1848 parecera intangível, torna uns pacientes para com a revolução e os outros desejosos da revolução, produz a própria anarquia em nome da ordem, enquanto ao mesmo tempo retira a toda a máquina do Estado a auréola de santidade, profana-a, torna-a ao mesmo tempo asquerosa e ridícula. Repete em Paris, sob a forma de culto do manto imperial napoleônico, o culto da sagrada túnica de Trier.[100] Mas quando o manto imperial cair finalmente sobre os ombros de Luís Bonaparte, a estátua de bronze de Napoleão tombará do alto da Coluna de Vendôme.[101]

Escrito por K. Marx em dezembro de 1851 – março de 1852.

Publicado pela primeira vez no primeiro número da revista *Die Revolution* em 1852, em Nova York.

Assinado: Karl Marx

Publicado segundo o texto da edição de 1869.
Traduzido do alemão.

---

[100] Sagrada túnica de Trier: relíquia católica conservada na Catedral de Trier, que pretensamente seria a túnica que Cristo vestia quando foi crucificado. Era objeto da adoração de peregrinos.

[101] Ver nota 2, p. 202.

A GUERRA CIVIL NA FRANÇA

INTRODUÇÃO À EDIÇÃO DE 1891[1]

FRIEDRICH ENGELS

Chegou-me inesperadamente a solicitação para editar de novo a Mensagem do Conselho Geral Internacional sobre *A guerra civil na França* e para acompanhá-la de uma introdução. Por isso só posso tocar aqui, em poucas palavras, os pontos mais essenciais.

Faço preceder o referido trabalho, mais extenso, das duas mensagens, mais curtas, do Conselho Geral sobre a Guerra Franco-Alemã. Por um lado, porque em *A guerra civil na França* é referida a segunda,

---

[1]   A presente introdução foi escrita para a terceira edição alemã do trabalho de Marx *A guerra civil na França,* publicada em 1891 para comemorar o vigésimo aniversário da Comuna de Paris. Depois de apontar o significado histórico da experiência da Comuna de Paris e da sua generalização teórica por Marx em *A guerra civil na França,* Engels, na sua introdução, acrescentou um certo número de dados referentes à história da Comuna de Paris, em particular sobre a atividade dos blanquistas e dos proudhonistas participantes na Comuna. Nesta edição, Engels incluiu a primeira e a segunda mensagens, escritas por Marx, do Conselho Geral da Associação Internacional dos Trabalhadores sobre a Guerra Franco-Prussiana, que nas edições posteriores nas diferentes línguas foram também publicadas juntamente com *A guerra civil na França.*

ela mesma não inteiramente compreensível sem a primeira. Mas também porque essas duas mensagens, igualmente redigidas por Marx, são provas eminentes, em nada inferiores a *A guerra civil na França*, do maravilhoso dote do autor, demonstrado pela primeira vez em *O 18 brumário de Luís Bonaparte*, de apreender claramente o caráter, o alcance e as consequências necessárias de grandes acontecimentos históricos, ao mesmo tempo em que esses acontecimentos ainda decorrem diante dos nossos olhos ou apenas acabaram de se consumar. E, finalmente, porque ainda hoje temos de sofrer, na Alemanha, as consequências, anunciadas por Marx, daqueles acontecimentos.

Ou não terá acontecido o que diz a primeira mensagem, isto é, que se a guerra de defesa da Alemanha contra Luís Bonaparte degenera numa guerra de conquista contra o povo francês, toda a desgraça que se abateu sobre a Alemanha, após as chamadas guerras de libertação,[2] reviverá com renovada violência? Não tivemos nós mais 20 anos de dominação de Bismarck, não tivemos, em vez das perseguições aos demagogos,[3] a lei de exceção[4] e a caça aos socialistas com a mesma arbitrariedade, com literalmente a mesma revoltante interpretação da lei?

E não ficou literalmente demonstrada a predição de que a anexação da Alsácia-Lorena iria "atirar a França para os braços da Rússia" e que, após essa anexação, ou a Alemanha se tornaria o servo notório da Rússia, ou, após breve trégua, teria de se armar para uma nova

---

[2] Trata-se da guerra de libertação nacional do povo alemão contra o domínio napoleônico em 1813-1814.

[3] Demagogos era o termo com que, na Alemanha dos anos de 1820, eram designados os participantes no movimento de oposição entre a intelectualidade alemã, que atuavam contra o regime reacionário nos Estados alemães e exigiam a unificação da Alemanha. Os "demagogos" foram cruelmente perseguidos pelas autoridades alemãs.

[4] A lei de exceção contra os socialistas foi adotada na Alemanha em 21 de outubro de 1878. De acordo com a lei, foram proibidas todas as organizações do Partido social-democrata, as organizações operárias de massas e a imprensa operária, a literatura socialista foi confiscada e os social-democratas foram perseguidos. Sob a pressão do movimento operário de massas, a lei foi revogada em 1 de outubro de1890.

guerra, ou seja, "para uma guerra de raças, contra as raças coligadas dos eslavos e latinos?" A anexação das províncias francesas não empurrou a França para os braços da Rússia? Não cortejou Bismarck em vão, 20 anos inteiros, os favores do tsar, não os cortejou com serviços ainda mais rasteiros do que os que a pequena Prússia, antes de ter se tornado a "primeira grande potência da Europa", estava habituada a depor aos pés da santa Rússia? E não paira ainda dia a dia sobre as nossas cabeças a espada de Dâmocles de uma guerra, no primeiro dia da qual todas as alianças protocolarmente seladas dos príncipes se desfarão como pó de palha de uma guerra em que nada é certo a não ser a absoluta incerteza do seu desfecho; de uma guerra de raças que sujeita toda a Europa à devastação por 15 ou 20 milhões de homens armados e, ainda, só não está em curso porque mesmo o mais forte dos grandes Estados militares receia a total imprevisibilidade do resultado final?

Tanto maior é, por isso, o dever de tornar de novo acessíveis aos operários alemães essas brilhantes provas, meio esquecidas, da clarividência da política operária internacional de 1870.

O que é válido para estas duas mensagens também o é para *A guerra civil na França*. Em 28 de maio, os últimos combatentes da Comuna sucumbiam, nas encostas de Belleville, a [uma] força superior, e logo dois dias depois, no dia 30, Marx lia, perante o Conselho Geral, o trabalho no qual está exposta a significação histórica da Comuna de Paris em traços breves, vigorosos, mas tão penetrantes e sobretudo tão verdadeiros, que não foram jamais igualados em meio a toda a abundante literatura sobre o assunto.

Graças ao desenvolvimento econômico e político da França desde 1789, Paris está, há 50 anos, colocada na situação em que nenhuma revolução poderia ali rebentar se não tomasse um caráter proletário, de tal modo que o proletariado, que pagava com o seu sangue a vitória, surgia, depois dela, com reivindicações próprias. Essas reivindicações eram mais ou menos imprecisas e mesmo confusas, consoante, em cada caso, o grau de desenvolvimento dos operários parisienses; mas, em conclusão, todas elas apontaram para a eliminação do antagonismo de classes entre capitalistas e operários. A verdade é que não se sabia como isso havia de acontecer. Mas a própria reivindicação, ainda quando indefinidamente sustentada, continha um perigo para a ordem social estabelecida; os operários que a colocavam estavam ainda armados; para os burgueses que se encontravam ao leme do Estado, o desarmamento dos operários era, por isso, o imperativo primeiro. Por isso, depois de cada revolução conquistada pela luta dos operários, há uma nova luta, que termina com a derrota deles.

Isso aconteceu pela primeira vez em 1848. Os burgueses liberais da oposição parlamentar realizaram banquetes para a consecução da reforma eleitoral, que havia de assegurar a dominação do seu partido. Cada vez mais forçados, na luta com o governo, a apelar ao povo, tiveram de ceder o passo, pouco a pouco, às camadas radicais e republicanas da burguesia e da pequena burguesia. Mas, atrás destas estavam os operários revolucionários, e estes haviam se apropriado de muito mais autonomia desde 1830[5] do que suspeitavam os burgueses e mesmo os republicanos. No momento da crise entre governo e oposição, os operários abriram a luta de rua; Luís Felipe desapareceu e, com ele, a reforma eleitoral; no seu lugar ergueu-se a república, precisamente uma república designada como "social" pelos próprios operários vitoriosos. O que se entendia por essa república social não estava claro para ninguém, nem mesmo para os operários. Mas agora eles tinham armas e eram uma força no Estado. Por isso, assim que os republicanos burgueses que se encontravam ao leme notaram nalguma medida terreno sólido debaixo dos pés, o seu primeiro objetivo foi desarmar os operários. Isso aconteceu quando, pela quebra direta da palavra dada, pela humilhação aberta e pela tentativa de desterrar os desempregados a uma província longínqua, [os operários] foram empurrados para a insurreição de junho de 1848.[6] O governo tinha

---

[5]   Trata-se da revolução burguesa de julho de 1830, na França.

[6]   Ver nota 24, p. 218.

A REVOLUÇÃO ANTES DA REVOLUÇÃO | 345

se precavido com uma esmagadora superioridade de forças. Após uma luta heroica de cinco dias, os operários foram derrotados. E seguiu-se então um banho de sangue dos prisioneiros desarmados como não se viu igual desde os dias das guerras civis que iniciaram a decadência da república romana.[7] Era a primeira vez que a burguesia mostrava até que louca crueldade de vingança é levada, logo que o proletariado ousa surgir face a ela como classe à parte, com interesses e reivindicações próprios. E, ainda assim, 1848 foi uma brincadeira de crianças perante a sua raiva de 1871.

O castigo não se fez esperar. Se o proletariado ainda não podia governar a França, a verdade é que a burguesia já não o podia. Pelo menos nesse tempo, em que, na maioria, ela ainda tinha sentimentos monárquicos e estava dividida em três partidos dinásticos[8] e num quarto [partido] republicano. As suas querelas intestinas permitiram ao aventureiro Luís Bonaparte tomar todos os postos de poder – exército, polícia, máquina administrativa – e, em 2 de dezembro de 1851,[9] dissolver o último bastião da burguesia, a Assembleia Nacional. O segundo Império iniciou a exploração da França por um bando de aventureiros políticos e financeiros, mas ao mesmo tempo, também, um desenvolvimento industrial como nunca foi possível sob o sistema mesquinho e medroso de Luís Felipe, com a exclusiva dominação de apenas uma pequena parte da grande burguesia. Luís Bonaparte tomou aos capitalistas o seu poder político, sob o pretexto de os proteger, a eles burgueses, contra os operários e, por sua vez, os operários contra aqueles; mas, para isso, a sua dominação favoreceu a especulação e a atividade industrial, numa palavra, o ascenso e o enriquecimento do conjunto da burguesia

---

[7] Trata-se da guerra civil que se prolongou de 44 a 27 a.C. e que terminou com a instauração do Império Romano.

[8] Ver nota 5, p. 46.

[9] Trata-se do golpe de Estado realizado por Luís Bonaparte em 2 de dezembro de 1851 e que marcou o início do regime bonapartista do segundo Império.

numa medida inaudita até aí. Todavia, em maior medida ainda, desenvolveram-se a corrupção e o roubo em massa, os quais se reuniram à volta da corte imperial e sacaram desse enriquecimento as suas fortes percentagens.

Mas o segundo Império era o apelo ao chauvinismo francês, era a reivindicação das fronteiras do primeiro Império perdidas em 1814, no mínimo as da primeira República.[10] Um império francês nas fronteiras da velha monarquia, até mesmo nas de 1815, mais reduzidas ainda, isso era impossível por muito tempo. Daí a necessidade de guerras e de alargamentos territoriais periódicos. Mas nenhum alargamento de fronteiras deslumbrava tanto a fantasia dos chauvinistas franceses como o da margem esquerda alemã do Reno. Para eles, uma milha quadrada no Reno valia mais do que dez nos Alpes ou noutra parte qualquer. Com o segundo Império, a reivindicação da margem esquerda do Reno, de uma só vez ou por partes, era apenas uma questão de tempo. Esse tempo veio com a Guerra Austro-Prussiana de 1866;[11] ludibriado por Bismarck e pela sua própria política ultramanhosa de vacilação em torno das esperadas "compensações territoriais", mais nada restou a Bonaparte do que a guerra, que rebentou em 1870 e o fez ir à deriva para Sedan e daí para Wilhelmshöhe.[12]

---

[10] A primeira República foi proclamada em 1792 durante a grande revolução burguesa francesa do século XVIII e substituída em 1799, pelo consulado e depois pelo primeiro Império, de Napoleão I Bonaparte (1804-1814). Nesse período, a França travou numerosas guerras, em resultado das quais se alargaram consideravelmente as fronteiras do Estado.

[11] Depois de derrotadas na Guerra Austro-Prussiana de 1866, e quando se intensificava a crise do Estado austríaco multinacional, as classes dirigentes da Áustria estabeleceram conversações com os latifundiários da Hungria e, em 1867, subscreveram um acordo sobre a formação da monarquia dualista da Áustria-Hungria.

[12] Em 2 de setembro o exército francês foi derrotado em Sedan e feito prisioneiro, juntamente com o imperador. Entre 5 de setembro de 1870 e 19 de março de 1871, Napoleão III e os comandantes do exército estiveram presos em Wilhelmshöle (perto de Kassel), num castelo do rei da Prússia. A catástrofe de Sedan acelerou a derrocada do segundo Império e levou à proclamação da república na França a 4 de setembro de 1870. Foi formado um novo governo, o chamado "Governo da Defesa Nacional".

A consequência necessária foi a revolução de Paris de 4 de setembro de 1870. O império desmoronou-se como um castelo de cartas, a República foi proclamada de novo. Mas o inimigo estava à porta; os exércitos do império ou estavam encerrados sem esperança, em Metz, ou aprisionados na Alemanha. Nesta emergência, o povo consentiu aos deputados de Paris do antigo corpo legislativo que agissem como "governo de defesa nacional". Isso foi tanto mais permitido quanto, então, para fins de defesa, todos os parisienses aptos a pegar em armas entraram na Guarda Nacional e foram armados, de modo que os operários formavam agora a grande maioria. Mas, em breve, estalou a oposição entre o governo quase composto só por burgueses e o proletariado armado. Em 31 de outubro, batalhões operários assaltaram a Câmara Municipal e aprisionaram uma parte dos membros do governo; traição, quebra direta de palavra do governo e a intervenção de alguns batalhões de pequeno-burgueses libertaram-nos de novo; e deixou-se em função o governo de até então, para não desencadear a guerra civil no interior de uma cidade sitiada pela força militar estrangeira.

Finalmente, em 28 de janeiro de 1871, Paris esfomeada capitulou. Mas com honras até aí inauditas na história da guerra. As fortificações renderam-se, as trincheiras foram desarmadas, as armas da linha e a Guarda Móvel entregues, e mesmo esta considerada como prisioneira de guerra. Mas a Guarda Nacional conservou as suas armas e canhões, e colocou-se apenas em situação de armistício perante os vencedores. E estes mesmos não ousaram fazer em Paris uma entrada triunfal. De Paris, só ousaram ocupar um pequeno canto e ainda assim [um canto] em parte formado por parques públicos, e até isso só por alguns dias! Durante esse tempo, os que tinham mantido Paris cercada ao longo de 131 dias, foram eles próprios cercados pelos operários parisienses em armas, os quais velavam cuidadosamente para que nenhum "prussiano" ultrapassasse os estreitos limites do cantinho abandonado ao invasor estrangeiro. Tal era o respeito que infundiam os operários parisienses ao exército diante do qual tinham deposto as armas todos os exércitos do império; e os prussianos, que tinham vindo tirar vingança no foco da revolução, tiveram de se deter, respeitosos, e saudar essa mesma revolução armada!

Durante a guerra, os operários parisienses tinham se limitado a exigir a enérgica continuação da luta. Mas agora, quando chegava a paz[13] depois da capitulação de Paris, Thiers, o novo chefe do governo, tinha de reconhecer que a dominação das classes possidentes – grandes proprietários rurais e capitalistas – estava em perigo permanente enquanto os operários parisienses conservassem as armas na mão. A sua primeira obra foi a tentativa do desarmamento destes. Em 18 de março enviou tropas de linha com a ordem de roubar a artilharia pertencente à Guarda Nacional, fabricada durante o cerco de Paris e paga por subscrição pública. A tentativa falhou, Paris ergueu-se como um só homem para a defesa, e foi declarada guerra entre Paris e o governo francês sediado em Versalhes. Em 26 de março a Comuna foi eleita, e foi proclamada no dia 28. O Comitê Central da Guarda Nacional, que até aí dirigira o governo, demitiu-se em favor dela, depois de ter ainda decretado a abolição da escandalosa "polícia de costumes" de Paris. No dia 30, a Comuna aboliu o recrutamento e o exército permanente e proclamou a Guarda Nacional, à qual deviam pertencer todos os cidadãos capazes de pegar em armas, como o único poder armado; isentou todos os pagamentos de rendas de casa de outubro de 1870 até abril, pôs em conta para o prazo de pagamento seguinte as quantias de arrendamento já pagas e suspendeu todas as vendas de penhores no montepio municipal. No mesmo dia, os estrangeiros eleitos para a Comuna foram con-

---

[13] Trata-se do tratado de paz preliminar entre a França e a Alemanha, subscrito em Versalhes em 26 de fevereiro de 1871 por Thiers e Jules Favre, por um lado, e por Bismarck, por outro lado. De acordo com as condições deste tratado, a França cedia à Alemanha a Alsácia e a Lorena Oriental e pagava uma indenização de 5 bilhões de francos. O tratado de paz definitivo foi assinado em Frankfurt am Main em 10 de maio de 1871.

firmados nas suas funções, porque a "bandeira da Comuna é a da República Mundial". Em 1º de abril foi decidido que o vencimento mais elevado de um empregado da Comuna, portanto dos seus próprios membros também, não poderia exceder a 6 mil francos (4,8 mil marcos). No dia seguinte foram decretadas a separação da Igreja e do Estado e a abolição de todos os pagamentos do Estado para fins religiosos, assim como a transformação de todos os bens eclesiásticos em propriedade nacional; em consequência disso, foi ordenada em 8 de abril, e pouco a pouco cumprida, a exclusão, das escolas, de todos os símbolos religiosos, imagens, dogmas, orações, numa palavra, "de tudo o que pertence ao âmbito da consciência de cada um". No dia 5, face às execuções diariamente repetidas de combatentes da Comuna presos pelas tropas de Versalhes, foi promulgado um decreto destinado à detenção de reféns, mas nunca aplicado. No dia 6, a guilhotina foi trazida pelo 137º batalhão da Guarda Nacional e queimada publicamente no meio de ruidoso júbilo popular. No dia 12, a Comuna decidiu derrubar, como símbolo do chauvinismo e do incitamento ao ódio entre povos, a coluna triunfal da Praça Vendôme, fundida por Napoleão com os canhões conquistados depois da guerra de 1809. Isso foi executado em 16 de maio. Em 16 de abril a Comuna ordenou um levantamento estatístico das fábricas paralisadas pelos fabricantes e a elaboração de planos para o funcionamento dessas fábricas com os operários que nelas trabalhavam até então, que deveriam se unir em associações cooperativas, assim como organizar tais associações numa grande federação. No dia 20, aboliu o trabalho noturno dos padeiros assim como os serviços de emprego que desde o segundo Império funcionavam como monopólio de sujeitos nomeados pela polícia, exploradores de primeira linha dos operários; esses serviços foram atribuídos aos municípios dos 20 *arrondissements* [divisão territorial e administrativa – francês] de Paris. Em 30 de abril ordenou a supressão das casas de penhores, que era uma exploração privada dos operários e estavam em contradição com o direito dos operários aos seus instrumentos de trabalho e ao crédito. Em 5 de maio decidiu a demolição da capela de penitência construída como expiação pela execução de Luís XVI.

Evidenciou-se, assim, a partir de 18 de março, o caráter de classe, incisivo e puro, do movimento parisiense, até então relegado para segundo plano pela luta contra a invasão estrangeira. Como na Comuna tinham assento, quase sem exceção apenas operários ou representantes reconhecidos dos operários, também as suas resoluções continham um decidido caráter proletário. Ou decretava reformas que só por covardia a burguesia republicana deixara de fazer, mas que constituíam para a livre ação da classe operária uma base necessária, como a aplicação do princípio segundo o qual a religião, face ao Estado, é mero assunto privado; ou promulgou resoluções diretamente no interesse da classe operária e em parte golpeando profundamente a velha ordem social. Mas tudo isso, numa cidade cercada, podia quando muito receber um começo de realização. E desde o começo de maio, a luta contra as tropas do governo de Versalhes, reunidas em número cada vez maior, exigia todas as forças.

Em 7 de abril, os versalheses tinham se apoderado da passagem do Sena, em Neuilly, na frente ocidental de Paris; em contrapartida, foram repelidos com baixas, na frente Sul, por um ataque do general Eudes. Paris foi continuamente bombardeada, precisamente por aquela gente que tinha estigmatizado como um sacrilégio o bombardeio da mesma cidade pelos prussianos. Essa mesma gente mendigava agora, junto do governo prussiano, a restituição acelerada dos soldados franceses prisioneiros de Sedan e Metz, que para ela deviam reconquistar Paris. A chegada gradual dessas tropas deu aos versalheses uma decidida supremacia desde o começo de maio. Isso tornou-se evidente quando, em 23 de abril, Thiers rompeu as negociações propostas pela Comuna para a troca do arcebispo de Paris[14]

---

[14] Darboy.

A REVOLUÇÃO ANTES DA REVOLUÇÃO | 351

e de toda uma série de outros padres retidos como reféns em Paris, só por Blanqui, duas vezes eleito para a Comuna, mas prisioneiro em Clairvaux. E mais ainda na alterada linguagem de Thiers; até aí contido e equívoco, tornou-se bruscamente insolente, ameaçador, brutal. Na frente Sul, os versalheses tomaram em 3 de maio a *redoute* [fortificação – francês] de Moulin-Saquet, no dia 9 o Forte de Issy completamente em destroços, no dia 14 o de Vanves. Na frente Oeste deslocaram-se pouco a pouco até a própria muralha principal, conquistando as numerosas aldeias e edifícios que se estendem até a muralha circular; no dia 21 conseguiram penetrar na cidade por traição e em consequência de negligência da Guarda Nacional ali colocada. Os prussianos, que ocupavam os fortes a norte e a leste, permitiram aos versalheses avançar no terreno que, pelo armistício, lhes estava interdito a norte da cidade, e atacar assim numa larga frente, que os parisienses deviam supor coberta pelo armistício e que por isso mantinham só pouco guarnecida. Em consequência disso, houve apenas uma fraca resistência na metade ocidental de Paris, na cidade de luxo propriamente dita; ela tornou-se mais violenta e tenaz à medida que as tropas invasoras se aproximavam da metade oriental, da cidade operária propriamente dita. Só depois de uma luta de oito dias, os últimos defensores da Comuna sucumbiram no alto de Belleville e de Ménilmontant; e então o massacre de homens, mulheres e crianças indefesos, que durante toda a semana grassara em medida crescente, atingiu o seu ponto culminante. A espingarda já não matava bastante depressa; às centenas, os vencidos eram abatidos à metralhadora. O "Muro dos Federados" no Cemitério do Père-Lachaise, onde foi consumado o último massacre em massa, está ainda hoje de pé, testemunho mudo e eloquente da raiva de que é capaz a classe dominante logo que o proletariado ousa defender o seu direito. Vieram depois as prisões em massa, quando se revelou impossível a chacina de todos, o fuzilamento de vítimas escolhidas arbitrariamente nas filas dos prisioneiros, a evacuação dos restantes para grandes campos, onde aguardavam o comparecimento perante os conselhos de guerra. As tropas prussianas, que acampavam à volta da metade Nordeste de Paris, tinham ordem de não deixar passar qualquer fugitivo, porém, os oficiais fecharam muitas vezes os olhos quando os soldados obedeciam mais ao imperativo de humanidade do que ao do comando supremo. Designadamente, é devida ao corpo expedicionário saxão a glória de ter se conduzido muito humanamente e de ter deixado passar muitos daqueles cuja qualidade de combatentes da Comuna era visível.

Se hoje, 20 anos depois, olharmos para trás, para a atividade e a significação histórica da Comuna de Paris de 1871, acharemos que há ainda alguns aditamentos a fazer à exposição dada em *A guerra civil na França.*

Os membros da Comuna dividiam-se numa maioria, os blanquistas,[15] que também tinham predominado no Comitê Central da Guarda Nacional, e numa minoria: os membros da Associação Internacional dos Trabalhadores, predominantemente seguidores da escola socialista de Proudhon. Os blanquistas, na grande massa, eram então socialistas só por instinto revolucionário, proletário; só uns poucos tinham chegado a uma maior clareza de princípios, através de Vaillant, que conhecia o socialismo científico alemão. Assim se compreende que, no aspecto econômico, não tenha sido feito muito daquilo que, segundo a nossa concepção de hoje, a Comuna tinha de ter feito. O mais difícil de compreender é, certamente, o sagrado respeito com que se ficou reverenciosamente parado às portas do Banco da França. Foi também um grave erro político.

O banco nas mãos da Comuna – isso valia mais do que dez mil reféns. Significava a pressão de toda a burguesia francesa sobre

---

[15] Blanquistas: partidários da corrente do movimento socialista francês chefiada por Louis Auguste Blanqui, destacado revolucionário, representante do comunismo utópico francês. O lado fraco dos blanquistas era a sua convicção de que a revolução poderia ser realizada por um pequeno grupo de conspiradores, a sua incompreensão da necessidade de atrair as massas operárias para o movimento revolucionário.

o governo de Versalhes, no interesse da paz com a Comuna. Mas foi mais prodigioso ainda o muito de correto que, apesar de tudo, foi feito pela Comuna, composta que era por blanquistas e proudhonianos. Naturalmente, os proudhonianos são responsáveis em primeira linha pelos decretos econômicos da Comuna, pelos seus lados gloriosos como pelos não gloriosos, assim como os blanquistas pelos seus atos e omissões de caráter político. E quis em ambos os casos a ironia da história – como de costume, quando doutrinários chegam ao leme – que uns e outros fizessem o contrário do que lhes prescrevia a sua doutrina de escola.

Proudhon, o socialista do pequeno camponês e do mestre artesão odiava a associação com positivo ódio. Dizia dela que comportava mais mal do que bem, que era por natureza infrutífera porque uma corrente posta à liberdade do operário; que era um puro dogma, improdutivo e gravoso, em conflito tanto com a liberdade do operário quanto com a poupança de trabalho e que as suas desvantagens cresceriam mais depressa do que as suas vantagens; que a concorrência, a divisão do trabalho, a propriedade privada, seriam, frente a ela, forças econômicas. Só para os casos excepcionais – Proudhon lhes chama – da grande indústria e dos grandes corpos de empresas, ferrovias, por exemplo, seria indicada a associação dos operários (ver *Idée générale de la révolution,* 3ᵉ étude).

E, em 1871, mesmo em Paris, lugar central do artesanato de arte, a grande indústria tinha de tal modo deixado de ser um caso excepcional, que o decreto de longe mais importante da Comuna instituía uma organização da grande indústria e até mesmo da manufatura, que não só devia se basear na associação dos operários em cada fábrica mas também unificar todas essas associações numa grande federação; em resumo, uma organização que, como diz Marx de maneira inteiramente correta em *A guerra civil na França,* tinha de acabar por desembocar no comunismo, por conseguinte, no oposto direto da doutrina de Proudhon. E por isso, também, a Comuna foi o túmulo da escola proudhoniana do socialismo. Hoje essa escola desapareceu dos círculos operários franceses; aqui domina agora de maneira incontroversa a teoria de Marx, entre os possibilistas[16] não menos do que entre os "marxistas". Só entre a burguesia "radical" há ainda proudhonianos.

Os blanquistas não se saíram melhor. Educados na escola da conspiração, mantidos coesos pela rígida disciplina que àquela corresponde, partiam da opinião que um número relativamente pequeno de homens decididos, bem organizados, seria capaz, num dado momento favorável, não só de tomar o leme do Estado mas também, pelo desdobramento de grande, de implacável energia, de o conservar até se conseguir arrastar a massa do povo para a revolução e agrupá--la em torno do pequeno núcleo dirigente. Para isso era necessária, antes de todas as coisas, a centralização mais estrita, ditatorial, na mão do novo governo revolucionário. E que fez a Comuna, que na maioria era precisamente composta por esses blanquistas? Em todas as suas proclamações aos franceses da província, exortava estes a uma livre federação de todas as comunas francesas com Paris, a uma organização nacional que, pela primeira vez, haveria de ser criada efetivamente por toda a nação. Precisamente o poder repressivo do governo centralizado anterior – exército, polícia política, burocracia – que Napoleão tinha criado em 1798 e que, desde então, cada novo governo tinha retomado como instrumento e utilizado contra os seus adversários, era precisamente esse poder que deveria cair por toda a parte, como já tinha caído em Paris.

A Comuna teve mesmo de reconhecer, desde logo, que a classe operária, uma vez chegada à dominação, não podia continuar a administrar com a velha máquina de Estado; que essa classe operária, para não perder de novo a sua própria dominação, acabada de conquistar, tinha, por um lado, de eliminar a velha maquinaria de opressão até aí utilizada contra si própria, mas, por outro lado, de se precaver contra

---

[16] Possibilistas: corrente oportunista do movimento socialista francês, chefiada por Brousse, Malon e outros que em 1882 provocaram uma cisão no Partido Operário Francês. Os dirigentes dessa corrente proclamavam o princípio reformista de procurar alcançar apenas o "possível" – daí o seu nome.

os seus próprios deputados e funcionários, ao declarar estes, sem qualquer exceção, revogáveis a todo o momento. Em que consistia a qualidade característica do Estado, até então? A sociedade tinha criado originalmente os seus órgãos próprios, por simples divisão de trabalho, para cuidar dos seus interesses comuns. Mas esses órgãos, cuja cúpula é o poder de Estado, tinham se transformado com o tempo, ao serviço dos seus próprios interesses particulares, de servidores da sociedade em senhores dela. Como se pode ver, por exemplo, não simplesmente na monarquia hereditária mas igualmente na república democrática. Em parte alguma os "políticos" formam um destacamento da nação mais separado e mais poderoso do que precisamente na América do Norte. Ali, cada um dos dois grandes partidos aos quais cabe alternadamente a dominação é ele próprio governado por pessoas que fazem da política um negócio, que especulam com lugares nas assembleias legislativas da União e de cada um dos Estados, ou que vivem da agitação para o seu partido e são, após a vitória deste, recompensados com cargos. É sabido que os americanos procuram, há 30 anos, sacudir esse jugo tornado insuportável e que, apesar de tudo, se atolam sempre mais fundo nesse pântano da corrupção. É precisamente na América que podemos ver melhor como se processa essa autonomização do poder de Estado face à sociedade, quando originalmente estava destinado a ser mero instrumento desta. Não existe ali uma dinastia, uma nobreza, um exército permanente – excetuados os poucos homens para a vigilância dos índios – nem burocracia com emprego fixo ou direito à reforma. E, não obstante, temos ali dois grandes bandos de especuladores políticos que, revezando-se, tomam conta do poder de Estado e o exploram com os meios mais corruptos para os fins mais corruptos – e a nação é impotente contra esses dois grandes cartéis de políticos pretensamente ao seu serviço, mas que na realidade a dominam e a saqueiam.

Contra essa transformação, inevitável em todos os Estados até agora existentes, do Estado e dos órgãos do Estado, de servidores da sociedade em senhores da sociedade, aplicou a Comuna dois meios infalíveis. Em primeiro lugar, ocupou todos os cargos administrativos, judiciais, docentes, por meio de eleição por sufrágio universal dos interessados e, mais, com a revogação a qualquer momento por esses mesmos interessados. E, em segundo lugar, ela pagou por todos os serviços, grandes e pequenos, apenas o salário que outros operários recebiam. O ordenado mais elevado que ela pagava era de 6 mil francos. Assim se fechou a porta, eficazmente, à caça aos cargos e à ganância da promoção, mesmo sem os mandatos imperativos que, além do mais, no caso dos delegados para corpos representativos, ainda foram acrescentados.

Essa destruição do poder de Estado até aqui existente e a sua substituição por um novo, na verdade democrático, está descrita em pormenor no terceiro capítulo de *A guerra civil na França*. Mas era necessário destacar resumidamente aqui, mais uma vez, alguns pontos da razão, precisamente na Alemanha, de a superstição do Estado transpor-se da filosofia para a consciência geral da burguesia e mesmo de muitos operários. Segundo a representação filosófica, o Estado é a "realização da ideia", ou o reino de Deus na terra traduzido para o filosófico, domínio onde se realizam ou devem realizar-se a verdade e a justiça eternas. E daí resulta, pois, uma veneração supersticiosa do Estado e de tudo o que com o Estado se relaciona, a qual aparece tanto mais facilmente quanto se está habituado, desde criança, a imaginar que os assuntos e interesses comuns a toda a sociedade não poderiam ser tratados de outra maneira do que como têm sido até aqui, ou seja, pelo Estado e pelas suas autoridades bem providas. E crê-se ter já dado um passo imensamente audaz quando alguém se liberta da crença na monarquia hereditária e jura pela república democrática. Mas, na realidade, o Estado não é outra coisa senão uma máquina para a opressão de uma classe por outra e, de fato, na república democrática não menos do que na monarquia; no melhor dos casos, um mal que é legado ao proletariado vitorioso na luta pela dominação de classe e cujos

A REVOLUÇÃO ANTES DA REVOLUÇÃO | 357

piores aspectos ele não poderá deixar de cortar, imediatamente, o mais possível, tal como no caso da Comuna, até que uma geração crescida em novas e livres condições sociais se torne capaz de se desfazer de todo o lixo do Estado.

O filisteu social-democrata caiu recentemente, outra vez, em salutar terror, ao termo: ditadura do proletariado. Bem, senhores, quereis saber que rosto tem essa ditadura? Olhai para a Comuna de Paris. Era a ditadura do proletariado.

Londres, no vigésimo aniversário da
Comuna de Paris, 18 de março de 1891.

F. Engels. Publicado na revista *Die Neue Zeit*, Bd. 2, n. 28, 1890-1891, e no livro: *Karl Marx, Der Bürgerkrieg in Frankreich*, Berlin, 1891.

Publicado segundo o texto do livro.

Traduzido do alemão.

PRIMEIRA MENSAGEM DO CONSELHO GERAL DA ASSOCIAÇÃO INTERNACIONAL DOS TRABALHADORES SOBRE A GUERRA FRANCO-PRUSSIANA

Aos membros da Associação Internacional dos Trabalhadores na Europa e nos Estados Unidos

Na mensagem inaugural da Associação Internacional dos Trabalhadores, de novembro de 1864, dizíamos: "Se a emancipação das classes operárias requer o seu concurso fraterno, como é que irão cumprir essa grande missão com uma política externa que persegue objetivos criminosos, joga com preconceitos nacionais e dissipa em guerras piratas o sangue e o tesouro do povo?" Definíamos com estas palavras a política externa pretendida pela Internacional: Reivindicar as simples leis da moral e da justiça, que deveriam governar as relações dos indivíduos privados, como as leis supremas "do comércio entre as nações."

Não é de admirar que Luís Bonaparte, que usurpou o seu poder pela exploração da guerra de classes na França e o perpetuou através de guerras externas periódicas, tenha tratado a Internacional, desde o começo, como um perigoso inimigo. Na véspera do plebiscito,[17] ordenou uma batida contra os membros dos Comitês Administrativos da Associação Internacional dos Trabalhadores por toda a França, em Paris, Lyon, Rouen, Marselha, Brest etc., a pretexto de que a Internacional seria uma sociedade secreta envolvida numa conspiração para o seu assassínio, pretexto que logo depois foi evidenciado pelos seus próprios juízes como completamente absurdo. Qual foi o crime real das seções francesas da Internacional? Disseram pública e vigorosamente ao povo francês que votar o plebiscito era votar o despotismo interno e a guerra externa. E foi de fato obra delas a classe operária ter se levantado como um só homem para rejeitar o plebiscito em todas as grandes cidades, em todos os centros industriais da França. Infelizmente, a balança foi desequilibrada pela pesada ignorância dos distritos rurais. As Bolsas, os ministérios, as classes dominantes e a imprensa da Europa celebraram o plebiscito como uma assinalável vitória do imperador francês sobre a classe operária francesa; e foi o sinal para o assassínio, não de um indivíduo, mas de nações.

---

[17] O plebiscito foi organizado por Napoleão III em maio de 1870, pretensamente para que as massas populares manifestassem a sua posição em relação ao império. As questões colocadas à votação estavam formuladas de tal modo que não era possível desaprovar a política do segundo Império sem exprimir uma opinião contrária a todas as reformas democráticas. As seções da Primeira Internacional na França desmascararam essa manobra demagógica e propuseram aos seus membros que se abstivessem da votação. Na véspera do plebiscito, os membros da Federação de Paris foram presos sob a acusação de conspirarem para matar Napoleão III; a acusação foi utilizada pelo governo para organizar uma vasta campanha de perseguições contra os membros da Internacional em diferentes cidades da França. No julgamento dos membros da Federação de Paris, que ocorreu de 22 de junho a 5 de julho de 1870, foi completamente demonstrada a falsidade da acusação de conspiração; no entanto, vários membros da Internacional foram condenados a penas de prisão apenas por pertencerem à Associação Internacional dos Trabalhadores. As perseguições à Internacional na França provocaram protestos maciços por parte da classe operária.

A conspiração de guerra, de julho de 1870,[18] é apenas uma edição corrigida do *coup d'État* [golpe de Estado – francês] de dezembro de 1851.[19] A coisa pareceu à primeira vista tão absurda que a França não queria acreditar que fosse mesmo a sério. Preferiu acreditar no deputado[20] que denunciou o discurso ministerial de guerra como uma simples manobra bolsista. Quando em 15 de julho, por fim, a guerra foi oficialmente anunciada ao *corps législatif,* [corpo legislativo – francês] toda a oposição recusou votar os subsídios preliminares e, mesmo Thiers a estigmatizou como "detestável"; todos os jornais independentes de Paris a condenaram e, coisa de admirar, a imprensa de província juntou-se-lhes quase unanimamente.

Entretanto, os membros parisienses da Internacional tinham de novo posto mãos à obra. No *Le Réveil*[21] de 12 de julho publicavam o seu manifesto "Aos operários de todas as nações", de que extraímos os seguintes breves passos:

> Uma vez mais, diziam eles, a pretexto de equilíbrio europeu e de honra nacional, a paz do mundo está ameaçada pelas ambições políticas. Trabalhadores da França, da Alemanha, da Espanha, unamos as nossas vozes num mesmo grito de reprovação! (...) A guerra por uma questão de preponderância ou de dinastia só pode ser, aos olhos dos trabalhadores, uma loucura criminosa. Em resposta às proclamações belicosas dos que se isentam do "imposto do sangue" e encontram nas desgraças públicas uma fonte de novas especulações, protestamos, nós, que necessitamos de paz, de trabalho e de liberdade! (...) Irmãos da Alemanha! As nossas divisões só resultariam no triunfo completo do despotismo em ambos os lados do Reno (...). Operários de todos os países! Aconteça o que acontecer, de momentaneamente, aos nossos esforços comuns, nós, os membros da Associação Internacional dos Trabalhadores, que não

---

[18] Em 19 de julho de 1870 começou a Guerra Franco-Prussiana.

[19] Ver nota 9, p. 345.

[20] Jules Favre.

[21] *Le Réveil* (*O Despertar*): jornal francês, órgão dos republicanos de esquerda; publicou-se em Paris de julho de 1868 a janeiro de 1871, sob a direção de Louis Charles Delescluze. O jornal publicou documentos da Internacional e materiais sobre o movimento operário.

conhecemos fronteiras, endereçamo-vos, como penhor de uma solidariedade indissolúvel, os votos e a saudação dos operários da França!

A este manifesto da nossa seção de Paris seguiram-se numerosas mensagens semelhantes, de que apenas podemos citar, aqui, a declaração de Neuilly-sur-Seine publicada em *La Marseillaise*[22] de 22 de julho:

> A guerra é justa? Não! A guerra é nacional? Não! Ela é puramente dinástica. Em nome da humanidade, da democracia e dos verdadeiros interesses da França, aderimos completa e energicamente ao protesto da Internacional contra a guerra!

Esses protestos expressavam os verdadeiros sentimentos do povo trabalhador francês, como logo o mostrou um curioso incidente. Tendo o "bando do 10 de dezembro",[23] inicialmente organizado sob a presidência de Luís Bonaparte, disfarçado com roupa operária, se lançando às ruas de Paris para fazer demonstrações da febre guerreira, os verdadeiros operários dos subúrbios responderam com tão esmagadoras demonstrações públicas de paz, que Piétri, o chefe de polícia, considerou prudente pôr fim imediato a toda e qualquer política de rua, a pretexto de que o verdadeiro povo de Paris havia dado suficiente expressão ao seu patriotismo contido e ao seu exuberante entusiasmo de guerra.

Quaisquer que possam ser os incidentes da guerra de Luís Bonaparte com a Prússia, o dobre de finados do segundo Império já soou em Paris. Ele acabará como começou, por uma paródia. Mas não nos esqueçamos de que foram os governos e as classes dominantes

---

[22] *La Marseillaise (A Marselhesa)*: jornal diário francês, órgão dos republicanos de esquerda; publicou-se em Paris de dezembro de 1869 a setembro de 1870. Publicava materiais sobre a atividade da Internacional e sobre o movimento operário.

[23] Trata-se da "Sociedade do 10 de Dezembro", sociedade bonapartista secreta, composta principalmente por elementos desclassificados, por aventureiros políticos, por membros da camarilha militar etc.; os seus membros contribuíram para a eleição de Luís Bonaparte para presidente da República Francesa, em 10 de dezembro de 1848 (donde a designação da sociedade).

da Europa que habilitaram Luís Bonaparte a representar, durante 18 anos, a farsa feroz do império restaurado.

Do lado alemão, a guerra é uma guerra de defesa. Mas quem colocou a Alemanha na necessidade de se defender? Quem habilitou Luís Bonaparte a conduzir a guerra contra ela? A Prússia! Foi Bismarck quem conspirou com esse mesmo Luís Bonaparte no propósito de esmagar a oposição popular interna e anexar a Alemanha à dinastia dos Hohenzollern. Se a Batalha de Sadowa[24] tivesse sido perdida em vez de ganha, os batalhões franceses teriam inundado a Alemanha como aliados da Prússia. Imaginou a Prússia um só instante, depois da sua vitória, opor uma Alemanha livre a uma França escravizada? Muito ao contrário. Ao mesmo tempo que preservava cuidadosamente todas as belezas nativas do seu velho sistema, ainda lhe juntava todos os truques do segundo Império, o seu despotismo efetivo e o seu democratismo simulado, as suas mistificações políticas e as suas trapaças financeiras, as suas frases pomposas e as suas artes vulgares de prestidigitador. O regime bonapartista, que até então só florescia num lado do Reno, tinha conseguido assim o seu equivalente no outro. De um tal estado de coisas, que poderia resultar senão a guerra?

Se a classe operária alemã permitir que a presente guerra perca o seu caráter estritamente defensivo e degenere numa guerra contra o povo francês, então a vitória ou a derrota serão igualmente desastrosas. Todas as desgraças que se abateram sobre a Alemanha depois da sua guerra de independência reviverão com intensidade acumulada.

Os princípios da Internacional, no entanto, estão demasiado divulgados e demasiado enraizados entre a classe operária alemã para que se receie um desfecho tão triste. As vozes dos operários franceses encontraram eco na Alemanha. Um comício de massas de operários, realizado em Braunschweig, em 16 de junho, exprimiu a

---

[24] A batalha de Sadowa ocorreu em 3 de julho de 1866, na Boêmia. Foi a batalha decisiva da Guerra Austro-Prussiana de 1866, que terminou com a vitória da Prússia sobre a Áustria.

sua plena concordância com o manifesto de Paris, rejeitou a ideia de antagonismo nacional contra a França e concluiu as suas resoluções com estas palavras:

> Somos adversários de todas as guerras, mas, antes de tudo, das guerras dinásticas (...). Com pena e dor profundas, vemo-nos forçados a entrar numa guerra defensiva como um mal inevitável; mas apelamos, ao mesmo tempo, a toda a classe operária pensante, para que torne impossível a repetição de uma tão monstruosa desgraça social, reivindicando para os próprios povos o poder de decidir sobre a guerra e a paz e de os tornar, assim, senhores dos seus próprios destinos.

Em Chemnitz, uma assembleia de delegados, representando 50 mil operários saxões, aprovou por unanimidade a seguinte resolução:

> Em nome da democracia alemã e, designadamente, dos operários do Partido social-democrata, declaramos que a presente guerra é exclusivamente dinástica (...). Tomamos com alegria a mão fraterna que nos estendem os operários franceses (...). Tendo presente a palavra de ordem da Associação Internacional dos Trabalhadores: 'Proletários de todos os países, uni-vos!', não esqueceremos que os operários de todos os países são nossos amigos e os déspotas de todos os países nossos inimigos

A seção de Berlim da Internacional também respondeu ao manifesto de Paris:

> Associamo-nos de corpo e alma ao vosso protesto (...). Prometemos solenemente que nem o som da trombeta nem o troar do canhão, nem a vitória nem a derrota nos hão de afastar da nossa obra comum de união dos operários em todos os países.

Que assim seja!

No pano de fundo a essa luta suicida espreita a figura tenebrosa da Rússia. E um mau presságio que o sinal para a presente guerra tenha sido dado no momento em que o governo moscovita tinha precisamente completado as suas ferrovias estratégicas e estava já concentrando tropas na direção do Prut [afluente da margem esquerda do rio Danúbio]. Qualquer simpatia que os alemães pudessem reclamar, com razão, numa guerra de defesa contra a agressão bonapartista, perdê-la-iam imediatamente se permitissem que o governo prussiano apelasse para a ajuda dos cossacos ou a aceitasse. Lembrem-se eles de que após a sua guerra de independência contra o primeiro Napoleão, a Alemanha ficou prostrada, por gerações, aos pés do tsar.

A classe operária inglesa estende a mão da camaradagem ao povo trabalhador francês e alemão. Ela está profundamente convencida de que, seja qual for o curso que a monstruosa guerra iminente venha a tomar, a aliança das classes operárias de todos os países acabará por liquidar a guerra.

O próprio fato de que, enquanto a França oficial e a Alemanha oficial se precipitam numa luta fratricida, os operários trocam mensagens de paz e boa vontade – esse grande fato, sem paralelo na história do passado, abre a perspectiva de um futuro mais luminoso. Ele prova que, em contraste com a velha sociedade, com as suas desgraças econômicas e o seu delírio político, vai nascendo uma sociedade nova, cujo governo internacional será a paz, porque o seu governante nacional será por toda a parte o mesmo – o trabalho! A pioneira desta nova sociedade é a Associação Internacional dos Trabalhadores.

256, High Holborn, London, Western Central, 23 de julho de 1870.

Escrito por K. Marx entre 19 e 23 de julho de 1870. Publicado sob a forma de folheto em inglês, em julho de 1870, e também sob a forma de folheto e na imprensa em alemão, francês e russo, em agosto--setembro de 1870.
Publicado segundo o texto da primeira edição inglesa do folheto, confrontado com o texto da segunda edição inglesa de 1870 e com a edição alemã autorizada de 1870.
Traduzido do inglês.[25]

---

[25] Exceto as citações de proveniência francesa e alemã que traduzimos segundo os textos publicados, respectivamente, em K. Marx e F. Engels, *Oeuvres choisies en trois volumes,* Editions du Progrès, Moscou, t. II, 1970; e Karl Marx/Friedrich Engels, *Werke,* Dietz Verlag, Berlim, 19/3, Bd. 1/.

SEGUNDA MENSAGEM DO CONSELHO GERAL DA ASSOCIAÇÃO INTERNACIONAL DOS TRABALHADORES SOBRE A GUERRA FRANCO-PRUSSIANA

Aos membros da Associação Internacional dos Trabalhadores na Europa e nos Estados Unidos

No nosso primeiro manifesto, de 23 de julho, dizíamos:

(...) o dobre de finados do segundo império já soou em Paris. Ele acabará como começou, por uma paródia. Mas não nos esqueçamos de que foram os governos e as classes dominantes da Europa que habilitaram Luís Bonaparte a representar, durante 18 anos, a farsa feroz do império restaurado.

Assim, já antes de terem começado efetivamente as operações de guerra, tratávamos nós a bola de sabão bonapartista como uma coisa do passado.

Se não nos enganamos quanto à vitalidade do segundo Império, não estávamos errados no nosso receio de que a guerra alemã perdesse "o seu caráter estritamente defensivo" e degenerasse "numa guerra contra o povo francês". A guerra de defesa acabou de fato pela rendição de Luís Bonaparte, pela capitulação de Sedan[26] e pela proclamação da república em Paris. Mas muito antes desses acontecimentos, no momento mesmo em que se tornava evidente a completa podridão das armas imperialistas [imperiais], a camarilha militar prussiana tinha decidido a conquista. Havia um irritante obstáculo no seu caminho – as proclamações do próprio rei Guilherme no

---

[26] Ver nota 12, p. 346.

começo da guerra. No seu discurso do trono à Dieta da Alemanha do Norte, tinha declarado solenemente fazer a guerra contra o imperador dos franceses e não contra o povo francês. Em 11 de agosto tinha publicado um manifesto à nação francesa, em que dizia:

> O imperador Napoleão atacou, por água e por terra, a nação alemã, que desejou e continua a desejar viver em paz com o povo francês; tomei o comando do exército alemão para repelir a sua agressão e fui levado pelos acontecimentos militares a atravessar as fronteiras da França.

Não contente em afirmar o caráter defensivo da guerra pela declaração de que só assumiu o comando dos exércitos alemães "para repelir a agressão" acrescentava que foi só "levado pelos acontecimentos militares" a atravessar as fronteiras da França. Uma guerra de defesa não exclui, naturalmente, operações ofensivas ditadas por "acontecimentos militares".

Assim, esse piedoso rei tinha se comprometido, perante a França e o mundo, a uma guerra defensiva. Como libertá-lo desse compromisso solene? Os contrarregras tiveram que apresentá-lo como se estivesse cedendo, relutante, a uma imposição irresistível da nação alemã. Deram imediatamente a deixa à classe média alemã liberal, com os seus professores, os seus capitalistas, os seus vereadores e os seus escribas. Essa classe média, que na sua luta pela liberdade civil, de 1846 a 1870, dera um espetáculo sem precedentes de indecisão, de incapacidade e de covardia, entusiasmou-se, obviamente, por entrar na cena europeia como o leão rugidor do patriotismo alemão. Reclamou a sua independência cívica fingindo que impunha ao governo prussiano os planos secretos desse mesmo governo. Penitencia-se pela sua prolongada e quase religiosa fé na infalibilidade de Luís Bonaparte, exigindo em voz alta o desmembramento da República Francesa. Ouçamos por um momento as alegações especiais desses patriotas de coração ousado!

Não ousam pretender que o povo da Alsácia-Lorena anseie pelo abraço alemão; muito ao contrário. Para punir o seu patriotismo

A REVOLUÇÃO ANTES DA REVOLUÇÃO | 369

francês, Estrasburg, cidade dominada por uma cidadela autônoma, foi bombardeada durante seis dias de maneira cruel e bárbara, com projéteis e explosivos "alemães" que a incendiaram e mataram grande número dos seus habitantes indefesos! Contudo, o solo daquelas províncias tinha pertencido outrora ao antigo império alemão.[27] Parece, assim, que o solo e os seres humanos que nele cresceram têm de ser confiscados como propriedade alemã imprescritível. Se alguma vez o mapa da Europa tiver de ser refeita segundo a veia de antiquário, não esqueçamos em caso algum que o Eleitor de Brandemburg foi, para as suas possessões prussianas, o vassalo da república polaca.[28]

Os patriotas mais sabidos reclamam, contudo, a Alsácia e a parte da Lorena de língua alemã como uma "garantia material" contra a agressão francesa. Como essa alegação desprezível tem confundido muita gente fraca de espírito, somos obrigados a entrar nisso mais a fundo.

É indubitável que a configuração geral da Alsácia, se comparada com a margem oposta do Reno, e a presença de uma grande cidade fortificada como Estrasburg, a cerca de meio caminho entre Basileia e Germersheim, favorecem muito uma invasão francesa da Alemanha do Sul, enquanto opõem dificuldades particulares a uma invasão da França a partir da Alemanha do Sul. É indubitável, além disso, que a anexação [addition] da Alsácia e da Lorena de língua alemã daria à Alemanha do Sul uma fronteira muito mais forte, tanto mais que ela seria então senhora da crista dos [montes] Vosgos em toda a sua

---

[27] Até agosto de 1806, a Alemanha fez parte do Sacro Império Romano da Nação Alemã, fundado no século X e que constituía uma união de principados feudais e de cidades livres que reconheciam a autoridade suprema do imperador.

[28] Em 1618, o eleitorado de Brandemburg uniu-se com o ducado da Prússia (Prússia Oriental), formado no início do século XVI com base nas possessões da Ordem Teutônica e vassalo feudal da Rzeczpospolita (república polaca). Na sua qualidade de duque da Prússia, o Eleitor de Brandemburg foi vassalo da Polônia até 1657, altura em que, aproveitando-se das dificuldades dessa na guerra com a Suécia, obteve o reconhecimento dos direitos de soberania para as possessões prussianas.

extensão e das fortalezas que cobrem os seus desfiladeiros do Norte. Se Metz também fosse anexada, a França seria certamente privada, momentaneamente, das suas duas principais bases de operação contra a Alemanha, mas isso não a impediria de construir uma nova, em Nancy ou Verdun. Enquanto a Alemanha possui Koblenz, Mainz, Germersheim, Rastatt e Ulm, todas elas bases de operação contra a França e copiosamente utilizadas nessa guerra, com que aparência de honestidade pode ela disputar Estrasburg e Metz à França, as únicas duas fortalezas de alguma importância que ela tem desse lado? Além disso, Estrasburg só põe em perigo a Alemanha do Sul na medida em que a Alemanha do Sul é uma potência separada da Alemanha do Norte. Desde 1792-1795, a Alemanha do Sul nunca foi invadida a partir dessa direção, porque a Prússia era um parceiro na guerra contra a Revolução Francesa; mas logo que a Prússia concluiu uma paz separada[29] em 1795 e abandonou o Sul à sua sorte, começaram as invasões da Alemanha do Sul tendo Estrasburg como base, e continuaram até 1809. O fato é que uma Alemanha unida pode sempre tornar inofensivos Estrasburg e qualquer exército francês na Alsácia, pela concentração de todas as suas tropas entre Sarrelouis e Landau, como aconteceu na presente guerra, e pelo avanço ou pela aceitação da batalha na linha de comunicação entre Mainz e Metz. Enquanto a massa das tropas alemãs ali estacionar, qualquer exército francês que avance para a Alemanha do Sul a partir de Estrasburg será atacado de flanco e terá as suas comunicações ameaçadas. Se a presente campanha provou alguma coisa, foi a facilidade de invadir a França a partir da Alemanha.

Mas, em boa fé, não será por completo um absurdo e um anacronismo fazer de considerações militares o princípio pelo qual têm de ser fixadas as fronteiras de nações? Se essa regra tivesse de prevalecer,

---

[29] Trata-se do Tratado de Paz de Basileia, concluído separadamente pela Prússia, participante na primeira coligação antifrancesa de Estados europeus, com a República Francesa, em 5 de abril de 1795.

A REVOLUÇÃO ANTES DA REVOLUÇÃO | 371

a Áustria ainda teria direito à Veneza e à linha do Mincio,[30] e a França à linha do Reno para proteger Paris, que está certamente muito mais exposto a um ataque a partir do Nordeste do que Berlim a partir do Sudoeste. Se for para fixar limites segundo os interesses militares, as reclamações não terão fim, porque qualquer linha militar é necessariamente defeituosa e pode ser melhorada pela anexação de mais algum território exterior; e, além disso, nunca podem ser fixados definitiva e honestamente, porque têm sempre de ser impostos pelo vencedor ao vencido, trazendo consigo, consequentemente, o germe de novas guerras.

Tal é a lição de toda a história. É assim com as nações como com os indivíduos. Para lhes retirar o poder de ataque há que lhes retirar os meios de defesa. Não basta aplicar o garrote, há que matar. Se alguma vez um conquistador tomou "garantias materiais" para quebrar o nervo de uma nação, foi o primeiro Napoleão pelo Tratado de Tilsit[31] e pelo modo como o executou contra a Prússia e o resto da Alemanha. Contudo, poucos anos depois, o seu poder gigantesco desfez-se como caniço podre de encontro ao povo alemão. Que são as "garantias materiais" que a Prússia, nos seus sonhos mais insensatos, poderia ou ousaria impor à França, se comparadas com as "garantias materiais" que o primeiro Napoleão arrancou dela? O resultado não será menos desastroso. A história medirá a sua dívida, não pela extensão das milhas quadradas conquistadas da França,

---

[30] Pequeno rio da Itália do Norte, afluente da margem esquerda do rio Pó.

[31] O Tratado de Tilsit foi concluído em 7-9 de julho de 1807 entre a França napoleônica e os Estados participantes na quarta coligação antifrancesa, a Rússia e a Prússia, derrotadas na guerra. As condições do tratado eram extremamente duras para a Prússia, que perdeu uma parte significativa do seu território. A Rússia não sofreu quaisquer perdas territoriais, mas foi obrigada a reconhecer o reforço da posição da França na Europa e a aderir ao bloqueio contra a Inglaterra (o chamado bloqueio continental). O Tratado de Tilsit, tratado de rapina ditado por Napoleão I provocou um forte descontentamento entre a população da Alemanha, preparando assim o terreno para o movimento de libertação contra o domínio napoleônico, se desenvolveu em 1813.

mas pela intensidade do crime de fazer reviver, na segunda metade do século XIX, a política de conquista!

Mas, dizem os porta-vozes do patriotismo teutônico, não se deve confundir alemães com franceses. O que queremos não é glória, mas segurança. Os alemães são um povo essencialmente pacífico. Sob a sua sóbria tutela, a própria conquista, de condição de guerra futura, muda para penhor de paz perpétua. É claro que não foram os alemães quem invadiu a França em 1792, com o sublime propósito de baionetar a revolução do século XVIII. Não foram os alemães quem manchou as mãos com a subjugação da Itália, a opressão da Hungria e o desmembramento da Polônia. O seu sistema militar atual, que divide toda a população masculina em duas partes – um exército permanente em serviço e um outro exército permanente de licença, ambos igualmente obrigados em obediência passiva a governantes de direito divino – um tal sistema militar, evidentemente, é uma "garantia material" para preservar a paz e o fim último das tendências civilizadoras! Na Alemanha, como em qualquer outra parte, os sicofantas dos poderes vigentes envenenam o espírito popular com o incenso do autolouvor falso.

Aqueles patriotas alemães fingindo que ficam indignados à vista das fortalezas francesas de Metz e Estrasburg, não veem nenhum mal no vasto sistema de fortificações moscovitas de Varsóvia, Modlin e Ivangorod. Enquanto tremem perante os terrores da invasão imperialista [imperial], fecham os olhos perante a infâmia da tutela aristocrática.

Assim como em 1865 foram trocadas promessas entre Luís Bonaparte e Bismarck, em 1870, foram trocadas promessas entre Gorchakov e Bismarck. Assim como Luís Bonaparte se gabava de que a guerra de 1866, tendo por resultado a comum exaustão da Áustria e da Prússia, faria dele o árbitro supremo da Alemanha, assim se gabava Alexandre de que a guerra de 1870, tendo por resultado a comum exaustão da Alemanha e da França, faria dele o árbitro supremo da parte ocidental do continente. Assim como o segundo

A REVOLUÇÃO ANTES DA REVOLUÇÃO | 373

Império considerou incompatível com a sua existência a Confederação da Alemanha do Norte,[32] a Rússia autocrática tem de se julgar posta em perigo por um império alemão sob chefia prussiana. Tal é a lei do velho sistema político. Dentro do seu âmbito, o ganho de um Estado é perda de outro. A influência suprema do tsar sobre a Europa tem origem no seu tradicional domínio sobre a Alemanha. Num momento em que na própria Rússia grandes forças sociais ameaçam abalar a base mesma da autocracia, poderia o tsar permitir-se uma tal perda de prestígio externo? Os jornais moscovitas já repetem a linguagem dos jornais bonapartistas depois da guerra de 1866. Creem realmente os patriotas teutões que a liberdade e a paz serão garantidas à Alemanha empurrando a França para os braços da Rússia? Se a fortuna das suas armas, a arrogância do êxito e a intriga dinástica levarem a Alemanha a um desmembramento da França, restar-lhe-ão então apenas abertos dois caminhos. Ela tem, com todos os riscos, de se tornar o instrumento declarado do engrandecimento russo, ou então, após uma curta pausa, aprontar-se de novo para outra guerra "defensiva"; não uma dessas guerras "localizadas" de agora, mas uma guerra de raças – uma guerra contra as raças eslava e latina coligadas.

A classe operária alemã apoiou resolutamente a guerra, que não estava na sua mão impedir, como uma guerra pela independência da Alemanha e pela libertação da França e da Europa desse pesadelo pestilento, o segundo Império. Foram os operários alemães quem, juntamente com os trabalhadores rurais, forneceu os tendões e os músculos de hostes heroicas, deixando atrás de si as suas famílias meio mortas de fome. Dizimados pelas batalhas no estrangeiro, serão uma vez mais dizimados pela miséria na sua terra. Por sua vez, eles

---

[32] Trata-se da Confederação da Alemanha do Norte, formada em 1867 sob a égide da Prússia e que incluía 19 Estados e 3 cidades livres da Alemanha do Norte e central. A formação da confederação foi uma das etapas decisivas da reunificação da Alemanha sob a hegemonia da Prússia. Em janeiro de 1871, a confederação deixou de existir, devido à formação do império alemão.

surgem agora pedindo "garantias" – garantias de que os seus imensos sacrifícios não foram vãos, de que conquistaram a liberdade, de que a vitória sobre os exércitos imperialistas [imperiais], como em 1815, não seja transformada na derrota do povo alemão;[33] e como a primeira dessas garantias, eles reclamam uma paz honrosa para a França e o reconhecimento da República Francesa.

O Comitê Central do Partido Operário social-democrata Alemão emitiu, no dia 5 de setembro, um manifesto insistindo energicamente nessas garantias.

> Protestamos contra a anexação da Alsácia-Lorena. E estamos conscientes de que falamos em nome da classe operária alemã. No interesse comum da França e da Alemanha, no interesse da paz e da liberdade, no interesse da civilização ocidental contra a barbárie oriental, os operários alemães não suportarão pacientemente a anexação da Alsácia-Lorena... Estaremos lealmente com os nossos camaradas operários de todos os países, pela causa internacional comum do proletariado!

Infelizmente, não podemos ter grandes esperanças no seu êxito imediato. Se os operários franceses, em plena paz, não conseguiram parar o agressor, os operários alemães terão alguma chance de parar o vencedor em pleno clamor das armas? O manifesto dos operários alemães exige a extradição de Luís Bonaparte, como delinquente comum, para a República Francesa. Os seus governantes estão já, ao contrário, se esforçando para o reinstalar nas Tulherias[34] como o melhor homem para arruinar a França. Seja como for, a história provará que a classe operária alemã não é feita do mesmo material maleável da classe média alemã. Ela cumprirá o seu dever.

---

[33] Marx refere-se ao triunfo da reação feudal na Alemanha depois da queda do domínio napoleônico; na Alemanha manteve-se a fragmentação feudal. O regime feudal-absolutista reforçou-se nos Estados alemães, conservaram-se todos os privilégios da aristocracia, intensificou-se a exploração semifeudal dos camponeses.

[34] Trata-se do Palácio das Tulherias em Paris, residência de Napoleão III.

A REVOLUÇÃO ANTES DA REVOLUÇÃO | 375

Como ela, saudamos o advento da República na França, mas, ao mesmo tempo, experimentamos apreensões que, esperamos, se mostrarão sem fundamento. Esta República não subverteu o trono, apenas tomou o seu lugar deixado vago. Foi proclamada não como uma conquista social, mas como uma medida nacional de defesa. Ela está nas mãos de um governo provisório, composto, em parte, por orleanistas notórios,[35] em parte por republicanos da classe média, nalguns dos quais a insurreição de junho de 1848[36] deixou o seu estigma indelével. A divisão do trabalho entre os membros desse governo parece desastrosa. Os orleanistas apanharam as fortalezas do exército e da polícia, enquanto aos pretensos republicanos couberam os Departamentos puramente retóricos. Bastam alguns dos seus primeiros atos para mostrar que herdaram do império não apenas ruínas, mas também o seu pavor da classe operária. Se à república são exigidas manifestas impossibilidades numa fraseologia desenfreada, não será com vista a preparar a reclamação de um governo "possível"? Não estará a república destinada, por alguns dos seus dirigentes de classe média, a servir como mero tapa-buracos e ponte para uma restauração orleanista?

A classe operária francesa move-se, pois, em circunstâncias de extrema dificuldade. Qualquer tentativa de derrubamento do novo governo na presente crise, quando o inimigo quase bate às portas de Paris, seria uma loucura desesperada. Os operários franceses têm de cumprir os seus deveres como cidadãos; mas, ao mesmo tempo, não devem se deixar iludir pelos *souvenirs* [recordações – francês] nacionais de 1792, como os camponeses franceses se deixaram iludir pelos *souvenirs* nacionais do primeiro Império. Não têm de recapitular o passado, mas construir o futuro. Que aproveitem, calma e resolutamente, as oportunidades da liberdade republicana, para o trabalho da sua própria organização de classe. Isso dotá-los-á de

---

[35] Trata-se dos legitimistas, dos orleanistas e dos bonapartistas.
[36] Ver nota 5, p. 344.

novas forças hercúleas para a regeneração da França e a nossa tarefa comum – a emancipação do trabalho. Das suas energias e sabedoria depende a sorte da república.

Os operários ingleses já tomaram medidas para vencer, por uma pressão salutar do exterior, a resistência do seu governo em reconhecer a República Francesa.[37] A presente dilação do governo britânico é destinada, provavelmente, a se remir da guerra antijacobina e da sua indecente pressa de outrora em sancionar o *coup d'État*[38] [golpe de Estado – francês]. Os operários ingleses reclamam também do seu governo que se oponha com todo o seu poder ao desmembramento da França, que é o que uma parte da imprensa inglesa tem despudor bastante para exigir aos gritos. É a mesma imprensa que, durante 20 anos, deificou Luís Bonaparte como a providência da Europa, que aclamou freneticamente a rebelião dos proprietários de escravos.[39] Agora, como então, ela trabalha afanosamente para o proprietário de escravos.

Que as seções da Associação Internacional dos Trabalhadores em todos os países chamem as classes operárias à ação. Se elas esquecerem o seu dever, se permanecerem passivas, a terrível guerra atual apenas será a precursora de conflitos internacionais ainda mais

---

[37] Marx refere-se ao movimento dos operários ingleses pelo reconhecimento da República Francesa, instaurada em 4 de setembro de 1870. A partir de 5 de setembro, em Londres e noutras grandes cidades, realizaram-se comícios e manifestações, cujos participantes exigiam ao governo inglês, em resoluções e petições, o reconhecimento imediato da República Francesa. O Conselho Geral da Internacional participou diretamente na organização do movimento pelo reconhecimento da República Francesa.

[38] Marx alude à participação ativa da Inglaterra na criação da coligação de Estados feudais-absolutistas que em 1792 iniciou a guerra contra a França revolucionária, e também ao fato de a oligarquia dirigente inglesa ter sido a primeira na Europa a reconhecer o regime bonapartista na França, instaurado como resultado do golpe de Estado de Luís Bonaparte de 2 de dezembro de 1851.

[39] Durante a Guerra Civil na América (1861-1865) entre o Norte industrial e o Sul escravista, a imprensa burguesa inglesa tomou a defesa do Sul, isto é, do regime escravista.

mortíferos, e levará, em cada nação, a um triunfo renovado, sobre o operário, dos senhores da espada, da terra e do capital.

Vive la République! [Viva a república!]

256, High Holborn, London, Western Central, 9 de setembro de 1870.

Escrito por Marx entre 6 e 9 de setembro de 1870. Publicado sob a forma de folheto, em inglês, entre 11 e 13 de setembro de 1870; e também sob a forma de folheto em alemão e na imprensa em alemão e francês, em setembro-dezembro de 1870. Publicado segundo o texto do folheto inglês. Traduzido do inglês.[40]

---

[40] Exceto as citações de proveniência alemã que traduzimos segundo o texto publicado em Karl Marx/Friedrich Engels, *Werke,* Dietz Verlag, Berlim, 1973, Bd. 17.

A GUERRA CIVIL NA FRANÇA
MENSAGEM DO CONSELHO GERAL
DA ASSOCIAÇÃO INTERNACIONAL
DOS TRABALHADORES

A todos os membros da Associação na Europa e nos Estados Unidos

I

Em 4 de setembro de 1870, quando os operários de Paris proclamaram a república, que foi quase instantaneamente aclamada através da França, sem uma só voz discordante, uma cabala de advogados à caça de lugares, com Thiers como seu homem de Estado e Trochu como seu general, tomou o *Hôtel de Ville* [Câmara Municipal – francês]. Estavam nesse momento imbuídos de uma fé tão fanática na missão de Paris para representar a França em todas as épocas de crise histórica, que julgaram suficiente, para legitimar os seus títulos como governantes da França, apresentar os seus mandatos caducados de representantes de Paris. Na nossa segunda mensagem sobre a última guerra, cinco dias após o advento desses homens, dissemo-vos quem eles eram. Contudo, na agitação da surpresa, com os verdadeiros dirigentes da classe operária ainda fechados nas prisões bonapartistas e os prussianos já em marcha sobre Paris, a capital tolerou que tomassem o poder na condição expressa de ser exercido com o único propósito de defesa nacional. Paris, entretanto, não tinha defesa sem armar a sua classe operária, sem a organizar numa força efetiva e sem treinar as suas fileiras na própria guerra. Mas Paris armada era a revolução armada. Uma vitória desta sobre o agressor prussiano teria sido uma vitória do operário francês sobre o capitalista francês e os seus parasitas de Estado. Nesse conflito entre dever nacional e interesse de classe, o Governo de Defesa Nacional não hesitou um momento sequer em se tornar um governo de traição nacional.

O primeiro passo que deram foi o de enviar Thiers em peregrinação por todas as cortes da Europa para ali pedir mediação oferecendo a troca da república por um rei. Quatro meses após o começo do cerco, quando julgaram haver chegado o momento oportuno para atirar a primeira palavra de capitulação, Trochu, na presença de Jules Favre e de outros seus colegas, dirigiu-se nestes termos aos administradores de bairro de Paris reunidos:

> A primeira pergunta que me puseram os meus colegas, na própria noite do 4 de setembro, foi esta: pode Paris, com alguma probabilidade de êxito, suportar um cerco e resistir ao exército prussiano? Não hesitei em responder negativamente. Alguns dos meus colegas que me escutam podem certificar que digo a verdade e que não mudei de opinião. Expliquei-lhes, nesses mesmos termos, que seria uma loucura, no estado atual das coisas, tentar sustentar um cerco contra o exército prussiano. Sem dúvida, acrescentei, seria uma loucura heroica, mas é tudo (...). Os acontecimentos (dirigidos por ele próprio) não desmentiram as minhas previsões.

Esse bonito "discursinho" de Trochu foi posteriormente publicado por M. Corbon, um dos administradores de bairro presentes.

Assim, na própria noite da proclamação da república, o "plano" de Trochu ficou conhecido pelos seus colegas como a capitulação de Paris. Se a defesa nacional tivesse sido mais do que um pretexto para o governo pessoal de Thiers, Favre e Cia., os arrivistas do 4 de setembro teriam abdicado no dia 5 – teriam informado o povo de Paris do "plano" de Trochu e apelado para que se rendesse imediatamente ou para que tomasse o seu próprio destino nas suas próprias mãos. Em vez disso, os impostores infames resolveram curar a loucura heroica de Paris com um regime de fome e de cabeças partidas, ludibriando-o entretanto com manifestos grandiloquentes discursando: Trochu, "o governador de Paris, não capitulará nunca"; Jules Favre, o ministro dos Negócios Estrangeiros, não cederá nem uma polegada do nosso território! Nem uma pedra das nossas fortalezas! Numa carta a Gambetta, esse mesmíssimo Jules Favre confessa que de quem estavam se "defendendo" não era dos soldados prussianos mas dos operários de Paris. Durante todo o cerco, os corta-goelas bonapartistas – a quem Trochu, avisadamente, confiara o comando do exército de Paris – trocaram, na sua correspondência, piadas sem-vergonha sobre essa bem entendida farsa da defesa (ver, por exemplo, a correspondência de Alphonse Simon Guiod, comandante-chefe da artilharia do exército de defesa de Paris e grã-cruz da Legião de Honra, com Susane, general de divisão de artilharia, correspondência publicada pelo *Journal Officiel*[41] da Comuna). A máscara da impostura caiu finalmente em 28 de janeiro de 1871.[42] Com o verdadeiro heroísmo do autoaviltamento completo, o Governo de Defesa Nacional se converteu, na sua capitulação, como governo da França integrado por prisioneiros de Bismarck – um papel tão vil que o próprio Luís Bonaparte, em Sedan,[43] teve repugnância de aceitá-lo. Depois dos acontecimentos

---

[41]   O *Journal Officiel de la République Française* (*Jornal Oficial da República Francesa*) publicou-se de 20 de março a 24 de maio de 1871, e foi o órgão oficial da Comuna de Paris; conservou o título do jornal oficial do governo da República Francesa, editado em Paris desde 5 de setembro de 1870 (durante a Comuna de Paris publicou-se sob este mesmo título em Versalhes, o jornal do governo de Thiers). O número de 30 de março saiu com o título de *Journal Officiel de la Commune de Paris* (*Jornal Oficial da Comuna de Paris*). A carta de Simon Guiod foi publicada no número de 25 de abril de 1871.

[42]   Em 28 de janeiro de 1871 Bismarck e Favre, representante do Governo de Defesa Nacional, assinaram uma "Convenção sobre o Armistício e a Capitulação de Paris". Essa vergonhosa capitulação constituiu uma traição aos interesses nacionais da França. Ao assinar a convenção, Favre aceitou as humilhantes exigências apresentadas pelos prussianos: o pagamento no prazo de duas semanas de uma indenização de 200 milhões de francos, a rendição de uma grande parte dos fortes de Paris, a entrega da artilharia de campanha e das munições do exército de Paris.

[43]   Ver nota 12, p. 346.

do 18 de março, os *capitulards*,[44] na sua fuga desordenada para Versalhes, deixaram nas mãos de Paris as provas documentais da sua traição, para destruí-las, como diz a Comuna no seu manifesto às províncias "esses homens não hesitariam em fazer de Paris um montão de ruínas num mar de sangue".

Para estarem avidamente determinados a tal desfecho, é porque alguns dos membros dirigentes do Governo de Defesa Nacional tinham, além disso, razões próprias muito peculiares.

Pouco depois da conclusão do armistício, M. Millière, um dos representantes de Paris na Assembleia Nacional, agora fuzilado por ordem expressa de Jules Favre, publicou uma série de documentos judiciais autênticos como prova de que este, que vivia em concubinagem com a mulher de um bêbedo residente em Argel, tinha conseguido apoderar-se, pelas mais despudoradas falsificações ao longo de muitos anos – em nome dos filhos do seu adultério –, de uma importante herança que fez dele um homem rico; e de que, num processo intentado pelos legítimos herdeiros, só escapou ao desmascaramento com a conivência dos tribunais bonapartistas. Como estes explícitos documentos judiciais não podiam ser descartados pela força da retórica, Jules Favre, pela primeira vez na vida, conteve a língua, esperando em silêncio a explosão da guerra civil para, então, denunciar freneticamente o povo de Paris como um bando de reclusos evadidos em revolta aberta contra a família, a religião, a ordem e a propriedade. Mal esse mesmo falsário chegou ao poder após o 4 de setembro, tratou de pôr à solta, por simpatia, Pic e Taillefer, condenados por falsificação, mesmo durante o império, no escandaloso caso do *L'Étendard*.[45] Um destes homens, Taillefer,

---

[44] *Capitulards* (capitulacionistas): alcunha desdenhosa dos partidários da capitulação de Paris durante o cerco de 1870-1871. Posteriormente passou a designar os capitulacionistas em geral.

[45] *L'Etendard* (*O Estandarte*): jornal francês de orientação bonapartista, que se publicou em Paris de 1866 a 1868. A sua publicação cessou com a descoberta de operações fraudulentas para financiamento do jornal.

A REVOLUÇÃO ANTES DA REVOLUÇÃO | 383

tendo ousado regressar a Paris durante a Comuna, foi imediatamente reinstalado na prisão; e Jules Favre exclamou então, da tribuna da Assembleia Nacional, que Paris estava colocando fora da gaiola todos os seus passarões!

Ernest Picard, o Joe Miller[46] do Governo de Defesa Nacional, que a si próprio se designou ministro das Finanças[47] da República depois de ter, em vão, tentado ser ministro do Interior do Império, é irmão de um certo Arthur Picard, indivíduo expulso da Bolsa de Paris como vigarista (ver relatório da chefatura de polícia, datado de 31 de julho de 1867) e condenado, com base na sua própria confissão, por um roubo de 300 mil francos enquanto gerente de uma das sucursais da Société Générale,[48] rue Palestro nº 5 (ver relatório da chefatura de polícia de 11 de dezembro de 1868). Este Arthur Picard foi feito diretor, por Ernest Picard, do jornal deste, *L'Electeur Libre*.[49] Enquanto o comum dos jogadores da Bolsa era enganado pelas mentiras oficiais dessa folha do Ministério das Finanças, Arthur fazia o vaivém entre o Ministério das Finanças e a Bolsa para ali tirar lucro dos desastres do exército francês. Toda a correspondência financeira deste digno par de irmãos caiu nas mãos da Comuna.

Jules Ferry, um advogado sem vintém antes do 4 de setembro, conseguiu, como prefeito do município de Paris durante o cerco, amealhar uma fortuna à custa da fome. O dia em que tivesse de prestar contas da sua malversação seria o dia da sua condenação.

---

[46] Nas edições alemãs de 1871 e de 1891: Karl Vogt. Na edição francesa de 1871: Falstaff.

[47] Nas edições alemã e francesa: "ministro do Interior".

[48] Trata-se da Société Générale du Crédit Mobilier, grande banco francês por ações, criado em 1852. A principal fonte de rendimentos do banco era a especulação com títulos. O Crédit Mobilier estava estreitamente ligado aos círculos governamentais do segundo Império. Em 1867 a sociedade faliu e em 1871 foi liquidada.

[49] *L'Electeur Libre* (*O Eleitor Livre*): jornal francês, órgão dos republicanos de direita, publicou-se em Paris de 1868 a 1871; em 1870-1871 esteve ligado ao Ministério das Finanças do Governo de Defesa Nacional.

Esses homens, pois, só nas ruínas de Paris podiam encontrar os seus *tickets-of-leave;*[50] eram precisamente esses os homens de que Bismarck precisava. Com a ajuda de algumas baralhadelas de cartas, Thiers, até então agente-informante, ponto [*prompter*] secreto do governo, aparecia agora à frente deste, com os *ticket-of-leave-men* como ministros.

Thiers, esse gnomo monstruoso, seduziu a burguesia francesa durante cerca de meio século porque é a expressão intelectual mais acabada da sua própria corrupção de classe. Antes de se tornar homem de Estado, ele já tinha dado provas, como historiador, da sua capacidade de mentir. A crônica da sua vida pública é o registro das desgraças da França. Ligado, antes de 1830, aos republicanos, meteu-se na carreira sob Luís Felipe traindo o seu protetor Laffitte; insinuou-se junto do rei provocando motins contra o clero, durante os quais a Igreja de Saint-Germain-l'Auxerrois e o palácio do arcebispo foram saqueados, e agindo como ministro-espião e carcereiro-*accoucheur* [parteiro – francês] da duquesa de Berry.[51] Foram obra sua o massacre dos republicanos na Rua Transnonain e as infames leis de setembro subsequentes contra a imprensa e contra o direito de associação.[52] Ao reaparecer, em março de 1840, como chefe do

---

50   Na Inglaterra, dá-se frequentemente a criminosos comuns, após cumprimento da maior parte da sua pena, licenças de saída com as quais são soltos e postos sob a vigilância da polícia. Estas licenças chamam-se *ticket-of-leave* e os seus detentores *ticket-of-leave-men*. (Nota de Engels à edição alemã de 1871)

51   Em 14 e 15 de fevereiro de 1831, em Paris, em sinal de protesto contra uma manifestação legitimista numa missa em memória do duque de Berry, uma multidão destruiu a Igreja de Saint-Germain-l'Auxerrois e o palácio do arcebispo de Quélen. Thiers, que presenciou a destruição da igreja e do palácio do arcebispo, convenceu os guardas nacionais a não se oporem à ação da multidão. Em 1832, por decisão de Thiers, nessa altura ministro do Interior, a duquesa de Berry, mãe do pretendente legitimista ao trono francês, conde Chambord, foi presa e submetida a um exame médico humilhante com o objetivo de tornar público o seu casamento secreto e comprometê-la politicamente.

52   Marx refere-se ao papel miserável de Thiers (nessa altura ministro do Interior) no esmagamento da insurreição das massas populares de Paris contra o regime da monarquia de julho em 13-14 de abril de 1834. O esmagamento

governo, deixou a França atônita com o seu plano de fortificação de Paris.[53] Aos republicanos, que denunciaram esse plano como uma intriga sinistra contra a liberdade de Paris, replicou ele da tribuna da Câmara dos Deputados:

> Mas quê! Imaginar que alguma vez fortificações possam pôr em perigo a liberdade! E, antes de mais nada calunia-se um governo, seja ele qual for, quando se supõe que ele possa um dia tentar se manter bombardeando a capital (...). Mas esse governo seria cem vezes mais impossível após a sua vitória.

Na verdade, nenhum governo jamais ousaria bombardear Paris a partir dos fortes, a não ser esse governo, que entregara previamente esses fortes aos prussianos.

Quando o rei Bomba,[54] em janeiro de 1848, fez uma tentativa contra Palermo, Thiers, então há muito fora do ministério, surgiu de novo na Câmara dos Deputados:

> Sabeis, senhores, o que se passa em Palermo; todos vós estremecestes de horror" [no sentido parlamentar] ao tomar conhecimento de que, durante 48 horas, uma grande cidade foi bombardeada. Por quem? Foi por um inimigo estrangeiro, exercendo os direitos da guerra? Não, senhores, foi pelo seu próprio governo. E por quê? Porque esta cidade infortunada reclamava os seus direitos. Ora, por ter reclamado os seus direitos, Palermo teve 48 horas de bombardeio! Permitam que eu apele para a opinião europeia. É prestar um serviço à humanidade, vir, do alto

---

dessa insurreição foi acompanhado de atrocidades por parte da camarilha militar que, em particular, matou todos os moradores de uma casa da Rua Transnonain. Leis de setembro: leis reacionárias contra a imprensa, promulgadas pelo governo francês em setembro de 1835. De acordo com essas leis, eram condenados a penas de prisão e a grandes multas em dinheiro os atos contra a propriedade e contra o regime existente.

53   Em janeiro de 1841, Thiers propôs na Câmara dos Deputados um projeto de construção de fortificações militares em torno de Paris. Nos meios revolucionário-democráticos, esse projeto foi acolhido como uma medida preparatória para o esmagamento dos movimentos populares. No projeto de Thiers previa-se a construção de poderosos fortins nas proximidades dos bairros operários.

54   Fernando II.

da maior tribuna, talvez, da Europa, fazer ressoar palavras [palavras, de fato] de indignação contra tais atos (...). Quando o regente Espartero, que tinha prestado serviços ao seu país [coisa que sr. Thiers nunca fez], pretendeu bombardear Barcelona para reprimir a insurreição, por toda a parte se elevou no mundo um grande grito de indignação.

Dezoito meses mais tarde, sr. Thiers estava entre os mais ferozes defensores do bombardeio de Roma por um exército francês.[55] Na realidade, a culpa do rei Bomba parece ter sido só a de limitar o seu bombardeio a 48 horas.

Poucos dias antes da revolução de fevereiro,[56] azedo pelo longo exílio de cargos e benefícios a que Guizot o condenara e farejando no ar o odor de um levante popular iminente, Thiers, naquele estilo pseudo-heroico que lhe valeu a alcunha de *Mirabeau-mouche* [Mirabeau-mosca – francês], declarou à Câmara dos Deputados:

> Eu sou do partido da revolução, não só na França, mas também na Europa. Desejo que o governo da revolução fique nas mãos dos moderados; mas se o governo caísse nas mãos dos ardentes, nem que fosse dos radicais, eu não abandonaria apesar disso a minha causa. Seria sempre do partido da revolução.

Veio a revolução de fevereiro. Em vez de substituir o gabinete Guizot pelo gabinete Thiers, como o homenzinho tinha sonhado, ela suplantou Luís Felipe com a república. No primeiro dia da vitória popular, teve o cuidado de se esconder, esquecendo que o desprezo dos operários o protegia do seu ódio. No entanto, com a sua coragem lendária, continuou a evitar a cena pública até que os massacres de junho[57] a limpassem para o seu gênero de ação.

---

[55] Em abril de 1849, a França, em aliança com a Áustria e Nápoles, organizou uma intervenção contra a república romana com o objetivo de esmagá-la e de restabelecer o poder temporal do papa. As tropas francesas submeteram Roma a um cruel bombardeio. Apesar de uma resistência heroica, a república romana foi derrubada e Roma ocupada pelas tropas francesas.

[56] Trata-se da revolução de 1848.

[57] Ver nota 35, p. 80.

A REVOLUÇÃO ANTES DA REVOLUÇÃO | 387

Tornou-se então o cérebro dirigente do "partido da ordem"[58] e da sua república parlamentar, esse interregno anônimo no qual todas as frações da classe dirigente rivais conspiravam juntas para esmagar o povo, e conspiravam umas contra as outras para restaurar, cada uma, a sua própria monarquia. Então, como agora, Thiers denunciava os republicanos como único obstáculo para a consolidação da república; então, como agora, ele falava à república como o carrasco a dom Carlos: "Tenho de assassinar-te, mas para teu bem". Agora, como então, terá de exclamar, no dia a seguir ao da sua vitória: *"L'empire est fait"* – O império está consumado. Apesar das suas homilias hipócritas sobre as liberdades necessárias e do seu rancor pessoal contra Luís Bonaparte, que o tinha ludibriado e tinha corrido com o parlamentarismo – e fora da atmosfera artificial deste, o homenzinho está consciente de ficar reduzido à nulidade –, a mão dele esteve em todas as infâmias do segundo Império, desde ocupação de Roma pelas tropas francesas até a guerra com a Prússia, que ele incitou com as suas invectivas ferozes contra a unidade alemã, não por esta ser um disfarce do despotismo prussiano, mas por ser um ataque ao direito adquirido da França sobre a desunião alemã. Gostando de brandir à face da Europa, com os seus braços de anão, a espada do primeiro Napoleão, do qual se tornou o limpa-botas histórico, a sua política externa culminou sempre na total humilhação da França, desde a convenção de Londres[59] de 1840 até a capitulação

---

[58]   Partido da Ordem: partido da grande burguesia conservadora criado em 1848; constituía uma coligação das duas frações monárquicas da França: os legitimistas e os orleanistas (ver nota 5, p. 46); de 1849 até ao golpe de Estado de 2 de dezembro de 1851 ocupou uma posição dirigente na Assembleia Legislativa da segunda República.

[59]   Em 15 de julho de 1840, a Inglaterra, a Rússia, a Prússia, a Áustria e a Turquia assinaram em Londres, sem a participação da França, uma convenção sobre a ajuda ao sultão turco contra o governante egípcio Mohammed Ali, que era apoiado pela França. Em resultado da conclusão da convenção surgiu a ameaça de uma guerra entre a França e a coligação de potências europeias; no entanto, o rei Luís Felipe não ousou iniciar as hostilidades e retirou o apoio a Mohammed Ali.

de Paris de 1871 e à presente guerra civil, em que atira contra Paris os prisioneiros de Sedan e de Metz[60] por especial autorização de Bismarck. Apesar da versatilidade do talento e da inconstância de propósitos, esse homem esteve durante toda a sua vida amarrado à mais fóssil rotina. É óbvio que as correntes mais profundas da sociedade moderna ficaram-lhe para sempre escondidas; mas mesmo as mudanças mais palpáveis à superfície daquela repugnavam um cérebro cuja vitalidade tinha se refugiado toda na língua. Por isso nunca se cansou de denunciar como um sacrilégio qualquer desvio do velho sistema protecionista francês. Quando ministro de Luís Felipe, invectivou as ferrovias como uma louca quimera; e quando na oposição, sob Luís Bonaparte, estigmatizou como uma profanação qualquer tentativa para reformar o apodrecido sistema do exército francês. Nunca, na sua longa carreira política, foi responsável por uma só medida de qualquer utilidade prática, por menor que fosse. Thiers só foi consequente na sua avidez de riqueza e no seu ódio pelos homens que a produzem. Tendo entrado no seu primeiro ministério, sob Luís Felipe, pobre como Jó, saiu dele milionário. O seu último ministério sob o mesmo rei (de 1º de março de 1840) expô-lo a sarcasmos públicos de corrupção na Câmara dos Deputados, aos quais se contentou em responder com lágrimas – artigo que ele fornece tão livremente como Jules Favre ou qualquer outro crocodilo. Em Bordeaux,[61] a sua primeira medida para salvar a França da ruína financeira iminente foi a de dotar a si mesmo com três milhões por ano, a primeira e a última palavra da "república econômica", cuja perspectiva ele abrira aos seus eleitores de Paris em 1869. Um dos seus antigos colegas da Câmara dos Deputados de 1830, M. Beslay, ele próprio um capitalista e, apesar disso, mem-

---

[60]   Desejando reforçar o exército de Versalhes para esmagar Paris revolucionária, Thiers pediu a Bismarck que o autorizasse a integrar no contingente prisioneiros de guerra franceses, sobretudo do exército que capitulou em Sedan e Metz.

[61]   Em Bordeaux reuniu-se a Assembleia Nacional da França em 1871.

A REVOLUÇÃO ANTES DA REVOLUÇÃO | 389

bro dedicado da Comuna de Paris, dirigia-se ultimamente assim a Thiers, num cartaz público:

> A escravização do trabalho pelo capital foi sempre a pedra angular da vossa política, e desde o próprio dia em que vistes a república do trabalho instalada no *Hôtel de Ville*, nunca deixastes de gritar à França: "são criminosos!".

Mestre em pequenas patifarias de Estado, virtuoso em perjúrio e traição, qualificado em todos os estratagemas baixos, expedientes manhosos e perfídias vis da luta parlamentar dos partidos; sempre sem escrúpulos, quando fora do governo, em atear uma revolução e em afogá-la em sangue quando ao leme do Estado; com preconceitos de classe fazendo as vezes de ideias e vaidade as vezes de coração; com uma vida privada tão infame como a sua vida pública é odiosa – mesmo agora, quando desempenha o papel de um Sila francês, não pode deixar de realçar a abominação dos seus atos pelo ridículo da sua ostentação.

A capitulação de Paris, entregando à Prússia não apenas Paris, mas também, toda a França, encerrou as intrigas de traição prosseguidas há muito com o inimigo, as quais tinham sido iniciadas pelos usurpadores de 4 de setembro nesse mesmo dia, como disse o próprio Trochu. Por outro lado, ela dava início à guerra civil que eles estavam agora movendo, com a ajuda da Prússia, contra a república e contra Paris. A armadilha estava nos próprios termos da capitulação. Nesse momento, mais de um terço do território estava nas mãos do inimigo, a capital estava isolada das províncias, todas as comunicações estavam desorganizadas. Era impossível, em tais circunstâncias, eleger uma verdadeira representação da França sem que fosse dado um amplo prazo para os preparativos. Tendo isso em conta, a capitulação estipulava que a Assembleia Nacional tinha de ser eleita em oito dias; de modo que, em muitos pontos da França, a notícia da eleição iminente só chegou na véspera. Além disso, por uma cláusula expressa da capitulação, essa Assembleia devia ser eleita com o único propósito de decidir da paz ou da guerra e, eventualmente, para concluir um tratado de paz. A população não podia deixar de sentir que os termos do armistício tornavam impossível a continuação da guerra e que, para ratificar a paz, imposta por Bismarck, os piores homens eram os melhores. Mas, não contente com essas precauções, Thiers, antes mesmo de quebrado em Paris o segredo do armistício, partiu para uma digressão eleitoral pelas províncias, para ali galvanizar e ressuscitar o partido legitimista,[62] que tinha agora, ao lado dos orleanistas, de tomar o lugar que então os bonapartistas não podiam ocupar. Ele não os receava. Impossibilitados de governarem a França moderna e, por isso, desprezíveis como rivais, que partido era mais elegível como instrumento da contrarrevolução do que o partido cuja ação, nas palavras do próprio Thiers (Câmara dos Deputados, 5 de janeiro de 1833), "tinha sempre se confinado aos três recursos da invasão estrangeira, da guerra civil e da anarquia"?

Eles acreditavam verdadeiramente no advento do seu milênio retrospectivo longamente esperado. Havia as botas da invasão estrangeira calçando a França; havia a queda de um império e o cativeiro de Luís Bonaparte; e havia eles próprios. A roda da história tinha manifestamente girado para trás, para se deter na *Chambre introuvable* de 1816.[63] Nas assembleias da república, de 1848 a 1851, eles tinham estado representados pelos seus campeões parlamentares, educados e experimentados; agora eram os soldados rasos do partido que precipitavam para elas – todos os *Pourceaugnac*[64] da França.

Assim que essa assembleia de rurais[65] se reuniu em Bordeaux, Thiers tornou-lhes claro que os preliminares de paz tinham de

---

[62] Ver nota 5, p. 46.

[63] *Chambre introuvable* (Câmara impossível de encontrar): Câmara dos Deputados na França em 1815-1816 (primeiros anos do regime da Restauração), composta por ultrarreacionários.

[64] *Pourceaugnac*: personagem de uma comédia de Molière que caracteriza a pequena aristocracia latifundiária, estúpida e limitada mentalmente.

[65] "Câmara de latifundiários", "assembleia de rurais": designações desdenhosas da Assembleia Nacional de 1871, que se reuniu em Bordeaux e que era

ter assentimento imediato, mesmo sem as honras de um debate parlamentar, condição sem a qual a Prússia não lhes permitiria desencadear a guerra contra a república e Paris, sua cidadela. A contrarrevolução, de fato, não tinha tempo a perder. O segundo Império tinha mais do que duplicado a dívida nacional e mergulhado todas as grandes cidades em pesadas dívidas municipais. A guerra tinha dilatado terrivelmente os encargos e destruído sem piedade os recursos da nação. Para completar a ruína, estava lá o Shylock prussiano com o seu título de dívida da manutenção, em solo francês, de meio milhão de soldados seus, com a sua indenização de 5 bilhões[66] e juros de 5% sobre as prestações não pagas. Quem ia pagar a conta? Só pela derrubada violenta da república os apropriadores de riqueza podiam esperar pôr aos ombros dos produtores desta o custo de uma guerra que eles, apropriadores, tinham provocado. Assim, a imensa ruína da França impelia estes patrióticos representantes da terra e do capital, sob os próprios olhos e o patrocínio do invasor, a enxertar na guerra estrangeira uma guerra civil – uma rebelião de proprietários de escravos.

Havia no caminho dessa conspiração um grande obstáculo – Paris. Desarmar Paris era a primeira condição de sucesso. Paris foi, pois, intimada por Thiers a entregar as suas armas. Paris foi então exasperada pelas frenéticas manifestações antirrepublicanas da assembleia dos "rurais" e pelos equívocos do próprio Thiers sobre o estatuto legal da república; pela ameaça de decapitar e descapitalizar Paris; pela nomeação de embaixadores orleanistas; pelas leis

---

composta na sua maioria por monárquicos reacionários: latifundiários da província, funcionários, *rentiers* e negociantes, eleitos em círculos eleitorais rurais. Dos 630 deputados à Assembleia, cerca de 430 eram monárquicos.

[66] Trata-se do tratado de paz preliminar entre a França e a Alemanha, subscrito em Versalhes em 26 de fevereiro de 1871 por Thiers e J. Favre, de um lado, e por Bismarck, de outro lado. De acordo com as condições desse tratado, a França cedia à Alemanha a Alsácia e a Lorena Oriental e pagava uma indenização de 5 bilhões de francos. O tratado de paz definitivo foi assinado em Frankfurt am Main a 10 de maio de 1871.

de Dufaure sobre letras comerciais e rendas de casa vencidas,[67] que impunham a ruína ao comércio e à indústria de Paris; pela taxa de Pouyer-Quertier de dois centavos sobre qualquer exemplar de qualquer publicação imaginável; pelas sentenças de morte contra Blanqui e Flourens; pela supressão dos jornais republicanos; pela transferência da Assembleia Nacional para Versalhes; pelo prolongamento do estado de sítio declarado por Palikao e expirado em 4 de setembro; pela nomeação de Vinoy, o *décembriseur*[68] como governador de Paris, de Valentin, o *gendarme* imperialista [imperial], como chefe de polícia, e de Aurelle de Paladines, o general jesuíta, como comandante-chefe da Guarda Nacional parisiense.

E temos agora uma questão ao pôr ao sr. Thiers e aos homens da defesa nacional, seus subordinados. É sabido que através de M. Pouyer-Quertier, seu ministro das Finanças, Thiers contraiu um empréstimo de dois bilhões. É então verdade ou não:

1. que o negócio estava arranjado de tal maneira que uma recompensa de várias centenas de milhões estava assegurada para benefício privado de Thiers, Jules Favre, Ernest Picard, Pouyer--Quertier e Jules Simon?

2. e que nenhum pagamento havia de ser efetuado senão depois da "pacificação" de Paris?[69]

---

[67] Em 10 de março de 1871, a Assembleia Nacional aprovou uma lei sobre o adiamento do pagamento das dívidas contraídas entre 13 de agosto e 12 de novembro de 1870; quanto ao pagamento das dívidas contraídas depois de 12 de novembro não havia adiamento. Desse modo, a lei desferiu um duro golpe nos operários e nas camadas mais pobres da população, provocando também a bancarrota de muitos pequenos comerciantes e industriais.

[68] *Décembriseur*: participante no golpe de Estado bonapartista de 2 de dezembro de 1851 e partidário das ações no espírito desse golpe.

[69] Segundo as informações dos jornais, do empréstimo interno que o governo de Thiers decidiu lançar, o próprio Thiers e outros membros do seu governo deviam receber mais de 300 milhões de francos a título de "comissão". A lei sobre o empréstimo foi aprovada em 20 de junho de 1871, depois do esmagamento da Comuna.

Em todo o caso, algo de muito urgente tinha de haver na matéria, para que Thiers e Jules Favre, em nome da maioria da Assembleia de Bordeaux solicitassem despudoradamente a imediata ocupação de Paris pelas tropas prussianas. Tal não era, contudo, o jogo de Bismarck, como ele o disse sarcasticamente e em público, aos assombrados filisteus de Frankfurt, no seu regresso à Alemanha.

II

Paris em armas era o único obstáculo sério no caminho da conspiração contrarrevolucionária. Paris tinha, pois, de ser desarmada. Nesse ponto, a Assembleia de Bordeaux era a própria sinceridade. Se o rugido clamoroso dos seus rurais não se tivesse feito ouvir bastante, a entrega de Paris por Thiers à terna solicitude do triunvirato – Vinoy, o *décembriseur,* Valentin, o *gendarme* bonapartista e Aurelle de Paladines, o general jesuíta – teria posto termo à menor sombra de dúvida. Enquanto exibiam insultuosamente o verdadeiro propósito do desarmamento de Paris, os conspiradores pediam-lhe que depusesse as suas armas com um pretexto que era a mais gritante, a mais impudente das mentiras. A artilharia da Guarda Nacional de Paris, dizia Thiers, pertencia ao Estado e ao Estado tinha de ser devolvida. O fato era este: desde o próprio dia da capitulação, com a qual os prisioneiros de Bismarck tinham assinado a rendição da França, reservando para si mesmos uma guarda numerosa com o propósito expresso de intimidar Paris, ela estava de sobreaviso. A Guarda Nacional reorganizou-se e confiou o seu controle supremo a um comitê central eleito pelo conjunto do corpo, salvo alguns restos das velhas formações bonapartistas. Na véspera da entrada dos prussianos em Paris, o Comitê Central tomou medidas para o transporte para Montmartre, Belleville e La Vilette do canhão e das *mitrailleuses* [metralhadoras – francês], traiçoeiramente abandonadas pelos *capitulards* nos próprios bairros e à volta dos bairros que os prussianos iriam ocupar. Essa artilharia tinha sido obtida por subscrições da Guarda Nacional. Fora oficialmente reconhecida como sua propriedade privada na capitulação de 28 de janeiro, e com esse mesmo título ela era isenta da rendição geral das armas do governo às mãos do vencedor. E Thiers estava tão completamente privado do mais ligeiro pretexto para abrir hostilidades contra Paris, que teve de recorrer à mentira flagrante de que a artilharia da Guarda Nacional seria propriedade do Estado!

A apreensão da sua artilharia destinava-se claramente a servir como preliminar para o desarmamento geral de Paris e, assim, da revolução de 4 de setembro. Mas essa revolução tornara-se o estatuto legal da França. A república, obra sua, foi reconhecida pelo vencedor nos termos da capitulação. Após a capitulação, foi reconhecida por todas as potências estrangeiras e em seu nome fora convocada a Assembleia Nacional. A revolução de 4 de setembro dos operários de Paris era o único título legal da Assembleia Nacional sediada em Bordeaux e do seu executivo. Sem ela, a Assembleia Nacional teria de dar lugar imediatamente ao *Corps législatif* [corpo legislativo – francês] eleito em 1869 por sufrágio universal, sob autoridade francesa e não prussiana e disperso à força pelo braço da revolução. Thiers e os seus *ticket-of-leave-men* teriam tido de capitular para obterem salvos-condutos assinados por Luís Bonaparte para se livrarem de uma viagem a Cayenne.[70] A Assembleia Nacional, com o seu poder de procuração para estabelecer os termos da paz com a Prússia, era apenas um incidente nessa revolução, cuja verdadeira encarnação ainda era Paris em armas, que a tinha iniciado e suportado por ela um cerco de cinco meses com os horrores da fome, e feito da sua prolongada resistência, apesar do plano de Trochu, a base de uma obstinada guerra de defesa nas províncias. E Paris, agora, ou tinha de depor as suas armas sob o insultuoso mando dos escravistas rebeldes de Bordeaux e reconhecer que a sua revolução de 4 de setembro apenas significava uma simples transferência de poder de Luís Bonaparte para os seus régios rivais,

---

[70] Cayenne: cidade da Guiana Francesa, prisão e lugar de exílio para presos políticos.

A REVOLUÇÃO ANTES DA REVOLUÇÃO | 395

ou tinha de se afirmar, doravante, como o campeão autossacrificado da França, cuja salvação da ruína e cuja regeneração eram impossíveis sem o derrubamento revolucionário das condições políticas e sociais que tinham engendrado o segundo Império e tinham amadurecido, sob o seu cuidado protetor, até o completo apodrecimento. Paris, emagrecida por uma fome de cinco meses, não hesitou um momento. Resolveu heroicamente correr todos os riscos de uma resistência contra os conspiradores franceses, mesmo com o canhão prussiano a ameaçá-la a partir dos seus próprios fortes. Contudo, no seu horror da guerra civil para a qual Paris ia ser empurrada, o Comitê Central continuou a persistir numa atitude meramente defensiva, a despeito das provocações da Assembleia, das usurpações do Executivo e da ameaçadora concentração de tropas em Paris e à sua volta.

Thiers desencadeou a guerra civil enviando Vinoy à frente de uma multidão de *sergents-de-ville* [agentes de polícia – francês] e de alguns regimentos de linha, numa expedição noturna contra Montmartre, para tomar ali, de surpresa, a artilharia da Guarda Nacional. É sabido como essa tentativa fracassou perante a resistência da Guarda Nacional e a confraternização entre a linha e o povo. Aurelle de Paladines tinha antecipadamente impresso o seu boletim de vitória, e Thiers teve prontos os cartazes que anunciavam as suas medidas de *coup d'État* [golpe de Estado – francês]. Estes tinham de ser agora substituídos pelos apelos de Thiers proclamando a sua resolução magnânima de deixar a Guarda Nacional na posse das suas armas, com o que, dizia ele, se sentia seguro de que ela passaria para o governo, contra os rebeldes. De 300 mil guardas nacionais, apenas 300 responderam a essa intimação de passarem para o pequeno Thiers, contra si próprios. A gloriosa revolução dos operários do 18 de março, incontestavelmente, tomou posse de Paris. O Comitê Central foi o seu governo provisório. A Europa pareceu duvidar, por um momento, se os seus sensacionalistas feitos recentes de política e de guerra tinham qualquer realidade em si ou se não eram sonhos de um passado remoto.

Do 18 de março até a entrada das tropas de Versalhes em Paris, a revolução proletária permaneceu tão livre dos atos de violência em que as revoluções abundam – e mais ainda as contrarrevoluções das classes superiores (*better classes*) – que aos seus adversários não restaram fatos para vociferar contra ela, a não ser a execução dos generais Lecomte e Clément Thomas, e o caso da Place Vendôme.

Um dos oficiais bonapartistas comprometidos na tentativa noturna contra Montmartre, o general Lecomte, dera por quatro vezes ordem ao 81º regimento de linha para fazer fogo contra um ajuntamento de gente desarmada na Place Pigalle e, à recusa dos seus homens, insultara-os ferozmente. Em vez de atirar sobre mulheres e crianças, os seus próprios homens atiraram sobre ele. Não é provável, obviamente, que hábitos inveterados, adquiridos pelos soldados sob a instrução dos inimigos da classe operária, mudem no preciso momento em que esses soldados mudavam de campo. Os mesmos homens executaram Clément Thomas.

O "general" Clément Thomas, um ex-sargento quartel-mestre de cavalaria, descontente, tinha se alistado, nos últimos tempos do reinado de Luís Felipe, na redação do jornal republicano *Le National*,[71] para servir ali na dupla qualidade de homem de palha (*gérant responsable*) [gerente responsável – francês] e de duelista de serviço desse muito combativo jornal. Chegados ao poder após a revolução de fevereiro, os homens do *Le National* metamorfosearam em general esse velho primeiro-sargento nas vésperas da carnificina de junho,[72] da qual, como Jules Favre, ele foi um dos conspiradores sinistros e se tornou um dos mais vis executores. Desapareceram então, por longo tempo, ele e o seu generalato, para voltarem à superfície no 1º de novembro de 1870. No dia anterior, o Governo de Defesa Nacional, apanhado no *Hôtel de Ville*, deu solenemente a

---

[71] Ver nota 31, p. 74.
[72] Trata-se do cruel esmagamento da insurreição dos operários de Paris em junho de 1848.

A REVOLUÇÃO ANTES DA REVOLUÇÃO | 397

sua palavra a Blanqui, Flourens e a outros representantes da classe operária que abdicaria do poder usurpado, para as mãos de uma Comuna livremente eleita por Paris.[73] Em vez de respeitar a sua palavra, largou sobre Paris os bretões de Trochu, que substituíam agora os corsos de Bonaparte.[74] Só o general Tamisier, recusando manchar o seu nome por uma tal quebra de palavra, se demitiu do seu comando-chefe da Guarda Nacional e, em lugar dele, Clément Thomas tratou de se tornar, por sua vez, novamente general. Durante todo o exercício do seu comando, este fez a guerra, não contra os prussianos, mas contra a Guarda Nacional de Paris. Impediu o seu armamento geral, estimulou os batalhões burgueses contra os batalhões de operários, livrou-se dos oficiais hostis ao "plano" de Trochu e licenciou, sob o estigma de covardia, esses mesmos batalhões proletários, cujo heroísmo deixava atônitos, agora, os seus inimigos mais inveterados. Clément Thomas sentia-se todo orgulhoso por ter reconquistado a sua preeminência de junho como inimigo pessoal da classe operária de Paris. Apenas poucos dias antes do 18 de março, expunha ele ao ministro da Guerra, Le Flô, um plano seu para "acabar com *a fine fleur* [fina flor – francês] da *canaille* [canalha – francês] de Paris". Depois da derrota de Vinoy,

---

[73] Em 31 de outubro de 1870 os operários de Paris e a parte revolucionária da Guarda Nacional, tendo tido conhecimento da decisão do Governo de Defesa Nacional de iniciar conversações com os prussianos, revoltaram-se e, depois de terem tomado a Câmara Municipal, criaram um órgão de poder revolucionário – o Comitê de Salvação Pública – chefiado por Blanqui. Sob a pressão dos operários, o Governo de Defesa Nacional foi obrigado a prometer a sua demissão e a marcar eleições para a Comuna em 1º de novembro. No entanto, aproveitando-se da insuficiente organização das forças revolucionárias de Paris e das divergências entre os dirigentes blanquistas e democratas pequeno-burgueses jacobinos da insurreição, o governo, com a ajuda dos batalhões da Guarda Nacional que permaneceram ao seu lado, reconquistou a Câmara Municipal e restabeleceu seu poder.

[74] Bretões: Guarda Móvel bretã, que Trochu utilizou como gendarmes para esmagar o movimento revolucionário em Paris. Corsos: no segundo Império constituíram uma parte considerável dos corpos de gendarmes.

ele tinha necessariamente de aparecer em cena, na qualidade de espião amador. O Comitê Central e os operários de Paris foram tão responsáveis pela execução de Clément Thomas, como a princesa de Gales pela sorte das pessoas que morreram esmagadas no dia da sua entrada em Londres.

O massacre de cidadãos desarmados na Place Vendôme é um mito que sr. Thiers e os rurais ignoraram persistentemente na Assembleia, confiando exclusivamente a sua propagação à criadagem do jornalismo europeu. "Os homens de ordem", os reacionários de Paris, tremeram ante a vitória do 18 de março. Para eles era o sinal da retaliação popular que chegava finalmente. Os espectros das vítimas assassinadas por suas mãos desde as jornadas de junho de 1848 até o 22 de janeiro de 1871[75] surgiam-lhes diante dos olhos. O seu pânico foi o seu único castigo. Até os *sergents-de-ville* [agente de polícia – francês], em vez de serem desarmados e encarcerados como se devia ter feito, tiveram as portas de Paris abertas de par em par, para a sua retirada a salvo para Versalhes. Os homens da ordem não só não foram molestados como lhes foi consentido reagruparem-se e tomarem conta, placidamente, de mais de uma posição de força no próprio centro de Paris. Essa indulgência do Comitê Central – essa magnanimidade dos operários armados –, tão estranhamente em desacordo com os hábitos do "partido da ordem", foi mal interpretada por este último como mero sintoma de fraqueza consciente. Donde o seu estúpido plano para tentar, encoberto por uma manifestação desarmada, aquilo que Vinoy não conseguira realizar com o seu canhão e as suas *mitrailleuses* [metralhadoras –

---

[75] Em 22 de janeiro de 1871, por iniciativa dos blanquistas, realizou-se uma manifestação revolucionária do proletariado de Paris e da Guarda Nacional, exigindo o derrubamento do governo e a criação da Comuna. Por decisão do Governo de Defesa Nacional, a manifestação foi metralhada pelos guardas móveis bretões, que defendiam a Câmara Municipal. Depois de ter esmagado pelo terror o movimento revolucionário, o governo começou a preparar a capitulação de Paris.

A REVOLUÇÃO ANTES DA REVOLUÇÃO | 399

francês]. Em 22 de março, um bando amotinado de figurões saiu dos bairros luxuosos, com todos *os petits crevés* [janotas – francês] nas suas fileiras, tendo à frente os familiares notórios do império – os Heeckeren, os Coëtlogon, os Henri de Pène etc. Sob a aparência covarde de uma manifestação pacífica, essa escória, secretamente equipada com as armas do assassino a soldo, pôs-se em ordem de marcha, maltratou e desarmou as patrulhas e sentinelas avançadas da Guarda Nacional que encontrou no caminho e, ao desembocar da rue de la Paix aos gritos de "Abaixo o Comitê Central! Abaixo os assassinos! Viva a Assembleia Nacional!", tentou forçar a linha ali estabelecida, isso para tomar de assalto por surpresa o quartel-general da Guarda Nacional na Place Vendôme. Em resposta aos seus tiros de pistola, foram feitas as *sommations* [intimações – francês] usuais (o equivalente francês do *Riot Act* inglês)[76] e, mostrando-se estas ineficazes, foi ordenado fogo pelo general da Guarda Nacional.[77] Uma salva dispersou em fuga tresloucada os estúpidos peralvilhos, que esperavam que a mera exibição da sua "respeitabilidade" teria sobre a revolução de Paris o mesmo efeito que as trombetas de Josué sobre a muralha de Jericó.[78] Os fugitivos deixaram atrás de si dois guardas nacionais mortos, nove gravemente feridos (entre os quais um membro do Comitê Central)[79] e todo o teatro das suas façanhas juncado de revólveres, punhais, baioneta, como prova do caráter "desarmado" da sua manifestação "pacífica". Quando, em 13 de junho de 1849, a Guarda Nacional fez uma manifestação

---

[76] Segundo as leis de diversos Estados burgueses, as ordens de dispersar eram repetidas três vezes, após o que as autoridades podiam utilizar a força armada. O *Riot Act* (*Lei sobre distúrbios*) foi introduzido na Inglaterra em 1715. Proibia os "ajuntamentos rebeldes" de mais de 12 pessoas: no caso de violação da lei, as autoridades eram obrigadas a fazer um aviso especial e a utilizar a força se as pessoas não dispersassem no prazo de uma hora.

[77] Bergeret.

[78] A muralha de Jericó, cidade antiga da Palestina, caiu, segundo a lenda bíblica, derrubada pelo som das trombetas sagradas dos judeus. Em sentido alegórico, apoio que cai estrepitosamente.

[79] Maljournal.

realmente pacífica, em protesto contra o pérfido assalto das tropas francesas a Roma, Changarnier, então general do partido da ordem, foi aclamado pela Assembleia Nacional e especialmente pelo sr. Thiers como salvador da sociedade, por ter lançado de todos os lados as suas tropas sobre esses homens sem armas para os espingardear, espadeirar e espezinhar debaixo das patas dos seus cavalos. Paris foi então posta em estado de sítio. Dufaure, através da Assembleia, apressou novas leis de repressão. Novas prisões, novas proscrições – um novo reino de terror se instalou. Mas as classes baixas (*lower orders*) agem nessas coisas de outra maneira. O Comitê Central de 1871 ignorou simplesmente os heróis da "manifestação pacífica"; a tal ponto que só dois dias depois estes foram capazes de desfilar perante o almirante Saisset, para essa manifestação armada que culminou com a famosa fuga em pânico para Versalhes. Na sua relutância em continuar a guerra civil desencadeada pela tentativa de efração noturna, por Thiers, contra Montmartre, o Comitê Central tornou-se culpado, desta vez, de um erro decisivo, ao não avançar logo sobre Versalhes, então completamente desguarnecido, o que teria posto termo às conspirações de Thiers e dos seus rurais. Em vez disso, permitiu-se outra vez ao partido da ordem experimentar a sua força nas urnas em 26 de março, dia da eleição da Comuna. Nas *mairies* [edifício da administração municipal – francês] de Paris, eles trocaram nesse dia brandas palavras de conciliação com os seus por de mais generosos vencedores, murmurando no íntimo o juramento solene de os exterminar em devido tempo.

Veja-se agora o reverso da medalha. Thiers desencadeou a sua segunda campanha contra Paris no começo de abril. A primeira remessa de prisioneiros parisienses levados para Versalhes foi submetida a atrocidades revoltantes, enquanto Ernest Picard, de mãos nos bolsos, troçando, passeava à volta deles e *Mesdames* [senhoras – francês] Thiers e Favre aplaudiam da varanda, no meio das suas damas de honra, os ultrajes dos arruaceiros de Versalhes. Os soldados de linha capturados eram massacrados a sangue-frio; o nosso valoroso amigo, general

Duval, fundidor, foi executado sem qualquer espécie de julgamento. Galliffet, o gigolô da própria mulher, tão famosa pelas suas exibições sem-vergonha nas orgias do segundo Império, vangloriou-se, numa proclamação, de ter comandado o assassínio de uma pequena companhia de guardas nacionais com o seu capitão e o seu tenente, surpreendidos e desarmados pelos seus *chasseurs* [caçadores – francês]. Vinoy, o fugitivo, foi nomeado por Thiers grã-cruz da Legião de Honra, pela sua ordem de serviço para se abater qualquer soldado de linha apanhado nas fileiras dos federados. Desmarest, o gendarme, foi condecorado por, traiçoeiramente, ter cortado em pedaços, como um carniceiro, o generoso e cavalheiresco Flourens, que salvara as cabeças do Governo de Defesa Nacional em 31 de outubro de 1870.[80] "Pormenores animadores" desse assassinato foram triunfantemente desenvolvidos por Thiers na Assembleia Nacional. Com a exaltada vaidade de um anãozinho [*Tom Thumb*] parlamentar admitido a desempenhar o papel de um Tamerlão, negou aos rebeldes contra a sua pequenez qualquer direito de guerra civilizada, até mesmo o direito de neutralidade para ambulâncias. Nada mais horroroso que esse macaco, autorizado por algum tempo a dar largas aos seus instintos de tigre, como Voltaire já previra.[81] (Ver nota I, p. 439.)

Após o decreto da Comuna, de 7 de abril, que ordenava represálias e declarava ser seu dever "proteger Paris contra as façanhas canibalescas dos bandidos de Versalhes e responder olho por olho, dente por dente",[82] Thiers não parou com o tratamento bárbaro de

---

[80] Durante os acontecimentos de 31 de outubro (ver a nota 72, p. 396), Flourens impediu o fuzilamento de membros do Governo de Defesa Nacional, pedido por um dos participantes na insurreição.

[81] Voltaire, *Candide,* capítulo 22.

[82] O decreto referido por Marx sobre os reféns foi aprovado pela Comuna em 5 de abril de 1871 (Marx data o decreto segundo a sua publicação pela imprensa inglesa). De acordo com esse decreto, todas as pessoas acusadas de ligações com Versalhes seriam consideradas reféns, caso se provasse a sua culpabilidade. Essa medida da Comuna de Paris visava impedir o fuzilamento dos *communards* pelos versalheses.

prisioneiros; ainda os insultou nos seus boletins, assim: – "Nunca figuras mais degradadas de uma democracia aviltada afligiram os olhares das pessoas honestas" – honestas como o próprio Thiers e os seus *ticket-of-leave-men* ministeriais. Contudo, a execução de prisioneiros foi suspensa por algum tempo. Mas logo que Thiers e os seus generais dezembristas[83] ficaram inteirados de que o decreto de represálias da Comuna não era mais do que uma ameaça vazia, de que eram poupados mesmo os seus espiões gendarmes apanhados em Paris disfarçados de guardas nacionais, de que eram poupados mesmo *sergents-de-ville* [agentes de polícia – francês] apanhados tendo consigo bombas incendiárias – logo a execução de prisioneiros em massa foi retomada e prosseguida ininterruptamente até o fim. Casas onde guardas nacionais tinham se refugiado foram cercadas por gendarmes, regadas com petróleo (o que acontece aqui pela primeira vez nesta guerra) e incendiadas, sendo depois os cadáveres carbonizados levados pela ambulância da imprensa, de Les Ternes. Quatro guardas nacionais que se renderam, em 25 de abril, a uma companhia de *chasseurs* [caçadores – francês] montados, em Belle Épine, foram depois abatidos, um após outro, pelo capitão, homem digno de Galliffet. Uma das suas quatro vítimas, deixada como morta, Scheffer, voltou arrastando-se até os postos avançados parisienses e fez um depoimento sobre esse fato perante uma comissão da Comuna. Quando Tolain interpelou o ministro da Guerra sobre o relatório dessa comissão, os rurais abafaram a sua voz e proibiram Le Flô de responder. Teria sido um insulto ao seu "glorioso" exército falar das suas proezas. O tom insolente com que os boletins de Thiers anunciaram o massacre à baioneta de federados surpreendidos enquanto dormiam em Moulin Saquet, e os fuzilamentos em massa, em Clamart, impressionaram até

---

[83]   Ver nota 9, p. 345.

os nervos do não hipersensível *Times* de Londres.[84] Mas seria hoje ridículo tentar relatar as atrocidades meramente preliminares cometidas pelos que bombardearam Paris e fomentaram uma rebelião de escravistas protegidos pela invasão estrangeira. No meio de todos esses horrores, Thiers, esquecido dos seus lamentos parlamentares sobre a terrível responsabilidade que pesa sobre os seus ombros de anão, vangloria-se no seu boletim de que *"L'Assemblée siège paisiblement"* (a Assembleia continua reunida em paz) e prova, pelas suas constantes bacanais, ora com generais dezembristas, ora com príncipes alemães, que a sua digestão em nada é perturbada, nem mesmo pelos espectros de Lecomte e de Clément Thomas.

III

Na madrugada do 18 de março, Paris acordou com o rebentamento do trovão de *"Vive la Commune!"* [Viva a Comuna – francês]. Que é a Comuna, essa esfinge que tanto atormenta o espírito burguês?

> Os proletários da capital – dizia o Comitê Central no seu manifesto do 18 de março – no meio dos desfalecimentos e das traições das classes governantes, compreenderam que para eles tinha chegado a hora de salvar a situação tomando em mãos a direção dos negócios públicos (...). O proletariado (...) compreendeu que era seu dever imperioso e seu direito absoluto tomar em mãos os seus destinos e assegurar-lhes o triunfo conquistando o poder.

Mas a classe operária não pode apossar-se simplesmente da maquinaria de Estado já pronta e fazê-la funcionar para os seus próprios objetivos.

O poder centralizado do Estado, com os seus órgãos onipresentes: exército permanente, polícia, burocracia, clero e magistratura – órgãos forjados segundo o plano de uma sistemática e hierárquica

---

[84] *The Times* (*Os Tempos*): grande jornal inglês, de tendência conservadora; publica-se em Londres desde 1785.

divisão de trabalho – têm origem nos dias da monarquia absoluta, ao serviço da nascente sociedade burguesa como arma poderosa nas suas lutas contra o feudalismo. Contudo, o seu desenvolvimento permanecia obstruído por toda a espécie de entulho medieval, direitos senhoriais, privilégios locais, monopólios municipais e de guilda e constituições provinciais. A gigantesca vassourada da Revolução Francesa do século XVIII levou todas essas relíquias de tempos idos, limpando assim, simultaneamente, o terreno social dos seus últimos embaraços para a superestrutura do edifício do Estado moderno erguido sob o primeiro Império, ele próprio fruto das guerras de coalizão da velha Europa semifeudal contra a França moderna. Durante os *régimes* [regimes – francês] subsequentes, o governo, colocado sob controle parlamentar – isto é, sob o controle direto das classes possidentes –, não apenas se tornou um viveiro de enormes dívidas nacionais e de impostos esmagadores; com os seus irresistíveis atrativos de lugares, proventos e clientela, não apenas se tornou o pomo de discórdia entre facções rivais e aventureiros das classes dirigentes; mas o seu caráter político mudou simultaneamente com as mudanças econômicas da sociedade. No mesmo passo em que o progresso da indústria moderna desenvolvia, alargava, intensificava o antagonismo de classe entre capital e trabalho, o poder de Estado assumia cada vez mais o caráter do poder nacional do capital sobre o trabalho, de uma força pública organizada para a escravização social, de uma máquina de despotismo de classe. Depois de qualquer revolução que marque um progresso na luta de classes, o caráter puramente repressivo do poder de Estado abre caminho com um relevo cada vez mais acentuado. A revolução de 1830, que resultou na transferência de governo dos senhores da terra para os capitalistas, transferiu-o dos mais remotos para os mais diretos antagonistas dos operários. Os republicanos burgueses, que em nome da revolução de fevereiro tomaram o poder de Estado, serviram-se dele para os massacres de junho, a fim de convencerem a classe operária de que a república "social" significava a república que assegurava a sua sujeição social, e a fim de convencerem a massa realista [partidária da realeza] da classe burguesa e dos senhores da terra de que podiam deixar com segurança os cuidados e emolumentos do governo aos "republicanos" burgueses. Contudo, após o seu único feito heroico de junho, os republicanos burgueses tiveram de recuar da frente para a retaguarda do "partido da ordem" – uma combinação formada por todas as frações e facções rivais dentre as classes apropriadas, no seu antagonismo agora abertamente declarado contra as classes produtoras. A forma adequada do seu governo de sociedade por ações foi a república parlamentar, com Luís Bonaparte por presidente. Foi um *régime* de confessado terrorismo de classe e de insulto deliberado para com a "vil multidão". Se a república parlamentar, como dizia sr. Thiers, "as dividia ao mínimo" (as diferentes frações da classe dirigente), ela abria um abismo entre essa classe e o corpo inteiro da sociedade fora das suas esparsas fileiras. As restrições com que as suas próprias divisões ainda tinham refreado o poder de Estado sob os *régimes* anteriores foram removidas com a sua união; e, em face da ameaça de levante do proletariado, ela servia-se agora do poder de Estado, impiedosa e ostentosamente, como máquina de guerra nacional do capital contra o trabalho. Na sua ininterrupta cruzada contra as massas produtoras, ela foi forçada, contudo, não só a investir o Executivo de poderes de repressão continuamente acrescidos, mas também, ao mesmo tempo, a despojar a sua própria fortaleza parlamentar – a Assembleia Nacional – de todos os seus meios de defesa, um após outro, contra o Executivo. Na pessoa de Luís Bonaparte, o Executivo a coloca para fora. O fruto natural da república do "partido da ordem" foi o segundo Império.

O império, com o *coup d'État* [golpe de Estado – francês] por certidão de nascimento, o sufrágio universal por sanção e a espada por cetro, declarava se apoiar no campesinato, essa larga massa de produtores não envolvida diretamente na luta do capital e do trabalho. Declarava salvar a classe operária quebrando o parlamentarismo e, com ele, a indisfarçada subserviência do governo às classes possuidoras. Declarava salvar as classes possuidoras mantendo a supremacia econômica destas sobre a classe operária; e declarava, finalmente, unir todas as classes, fazendo reviver para todas a quimera da glória nacional. Na realidade, era a única forma de governo possível num tempo em que a burguesia já tinha perdido a faculdade de governar a nação e a classe operária ainda a não tinha adquirido. Foi aclamado através do mundo como o salvador da sociedade. Sob o seu domínio, a sociedade burguesa, liberta de cuidados políticos, atingiu um desenvolvimento inesperado, até para ela própria. A sua indústria e o seu comércio expandiram-se em dimensões colossais; a burla financeira celebrou orgias cosmopolitas; a miséria das massas era contrabalançada por uma exibição sem pudor de luxúria suntuosa, meretrícia e degradante. O poder de Estado, aparentemente voando alto acima da sociedade, era ele próprio, ao mesmo tempo, o maior escândalo dessa sociedade e o próprio viveiro de todas as suas corrupções. A sua própria podridão e a podridão da sociedade que ele havia salvo foram postas a nu pela baioneta da Prússia, ela própria ávida por transferir de Paris para Berlim a sede suprema deste *régime*. Ao mesmo tempo, o imperialismo [dominação imperial] é a forma mais prostituída e derradeira do poder de Estado que a sociedade burguesa nascente tinha começado a elaborar como um meio da sua própria emancipação do feudalismo e que a sociedade burguesa plenamente desenvolvida tinha finalmente transformado num meio para a escravização do trabalho pelo capital.

A antítese direta do império foi a Comuna. O grito de "república social" com o qual a revolução de fevereiro foi anunciada pelo proletariado de Paris não fez mais do que expressar uma vaga aspiração por uma república que não apenas havia de pôr de lado a forma monárquica da dominação de classe. A Comuna foi a forma positiva dessa república.

Paris, a sede central do velho poder governamental e, ao mesmo tempo, a fortaleza social da classe operária francesa, levantara-se em armas contra a tentativa de Thiers e dos rurais para restaurar e perpetuar o velho poder governamental que o Império lhes legara. Paris apenas pôde resistir porque, em consequência do cerco, tinha se livrado do exército e o tinha substituído por uma Guarda Nacional que era, na sua massa, composta por operários. Esse fato tinha agora de ser transformado numa instituição. O primeiro decreto da Comuna, por isso, foi a supressão do exército permanente e a sua substituição pelo povo armado.

A Comuna foi formada por conselheiros municipais, eleitos por sufrágio universal nos vários bairros da cidade, responsáveis e revogáveis em qualquer momento. A maioria dos seus membros eram naturalmente operários ou representantes reconhecidos da classe operária. A Comuna havia de ser não um corpo parlamentar, mas operante, executivo e legislativo ao mesmo tempo. Em vez de continuar a ser o instrumento do governo central, a polícia foi logo despojada dos seus atributos políticos e transformada no instrumento da Comuna, responsável e revogável em qualquer momento. O mesmo aconteceu com os funcionários de todos os outros ramos da administração. Dos membros da Comuna para baixo, o serviço público tinha de ser feito em troca de salários de operários. Os direitos adquiridos e os subsídios de representação dos altos dignitários do Estado desapareceram com os próprios dignitários do Estado. As funções públicas deixaram de ser a propriedade privada dos testas de ferro do governo central. Não só a administração municipal, mas também toda a iniciativa até então exercida pelo Estado foram entregues nas mãos da Comuna.

Uma vez livre do exército permanente e da polícia, elementos da força física do antigo governo, a Comuna estava desejosa de quebrar a força espiritual de repressão, o "poder dos curas", pelo desmantelamento e expropriação de todas as igrejas enquanto corpos possuidoras. Os padres foram devolvidos aos retiros da vida privada, para terem aí o sustento das esmolas dos fiéis, à imitação dos seus predecessores, os apóstolos. Todas as instituições de educação foram abertas ao povo gratuitamente e ao mesmo tempo libertas de toda a interferência de igreja e Estado. Assim, não apenas a educação foi tornada acessível a todos, mas também a própria ciência liberta dos grilhões que os preconceitos de classe e a força governamental lhe tinham imposto.

Os funcionários judiciais haviam de ser despojados daquela falsa independência que só tinha servido para mascarar a sua abjeta subserviência a todos os governos sucessivos, aos quais, um após outro, eles tinham prestado e quebrado juramento de fidelidade. Tal como os restantes servidores públicos, magistrados e juízes haviam de ser eletivos, responsáveis e revogáveis.

A Comuna de Paris havia obviamente de servir de modelo a todos os grandes centros industriais da França. Uma vez estabelecido o regime comunal em Paris e nos centros secundários, o velho governo centralizado teria de dar lugar, nas províncias também, ao autogoverno dos produtores. Num esboço tosco de organização nacional que a Comuna não teve tempo de desenvolver, estabeleceu-se claramente que a Comuna havia de ser a forma política mesmo dos menores povoados do campo, e que nos distritos rurais o exército permanente havia de ser substituído por uma milícia nacional com um tempo de serviço extremamente curto. As comunas rurais de todos os distritos administrariam os seus assuntos comuns por uma assembleia de delegados na capital de distrito e essas assembleias distritais, por sua vez, enviariam deputados à Delegação Nacional em Paris, sendo cada delegado revogável em qualquer momento e vinculado pelo *mandat impératif* [mandato imperativo – francês] (instruções formais) dos seus eleitores. As poucas, mas importantes funções que ainda restariam a um governo central não seriam suprimidas, como foi intencionalmente dito de maneira deturpada, mas executadas por agentes comunais, e por conseguinte estritamente responsáveis. A unidade da nação não havia de ser quebrada, mas, ao contrário, organizada pela Constituição comunal e tornada realidade pela destruição do poder de Estado, o qual pretendia ser a encarnação dessa unidade, independente e superior à própria nação, de que não era senão uma excrescência parasitária. Enquanto os órgãos meramente repressivos do velho poder governamental haviam de ser amputados, as suas funções legítimas haviam de ser arrancadas a uma autoridade que usurpava a preeminência sobre a própria sociedade e restituídas aos agentes responsáveis da sociedade. Em vez de decidir, uma vez a cada três ou seis anos, que membro da classe governante havia de representar mal o povo no Parlamento, o sufrágio universal havia de servir o povo, constituído em Comunas, assim como o sufrágio individual serve qualquer outro patrão em busca de operários e administradores para o seu negócio. E é bem sabido que as companhias, como os indivíduos, em matéria de negócio real sabem geralmente como colocar o homem certo no lugar certo e, se alguma vez cometem um erro, como repará--lo prontamente. Por outro lado, nada poderia ser mais estranho ao espírito da Comuna do que substituir o sufrágio universal pela investidura[85] hierárquica.

É em geral a sorte de criações históricas completamente novas serem tomadas erradamente como a réplica de formas mais antigas e mesmo defuntas da vida social, com as quais podem sustentar uma certa semelhança. Assim, essa Comuna nova, que quebra o moderno poder de Estado, foi tomada erradamente como uma reprodução das Comunas medievais que precederam, primeiro, esse mesmo poder de Estado, e se tornaram depois o seu substrato. A Constituição Comunal foi tomada erradamente como uma tentativa para dispersar numa federação de pequenos Estados – como a sonharam Montesquieu e os Girondinos[86] – essa unidade de grandes nações

---

[85] Investidura: sistema de designação de funcionários que tem como característica a dependência total dos funcionários dos escalões mais baixos da hierarquia relativamente aos dos escalões mais elevados.

[86] Girondinos: na grande revolução burguesa francesa de fins do século XVIII, partido da grande burguesia (deve a sua designação ao Departamento da Gironde), atuou contra o governo jacobino e as massas revolucionárias que o apoiavam sob a bandeira da defesa dos direitos dos Departamentos à autonomia e à federação.

que, embora realizada originalmente pela força política, agora se tornou um poderoso coeficiente de produção social. O antagonismo da Comuna contra o poder de Estado foi tomado erradamente como uma forma exagerada da antiga luta contra a ultracentralização. Circunstâncias históricas peculiares podem ter impedido o desenvolvimento clássico, como na França, da forma burguesa de governo e podem ter permitido, como na Inglaterra, completar os grandes órgãos centrais de Estado por assembleias paroquiais (*vestries*) corruptas, por conselheiros traficantes, por ferozes administradores da assistência pública (*poor-law guardians*) nas cidades e por magistrados virtualmente hereditários nos condados. A Constituição Comunal teria restituído ao corpo social todas as forças até então absorvidas pelo Estado parasita, que se alimenta da sociedade e lhe estorva o livre movimento. Por esse único ato ela teria iniciado a regeneração da França. A classe média francesa provincial viu na Comuna uma tentativa para restaurar a preponderância que a sua ordem manteve sobre o campo com Luís Felipe e que foi suplantada, com Luís Napoleão, pela pretensa dominação do campo sobre as cidades. Na realidade, a Constituição Comunal colocaria os produtores rurais sob a direção intelectual das capitais dos seus distritos e estas ter--lhes-iam assegurado, nos operários, os naturais procuradores dos seus interesses. A própria existência da Comuna implicava, como uma coisa evidente, liberdade municipal local, mas não como um obstáculo ao poder de Estado, agora substituído. Só podia passar pela cabeça de um Bismarck, o qual, quando não comprometido nas suas intrigas de sangue e ferro, gosta sempre de retomar a sua velha ocupação, tão conveniente ao seu calibre mental, de colaborador do *Kladderadatsch*[87] *(o Punch* de Berlim),[88] só em tal cabeça podia entrar o atribuir à Comuna de Paris aspirações a essa caricatura da velha

---

[87] *Kladderadatsch*: semanário satírico ilustrado, editado em Berlim em 1848.

[88] *Punch, or the London Charivari (Polichinelo, ou o Charivari de Londres)*: semanário humorístico inglês de tendência liberal burguesa, publicado em Londres a partir de 1841.

organização municipal francesa de 1791 – a constituição municipal prussiana – que rebaixa os governos das cidades a meras rodas secundárias na maquinaria policial do Estado prussiano. A Comuna fez uma realidade dessa deixa das revoluções burguesas – governo barato – destruindo as duas maiores fontes de despesa: o exército permanente e o funcionalismo de Estado. A sua própria existência pressupunha a não existência de monarquia, a qual, pelo menos na Europa, é o lastro normal e o disfarce indispensável da dominação de classe. Ela fornecia à república a base de instituições realmente democráticas. Mas nem governo barato nem "república verdadeira" eram o seu alvo último; eram-lhe meramente concomitantes.

A multiplicidade de interpretações a que a Comuna esteve sujeita e a multiplicidade de interesses que a explicaram em seu favor mostram que ela era uma forma política inteiramente expansiva, ao passo que todas as formas anteriores de governo têm sido marcadamente repressivas. Era este o seu verdadeiro segredo: ela era essencialmente um governo da classe operária, o produto da luta da classe produtora contra a apropriadora, a forma política, finalmente descoberta, com a qual se realiza a emancipação econômica do trabalho.

Não fosse essa última condição, a Constituição Comunal teria sido uma impossibilidade e um engano. A dominação política do produtor não pode coexistir com a perpetuação da sua escravidão social. A Comuna havia pois de servir como uma alavanca para extirpar os fundamentos econômicos sobre os quais assenta a existência de classes e, por conseguinte, a dominação de classe. Emancipado o trabalho, todo o homem se torna um trabalhador e o trabalho produtivo deixa de ser um atributo de classe.

É um estranho fato. Apesar de toda a conversa grandiloquente e toda a imensa literatura dos últimos 60 anos sobre a emancipação do trabalho, assim que em qualquer parte os trabalhadores tomam o assunto nas suas próprias mãos com determinação, surge logo toda a fraseologia apologética dos porta-vozes da presente sociedade com os seus dois pólos: capital e escravatura assalariada (o senhor da terra não é agora senão o sócio comanditário do capitalista), como se a sociedade capitalista ainda estivesse no seu mais puro estado de inocência virginal, com os seus antagonismos ainda não desenvolvidos, os seus enganos ainda não desmascarados, as suas realidades prostituídas ainda não postas a nu. A Comuna, exclamam eles, tenciona abolir a propriedade, base de toda a civilização! Sim, senhores, a Comuna tencionava abolir toda essa propriedade de classe que faz do trabalho de muitos a riqueza de poucos. Ela aspirava à expropriação dos expropriadores. Queria fazer da propriedade individual uma realidade transformando os meios de produção, terra e capital, agora principalmente meios de escravizar e explorar o trabalho, em meros instrumentos de trabalho livre e associado. – Mas isso é comunismo, comunismo "impossível"! Ora, pois, aqueles membros das classes dominantes que são bastante inteligentes para perceber a impossibilidade de continuar o sistema presente – e são muitos – tornaram-se os apóstolos, importunos e de voz cheia, da produção cooperativa. Se não cabe à produção cooperativa permanecer uma fraude e uma armadilha; se lhe cabe suplantar o sistema capitalista; se cabe às sociedades cooperativas unidas regular a produção nacional segundo um plano comum, tomando-a assim sob o seu próprio controle e pondo termo à anarquia constante e às convulsões periódicas que são a fatalidade da produção capitalista – que seria isso, senhores, senão comunismo, comunismo "possível"?

A classe operária não esperou milagres da Comuna. Ela não tem utopias prontas a introduzir *par décret du peuple* [por decreto do povo – francês]. Sabe que para realizar a sua própria emancipação – e com ela essa forma superior para a qual tende irresistivelmente a sociedade presente pela sua própria atividade econômica – terá de passar por longas lutas, por uma série de processos históricos que transformam circunstâncias e homens. Não tem de realizar ideais, mas libertar os elementos da sociedade nova de que está grávida a própria velha sociedade burguesa em colapso. Na plena consciência da sua missão histórica e com a resolução heroica de agir à altura dela, a classe operária pode se permitir sorrir à invectiva grosseira dos lacaios de pluma e tinteiro e ao patrocínio didático dos doutrinadores burgueses de boas intenções, que derramam as suas trivialidades ignorantes e as suas manias sectárias no tom oracular da infalibilidade científica.

Quando a Comuna de Paris tomou a direção da revolução nas suas próprias mãos; quando simples operários ousaram pela primeira vez infringir o privilégio governamental dos seus "superiores naturais" e, em circunstâncias de dificuldade, sem exemplo, executaram a sua obra modesta, conscienciosa e eficazmente – executaram-na com salários, o mais elevado dos quais mal atingia, segundo uma alta autoridade científica,[89] um quinto do mínimo requerido para uma secretária de certo conselho escolar de Londres – o velho mundo contorceu-se em convulsões de raiva, à vista da Bandeira Vermelha, símbolo da República do Trabalho, a flutuar sobre o *Hôtel de Ville*.

E, contudo, era a primeira revolução em que a classe operária era abertamente reconhecida como a única classe capaz de iniciativa social, mesmo pela grande massa da classe média de Paris – lojistas, comerciantes, negociantes – excetuados só os capitalistas ricos. A Comuna tinha salvo aqueles por uma sagaz regulamentação dessa causa permanentemente repetida de disputa entre as próprias classes médias: as contas de deve e haver.[90] A mesma parte da classe média, depois de ter ajudado a derrotar a insurreição operária de junho de 1848, foi logo sacrificada sem cerimônias aos seus credores[91] pela então Assembleia Constituinte. Mas esse não era o seu único motivo

---

[89] Professor Huxley. (Nota da edição alemã de 1871)

[90] Trata-se do decreto da Comuna de Paris de 16 de abril de 1871 prorrogando por três anos o prazo de pagamentos de todas as dívidas e abolindo o pagamento de juros por elas.

[91] Marx alude à rejeição pela Assembleia Constituinte, em 22 de agosto de 1848, do projeto de lei sobre as "concordatas amigáveis"*(concordats à l'amiable)*, que previa o adiamento do pagamento das dívidas. Em consequência disso, uma significativa parte da pequena burguesia caiu na ruína e ficou na dependência dos credores, membros da grande burguesia.

para se juntar agora em torno da classe operária. Ela sentia que só havia uma alternativa – a Comuna ou o império – qualquer que fosse o nome com que pudesse reaparecer. O império tinha a arruinado economicamente pela devastação que fez da riqueza pública, pela burla financeira em grande escala, que encorajou, pelos adereços que emprestou à centralização artificialmente acelerada de capital e pela expropriação concomitante nas suas próprias fileiras. Ele tinha a suprimido politicamente, tinha a escandalizado moralmente pelas suas orgias, tinha insultado o seu voltairianismo ao entregar a educação dos seus filhos aos *frères ignorantins*,[92] tinha revoltado o seu sentimento nacional francês ao precipitá-la de cabeça numa guerra que só deixava um equivalente para as ruínas que fizera: o desaparecimento do império. De fato, após o êxodo de Paris de toda a alta *bohême* [boemia – francês] bonapartista e capitalista, o verdadeiro partido da ordem da classe média apareceu na forma da "Union Républicaine",[93] alistando-se sob as cores da Comuna e defendendo-a contra a deturpação premeditada de Thiers. O tempo terá de mostrar se a gratidão desse grande corpo da classe média resistirá à severa prova atual.

A Comuna tinha inteira razão ao dizer aos camponeses: "A nossa vitória é a vossa única esperança." De todas as mentiras saídas da casca em Versalhes e repercutidas pelo glorioso europeu *penny-a-liner* [escritor barato – francês], uma das mais tremendas foi a de que os rurais representavam o campesinato francês. Pense-se só no amor do camponês francês pelos homens a quem teve de pagar, depois de

---

[92] *Frères ignorantins* (irmãos ignorantinhos): designação de uma ordem religiosa que surgiu em Reims em 1680, cujos membros se dedicavam a ensinar crianças pobres; nas escolas da ordem os alunos recebiam sobretudo uma educação religiosa, adquirindo conhecimentos muito exíguos dos outros domínios

[93] *Union républicaine des départements* (União Republicana dos Estados): organização política composta por representantes das camadas pequeno-burguesas, oriundos das diversas regiões de França e que viviam em Paris; apelou para a luta contra o governo de Versalhes e a Assembleia Nacional monárquica e para o apoio à Comuna de Paris em todos os Departamentos.

1815, os bilhões de indenização.[94] Aos olhos do camponês francês, a própria existência de um grande proprietário fundiário é em si uma usurpação sobre as suas conquistas de 1789. O burguês, em 1848, tinha lhe sobrecarregado a parcela de terra com a taxa adicional de 45 centavos por franco; mas o fez, então, em nome da revolução; ao passo que, agora, tinha fomentado uma guerra civil contra a revolução para atirar sobre os ombros do camponês o fardo principal dos 5 bilhões de indenização a pagar ao prussiano. A Comuna, por outro lado, numa das suas primeiras proclamações, declarava que os verdadeiros causadores da guerra teriam de ser levados a pagar o seu custo. A Comuna teria libertado o camponês do imposto de sangue – ter-lhe-ia dado um governo barato –, teria transformado as suas atuais sanguessugas, o notário, o advogado, o oficial de diligências e outros vampiros judiciais, em agentes comunais assalariados, eleitos por ele e perante ele responsáveis. Tê-lo-ia livrado da tirania do *garde champêtre* [guarda rural – francês], do gendarme e do prefeito; teria posto o esclarecimento pelo mestre-escola no lugar da estultificação pelo padre. E o camponês francês é, acima de tudo, um homem de cálculo. Teria achado extremamente razoável que a dívida do padre, em vez de ser extorquida pelo cobrador de impostos, estivesse apenas dependente da ação espontânea dos instintos religiosos dos paroquianos. Tais eram as grandes vantagens imediatas que o governo da Comuna – e só esse governo – oferecia ao campesinato francês. É pois inteiramente supérfluo desenvolver aqui os problemas mais complicados, mas vitais, que só a Comuna estava apta, e ao mesmo tempo forçada, a resolver em favor do camponês, isto é, a dívida hipotecária, jazendo como um pesadelo sobre a sua parcela de solo, o *prolétariat foncier* [proletariado rural – francês] que sobre ela crescia diariamente, e a sua expropriação dessa parcela, imposta a um ritmo

---

[94] Marx alude à lei de 27 de abril de 1825 sobre o pagamento aos ex-emigrados de indenizações pelas propriedades rurais que lhes tinham sido confiscadas durante a revolução burguesa francesa.

cada vez mais rápido pelo próprio desenvolvimento da agricultura moderna e da concorrência da lavoura capitalista.

O camponês francês tinha eleito Luís Bonaparte presidente da República; mas o partido da ordem criou o império. Aquilo que o camponês francês quer realmente, começou a mostrá-lo em 1849 e 1850, opondo o seu *maire* [presidente da câmara municipal – francês] ao prefeito do governo, o seu mestre-escola ao padre do governo e opondo-se ele próprio ao gendarme do governo. Todas as leis feitas pelo partido da ordem em janeiro e fevereiro de 1850 eram medidas confessas de repressão contra o camponês. O camponês era bonapartista porque a grande revolução, com todos os benefícios que lhe trouxe, estava personificada, aos seus olhos, em Napoleão. Essa ilusão, rapidamente destruída sob o segundo Império (e, pela sua própria natureza, hostil aos rurais), esse preconceito do passado, como poderia ter resistido ao apelo da Comuna aos interesses vitais e necessidades urgentes do campesinato?

Os rurais – era essa, de fato, a sua principal apreensão – sabiam que três meses de comunicação livre da Paris da Comuna com as províncias levaria a um levante geral dos camponeses; daí a sua ânsia em estabelecer um bloqueio de polícia à volta de Paris, como para fazer parar a propagação da peste bovina.

Se a Comuna era, assim, o verdadeiro representante de todos os elementos sãos da sociedade francesa e, portanto, o verdadeiro governo nacional, ela era ao mesmo tempo, como governo de operários, como campeã intrépida da emancipação do trabalho, expressivamente internacional. A vista do exército prussiano, que tinha anexado à Alemanha duas províncias francesas, a Comuna anexava à França o povo trabalhador do mundo inteiro.

O segundo Império tinha sido o jubileu da vigarice cosmopolita, com os devassos de todos os países a precipitarem-se ao seu chamamento para participarem nas suas orgias e na pilhagem do povo francês. Mesmo nesse momento, o braço direito de Thiers é Ganesco, o valáquio imundo, e o seu braço esquerdo é Markovski, espião russo. A Comuna concedeu a todos os estrangeiros a honra de morrer por uma causa imortal. Entre a guerra estrangeira, perdida pela traição da burguesia, e a guerra civil, provocada pela sua conspiração com o invasor estrangeiro, a burguesia tinha encontrado tempo para exibir o seu patriotismo organizando caçadas policiais aos alemães na França. A Comuna fez de um operário alemão[95] o seu ministro do Trabalho. Thiers, a burguesia, o segundo Império, tinham continuamente enganado a Polônia com ruidosas profissões de simpatia, entregando-a, na realidade, à Rússia, e fazendo o trabalho sujo desta. A Comuna honrou os filhos heroicos da Polônia[96] colocando-os à frente dos defensores de Paris. E, para marcar amplamente a nova era da história que ela estava consciente de iniciar, a Comuna deitou abaixo esse símbolo colossal da glória marcial, a Coluna de Vendôme,[97] sob os olhos dos vencedores prussianos, por um lado, e do exército bonapartista dirigido por generais bonapartistas, por outro.

A grande medida social da Comuna foi a sua própria existência atuante. As suas medidas especiais não podiam senão denotar a tendência de um governo do povo pelo povo. Tais foram a abolição do trabalho noturno dos oficiais de padaria; a proibição, com penalização da prática dos patrões que consistia em reduzir salários cobrando multas à gente que trabalha para eles, sob variados pretextos – um processo em que o patrão combina na sua própria pessoa os papéis de legislador, de juiz e de executor e surrupia o dinheiro para o bolso. Outra medida dessa espécie foi a entrega a associações de operários, sob reserva de compensação, de todas as oficinas e fábricas fechadas, quer os capitalistas respectivos tivessem fugido, quer tivessem preferido parar o trabalho.

---

[95]   Leo Frankel.
[96]   J. Dombrowski e W. Wróblewski.
[97]   Ver nota 2, p. 202.

As medidas financeiras da Comuna, notáveis pela sua sagacidade e moderação, só podiam ser as que eram compatíveis com o estado de uma cidade cercada. Considerando os roubos colossais cometidos sobre a cidade de Paris pelas grandes companhias financeiras e pelos empreiteiros, com a proteção de Haussmann,[98] a Comuna teria tido um direito (*title*) incomparavelmente melhor para lhes confiscar a propriedade do que Luís Napoleão teve contra a família Orléans. Os Hohenzollern e os oligarcas ingleses, que colheram, uns e outros, uma grande parte das suas propriedades da pilhagem da Igreja, ficaram grandemente chocados, naturalmente, com os apenas 8 mil francos que a Comuna retirou da secularização.

Enquanto o governo de Versalhes, mal recuperou algum ânimo e alguma força, usava os meios mais violentos contra a Comuna; enquanto suprimia a livre expressão da opinião por toda a França, proibindo até mesmo reuniões de delegados das grandes cidades; enquanto submetia Versalhes e o resto da França a uma espionagem que ultrapassou de longe a do segundo Império; enquanto queimava pelos seus inquisidores-gendarmes todos os jornais impressos em Paris e inspecionava toda a correspondência de e para Paris; enquanto na Assembleia Nacional as mais tímidas tentativas para colocar uma palavra a favor de Paris eram submergidas em gritaria, de uma maneira desconhecida mesmo da *Chambre introuvable* de 1816;[99] com a guerra selvagem de Versalhes fora de Paris e, dentro, as suas tentativas de corrupção e conspiração – não teria a Comuna atraiçoado vergonhosamente a sua segurança, pretendendo respeitar todas as boas maneiras e aparências de liberalismo como num tempo de profunda paz? Tivesse o governo da Comuna sido semelhante ao

---

[98] Durante o segundo Império, o barão Haussmann foi prefeito do Departamento do Sena, isto é, da Cidade de Paris. Introduziu uma quantidade de alterações no plano da cidade com o propósito de facilitar o esmagamento de insurreições operárias. (Nota da edição russa de 1905, publicada sob a direção de V. I. Lenin)

[99] Ver nota 63, p. 390.

A REVOLUÇÃO ANTES DA REVOLUÇÃO | 419

do sr. Thiers e não teria havido mais ocasião para suprimir jornais do partido da ordem em Paris do que houve para suprimir jornais da Comuna em Versalhes.

Era na verdade irritante para os rurais que, no próprio momento em que declaravam ser o regresso à Igreja o único meio de salvação da França, a Comuna infiel desenterrasse os mistérios peculiares do convento de freiras de Picpus e da Igreja de Saint-Laurent.[100] Era uma sátira contra sr. Thiers o fato de que, enquanto ele fazia chover grã-cruzes sobre os generais bonapartistas, em reconhecimento da sua maestria em perder batalhas, a assinar capitulações e a enrolar cigarros em Wilhelmshöhe,[101] a Comuna demitia e prendia os seus generais sempre que eram suspeitos de negligência para com os seus deveres. A expulsão e prisão, pela Comuna, de um dos seus membros,[102] que nela tinha se esgueirado sob um falso nome e sofrido seis dias de prisão em Lyon por bancarrota simples, não era um insulto deliberado, atirado a Jules Favre, o falsário, então ainda ministro dos Negócios Estrangeiros da França, ainda vendendo a França a Bismarck e ainda ditando as suas ordens a esse governo--modelo da Bélgica? Mas, na verdade, a Comuna não aspirava à infalibilidade, o atributo invariável de todos os governos de velho cunho. Ela publicava os seus ditos e feitos, inteirava o público de todas as suas falhas.

Em cada revolução intrometem-se, ao lado dos seus representantes verdadeiros, homens de um cunho diferente; alguns deles

---

[100] No convento de Picpus foram descobertos casos de reclusão de freiras em celas durante muitos anos; foram encontrados também instrumentos de tortura; na Igreja de Saint-Laurent foi descoberto um cemitério clandestino, prova de que eram cometidos assassínios. A Comuna divulgou esses fatos no jornal *Mot d'Ordre* (*Palavra de Ordem*) de 5 de maio de 1871, e também na brochura *Les crimes des congrégations religieuses* (*Os crimes das congregações religiosas*).

[101] A principal ocupação dos prisioneiros de guerra franceses em Wilhelmshöhe (ver nota 12, p. 346) era fazer cigarros para uso próprio.

[102] Blanchet.

sobreviventes e devotos de revoluções passadas, sem discernimento do movimento presente, mas conservando influência popular pela sua honestidade e coragem conhecidas ou pela simples força da tradição; outros, meros vociferadores, que, à força de repetir ano após ano o mesmo tipo de declamações estereotipadas contra o governo do dia, se insinuaram na reputação de revolucionários de primeira viagem. Depois do 18 de março também surgiram tais homens e, em alguns casos, imaginaram desempenhar papéis preeminentes. A tanto quanto chegou o seu poder, estorvaram a ação real da classe operária, exatamente como homens dessa espécie tinham estorvado o pleno desenvolvimento de cada revolução anterior. São um mal inevitável: com o tempo são derrubados; mas tempo não foi concedido à Comuna. Prodigiosa, na verdade, foi a mudança que a Comuna operou em Paris! Não mais qualquer traço da Paris meretrícia do segundo Império. Paris já não era o ponto de encontro dos senhores da terra britânicos, dos absentistas irlandeses,[103] dos ex-escravistas e ricos feitos à pressa[104] americanos, dos ex-proprietários de servos russos e dos boiardos valáquios. Não mais cadáveres no necrotério, nem arrombamentos noturnos, quase nenhum roubo; de fato, pela primeira vez desde os dias de fevereiro de 1848, as ruas de Paris eram seguras, e isto sem qualquer polícia de qualquer espécie.

> Já não ouvimos falar – dizia um membro da Comuna – de assassínios, de roubos nem de agressões; dir-se-ia que a polícia levou mesmo com ela para Versalhes toda a sua clientela conservadora.

---

[103] Absentistas: grandes proprietários fundiários que habitualmente não viviam nas suas propriedades, que eram administradas por agentes rurais ou arrendadas a intermediários especuladores que, por sua vez, as entregavam em subarrendamento, em condições leoninas, a pequenos rendeiros.

[104] No original: *shoddy aristocrats*. *Shoddy*: restos de algodão que ficam nos pentes depois da cardagem, matéria inútil e sem qualquer valor até que se encontrou um meio de tratamento e aproveitamento da mesma. Nos EUA chamava-se *shoddy aristocrats* aos homens que tinham enriquecido rapidamente com a guerra civil.

A REVOLUÇÃO ANTES DA REVOLUÇÃO | 421

As *cocottes* [cocotes – francês] tinham reencontrado o rasto dos seus protetores – os homens de família, de religião e, acima de tudo, de propriedade, em fuga. Em vez daquelas, as verdadeiras mulheres de Paris apareceram de novo à superfície, heroicas, nobres e dedicadas, como as mulheres da Antiguidade. A Paris operária, pensante, combatente, a sangrar – quase esquecida, na sua incubação de uma sociedade nova, dos canibais às suas portas – radiante no entusiasmo da sua iniciativa histórica!

Oposto a esse mundo novo em Paris, observe-se o mundo velho em Versalhes – essa assembleia dos vampiros de todos os *régimes* defuntos, legitimistas e orleanistas, ávidos de se alimentarem da carcaça da nação – com uma cauda de republicanos antediluvianos, sancionando com a sua presença na Assembleia a rebelião dos escravistas, fiando-se, para a manutenção da sua república parlamentar, na vaidade do charlatão senil à sua cabeça, e caricaturando 1789 ao realizarem as suas reuniões de espectros no *Jeu de Paume*.[105] Ali estava ela, essa assembleia, a representante de tudo o que estava morto na França, mantida numa aparência de vida só pelos sabres dos generais de Luís Bonaparte. Paris toda ela verdade, Versalhes toda ela mentira; e essa mentira, exalada pela boca de Thiers.

Thiers diz a uma delegação de prefeito de município de Seine-et-Oise:

Podeis contar com a minha palavra, nunca faltei a ela.

Diz à própria Assembleia que "ela é a mais livremente eleita e a mais liberal que a França teve alguma vez"; diz à sua soldadesca heterogênea que ela era "a admiração do mundo e o mais belo exér-

---

[105] Em francês no texto: Jogo da Péla. (Sala de jogos onde a Assembleia Nacional de 1789 tomou as suas célebres decisões. Em 9 de julho de 1789 a Assembleia Nacional da França proclamou-se Assembleia Constituinte e realizou as primeiras transformações antifeudais e antiabsolutistas. Nota de Engels à edição alemã de 1871).

cito que a França jamais teve"; diz às províncias que o bombardeio de Paris, por ele, era um mito:

> Se foram atirados alguns tiros de canhão, não foi pelo exército de Versalhes, mas por alguns insurgentes, para fazer crer que se batem quando nem sequer ousam mostrar-se.

Diz outra vez às províncias que

> a artilharia de Versalhes não bombardeia Paris, apenas a canhoneia.

Diz ao arcebispo de Paris que as pretensas execuções e represálias (!) atribuídas às tropas de Versalhes era tudo disparate. Diz a Paris que só estava ansioso "por libertá-la dos horríveis tiranos que a oprimem" e que, na realidade, a Paris da Comuna não era "mais do que um punhado de celerados".

A Paris do sr. Thiers não era a Paris real da "vil multidão", mas uma Paris fantasma, a Paris dos *franc-fileurs*,[106] a Paris macho e fêmea dos *Boulevards* [avenidas arborizadas – francês] – a Paris rica, capitalista, dourada, preguiçosa, que se apinhava agora em Versalhes, Saint-Denis, Rueil e Saint-Germain com os seus lacaios, os seus fura-greves, a sua *bohême* literária e as suas *cocottes*; que considerava a guerra civil só uma diversão agradável, que olhava o desenrolar da batalha através de telescópios, que contava os tiros de canhão e jurava pela sua própria honra e pela das suas prostitutas que o espetáculo estava de longe mais bem montado do que o que costumava ser à Porte-Saint-Martin. Os homens que caíam estavam realmente mortos; os gritos dos feridos eram gritos verdadeiros; e, além disso, a coisa era toda ela tão intensamente histórica.

---

106 *Franc-fileurs* (literalmente "franco-fugitivos"): alcunha desdenhosa dada aos burgueses parisienses que fugiram da cidade durante o cerco. A alcunha tinha um caráter irônico dada a sua analogia com a palavra *franc-fileurs* (franco-atiradores), designação dos guerrilheiros franceses que participaram ativamente na luta contra os prussianos.

A REVOLUÇÃO ANTES DA REVOLUÇÃO | 423

É essa a Paris do sr. Thiers, como a emigração de Koblenz era a França de M. de Calonne.[107]

IV

A primeira tentativa da conspiração dos escravistas para subjugar Paris trazendo os prussianos a ocupá-la foi frustrada pela recusa de Bismarck. A segunda tentativa, a do 18 de março, terminou na derrota do exército e na fuga para Versalhes do governo, que ordenou a toda a administração que dispersasse e fosse atrás dele. Graças à aparência de negociações de paz com Paris, Thiers encontrou tempo para preparar a guerra contra ela. Mas onde encontrar um exército? Os restos dos regimentos de linha eram fracos em número e inseguros em caráter. O seu apelo urgente às províncias para socorrer Versalhes, com os seus guardas nacionais e voluntários, encontrou uma recusa nítida. Só a Bretanha forneceu um punhado de *Chouans*,[108] combatendo sob uma bandeira branca, cada um deles usando ao peito o coração de Jesus em tecido branco e gritando *"Vive le Roi!"* (Viva o Rei!). Thiers foi assim forçado a reunir, apressadamente, um bando heterogêneo composto por marinheiros, soldados da marinha, zuavos pontifícios, gendarmes de Valentin e *sergents-de-ville* [agentes de polícia – francês] e *mouchards* [espiões – francês] de Piétri. Este exército, contudo, teria sido ridiculamente ineficaz sem as entregas dos prisioneiros de guerra imperialistas [imperiais], que Bismarck garantia em

---

[107] *Koblenz:* cidade da Alemanha. Durante a revolução burguesa francesa de fins do século XVIII foi o centro da emigração da nobreza monárquica e da preparação da intervenção contra a França revolucionária. Em Koblenz encontrava-se o governo emigrado chefiado por Calonne, ultrarreacionário, ex-ministro de Luís XVI.

[108] *Chouans:* designação dada pelos *communards* a um destacamento monárquico do exército de Versalhes, recrutado na Bretanha, por analogia com os participantes na insurreição contrarrevolucionária no Noroeste da França durante a revolução burguesa francesa de fins do século XVIII.

números precisamente suficientes para manter a guerra civil em marcha e manter o governo de Versalhes em abjeta dependência da Prússia. Durante a própria guerra, a polícia de Versalhes tinha de olhar pelo exército de Versalhes, enquanto os gendarmes tinham de arrastá-lo, expondo-se eles próprios a todos os postos de perigo. Os fortes que caíram não foram tomados, mas comprados. O heroísmo dos Federados convenceu Thiers de que a resistência de Paris não havia de ser quebrada pelo seu próprio gênio estratégico nem pelas baionetas à sua disposição.

Entretanto, as suas relações com as províncias tornavam-se cada vez mais difíceis. Não veio uma só mensagem de aprovação para animar Thiers e os seus rurais. Muito ao contrário. Delegações e mensagens pedindo, num tom tudo menos respeitoso, a reconciliação com Paris na base do reconhecimento inequívoco da República, o reconhecimento das liberdades comunais e a dissolução da Assembleia Nacional, cujo mandato estava extinto, entravam em chusma por todos os lados e em números tais, que Dufaure, ministro da Justiça de Thiers, na sua circular de 23 de abril aos procuradores públicos, ordenava-lhes que tratassem como um crime "o grito de conciliação"! Contudo, perante a perspectiva sem esperança oferecida pela sua campanha, Thiers resolveu mudar a sua tática, ordenando que se realizassem eleições municipais por todo o país, em 30 de abril, na base da nova lei municipal por ele próprio ditada à Assembleia Nacional. Em parte com as intrigas do seus prefeitos, em parte com a intimidação da polícia, ele sentia-se inteiramente confiante em comunicar à Assembleia Nacional, graças ao veredicto das províncias, esse poder moral que ela nunca possuiu e em conseguir, finalmente, das províncias, a força física requerida para a conquista de Paris.

A sua guerra de *banditti* [bandidos – italiano] contra Paris, exaltada nos seus próprios boletins, e as tentativas dos seus ministros de estabelecimento de um reino de terror em toda a França, era o que, desde o princípio, Thiers estava ansioso por acompanhar

A REVOLUÇÃO ANTES DA REVOLUÇÃO | 425

com uma pequena mímica de conciliação, que havia de servir mais do que um propósito. Era para enganar as províncias, para seduzir os elementos da classe média em Paris e, acima de tudo, para proporcionar aos pretensos republicanos na Assembleia Nacional a oportunidade de esconder a sua traição para com Paris atrás da sua fé em Thiers. Em 21 de março, quando ainda sem um exército, ele tinha declarado à Assembleia:

> Haja o que houver, não mandarei exército nenhum contra Paris.

Em 27 de março, erguia-se outra vez:

> Encontrei a República como um fato consumado e estou firmemente resolvido a mantê-la.

Na realidade, subjugava a revolução em Lyon e Marselha[109] em nome da República, enquanto os rugidos dos seus rurais abafavam a própria menção do nome dela em Versalhes. Depois dessa façanha reduziu o "fato consumado" a um fato hipotético. Os príncipes Orléans, que tinha cautelosamente posto a salvo fora de Bordeaux, eram agora autorizados, em flagrante violação da lei, a intrigar em Dreux. As concessões oferecidas por Thiers nas suas intermináveis entrevistas com os delegados de Paris e das províncias, se bem que constantemente variadas em tom e cor, conforme o tempo e as circunstâncias, nunca chegaram de fato a mais do que à restrição, em perspectiva, da vingança ao "punhado de criminosos implicados no assassínio de Lecomte e Clément Thomas" na premissa bem compreendida de que Paris e a França haviam de aceitar sem reservas o próprio sr. Thiers como a melhor das repúblicas possível, tal como em 1830 ele tinha feito com Luís Felipe. Porém, até mesmo essas próprias concessões, não

---

[109] Sob a influência da revolução proletária em Paris, que levou à criação da Comuna de Paris, em Lyon e Marselha verificaram-se ações revolucionárias com o objetivo de proclamar a Comuna. No entanto, a ação das massas populares foi cruelmente esmagada pelas tropas governamentais.

só teve o cuidado de as tornar duvidosas pelos comentários oficiais lançados sobre elas na Assembleia pelos seus ministros. Ele tinha o seu Dufaure para agir. Dufaure, esse velho advogado orleanista, tinha sido sempre o administrador da justiça do estado de sítio, como agora em 1871, sob Thiers, assim em 1839 sob Luís Felipe e em 1849 sob a presidência de Luís Bonaparte. Enquanto fora de serviço, fez uma fortuna advogando pelos capitalistas de Paris e fez capital político advogando contra as leis que ele próprio tinha criado. Agora acelerava por meio da Assembleia Nacional não só um conjunto de leis repressivas que haviam de extirpar, após a queda de Paris, os últimos restos da liberdade republicana na França; ele prenunciava o destino de Paris abreviando o processo, demasiado lento para ele, dos tribunais militares,[110] e mediante um recém-inventado código de deportação draconiano. A revolução de 1848, ao abolir a pena de morte para crimes políticos, tinha a substituído pela deportação. Luís Bonaparte não ousou, pelo menos em teoria, restabelecer o *régime* da guilhotina. A Assembleia dos rurais, ainda não suficientemente arrojada, mesmo para insinuar que os parisienses não eram rebeldes, mas assassinos, tinha, assim, de confinar a sua vingança em perspectiva contra Paris ao novo código de deportação de Dufaure. Sob todas estas circunstâncias, o próprio Thiers não teria podido continuar com a sua comédia de conciliação, se esta não tivesse arrancado – como ele entendia que ela tinha de fazer – guinchos de raiva dos rurais, cujo espírito de ruminantes não compreendia nem o jogo nem as suas necessidades de hipocrisia, tergiversação e procrastinação.

À vista das eleições municipais iminentes de 30 de abril, Thiers desempenhou em 27 de abril uma das suas grandes cenas

---

[110] Segundo a lei sobre o processo nos tribunais militares, apresentada por Dufaure à Assembleia Nacional, os processos deviam ser concluídos e as sentenças executadas num prazo de 48 horas.

de conciliação. No meio de uma torrente de retórica sentimental, exclamou da tribuna da Assembleia:

> Não há conspiração contra a República a não ser a de Paris, que nos obriga a derramar sangue francês. Disse-o e volto ainda a dizê-lo: caiam essas armas ímpias das mãos que as detêm e o castigo cessará logo por um ato de demência, de que só será excluído o pequeno número dos criminosos de direito comum.

À violenta interrupção dos rurais, replicou:

> Senhores, dizei-me, pergunto-vos, estou errado? Lamentais realmente que eu tenha dito, o que é verdade, que os criminosos só são um punhado? Não é uma felicidade, no meio das nossas desgraças, que os homens capazes de derramar o sangue de Clément Thomas e do general Lecomte só sejam raras exceções?

A França, contudo, fez ouvidos moucos àquilo de que Thiers gabava a si próprio que era um canto de sereia parlamentar. Dos 700 mil conselheiros municipais eleitos pelas 35 mil comunas ainda deixadas à França, os legitimistas, orleanistas e bonapartistas unidos não alcançaram 8 mil. As eleições suplementares que se seguiram foram ainda mais decididamente hostis. Assim, em vez de conseguir das províncias a força física tão necessária, a Assembleia Nacional perdeu até mesmo a sua última pretensão, a força moral: a de ser a expressão do sufrágio universal do país. Para completar a derrota, os conselhos municipais recém-eleitos de todas as cidades da França ameaçaram abertamente a Assembleia de Versalhes usurpadora com uma contra-Assembleia em Bordeaux.

Chegou então, finalmente, para Bismarck, o momento de ação decisiva há muito aguardado. Intimou peremptoriamente Thiers a enviar a Frankfurt plenipotenciários para o acordo de paz definitivo. Em humilde obediência ao chamamento do seu senhor, Thiers apressou-se a despachar o seu fiel Jules Favre, secundado por Pouyer-Quertier. Homem "eminente" da fiação de algodão em Rouen, partidário fervoroso e mesmo servil do segundo Império, Pouyer-Quertier nunca encontrara qualquer defeito neste, salvo o seu tratado comercial com a Inglaterra,[111] prejudicial aos interesses da sua loja. Acabado de instalar em Bordeaux como ministro das Finanças de Thiers, denunciou esse tratado "ímpio", sugeriu a sua revogação próxima e teve mesmo o descaramento de tentar, se bem que em vão (sem ter contado com Bismarck), o cumprimento imediato dos velhos direitos protecionistas contra a Alsácia, onde, dizia ele, nenhum tratado internacional prévio se atravessava no caminho. Este homem, que considerava a contrar-revolução como um meio para fazer baixar salários em Rouen e a entrega de províncias francesas como um meio para elevar o preço das suas mercadorias na França, não era ele o único predestinado a ser escolhido por Thiers como companheiro de Jules Favre na sua última e culminante traição?

À chegada a Frankfurt deste requintado par de plenipotenciários, o insolente Bismarck recebeu-os imediatamente com a alternativa: ou a restauração do império ou a aceitação incondicional dos meus próprios termos de paz! Estes termos incluíam um encurtamento dos prazos em que havia de ser paga a indenização de guerra e a ocupação continuada dos fortes de Paris pelas tropas prussianas, até que Bismarck se sentisse satisfeito com o estado de coisas na França – sendo assim reconhecida a Prússia como o árbitro supremo na política interna francesa! Em retribuição por isto, ele oferecia soltar, para exterminar Paris, o exército bonapartista cativo, e prestar-lhe a assistência direta das tropas do imperador Guilherme. Ele afiançava a sua boa-fé tornando o pagamento da primeira prestação da indenização dependente da "pacificação" de

---

[111] Trata-se do tratado de comércio entre a Inglaterra e a França, assinado em 23 de janeiro de 1860. Neste tratado a França renunciava à política alfandegária proibitiva e substituía-a pela introdução de taxas aduaneiras. Em resultado da conclusão deste tratado agudizou-se extraordinariamente a concorrência no mercado francês devido ao afluxo de mercadorias inglesas, o que provocou o descontentamento dos industriais franceses.

Paris. Tal isca foi, obviamente, engolida com avidez por Thiers e seus plenipotenciários. Assinaram o tratado de paz em 10 de maio e fizeram-no aprovar pela Assembleia de Versalhes em 18.

No intervalo entre a conclusão da paz e a chegada dos prisioneiros bonapartistas, Thiers sentiu-se tanto mais obrigado a retomar a sua comédia de conciliação quanto os seus testas de ferro republicanos estavam em dolorosa necessidade de um pretexto para fecharem os olhos aos preparativos da carnificina de Paris. Em 8 de maio, ainda, replicava a uma delegação de conciliadores da classe média:

> Quando os insurgentes tiverem se decidido a capitular, as portas de Paris ficarão abertas a todos durante uma semana, salvo aos assassinos dos generais Clément Thomas e Lecomte.

Poucos dias mais tarde, quando violentamente interpelado pelos rurais sobre estas promessas, recusou-se a entrar em quaisquer explicações; não, contudo, sem lhes deixar esta alusão significativa:

> Digo que há impacientes, homens demasiado apressados, entre vós. Têm de esperar ainda oito dias; ao fim destes oito dias já não haverá perigo e então a tarefa estará à altura da sua coragem e da sua capacidade.

Logo que Mac-Mahon pôde assegurar-lhe que em breve poderia entrar em Paris, Thiers declarou à Assembleia que

> entraria em Paris com a lei na mão e exigiria uma completa expiação dos celerados que tivessem sacrificado a vida dos nossos soldados e destruído os nossos monumentos públicos.

Como se aproximava o momento da decisão, disse à Assembleia: "Serei impiedoso!"; a Paris, que estava condenada; e aos seus *banditti* bonapartistas que tinham licença oficial para tirar vingança de Paris até fartar. Por último, quando, em 21 de maio, a traição abriu as portas de Paris ao general Douay, Thiers revelou aos rurais, em 22, a "finalidade" da sua comédia de conciliação, que eles tão obstinadamente tinham persistido em não compreender.

Disse-vos há alguns dias que nos aproximávamos da nossa finalidade; hoje vim dizer-vos: atingimos a finalidade. A ordem, a justiça, a civilização alcançaram finalmente a vitória!

Assim era. A civilização e a justiça da ordem burguesa aparecem à sua luz sinistra sempre que os escravos e trabalhadores forçados desta ordem se levantam contra os seus senhores. Então esta civilização e justiça ficam à vista como selvageria indisfarçada e desforra sem lei. Cada nova crise na luta de classe entre o apropriador e o produtor patenteia este fato mais notoriamente. Mesmo as atrocidades dos burgueses em junho de 1848 se dissipam perante a infâmia indizível de 1871. O autossacrifício heroico com o qual a população de Paris – homens, mulheres e crianças – combateu durante oito dias depois da entrada dos versalheses, reflete tanto a grandeza da sua causa quanto os feitos infernais da soldadesca reflete o espírito inato desta civilização, de que é a defensora mercenária. Gloriosa civilização, na verdade, cujo grande problema é agora o de como livrar-se dos montões de cadáveres que fez depois de terminada a batalha!

Para encontrar um paralelo da conduta de Thiers e dos seus cães de caça temos de voltar aos tempos de Sila e dos dois triunviratos[112] de Roma. O mesmo morticínio em massa, a sangue-frio; o mesmo desprezo, no massacre, pela idade e sexo; o mesmo sistema de torturar prisioneiros; as mesmas proscrições, mas desta vez de toda uma classe; a mesma caça selvagem a dirigentes escondidos, para que nenhum possa escapar; as mesmas denúncias de inimigos políticos e privados; a mesma indiferença pela chacina de gente inteiramente estranha à contenda. Só com esta diferença, que os romanos não tinham *mitrailleuses* [metralhadoras – francês] para despachar os proscritos em massa e não tinham "a lei na mão" nem nos lábios o

---

[112] Trata-se do ambiente de terror e de repressão sangrenta na Roma Antiga, nas diferentes faces da crise da República Romana escravista no séc. I a.C. Ditadura de Sila (82-79 a.C.). Primeiro e segundo triunviratos de Roma (60-53 e 43-36 a.C.): ditaduras de chefes militares romanos, a primeira de Pompeu, Cézar e Crasso, a segunda de Otávio, Antônio e Lépido.

A REVOLUÇÃO ANTES DA REVOLUÇÃO | 431

grito de "civilização". E depois destes horrores olhe-se para a outra face, ainda mais hedionda, dessa civilização burguesa, tal como é descrita pela sua própria imprensa!

Com tiros perdidos – escreve o correspondente em Paris de um jornal *tory* de Londres – a soar ainda à distância e desgraçados a morrerem, feridos e sem socorros, entre as pedras tumulares do Père-Lachaise com 6 mil insurgentes assaltados de terror, vagueando numa agonia de desespero no labirinto das catacumbas e desgraçados empurrados pelas ruas para serem abatidos, aos 20, pela *mitrailleuse* – , é revoltante ver os cafés cheios de devotos do absinto, do bilhar e do dominó; mulheres de depravação deambulando pelos *boulevards*, e o barulho da orgia perturbando a noite a partir dos *cabinets particuliers* [gabinetes particulares – francês] de restaurantes elegantes.

O sr. Edouard Hervé escreve no *Journal de Paris*,[113] um jornal versalhês suprimido pela Comuna:

A maneira pela qual a população de Paris (!) manifestou ontem a sua satisfação era mais do que frívola e receamos que isso se torne pior com o tempo. Paris tem agora um ar de festa que é completamente deslocado, e se não queremos que nos chamem os parisienses da decadência é preciso pôr termo a esta ordem de coisas.

E cita então a passagem de Tácito:

Contudo, no dia seguinte ao dessa horrível luta, antes mesmo que estivesse completamente terminada, Roma, envilecida e corrompida, recomeçou a rebolar-se no lamaçal onde tinha destruído o seu corpo e manchado a sua alma: *alibi proelia et vulnera, alibi balneae popinaeque* (aqui combates e feridas, além banhos e tabernas).

M. Hervé só se esquece de dizer que a "população de Paris" de que fala não é senão a população da Paris do sr. Thiers – *os franc--fileurs* regressando em tropel de Versalhes, Saint-Denis, Rueil e Saint-Germain – a Paris do "declínio".

---

[113] *Journal de Paris* (*Jornal de Paris*): semanário publicado em Paris a partir de 1867, de orientação monárquica orleanista.

Em todos os seus triunfos sangrentos sobre os autossacrificados campeões de uma sociedade nova e melhor, esta nefanda civilização, baseada na escravização do trabalho, abafa os gemidos das suas vítimas num "ó da guarda" calunioso [*hue-and-cry of calumnyl*], reverberado por um eco mundial. A serena Paris operária da Comuna é bruscamente mudada num pandemônio pelos cães de caça da "ordem". E que é que prova esta tremenda mudança, para o espírito burguês de todos os países? Que a Comuna conspirou contra a civilização! O povo de Paris morre entusiasticamente pela Comuna em números não igualados em qualquer batalha conhecida da história. Que é que isso prova? Que a Comuna não era o governo do próprio povo mas a usurpação de um punhado de criminosos! As mulheres de Paris dão jubilosamente as suas vidas nas barricadas e nos lugares de execução. Que é que isso prova? Que o demônio da Comuna as mudou em Megeras e Hécates! A moderação da Comuna durante dois meses de indiscutível preponderância só é igualada pelo heroísmo da sua defesa. Que é que isso prova? Que a Comuna escondeu cuidadosamente durante meses, sob uma máscara de moderação e humanidade, a sede de sangue dos seus instintos satânicos, para soltá-la na hora da sua agonia!

A Paris operária, no ato do seu auto-holocausto heroico, envolveu nas suas chamas edifícios e monumentos. Ao despedaçarem o corpo vivo do proletariado, os seus dominadores já não devem esperar regressar triunfantemente à arquitetura intacta das suas residências. O governo de Versalhes grita: "Incendiarismo!" e sussurra a deixa a todos os seus agentes até o mais remoto povoado: dar caça por toda a parte aos seus inimigos como suspeitos de profissionais do incendiarismo. A burguesia do mundo inteiro, que olha complacentemente o massacre em grande escala depois da batalha, fica convulsiva de horror à profanação do tijolo e da argamassa!

Quando governos dão licenças oficiais às suas marinhas para "matar, queimar e destruir", é isso uma licença para incendiarismo? Quando as tropas britânicas puseram fogo por divertimento ao Capitólio, em Washington, e ao palácio de verão do imperador chinês,[114] era isso incendiarismo? Quando os prussianos, não por razões militares mas por mero rancor de desforra, queimaram com a ajuda de petróleo cidades como Châteaudun e inúmeras aldeias, era isso incendiarismo? Quando Thiers, durante seis semanas, bombardeou Paris a pretexto de que queria pôr fogo apenas às casas em que havia gente, era isso incendiarismo? Na guerra, o fogo é uma arma tão legítima como qualquer outra. Edifícios ocupados pelo inimigo são bombardeados para se lhes pôr fogo. Se os seus defensores têm de se retirar, eles mesmos ateiam as chamas para impedir que o ataque faça uso dos edifícios. Serem queimados tem sido sempre a sorte inevitável de todos os edifícios situados na frente de batalha de todos os exércitos regulares do mundo. Mas na guerra dos escravizados contra os seus escravizadores, a única guerra justificável na história, isso de modo algum seria válido! A Comuna usou o fogo estritamente como um meio de defesa. Usou-o para barrar às tropas de Versalhes essas longas e retas avenidas que Haussmann expressamente abrira para o fogo de artilharia; usou-o para cobrir a sua retirada, da mesma maneira que os versalheses, no seu avanço, usaram as suas bombas, que destruíram pelo menos tantos edifícios quanto o fogo da Comuna. É matéria de discussão, mesmo hoje, a que edifícios foi posto fogo pela defesa e pelo ataque. E a defesa só recorreu ao fogo quando as tropas versalhesas já tinham começado o assassínio de prisioneiros em grande escala. Além disso, a Comuna tinha dado muito antes pleno conhecimento público de que, se conduzida a extremos, ela enterraria a si mesma

---

[114] Em agosto de 1814, durante a guerra entre a Inglaterra e os EUA, as tropas inglesas, depois de terem tomado Washington, incendiaram o Capitólio (edifício do Congresso), a Casa Branca e outros edifícios públicos da capital. Em outubro de 1860, durante a guerra da Inglaterra e da França contra a China, as tropas anglo-francesas saquearam e depois incendiaram o Palácio de Verão, próximo de Pequim, riquíssimo conjunto de monumentos da arquitetura e da arte chinesas.

sob as ruínas de Paris e faria de Paris uma segunda Moscou, como o governo da defesa prometera fazer, mas apenas como um disfarce para a sua traição. Trochu tinha lhe arranjado o petróleo para este propósito. A Comuna sabia que os seus adversários em nada se preocupavam com as vidas do povo de Paris, mas muito com os seus próprios edifícios em Paris. E Thiers, por outro lado, tinha lhe dado conhecimento de que seria implacável na sua vingança. Assim que teve o exército pronto, de um lado, e que os prussianos fecharam a armadilha, do outro, proclamou: "Serei impiedoso! A expiação será completa e a justiça inflexível!" Se os atos dos operários de Paris eram vandalismo, era o vandalismo de defesa em desespero, não o vandalismo de triunfo como o que os cristãos perpetraram contra os tesouros de arte realmente inestimáveis da Antiguidade pagã; e mesmo esse vandalismo foi justificado pelo historiador como um concomitante inevitável e comparativamente insignificante face à luta titânica entre uma sociedade nova que surge e uma antiga que sucumbe. Menos ainda era o vandalismo de Haussmann, arrasando a Paris histórica para dar lugar à Paris do visitante [*sightseer*]!

Mas a execução pela Comuna dos 64 reféns, com o arcebispo de Paris à frente! A burguesia e o seu exército restabeleceram, em junho de 1848, um costume que há muito tinha desaparecido da prática de guerra – a execução dos seus prisioneiros indefesos. Este costume brutal tinha tido desde então a adesão mais ou menos estrita dos supressores de todas as agitações populares na Europa e na Índia, provando-se assim que ele constitui um real "progresso de civilização"! Por outro lado, os prussianos na França tinham restabelecido a prática de fazer reféns – homens inocentes que haviam de responder perante eles, com as suas vidas, pelos atos de outros. Quando Thiers, como vimos, desde o começo do conflito, pôs em vigor a prática humana de executar prisioneiros da Comuna, esta foi obrigada, para proteger as suas vidas, a recorrer à prática prussiana de manter reféns. As vidas dos reféns haviam sido condenadas repetidas vezes pela execução continuada de prisioneiros por parte

A REVOLUÇÃO ANTES DA REVOLUÇÃO | 435

dos versalheses. Como poderiam eles ser poupados por mais tempo depois da carnificina com a qual os pretorianos[115] de Mac-Mahon celebraram a sua entrada em Paris? Havia de tornar-se uma farsa a última medida – a tomada de reféns – com a qual se aspirava conter a ferocidade sem escrúpulos dos governos burgueses? O assassino real do arcebispo Darboy é Thiers. Repetidas vezes a Comuna tinha oferecido trocar o arcebispo, e ainda uma quantidade de padres, só por Blanqui, então nas mãos de Thiers. Thiers recusou obstinadamente. Ele sabia que entregando Blanqui, daria uma cabeça à Comuna, enquanto o arcebispo serviria melhor o seu propósito sob a forma de cadáver. Thiers agia segundo o precedente de Cavaignac. Como não haviam Cavaignac e os seus homens de ordem, em junho de 1848, de dar brados de honra, estigmatizando os insurgentes como assassinos do arcebispo Affre! Eles sabiam perfeitamente bem que o arcebispo fora executado pelos soldados da ordem.[116] Sr. Jacquemet, o vigário-geral do arcebispo, presente no local, imediatamente depois tinha lhes entregue o seu testemunho para esse efeito.

Todo este coro de calúnias que o partido da ordem nunca deixa, nas suas orgias de sangue, de erguer contra as suas vítimas, só prova que o burguês dos nossos dias se considera o sucessor legítimo do barão de outrora, que julgava honesta na sua própria mão toda a arma contra o plebeu, enquanto nas mãos do plebeu uma arma de qualquer espécie constituía em si um crime.

A conspiração da classe dominante para derrubar a revolução por uma guerra civil prosseguida sob o patrocínio do invasor estrangeiro – uma conspiração que traçamos desde o próprio 4 de setembro até a entrada dos pretorianos de Mac-Mahon pela porta de Saint-Cloud –

---

[115] Na Roma Antiga, os *pretorianos* eram uma guarda pessoal privilegiada do chefe militar ou do imperador; os pretorianos participavam constantemente em rebeliões e frequentemente elevavam ao trono os seus protegidos. Mais tarde a palavra "pretoriano" passou a designar o mercenarismo, os desmandos e o arbítrio da camarilha militar.

[116] Ver nota 58, p. 387.

culminou na carnificina de Paris. Bismarck regozija-se ante as ruínas de Paris, nas quais viu, talvez, a primeira prestação dessa destruição geral de grandes cidades, que preconizava quando ainda um simples rural na *Chambre introuvable* prussiana de 1849.[117] Regojiza-se ante os cadáveres do proletariado de Paris. Para ele, isso não é só o extermínio da revolução mas a extinção da França, agora decapitada na realidade, e pelo próprio governo francês. Com a leviandade característica de todos os homens de Estado bem-sucedidos, ele só vê a superfície desse tremendo evento histórico. Quando é que, antes, exibiu a história o espetáculo de um vencedor que coroa a sua vitória fazendo-se não só o gendarme, mas o assassino a soldo do governo vencido? Não havia guerra entre a Prússia e a Comuna de Paris. Ao contrário, a Comuna tinha aceito os preliminares de paz, e a Prússia anunciado a sua neutralidade. A Prússia não era, pois, beligerante. Ela desempenhou o papel de um assassino, de um assassino covarde porque não corre perigo; de um assassino a soldo porque estipula antecipadamente o pagamento da recompensa do seu crime, 500 milhões por ocasião da queda de Paris. E assim, por último, revelou-se o verdadeiro caráter da guerra ordenada pela Providência como um castigo da França, ímpia e debochada, pela pia e moral Alemanha! E esta violação sem paralelo da lei das nações – mesmo tal como era entendida pelos advogados do velho mundo – em vez de levar os governos "civilizados" da Europa a declarar delituoso o governo prussiano, mero instrumento do gabinete de São Petesburgo, como fora da lei entre as nações, apenas os incita a considerar se as poucas vítimas que escaparam ao duplo cordão à volta de Paris não deverão ser entregues ao carrasco em Versalhes!

---

[117] Marx designa a Câmara dos deputados prussiana de *"chambre introuvable"* (Câmara impossível de encontrar), por analogia com a francesa (ver nota 63). A Assembleia eleita em janeiro-fevereiro de 1849 era composta por uma "Câmara dos senhores" da aristocracia privilegiada, e por uma segunda Câmara, que resultava de um processo eleitoral em duas fases no qual só podiam participar os chamados "prussianos independentes". Bismarck, eleito para a segunda Câmara, era nela um dos chefes do grupo *Junker* da extrema-direita.

Que depois da guerra mais tremenda dos tempos modernos, as hostes vencedoras e vencidas tivessem de se irmanar para o massacre comum do proletariado – este evento sem paralelo indica, de fato, não, como pensa Bismarck, a repressão final de uma sociedade nova que se subleva, mas o desfazer-se em pó da sociedade burguesa. O esforço heroico mais elevado de que a velha sociedade ainda é capaz é a guerra nacional; e agora provou-se que isso é um mero embuste governamental destinado a diferir a luta de classes e a ser posto de lado logo que essa luta de classes rebenta em guerra civil. A dominação de classe já não é capaz de se disfarçar sob um uniforme nacional; os governos nacionais, contra o proletariado, formam um!

Após o domingo de Pentecostes de 1871[118] não pode haver paz nem tréguas entre os operários da França e os apropriadores do seu produto. A mão de feno de uma soldadesca de mercenários pode manter por algum tempo ambas as classes amarradas a uma opressão comum. Mas a batalha tem de irromper repetidamente em proporções crescentes e não pode haver dúvida acerca de quem, no fim, será o vencedor – os poucos que se apropriam ou a imensa maioria que trabalha. E a classe operária francesa é apenas a guarda avançada do proletariado moderno.

Enquanto os governos europeus testemunham assim, diante de Paris, do caráter internacional da dominação de classe, difamam a Associação Internacional dos Trabalhadores – a contraorganização internacional do trabalho contra a conspiração cosmopolita do capital – como a fonte principal de todos estes desastres. Thiers denunciou-a como o déspota do trabalho que pretende ser o seu libertador. Picard ordenou que todas as comunicações entre os membros franceses da Internacional – os que estavam na França e os no estrangeiro – fossem cortadas; o conde Jaubert, cúmplice mumificado de Thiers em 1835, declara que ela é o grande problema a ser extinto por todos os

---

[118] O domingo de Pentecostes de 1871 calhou no dia 28 de maio.

governos civilizados. Os rurais grunhem contra ela e toda a imprensa europeia se junta ao coro. Um honrado escritor francês,[119] completamente estranho à nossa Associação, diz o seguinte:

> Os membros do Comitê Central da Guarda Nacional, bem como a maior parte dos membros da Comuna, são os espíritos mais ativos, mais inteligentes e mais enérgicos da Associação Internacional dos Trabalhadores; (...) homens que são profundamente honestos, sinceros, inteligentes, devotados, puros e fanáticos no bom sentido do termo.

A mente burguesa tingida de polícia imagina naturalmente, para si mesma, a Associação Internacional dos Trabalhadores agindo à maneira de uma conspiração secreta, com o seu corpo central ordenando, de tempos em tempos, explosões em diferentes países. A nossa Associação não é, de fato, senão o elo internacional entre os operários mais avançados nos vários países do mundo civilizado. Onde quer que seja, sob que forma e sob que condições for que a luta de classe ganhe qualquer consistência, só é natural que membros da nossa Associação estejam na primeira linha. O solo a partir do qual ela cresce é a própria sociedade moderna. Ela não pode ser esmagada pela maior das carnificinas. Para a esmagarem, os governos teriam de esmagar o despotismo do capital sobre o trabalho – a condição da própria existência parasitária que é a deles.

A Paris operária com a sua Comuna será sempre celebrada como o arauto glorioso de uma nova sociedade. Os seus mártires estão guardados como relíquia no grande coração da classe operária. E aos seus exterminadores, já a história os amarrou àquele pelourinho eterno donde todas as orações dos seus padres os não conseguirão redimir.

56, High Holborn, London,

Western Central, 30 de maio de 1871.

---

[119] Provavelmente Robinet.

A REVOLUÇÃO ANTES DA REVOLUÇÃO | 439

NOTAS

I

A coluna dos prisioneiros parou na Avenue Uhrich e foi formada em quatro ou cinco filas, no passeio em frente à estrada. O general marquês de Galliffet e o seu Estado-Maior apearam-se e começaram uma inspeção a partir da esquerda do alinhamento. Descendo lentamente e fitando as fileiras, o general parava aqui e ali, atendo no ombro de um homem ou acenando-lhe para sair pela retaguarda da fileira. Na maioria dos casos, sem mais palavras, o indivíduo assim escolhido era levado para o meio da estrada, onde uma pequena coluna suplementar era, desse modo rapidamente formada (...). Era evidente que havia considerável lugar para erro. Um oficial montado apontou ao general Galliffet um homem e uma mulher por qualquer ofensa particular. A mulher, precipitando-se para fora das fileiras, lançou-se de joelhos ao chão e, de braços estendidos, protestou a sua inocência em termos apaixonados. O general esperou por uma pausa e disse, então, com o rosto mais impassível e o porte imóvel: "Madame, visitei todos os teatros de Paris, o seu jogo não terá qualquer efeito em mim"("*ce n'est pas la peine de jouer la comédie*") [não vale a pena fazer comédia – francês]. Não era uma boa coisa, nesse dia, ser notavelmente mais alto, estar mais sujo, mais limpo, ser mais velho ou mais feio do que um dos vizinhos. Um indivíduo impressionou-me em particular porque ficou, provavelmente, a dever o seu rápido alívio dos males deste mundo ao fato de ter o nariz partido (...). Assim escolhidos mais de uma centena, destacou-se um pelotão de execução e a coluna retomou a sua marcha deixando aqueles atrás. Poucos minutos depois começava um fogo intermitente na nossa retaguarda e continuado por mais de um quarto de hora. Era a execução desses infelizes, sumariamente condenados. – Correspondente do *Daily News*[120] em Paris, 8 de junho.

– Este Galliffet, "o chulo da própria mulher, tão famosa pelas suas exibições sem-vergonha nas orgias do segundo Império", era conhecido, durante a guerra, pelo nome de Alferes Pistola [*Ensign Pistol* – francês].

---

[120] *The Daily News* (*Notícias Diárias*): jornal liberal inglês, órgão da burguesia industrial; publicou-se com este título em Londres entre 1846 e 1930.

O *Temps*,[121] que é um jornal cuidadoso e não dado à sensação, relata uma história horrenda de pessoas mal fuziladas e enterradas ainda com vida. Um grande número foi enterrado na praça junto a Saint-Jacques--la-Boucherie, algumas delas muito superficialmente. Durante o dia, o ruído das ruas movimentadas impediu que se notasse alguma coisa; mas na tranquilidade da noite os moradores das casas da vizinhança foram acordados por gemidos distantes, e de manhã foi vista uma mão crispada saindo do solo. Em consequência disto foram ordenadas exumações (...). Que muitos feridos tenham sido enterrados vivos, não tenho a menor dúvida. De um caso posso eu testemunhar. Quando Brunel foi executado com a sua amante, em 24 último, no pátio de uma casa da Place Vendôme, os corpos ficaram ali até à tarde do dia 27. Quando vieram os coveiros para remover os cadáveres, encontraram a mulher ainda com vida e levaram-na a uma ambulância. Apesar de ter recebido quatro balas, está agora fora de perigo." – Correspondente do *Evening Standard*[122] em Paris, 8 de junho.

II

A seguinte carta[123] foi publicada no *Times* [de Londres] de 13 de junho:

Ao Diretor do *Times:*

Exmo Senhor – Em 6 de junho de 1871, sr. Jules Favre enviou uma circular a todas as potências europeias, chamando-as a dar caça por toda a parte à Associação Internacional dos Trabalhadores. Poucas observações serão suficientes para caracterizar esse documento.

No próprio preâmbulo dos nossos estatutos está indicado que a Internacional foi fundada "em 28 de setembro de 1864, numa reunião pública realizada em St. Martin's Hall, Long Acre, Londres". Para fins que lhe são próprios, Jules Favre faz recuar a data da sua origem para antes de 1862.

---

[121] *Le Temps (O Tempo)*: jornal francês de orientação conservadora, órgão da grande burguesia; publicou-se em Paris entre 1861 e 1943.

[122] *The Evening Standard (O Estandarte da Tarde)*: edição vespertina do jornal conservador inglês *Standard (Estandarte)*, fundado em 1827; publicou-se em Londres entre 1857 e 1905; mais tarde começou a ser publicado em separado.

[123] A carta foi escrita por K. Marx e F. Engels.

A REVOLUÇÃO ANTES DA REVOLUÇÃO | 441

Com vista a explicar os nossos princípios, ele declara citar "a sua (da Internacional) folha de 25 de março de 1869". E que cita ele, então? A folha de uma sociedade que não é a Internacional. A esta espécie de manobra ele já recorreu, quando, ainda relativamente jovem advogado, teve de defender o jornal *National*, processado por Cabet por motivo de difamação. Fingia então ler extratos de panfletos de Cabet, quando lia interpolações da sua própria lavra – uma trapaça apresentada durante uma audiência do tribunal, o que, não fora a indulgência de Cabet, teria sido punido com a expulsão de Jules Favre do foro de Paris. De todos os documentos citados por ele como documentos da Internacional, nem apenas um pertence à Internacional. Diz ele, por exemplo:

A Aliança declara-se ateia, diz o Conselho Geral, constituído em Londres, julho de 1869.

O Conselho Geral nunca publicou tal documento. Ao contrário, publicou um documento[124] que anula os estatutos originais da Aliança – *L'Alliance de la Démocratie Socialist* [A aliança da democracia socialista – francês], de Genebra. citada por Jules Favre.

Por toda a sua circular, que finge também ser dirigida em parte contra o Império, Jules Favre repete contra a Internacional só invenções policiais dos procuradores públicos do Império, as quais se desmoronaram miseravelmente, mesmo perante os tribunais desse Império.

É sabido que nas suas duas mensagens (de julho e setembro últimos) sobre a guerra recente, o Conselho Geral da Internacional denunciou os planos prussianos de conquista contra a França. Mais recentemente o sr. Reitlinger, secretário particular de Jules Favre, pediu a alguns membros do Conselho Geral – em vão, obviamente – que fosse organizada pelo Conselho Geral uma manifestação contra Bismarck, a favor do governo de Defesa Nacional; foi-lhes particularmente solicitado que não mencionassem a república. Foram feitos preparativos – certamente com a melhor das intenções – para uma manifestação respeitante à chegada prevista de Jules Favre a Londres apesar de o Conselho Geral, que, no seu manifesto de 9 de setembro, ter claramente prevenido os operários de Paris contra Jules Favre e os seus colegas.

Que diria Jules Favre se a Internacional, por sua vez, enviasse uma circular sobre Jules Favre a todos os gabinetes da Europa, chamando a sua

---

[124] Ver K. Marx, A Associação Internacional dos Trabalhadores e a Aliança da Democracia Socialista.

particular atenção para os documentos publicados em Paris pelo falecido sr. Millière?

"Seu servidor obediente,
John Hales, "Secretário do Conselho Geral da Associação Internacional dos Trabalhadores."
256, High Holborn, London, Western Central, 12 de junho.

Num artigo sobre "A Associação Internacional e os seus intentos", esse pio informador, o *Spectator,*[125] de Londres (24 de junho), cita entre outras trapaças similares, mais completamente mesmo do que Jules Favre, o documento atrás referido da "Aliança" como obra da Internacional – e isso 11 dias depois da refutação que tinha sido publicada no *Times.* Não nos admiramos disso. Frederico, o Grande, costumava dizer que de todos os jesuítas os piores são os jesuítas protestantes.

Escrito por Marx em abril-maio de 1871. Publicado sob forma de folheto em Londres, em meados de junho de 1871, e em diversos países da Europa e nos Estados Unidos em 1871-1872.

Publicado segundo o texto da terceira edição inglesa de 1871, confrontado com o texto das edições alemãs de 1871 e 1891.
Traduzido do inglês.[126]

---

[125] *The Spectator (O Espectador)*: semanário inglês de tendência liberal, publicado em Londres desde 1828.

[126] Exceto as citações de proveniência francesa que traduzimos segundo o texto publicado em K. Marx e F. Engels, *Oeuvres choisies en trois volumes.* Editions du Progrès, Moscou, t. II, 1970.